本书系2018年贵州省教育改革发展研究重大招标课题"信息化环境下贵州省中小学课堂变革机制研究"（2018ZD007）的最终成果

中小学要素驱动式课堂变革

基于信息化视角的分析

杜尚荣 施贵菊 张锦 著

中国社会科学出版社

图书在版编目（CIP）数据

中小学要素驱动式课堂变革：基于信息化视角的分析/杜尚荣，施贵菊，张锦著. —北京：中国社会科学出版社，2022.3

ISBN 978-7-5203-9626-4

Ⅰ.①中… Ⅱ.①杜…②施…③张… Ⅲ.①课堂教学—教学改革—中小学 Ⅳ.①G632.421

中国版本图书馆 CIP 数据核字（2022）第 020994 号

出 版 人	赵剑英
责任编辑	周晓慧
责任校对	刘 念
责任印制	戴 宽

出　　版	中国社会科学出版社
社　　址	北京鼓楼西大街甲 158 号
邮　　编	100720
网　　址	http://www.csspw.cn
发 行 部	010-84083685
门 市 部	010-84029450
经　　销	新华书店及其他书店
印刷装订	三河弘翰印务有限公司
版　　次	2022 年 3 月第 1 版
印　　次	2022 年 3 月第 1 次印刷
开　　本	710×1000　1/16
印　　张	22.5
插　　页	2
字　　数	359 千字
定　　价	128.00 元

凡购买中国社会科学出版社图书，如有质量问题请与本社营销中心联系调换
电话：010-84083683
版权所有　侵权必究

序
技术引领时代课堂变革之"启明星"

贵州师范大学教育学院杜尚荣博士的新作《中小学要素驱动式课堂变革——基于信息化视角的分析》即将由中国社会科学出版社出版，很高兴能在第一时间阅读此书的完整稿，并受邀为之作序。综合书中内容和观点，我将从如下四个方面谈一点个人对该研究主题的认识。

一 信息化视角：新时代中小学课堂变革的必然选择

信息化时代是飞跃式发展的时代，也是充满无限希望的时代。2018年4月13日，教育部出台了《教育信息化2.0行动计划》，强调要"积极推进'互联网+教育'，坚持信息技术与教育教学深度融合的核心理念，坚持应用驱动和机制创新的基本方针，建立健全教育信息化可持续发展机制，构建网络化、数字化、智能化、个性化、终身化的教育体系"。显然，教育信息化发展已进入2.0阶段，不再满足于简单的技术运用，而数字化、智能化和个性化等概念已成为教育信息化发展的核心关键词，正改变着中小学教育教学的方方面面，尤其是引起了课堂教学的新一轮系统变革。这至少启示我们三点：第一，教育信息化发展只有着力强调应用驱动信息技术与教育教学的深度融合，方能合理有效。也就是说，信息技术与课堂教学的深度融合，实为信息技术与各教学要素的具体融合，即将信息技术应用于教学各要素之中。第二，教育信息化发展只有强调信息技术与教育教学深度融合的机制创新，方可持续发展。这自然包含在信息技术作用下课堂教学变革的机制创新。第三，教育信息化发展只有依赖于网络化、数字化、智能化、个性化、终身化的教育体系，方为系统、全面。这就为深入分析课堂教学要素的信息化情况，具体探索要素驱动式课堂教学变革，奠定了分析基调。

二　要素驱动：信息化环境下中小学课堂变革的本质特点

研究发现，大部分教师都认为：信息化环境下的课堂变革是一个循序渐进的过程，在平时的课堂教学变革过程中，总是从某一个要素出发思考变革路径，在其后的过程中才逐步延伸至其他要素。即信息技术手段与教学目标、教学过程、教学内容、教学方法、教学评价等要素的融合是一个逐步深入、循序渐进的过程。常言道："饭得一口一口地吃，话得一句一句地说。"对于一个老师来说，要想推进信息化环境下的中小学课堂变革，从来就不是等自己对所有要素的信息化问题都想清楚后，才开始进行，其往往是从某一个或某几个相对成熟了的要素着手，逐步推进，从而实现全面推进。这就是所谓的"要素驱动式课堂变革"的基本要义。由此可见，要素驱动式课堂教学变革主要表现为两种逻辑线索：第一种逻辑线索是单要素切入驱动课堂教学变革，即指教师在信息化环境下选择从某一要素切入进行课堂变革，在某一要素驱动下的课堂变革有了相对稳定的成效后再考虑将其他要素共同作用于课堂教学，其呈现出循序渐进的过程；第二种逻辑线索是多要素联合驱动课堂变革，即指在信息技术的推动下，几个相对成熟的关联要素联合驱动，从而逐步推向整个课堂教学变革。课堂教学中的每个要素都以其独特的方式与其他要素发生相互作用，并共同指向课堂教学变革，当各要素间的互动达到某种动态平衡时，要素驱动式的课堂教学变革才能有效运行。当然，在现实中，多要素联合驱动是最常见的课堂变革方式。一般来说，多要素联合驱动也表现出两种情况：一是某个或某几个教学要素呈主驱动，而其他要素呈辅驱动；二是所有教学要素都呈充分驱动状态。事实上，由所有教学要素同时驱动课堂教学变革是很难的，比如，只有当信息技术已经深度融入课堂教学，而且老师能非常熟练地将信息技术恰到好处地运用于各个教学要素并使之充分发挥作用时，所有教学要素才能充分驱动课堂教学变革。但这是一种理想化状态，是课堂教学变革的终极追求。

三　建立机制：信息化环境下中小学课堂变革的内在需求

在教育信息化发展的今天，中小学要素驱动式课堂变革在教学资源的建设与使用、教学主体的动力与素养、技术与课堂融合过程、技术与课堂融合成效等方面存在诸多问题，综合分析政府、学校、教师、学生、家长以及相关研究等因素可以发现，一方面教师对引发课堂教学变革的着力点把握不当，这既存在于新教师摸索某一教学要素与信息技术结合的初级阶段，也能在拥有经验的老教师进行教学要素与信息技术融合的过程中窥见其端倪；另一方面，信息技术与课堂教学要素的融合机制不健全，即信息技术在与课堂教学的教学目标、教学内容、教学过程、教学方法与教学评价五个不可或缺的要素的融合方面，目前尚未形成健全的机制，无法很好地驱动课堂教学变革，在某种程度上反而成为课堂变革的阻力，从而导致课堂教学变革的单要素驱动力不足、多要素驱动不协调。鉴于此，深入探讨信息化环境下课堂教学的变革与发展，着力探索建立要素驱动式课堂变革机制及优化，是信息化环境下中小学课堂变革的内在需求，是十分重要且必要的。

四　写在后面：中小学要素驱动式课堂变革研究兼备现实性和前瞻性

杜尚荣博士等的这本著作《中小学要素驱动式课堂变革——基于信息化视角的分析》系2018年度贵州省教育改革发展研究重大招标课题"信息化环境下贵州中小学课堂变革机制研究"的最终成果，其既着力于搭建中小学要素驱动式课堂教学变革机制的理论分析框架，以为后续相关研究奠基础、献思路，具有很强的前瞻性；也竭力解决当前中小学课堂教学变革所面临的重大现实问题，具有浓厚的现实性。因此，我诚挚地希望杜尚荣博士等的这本著作能够引起学术界广泛关注与热烈讨论，以促进研究的深化与发展，并进一步活跃我们学术界的学术气氛，提高学术研究的热情与动力。

2021年6月于海南师范大学

自　序

2018 年教育部在其颁发的《教育信息化 2.0 行动计划》中强调，要"建立健全教育信息化可持续发展机制，建构网络化、数字化、智能化、个性化和终身化的教育体系。"特别强调"教学应用覆盖全体教师、学习应用覆盖全体适龄学生、数字校园建设覆盖全体学校，信息化应用水平和师生信息素养普遍提高。"《教育部 2021 年工作要点》提出要印发《教育信息化中长期发展规划（2021—2035 年）》，强调要以信息化为重点，以提升质量为目标，推进教育新型设施建设，研究构建高质量教育支撑体系，由此奠定了信息化环境下中小学课堂变革机制研究的重要政策依据。然而，当前中小学课堂变革所存在的诸如教学资源的建设与使用不够、教学主体的动力与素养不强、技术与课堂融合成效不佳等问题，究其原因是缺乏对要素驱动式课堂变革机制的深入研究，以致在信息化环境下探索建立中小学要素驱动式课堂变革机制重要且必要。鉴于此，本书针对中小学信息化课堂教学变革的实际问题，着力构建"要素驱动"式课堂教学变革机制。为了帮助读者更好地快速把握书中的内容，我将从如下两个方面进行简要说明。

一　围绕三个核心问题设计了三大块主要研究内容

本书紧紧围绕信息化环境下中小学课堂变革机制这一主题展开系列探讨，着重解决三个核心问题：

拟解决的第一个核心问题是"为什么是要素驱动式变革"。根据系统论的观点，课堂教学系统是由各个要素组成的整体。目前，关于课堂教学所涉及的要素，尚无定论，可以说，依据不同的分析维度可以关注不同的要素内容和表达方式。诚然，课堂教学变革本质上关涉的是这些

自 序

要素在促进学生身心健康发展和优化课堂教学结构体系等方面所表现出来的即时性或持续性的变化情况。在现实的课堂教学变革过程中,无论是基于外部介入式变革,还是源自课堂内部的自发式变革,都不可能是把所有相关要素都设计好了才进行课堂变革,尤其是基于教师实践性信息化的课堂变革,更是如此。在一般情况下,教师在进行课堂变革时,不是把所有问题都想清楚了才开始做,而总是以某个或某几个要素为切入点,逐步拓展到其他各个要素,最终实现整个课堂教学的变革。比如说,某个老师在运用信息技术进行教学时,刚开始可能是把信息技术作为一种手段,借助PPT进行教学,逐步才会将信息素养作为一种教学目标进行培养,同时,信息技术作为教学内容才会在教学中存在。抑或许该教师是先确定信息素养这个教学目标,然后才根据实际需要,将信息技术渗透到课堂教学的其他环节。总之,教师在教学实践中,总是基于某个或某几个要素着力,逐步将其推演到整个课堂教学系统,最终实现系统变革。

拟解决的第二个核心问题是"何为要素驱动式变革"。在本书中,要素是指构成一个客观事物的存在并维持其运动的必要的最小单位,是构成事物必不可少的现象,又是组成系统的基本单元,是系统产生、变化、发展的动因。而要素驱动主要是指基于信息化大背景,通过变革课堂七要素(教学主体、教学目标、教学内容、教学过程、教学方法、教学评价、教学环境)中的一个或多个要素来实现信息化环境下的课堂变革,即指从主要依靠某一个或某几个甚至所有教学要素的改变来促进信息化环境下中小学课堂变革。其中,教学主体是所有驱动要素中必不可少的共性要素,信息化环境是我们在信息化背景下讨论要素驱动式课堂变革的共性要素。因此,在本书中我们主要从目标、内容、过程、方法和评价等要素切入进行探讨,由此形成了基于信息素养的目标驱动式中小学课堂变革、基于信息甄别的内容驱动式中小学课堂变革、基于信息重组的过程驱动式中小学课堂变革、基于信息手段的方法驱动式中小学课堂变革、基于信息数据的评价驱动式中小学课堂变革五种类型。

拟解决的第三个核心问题是"要素驱动式课堂变革机制如何"。关于"要素驱动式课堂变革机制如何"这个问题的探讨,本书主要立足于信息化大环境,通过构建中小学"要素驱动式"课堂变革机制及其优化维度，并结合实践考察而展开具体讨论。所谓信息化环境下中小学"要素驱动式"课堂变革机制是指在信息化背景下，将信息技术与中小学课堂教学的教学目标、教学内容、教学过程、教学方法及教学评价五大核心要素相融合，由各要素之间相互关系、相互作用形成要素变革系统，以此保证课堂教学系统中各要素有效运行的基本过程与方式。

围绕本书拟解决的三个核心问题，笔者具体设计了"缘起篇""理论篇"和"实践篇"三大模块的研究内容：

一是信息化环境下中小学课堂变革的研究缘起，如本书中的第一、二、三、四章。在该部分，我们着重探讨研究绪论（如研究的目的和意义、拟解决的核心问题、研究内容和拟突破的重难点，以及本书的研究思路与方法）、国内外研究现状、信息化环境下中小学课堂变革的主要依据（如政策依据、理论依据和现实依据等）、信息化环境下中小学课堂变革的价值诉求，等等。这一部分主要是想交代研究的背景和已有研究情况，为后续进一步做理论分析和实践考察奠定基础。

二是信息化环境下中小学课堂变革的理论分析，如本书中的第五、六、七、八章。在该部分，我们着重分析信息化环境下中小学课堂变革的本质内涵和变革机制的理论构建、运行理路、优化维度等。针对信息化环境下中小学课堂变革的本质内涵，拟对信息化环境下中小学课堂变革问题进行学理分析，主要阐述信息化环境下中小学课堂变革的基本内涵、信息化环境下中小学课堂变革的主要特征等问题，以此帮助人们更清楚地认识信息化环境下中小学课堂变革。针对信息化环境下中小学课堂变革机制的理论构建，拟从信息技术融入中小学课堂教学必须涉及的如目标、内容、主体、过程、方法、环境和评价等要素来建构中小学课堂变革机制。由于信息化环境下课堂上每个要素在运用信息技术方面都有其特殊要求，因此由每个要素所驱动的课堂变革均有所不同。由此，形成了基于信息素养的目标驱动式中小学课堂变革，基于信息甄别的内容驱动式中小学课堂变革，基于信息重组的过程驱动式中小学课堂变革，基于信息手段的方法驱动式中小学课堂变革和基于信息数据的评价驱动式中小学课堂变革。针对信息化环境下中小学课堂变革机制的运行理路，拟从运行理念、运行逻辑和运行路径三个方面对信息化环境下中小学课堂变革机制进行进一步的具体阐述，由此帮助人们更好地把握信息化环境下中小学课堂变革机制,从而准确地进行实践操作。针对信息化环境下中小学课堂变革机制的优化维度,拟重点从四个方面展开阐述:一是从提升师生信息素养维度进行优化,这是"要素驱动式"课堂教学变革的核心;二是从更新硬件设施维度进行优化,这是"要素驱动式"课堂教学变革的动力;三是从创新教学软件开发维度进行优化,这是"要素驱动式"课堂教学变革的关键;四是从建立健全相关制度维度进行优化,这是"要素驱动式"课堂教学变革的保障。

三是信息化环境下中小学课堂变革的实践考察,如本书中的第九、十、十一、十二、十三章。该部分拟主要在要素驱动式课堂变革理念的指导下,以G省的中小学课堂为考察对象,通过问卷、访谈和课例分析等方式对G省各州市中小学的课堂变革情况进行调研,分析现状,概括问题,分析影响因素等。并针对现实考察中所发现的主要问题,在具体分析其形成原因的基础上,提出改进G省中小学课堂的对策建议。

二 本书努力追求并尝试实现的学术贡献

通过一系列具体的研究和思考,本书努力在核心观点、学术创新和学术价值三个方面做出微薄的贡献,以供广大读者批评指正。

(一) 尝试阐明三个核心观点

本书尝试阐明的核心观点主要有三个方面:一是信息化环境下的中小学课堂已悄无声息地发生着巨大变化,正改变着中小学课堂教学的观念、内容、过程、方法和评价等;二是在信息化环境下的中小学课堂变革过程中,教师从来都不是等所有要素都思考完备了才开始进行课堂变革,而总是以某一个或多个要素为切入点,逐步拓展至其他要素方面,即采取的是要素驱动式课堂变革;三是建构要素驱动式课堂变革机制是解决当前中小学课堂教学变革中所存在的如教学资源建设与使用不够、教学主体动力与素养不强、技术与课堂融合成效不佳等核心问题的有效方式。

(二) 尝试在三个方面实现学术创新

本书努力在选题、观点和方法等方面实现创新。一是选题上的创新。经对已有研究文献的梳理发现,目前有关信息化环境下中小学课堂变革机制的研究较少。因此,本书将基于相关问题的学理分析建构信息化环境下G省中小学课堂变革机制，而且将通过行动研究着力关注该机制的优化策略，有一定的新意。二是观点上的创新。本书认为，信息化环境下的中小学课堂已悄无声息地发生着巨大变化，正改变着中小学课堂教学的观念、内容、过程、方法和评价等方面，由此我们基于前期提出的"泛课堂教学"理念对中小学课堂教学的变革机制进行深度思考，有其新颖之处。三是方法上多法并用，有特色。本书针对所研究内容的特殊性，综合运用文献研究、调查研究、扎根理论、课例分析和德尔菲技术等方法，能较好地收集到相关数据信息，切实反映"变革机制"的深层次问题。通过多法并用建构课堂教学变革机制有一定的新颖性。

（三）尝试达到两个方面的学术价值

本书尝试在理论价值和实际价值上有所贡献。一是理论价值，主要有两点：第一，能推动教学理论发展，加速推进课堂教学从传统的知识授受为中心向学生发展为中心的转变，特别是本书基于信息化技术所导致的课堂教学在时空上超越了已有的局限，所提出的"泛课堂教学"概念，属于本书的创新概念，它将开启教学论研究的新领域；第二，从具体角度来看，本书探索的信息化环境下G省中小学课堂教学变革的学理分析和机制建构，对提升和发展教学论的相关研究具有重要作用。二是实际价值，主要有两点：第一，为中小学课堂教学提供服务，改善中小学课堂教学的现有局面，突显中小学课堂教学的信息时代气息；第二，为教育行政部门做出教学决策或组织教学评价提供参考依据。因此，本书对提高中小学课堂教学质量水平将有较大的助推作用。

总之，虽然本书取得了一定的学术成果，但也存在着诸多有待完善的不足之处，恳请广大读者批评指正，我们将在今后的学习和研究中不断努力和完善。

杜尚荣

2021年7月于贵州师范大学

目　　录

缘起篇

第一章　研究绪论 ……………………………………………（3）
　第一节　研究目的和意义 ………………………………（3）
　第二节　本书拟解决的核心问题和内容框架 …………（7）
　第三节　研究思路与方法 ………………………………（11）

第二章　国内外研究现状 ……………………………………（15）
　第一节　国外研究现状 …………………………………（15）
　第二节　国内研究现状 …………………………………（24）
　第三节　国内外研究述评 ………………………………（38）

第三章　信息化环境下中小学课堂变革的主要依据 ………（40）
　第一节　信息化环境下中小学课堂变革的政策依据 …（40）
　第二节　信息化环境下中小学课堂变革的理论依据 …（46）
　第三节　信息化环境下中小学课堂变革的现实依据 …（50）

第四章　信息化环境下中小学课堂变革的价值诉求 ………（58）
　第一节　信息化环境下中小学课堂变革的已有价值反思 ………（58）
　第二节　信息化环境下中小学课堂变革的未来价值取向 ………（66）

理论篇

第五章　信息化环境下中小学要素驱动式课堂变革的本真阐释 …………（79）
　第一节　信息化环境下中小学要素驱动式课堂变革的概念内涵 …………（79）
　第二节　信息化环境下中小学要素驱动式课堂变革的特征 ……（87）

第六章　信息化环境下中小学要素驱动式课堂变革机制的理论建构 …………（92）
　第一节　信息化环境下中小学要素驱动式课堂变革的关键要素 …………（92）
　第二节　信息化环境下中小学要素驱动式课堂变革的结构模型 …………（100）
　第三节　信息化环境下中小学"要素驱动式"课堂变革的基本类型 …………（104）

第七章　信息化环境下中小学要素驱动式课堂变革机制的运行理路 …………（114）
　第一节　信息化环境下中小学要素驱动式课堂变革机制的运行理念 …………（114）
　第二节　信息化环境下中小学要素驱动式课堂变革机制的运行逻辑 …………（120）
　第三节　信息化环境下中小学要素驱动式课堂变革机制的运行路径 …………（122）

第八章　信息化环境下中小学要素驱动式课堂变革机制的优化维度 …………（126）
　第一节　师生信息素养提升："要素驱动式"课堂教学变革的核心 …………（126）

第二节 硬件设施建设更新："要素驱动式"课堂教学
变革的动力 …………………………………………（131）
第三节 教学软件开发创新："要素驱动式"课堂教学
变革的关键 …………………………………………（134）
第四节 建立健全相关制度："要素驱动式"课堂教学
变革的保障 …………………………………………（138）

实践篇

第九章 信息化环境下中小学要素驱动式课堂变革的考察方案 …………………………………………（145）
第一节 考察方案设计 ……………………………………（145）
第二节 考察过程概述 ……………………………………（150）

第十章 信息化环境下中小学要素驱动式课堂变革调查结果量化分析 ……………………………………（153）
第一节 G省官方数据的处理与分析 ……………………（153）
第二节 基于问卷的数据处理与分析 ……………………（168）

第十一章 信息化环境下中小学要素驱动式课堂变革调查结果质性分析 …………………………………（240）
第一节 基于访谈的数据处理与分析 ……………………（240）
第二节 基于课例的数据处理与分析 ……………………（260）

第十二章 信息化环境下中小学要素驱动式课堂变革的问题及成因 ………………………………………（276）
第一节 信息化环境下中小学要素驱动式课堂变革的
核心问题 ……………………………………………（276）
第二节 信息化环境下中小学要素驱动式课堂变革的
主要原因 ……………………………………………（293）

第十三章 信息化环境下中小学要素驱动式课堂变革的实践建议 (306)

第一节 信息化环境下中小学要素驱动式课堂变革的结论 (306)

第二节 信息化环境下 G 省中小学课堂变革的建议 (307)

参考文献 (320)

后　记 (342)

缘 起 篇

第一章 研究绪论

随着信息化社会 2.0 时代的到来，我国在国家层面提出了"信息技术与教育教学深度融合"的顶层设计，做出了教育信息化带动教育现代化的重要战略部署。学界和各级学校也就信息化的课堂教学变革问题展开了多角度、多层次的理论研究与实践探索，并取得了一系列丰硕成果，但也存在诸多亟待解决的问题。与此同时，通过调研我们发现，信息化环境下教师们在各自的课堂上进行教学变革时，不可能是把所有问题、所有维度全部思考好了才开始实施，而总是从某一方面入手逐渐展开变革，由点到面，进而达到最佳的课堂变革效果。本书将此发现描述为一种"要素驱动式"的课堂教学变革。因此，本书将以"信息化环境下中小学要素驱动式课堂变革机制"为研究主题，在对信息化环境下中小学课堂变革的本质内涵、价值诉求进行分析的基础上，探讨信息化环境下中小学要素驱动式课堂变革机制的理论构建与优化维度等，期许能帮助教师提高信息化下课堂教学变革的效果、效益及效率，进而提升课堂教学质量，促成学生健康成长。本章拟从研究目的、研究意义、研究拟解决的核心问题、研究内容，以及研究的思路与方法等方面展开论述，以此为后续研究问题的深入探讨奠定基础、做好铺垫。

第一节 研究目的和意义

当前，随着信息技术的深度融入，我国中小学课堂教学发生了翻天覆地的变化，有关中小学课堂教学的改革也取得了一系列丰硕成果，但是信息技术是如何引起中小学课堂变革的？其发生机制是什么？下一步如何进行有效优化？诸如此类的问题尚且不明。因此，本书立足于要素驱动的角度，尝试揭示信息化环境下中小学课堂变革的本质和发展机制，帮助人们进一步深入认识和参与信息化下中小学课堂变革，着力提升中小学课堂教学质量，具有重要的理论价值和现实意义。

一 研究目的

本书的研究目的主要表现为如下六个方面。

（一）阐清"要素驱动式"课堂变革的本质内涵

本书的基本出发点就是从"要素驱动"角度探讨信息化环境下课堂变革的基本情况。鉴于目前鲜有人直接讨论要素驱动式课堂变革机制的现状，在研究中，我们花了大量篇幅深入具体地讨论了"要素驱动式"课堂变革的本质内涵。

（二）构建信息化环境下中小学"要素驱动式"课堂变革机制

本书认为，一线教师一开始绝对不会是把所有问题都想清楚了，或者说是针对课堂教学的所有维度同时切入而开展课堂变革的，他们主要还是基于某个或某几个要素率先切入，而后逐渐展开一种局部而非整体的驱动式变革，即所谓的要素驱动式课堂变革。然而，目前鲜有人直接讨论要素驱动式课堂变革，以致其变革的要素不清、机制不明等，因此我们有必要具体构建信息化环境下中小学"要素驱动式"课堂变革机制。

（三）探索"要素驱动式"课堂变革的结构模型及基本类型

本书拟通过文献研究与现实考察相结合的方式，探索信息化环境下中小学"要素驱动式"课堂变革的结构模型及基本类型。其主要涉及课堂教学主体（教师）根据自身教学经验和思维方式运用信息技术，从目标、内容、过程、方法和评价五个要素中选择一个或多个不同的要素作为课堂教学变革的着力点，从而驱动整个课堂教学变革的展开。由此形成了五种主要的要素驱动式课堂变革类型，即基于信息素养的目标驱动式中小学课堂变革、基于信息甄别的内容驱动式中小学课堂变革、基于信息重组的过程驱动式中小学课堂变革、基于信息手段的方法驱动式中小学课堂变革和基于信息数据的评价驱动式中小学课堂变革。

（四）探索信息化环境下中小学"要素驱动式"课堂变革机制的运行理路

为了方便人们深入理解和具体实践"要素驱动式"课堂变革机制，在信息化环境下中小学要素驱动式课堂变革机制的理论构建过程中，还需要进一步阐释清楚所建机制的运行理论。本书主要通过理论思辨与结合实际的方式，具体探讨信息化环境下中小学"要素驱动式"课堂变革机制的运行理念、运行逻辑、运行路径等。

（五）探索"要素驱动式"课堂变革机制的优化策略

为了能够让所建立的信息化环境下中小学"要素驱动式"课堂变革机制能够更好地服务于中小学课堂教学实践，真正帮助中小学教师持续、长效地提高课堂教学质量，我们在本书中还确立了探索"要素驱动式"课堂变革机制的优化这个环节，借此分析具体的优化维度，从而增强我们所建立的信息化环境下中小学"要素驱动式"课堂变革机制的"生命"活力，取得实时更新、不断优化的效果。

（六）基于G省的现实考察，把握现状、聚焦核心问题

在本书中，我们不仅设计了调查问卷并进行了访谈，还结合G省的实际情况，进入现实课堂录制视频进行视频分析，收集G省一线教师的"教学设计"进行文本分析等，旨在对G省当前在信息化环境下的中小学课堂变革的现实状况予以全面把握，借此深入分析当前信息化环境下中小学课堂变革所存在的核心问题，并在分析的基础上聚焦要素驱动式课堂变革的探讨。

二 研究意义

本书的意义主要体现在理论和实践两个方面。

（一）理论意义

通过研究使教师的教学观念和知识不断更新，使其逐步形成与素质教育相适应的教学理念。本书研究对优化教学过程、变革课堂教学方式、激发学生的学习兴趣、提升教师专业能力，建立信息技术环境下符合当代教育理念、具有现代教育特色、具有较高综合教育效益的新型课堂教学模式并寻找行之有效的教学方法，具有重要的理论意义。具体来说，主要体现在四个方面：

一是弥补已有关于课堂变革研究的不足。由于目前鲜有人从要素驱动角度对中小学课堂变革问题进行系统探讨,以致相关研究薄弱,还有待于进行深入具体研究。因此,本书能在研究内容上拓宽视野、丰富研究成果,弥补已有研究的不足。

二是推动课堂教学理论知识的创新和发展。在信息技术引领时代,中小学课堂教学发生了翻天覆地的变化,形成了诸多新的研究领域,随之而来的是一系列新生问题亟待深入研究和解决。通过本书的研究,能在建立信息化环境下中小学课堂变革机制的基础上,进一步阐明中小学课堂变革的相关核心要素之间的内在关系和逻辑,从而实现课堂教学理论的创新和发展。一方面,加速推进课堂教学从传统的知识授受为中心向学生发展为中心的转变,真正达到课堂教学活动的育人效果;另一方面,由于信息化技术的融入而诱发的课堂教学在时空上超越了已有的局限,如我们之前提出的"泛课堂教学"[①]概念,就属于一个创新概念,它将开启教学论研究的新领域。

三是加速信息技术与课堂教学的深度融合。本书从要素驱动角度,深入分析中小学课堂变革的基本情况,由此揭示信息技术深度融入课堂教学的本质内涵。一方面,揭示了中小学课堂变革的本质,即要素驱动式变革,这为人们进一步探索信息技术与课堂教学的融合问题提供了新的分析视角;另一方面,通过对G省现实课堂变革进行考察,分析其状况,归纳总结核心问题,为人们进一步研究信息技术与课堂教学的深度融合贡献一线数据和经验借鉴。

四是进一步厘清信息化课堂的相关概念。本书在充分借鉴已有研究的合理性经验、结合本书的独特思考,着重对信息化环境、中小学课堂变革、课堂变革机制、要素驱动等概念进行了重新界定,为人们在后续研究中进一步理解这些概念提供了新的分析视角和理解框架。

(二)实践意义

本书所涉及的信息技术不仅为教学提供了平台支撑,也为教学提供了一个新思路,使教师的教学更加生动、有趣。信息技术的应用能将传统的黑板、投影仪、电脑等信息资源整合在一起,形成课堂教学的重要

[①] 杜尚荣:《泛课堂教学论:教学研究的新进展》,《教育探索》2016年第7期。

手段，以致大大提高课堂教学效率。鉴于此，本书的实践意义至少有三个方面：

一是为教育行政部门做出相关教学决策或组织教学评价提供参考依据。本书在前期的课题研究中，已向相关教育行政部门提交了系列咨询报告，也得到了有关部门的肯定和采用。这些咨询报告一方面为教育行政部门做出教学决策，出台支持中小学课堂变革的相关政策文件等，提供了决策依据；另一方面为教育管理者具体管理和评价中小学课堂教学提供了参考。

二是为中小学课堂教学变革实践提供理论指导和操作服务。本书所建立的信息化环境下中小学课堂变革机制及其优化维度，能为中小学课堂教学变革实践提供理论指导和操作服务。一方面，能为中小学在课堂教学变革中解决实际问题提供切入口和操作维度，助力中小学课堂教学变革更加切合实际；另一方面，能为改善中小学课堂教学的现有局面提供指导，从而更好地凸显中小学课堂教学信息化的时代气息。

三是为一线教师提供解决信息化环境下课堂变革实际问题的思路和方法。本书探索的要素驱动式课堂变革机制，能帮助一线教师充分认识信息化课堂变革的本质，化解大家"不知从何下手"的困惑，从而真实有效地推进课堂教学变革，充分发挥信息技术在中小学课堂教学中的育人效用，提高育人质量。

第二节　本书拟解决的核心问题和内容框架

本研究得以确立并持续展开的基本前提是立足核心问题，并根据解决核心问题的需要，设计具体的内容框架。

一　本书拟解决的核心问题

本书紧紧围绕信息化环境下中小学课堂变革机制这一主题展开系列探讨，拟着重解决三个核心问题，即为什么是要素驱动式变革？何为要素驱动式课堂变革？要素驱动式课堂变革如何进行？

（一）为什么是要素驱动式变革

本书拟解决的第一个核心问题就是"为什么是要素驱动式变革"。

根据系统论的观点，课堂教学系统是由各个要素组成的整体。目前，关于课堂教学所涉及要素尚无定论。可以说，依据不同的分析维度可以关注不同的要素内容和表达方式。诚然，课堂教学变革在本质上就是关涉这些要素在促进学生身心健康发展和优化课堂教学结构体系等方面所表现出来的即时性或持续性的变化情况。在现实的课堂教学变革过程中，无论是基于外部的介入式课堂变革，还是源自课堂内部的自发式课堂变革，都不可能是把所有要素都设计好了再进行，尤其是基于教师实践性的信息化课堂变革更是如此。在一般情况下，教师在进行课堂变革时，不是把所有问题都想清楚了才开始做，而总是以某个或某几个要素为切入点，逐步拓展到其他要素方面，最终实现整个课堂教学的变革。比如说，某位老师在运用信息技术进行教学时，刚开始时可能是把信息技术作为一种手段，如借助 PPT 进行教学，逐步才会将信息素养作为一种教学目标进行培养，同时信息技术是作为教学内容在教学中存在的。抑或是，该教师是先确定信息素养这个教学目标，然后才根据实际需要，将信息技术渗透到课堂教学的其他方面。总之，教师在教学实践中总是基于某个或某几个要素，逐步推演到整个课堂教学的系统变革上。

（二）何为要素驱动式课堂变革

本书拟解决的第二个核心问题就是"何为要素驱动式变革"的问题。在本书中，要素是指构成一个客观事物的存在并维持其运动的必要的最小单位，既是构成事物必不可少的现象，又是组成系统的基本单元，是系统产生、变化、发展的动因，而要素驱动主要是指基于信息化大背景，通过变革课堂七要素（教学主体、教学目标、教学内容、教学过程、教学方法、教学评价、教学环境）中的一个或多个要素来实现课堂变革的一种方式。即指从主要依靠某一个或某几个甚至所有教学要素的改变来促进信息化环境下中小学课堂变革的方式。其中，教学主体是所有驱动要素中必不可少的共性因素，信息化环境是我们在信息化背景下讨论要素驱动式课堂变革的共性要素。因此，在本书中我们主要从目标、内容、过程、方法和评价等要素切入进行探讨，由此形成了基于信息素养的目标驱动式中小学课堂变革、基于信息甄别的内容驱动式中小学课堂变革、基于信息重组的过程驱动式中小学课堂变革、基于信息手段的方法驱动式中小学课堂变革、基于信息数据的评价驱动式中小学课堂变革五种类型。

（三）要素驱动式课堂变革如何进行

本书拟解决的第三个核心问题就是"要素驱动式课堂变革如何进行"。关于"要素驱动式课堂变革如何进行"这个问题的探讨，本书主要是立足于信息化环境，通过构建中小学"要素驱动式"课堂变革机制及其优化维度，并结合实践考察展开具体讨论的。

所谓信息化环境下中小学"要素驱动式"课堂变革机制是指在信息化背景下，将信息技术与中小学课堂教学的教学目标、教学内容、教学过程、教学方法及教学评价五大核心要素相融合，通过各要素之间的相互关系、相互作用形成要素变革系统，以此保证课堂教学系统中各要素有效运行的基本过程与方式。在机制建构部分，着重讨论机制的理论构建、运行理路和优化策略等问题。在现实考察部分，着重了解目前中小学在要素驱动式课堂变革方面做得怎么样，尚且存在哪些问题，如何进行改进等。

二 本书的主要内容

根据本书的总体框架，结合预期目标的阐述，本书紧紧围绕信息化环境下中小学课堂变革机制这一主题，具体设计了"缘起篇""理论篇"和"实践篇"三大模块的研究内容。

（一）信息化环境下中小学课堂变革的研究缘起

在研究缘起部分，我们着重探讨研究的目的和意义、拟解决的核心问题、研究内容和拟突破的重难点，以及本书的研究思路与方法、国内外研究现状、信息化环境下中小学课堂变革的主要依据（如政策依据、理论依据和现实依据等）、信息化环境下中小学课堂变革的价值诉求，等等。这部分主要是想交代研究的背景和已有研究的情况，并为后续进一步做理论分析和实践考察奠定基础。

（二）信息化环境下中小学课堂变革的理论分析

本书在理论部分着重分析信息化环境下中小学课堂变革的本质内涵和变革机制的理论构建、运行理路、优化维度等。

1. 信息化环境下中小学课堂变革的本质内涵

该部分拟对信息化环境下中小学课堂变革问题进行学理分析，主要阐述信息化环境下中小学课堂变革的基本内涵、信息化环境下中小学课堂变革的主要特征等问题。通过这部分的阐释，能让人们更清楚地认识信息化环境下中小学课堂变革。

2. 信息化环境下中小学课堂变革机制的理论构建

该部分主要从信息技术融入中小学课堂教学必须涉及的如目标、内容、主体、过程、方法、环境和评价等要素来建构中小学课堂变革机制。由于信息化环境下课堂上每个要素在运用信息技术方面有其特殊要求，因此由每个要素所驱动的课堂变革均有所不同，由此形成了基于信息素养的目标驱动式中小学课堂变革，基于信息甄别的内容驱动式中小学课堂变革，基于信息重组的过程驱动式中小学课堂变革，基于信息手段的方法驱动式中小学课堂变革和基于信息数据的评价驱动式中小学课堂变革。其中，教学主体和教学环境处于更为特殊的地位，因为教学主体在信息技术融入所有教学要素时都必须涉及，而信息化环境本身就是教学环境的组成部分，这也是本研究的大环境，为此，教学主体和教学环境则不单独讨论。

3. 信息化环境下中小学课堂变革机制的运行理路

该部分内容着重从运行理念、运行逻辑和运行路径三个方面对信息化环境下中小学课堂变革机制做深入具体的阐述，由此，帮助人们更好地把握信息化环境下中小学课堂变革机制，从而准确地进行实践操作。

4. 信息化环境下中小学课堂变革机制的优化维度

该部分内容重点从四个方面展开阐述：一是从提升师生信息素养维度进行优化，这是"要素驱动式"课堂教学变革的核心；二是从更新硬件设施维度进行优化，这是"要素驱动式"课堂教学变革的依托；三是从创新教学软件开发维度进行优化，这是"要素驱动式"课堂教学变革的关键；四是从建立健全相关制度维度进行优化，这是"要素驱动式"课堂教学变革的保障。

（三）信息化环境下中小学课堂变革的实践考察

该部分主要是在要素驱动式课堂变革理念的指导下，以 G 省的中小学课堂为考察对象，通过问卷、访谈和课例分析等方式对 G 省各州市中小学的课堂变革情况进行调研，分析现状、概括问题、分析影响因素等。同时，针对现实考察中所发现的主要问题，在具体分析其形成原因的基础上，提出改进 G 省中小学课堂的对策建议。

第三节 研究思路与方法

常言道："思路决定出路。"[①] 在本节中，我们将重点结合研究内容的需要，根据研究思路具体设计切实可行的研究方法。

一 研究思路

本书基于信息化大环境，探讨切合 G 省实际的中小学课堂变革机制，着重解决当前信息化时代背景下，信息技术广泛运用于中小学课堂但至今尚未形成有效变革机制这一问题。长期以来，人们在探讨课堂教学变革时，主要是从课堂教学内部分析课堂教学的变化情况，而信息化环境下的课堂教学变革，意欲从信息技术这个外部条件切入探讨课堂教学变革情况，虽然其探讨课堂教学变革的要素不变，但其突破了从课堂教学本身思考问题的局限，拓宽了探讨课堂教学变革的分析场域，从而为课堂教学变革注入了新的活力。虽然信息技术融入课堂教学早已不是新鲜事，而且有关信息技术融合课堂教学的研究在一定程度上已经取得了丰硕的成果，在推进现实的课堂教学变革方面发挥了重要的作用，而且这种影响力会继续下去。但是，无论是在实践操作上，还是在理论思考上，至今仍缺乏一个有效的变革框架，即变革机制尚未建立起来。因此，本书试图通过建立信息化环境下"要素驱动式"课堂变革机制，从而有效推进信息技术与课堂教学的深度融合，这一研究不仅重要而且十分必要，由此建立起的研究框架如图 1-1 所示。

其一，拟通过文献法和理论思辨的方式，对信息化环境下中小学课堂变革的内涵、特征等问题进行学理分析。

其二，拟从课堂教学所涉及的目标、内容、过程、方法、评价以及主体与环境等核心要素建构、形成要素驱动式课堂变革机制。

其三，拟从运行理念、运行逻辑和运行路径三方面着手对信息化环境下中小学"要素驱动式"课堂变革机制的运行理路进行分析探讨。

[①] 林昊编：《思路决定出路的 24 堂课》，中国华侨出版社 2009 年版。

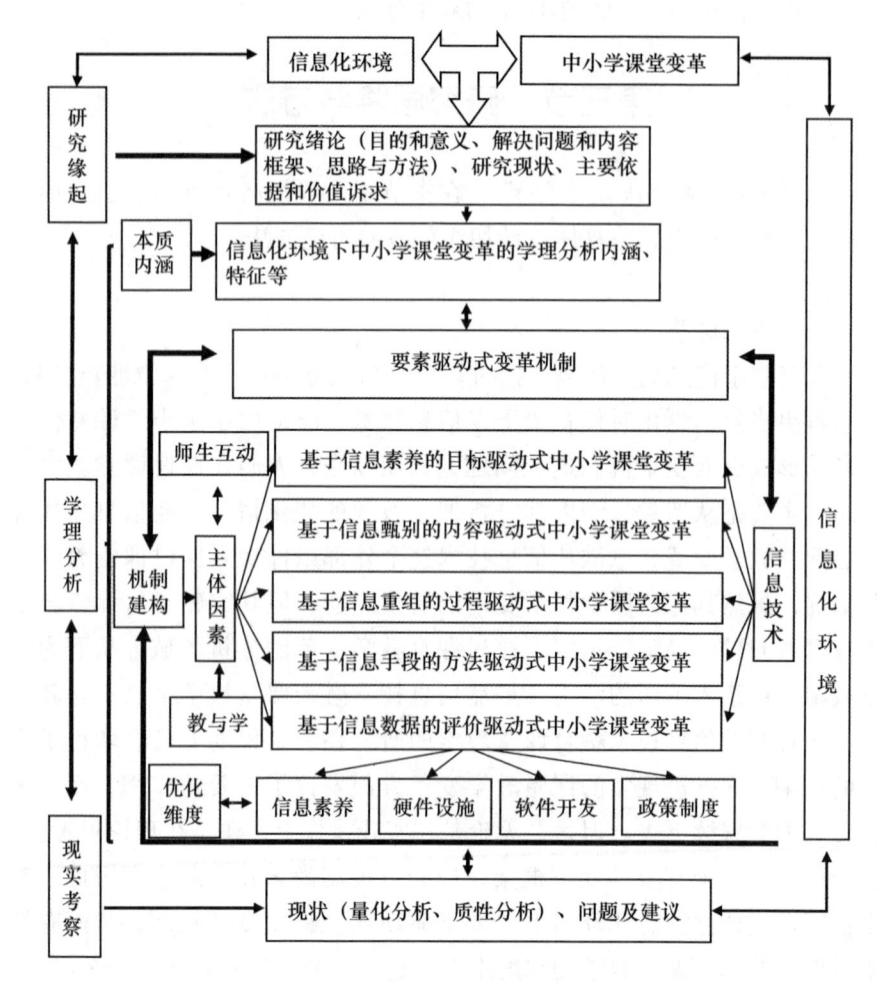

图 1-1 信息化环境下中小学课堂变革机制研究框架

其四，拟从信息素养、硬件设施、软件开发、政策制度四个方面对信息化环境下中小学"要素驱动式"课堂变革机制的优化维度进行探讨。

其五，拟通过量化和质性两种分析方式，对G省各州市的中小学课堂现实进行考察，就此分析现状、探讨核心问题等，同时结合其主要影响因素分析，提出改进建议。

二 研究方法

根据研究思路,结合研究主题和内容的实际情况,本书主要采用了如下五种研究方法。

(一) 文献研究法

文献研究法主要指搜集、鉴别、整理文献,并通过对文献的研究形成对事实的科学认识的方法。本书通过文献研究法,在搜集已有文献资料的基础上,把握有关信息化环境下中小学课堂变革研究的现实状况,同时借助已有研究成果分析信息化环境下中小学课堂变革的内涵与特征。

(二) 调查研究法

本书通过问卷和访谈两种方式在G省各州市的中小学课堂上进行抽样调查。其中,问卷分为教师卷和学生卷,主要涉及信息技术使用情况、信息技术与教学内容的整合、信息技术引起的教学方式的变化、信息技术支持教学评价的情况等方面。访谈法主要是指研究者与被访谈者进行面对面交流以收集相关数据资料的方法,其间访谈者可以根据访谈时的实际情况对访谈内容做出灵活调整。本书主要是通过半结构式访谈法在中小学教师和学生中开展调查研究,了解信息化环境下中小学课堂教学变革的具体情况。笔者编制了"教师访谈提纲""学生访谈提纲"。

(三) 扎根理论

扎根理论是一种直接从原始资料中经过归纳概括,建立理论体系的定性研究方式。在本书中,主要通过扎根理论对通过问卷中的开放题型所获取的原始资料进行归纳、概括,形成一定的共性认识,为探讨问题、原因、对策,乃至建构要素驱动式变革机制提供支撑。

(四) 课例分析法

课例分析法即研究者选择具有代表性的一个或几个教学场景为研究对象,系统地收集数据资料,以便于探讨某种现象在实际教学环境中的具体情况的一种方法。笔者录制和收集了G省中小学课堂教学视频,结合本书提出的要素驱动的理念和分析框架,就视频内容进行课例分析,具体了解和分析要素驱动式课堂变革情况,为建构和优化要素驱动式课堂教学变革机制提供参考依据。

（五）德尔菲技术

本书通过德尔菲技术这种方法，在与相关专家进行多次沟通与交流中，不断修订和完善本书所建构的要素驱动式中小学课堂变革机制和优化策略，最终使之更加合理、有效。

第二章 国内外研究现状

随着信息化 2.0 时代的到来，中小学校的教学形态、教学方式、教师教学理念等都发生了史无前例的变化，并引起了国内外学术研究者的普遍关注，其相关研究数量与质量正逐年递增。本书立足国内外的研究文献，对当前有关信息化背景下中小学要素驱动式课堂变革机制的研究现状进行系统爬梳，在整体了解现状的基础上，把握研究动态。

第一节 国外研究现状

国外有关信息化环境下中小学课堂教学变革研究的成果比较丰硕，从国外对教育信息化相关的政策入手，分析其发展历程，并从其在推广的过程中所出现的问题以及解决的方法入手进行梳理。为了方便大家阅读和理解，我们拟着重从如下方面展开讨论。

一 关于教育信息化发展政策的研究

在知识经济时代，推进教育信息化进程的意义和价值不仅仅局限在教育层面的变革和进步上，也是促进社会整体进步的有力武器，国外在国家层面正在逐步推进信息化政策的制定、执行以及评价等方面，期望通过信息化赋能社会。落实到教育领域，主要是提升教育教学质量、优化教育结构、增强教育竞争力。通过梳理当前国外与教育信息化政策相关的研究成果，发现其主要表现在四个方面：第一是教育信息化政策的价值取向。促进教育公平，由信息技术开展的远程教育为偏远地区和落后地区提供了极大的发展机遇，丰富了课程资源，最终的旨归是促进教育质量的优质和公平发展。Toh & So（2011）①、Ertmer（2005）② 通过开展个案研究，关注发展中国家是如何以及怎样利用信息技术实现教育公平的。第二是教育信息化政策的重心。Liaw（2008）③ 认为，实践需求的不同，导致不同阶段的教育信息化政策重心发生变化，教育信息化发展模式受到一国国情及文化背景的影响。还有学者（2003）④ 从各国的历史状况、经济发展水平、文化传承的角度，探讨了各国教育信息化发展程度的不一致。第三是如何制定相关政策使信息技术赋能教育系统。Stoytchev（2008）⑤，Michaels、Weier & Harrison（2007）⑥ 及 Lee & McLoughlin（2008）⑦ 等研究者认为，不仅要关注新兴技术创新的特质，而且需要与教师和课堂上的学生一起进行合作。Gu，Zhu & Guo（2013）⑧ 和 Cheung & Slavin（2013）⑨ 关注了使用技术能否并且如何真正地取得长期效果。他们都强调教育信息化政策的制定不是信息技术的简单应用，而是信息技术与教育的深度融合。第四是充分认识信息技术使教育系统发生变革的具体逻辑。任何新技术融入课堂、融入教育都需要一个动态变化过程，从理论和实践层面都需要予以支持，以系统的观点思考信息技术下的课

---

① Y. Toh, & H. J. So, "ICT Reform Initiatives in Singapore Schools: A Complexity Theory Perspective," *Asia Pacific Education Review*, 2011, 12 (3), pp. 349 – 357.

② P. A. Ertmer, "Teacher Pedagogical Beliefs: The Final Frontier in Our Quest for Technology Integration?," *Educational Technology Research and Development*, 2005, 53 (4), pp. 25 – 39.

③ S. S. Liaw, "Investigating Students' Perceived Satisfaction, Behavioral Intention and Effectiveness of E-learning: A Case Study of the Blackboard System," *Computers & Education*, 2008, 51 (2), pp. 864 – 873.

④ V. Venkatesh, M. G. Morris, G. B. Davis, & F. D. Davis, "User Acceptance of Information Technology: Toward a Unified View," *MIS Quarterly*, 2003, pp. 425 – 478.

⑤ A. Stoytchev, *Learning the Affordances of Tools Using a Behavior-grounded Approach. In towards Affordance-Based Robot Control*, Springer Berlin Heidelberg, 2008, pp. 140 – 158.

⑥ C. F. Michaels, Z. Weier, & S. J. Harrison, "Using Vision and Dynamic Touch to Perceive the Affordances of Tools," *Perception*, 2007, 36 (5), pp. 750 – 772.

⑦ M. J. Lee, & C. McLoughlin, "Harnessing the Affordances of Web 2.0 and Social Software Tools: Can We Finally Make 'Student-centered' Learning a Reality," In *Proceedings of World Conference on Educational Multimedia*, *Hypermedia and Telecommunications*, 2008, pp. 3825 – 3834.

⑧ X. Gu, Y. Zhu, & X. Guo, "Meeting the 'Digital Natives': Understanding the Acceptance of Technology in Classrooms," *Educational Technology & Society*, 2013, 16 (1), pp. 392 – 402.

⑨ A. C. Cheung, & R. E. Slavin, "The Effectiveness of Educational Technology Applications for Enhancing Mathematics Achievement in K-12 Classrooms: A meta-analysis," *Educational Research Review*, 2013, 9, pp. 88 – 113.

堂变革。有学者对关于信息技术在个案中的融入实践进行探索，以信息技术作为驱动要素，一开始主要是从教学方法入手，如 Hwang、Wu & Chen（2012）[1] 和 Shih, Lee & Cheng（2015）[2] 等学者通过游戏软件在学习中的应用改进教学过程。Veletsianos（2012）[3] 主要探讨社交媒体辅助下的个性化学习。Conole（2015）[4] 和 Margaryan, Bianco & Little John（2015）[5] 等学者开始研究慕课在教学中的创新应用。除了实践层面的具体探索外，对实践效果的评价也没有遭到忽视，Narula（2003）[6] 提出了评估问题政策体系的效果，强调用变革效果的评价来调控信息技术的融入举措，以及时改进信息技术支持下的教学实践。总结来看，国外的教育信息化政策发展对基础设施的建设和完善，具体信息技术的应用和社会的需求等方面都有所关注。

二 关于信息化背景下教育变革历程的研究

根据信息技术与教育的融合程度，杨宗凯、杨浩和吴砥（2014）[7] 把教育信息化的发展分为起步、应用、整合和创新四个阶段，在促进教育走向信息化的过程中，因实践需求的不同，具体的关注点也不一样。在起步阶段，美国的首要做法是颁布了《国家教育技术规划》，该文件明确指出，每个教室都必须拥有计算机网络、相关的学习软件以及担任

---

[1] G. J. Hwang, P. H. Wu, & C. C. Chen, "An Online Game Approach for Improving Students' Learning Performance in Web-based Problem-solving Activities," *Computers & Education*, 2012, 59(4), pp. 1246–1256.

[2] R. C. Shih, C. Lee, & T. F. Cheng, "Effects of English Spelling Learning Experience through a Mobile LINE App for College Students," *Procedia-Social and Behavioral Sciences*, 2015, 174, pp. 2634–2638.

[3] G. Veletsianos, "Higher Education Scholars' Participation and Practices on Twitter," *Journal of Computer Assisted Learning*, 2012, 28(4), pp. 336–349.

[4] G. G. Conole, "MOOCs as Disruptive Technologies: Strategies for Enhancing the Learner Experience and Quality of MOOCs," *Revista de Educaction a Distancia*, 2013(39).

[5] A. Margaryan, M. Bianco, & A. Little John, "Instructional Quality of Massive Open Online Courses (MOOCs)," *Computers & Education*, 2015(80), pp. 77–83.

[6] R. Narula, *Globalization & Technology: Interdependence, Innovation Systems and Industrial Policy*, Polity Press, 2003.

[7] 杨宗凯、杨浩、吴砥：《论信息技术与当代教育的深度融合》，《教育研究》2014 年第 3 期。

信息化教学的教师①，对基础设施和师资予以明确的规定。与美国不同的是新加坡的举措，其更为具象，它颁布了《教育信息化一期发展规划》，在具体措施中对学生、教师、计算机、具体信息技术以及教师的信息技术教学能力等②都提出了更为细致的要求和规定。与此同时，韩国在1997年颁布了《教育信息化全面规划》，作为推进教育信息化进程的文件，最先关注的也是学校的校园网和信息技术设备的建设。以上三个国家在教育信息化进程的起步阶段，主要都关注信息化背景下教学变革所需要的基础设备设施和教师，从物和人的角度切入。因各国的经济发展水平不一，在推进教育信息化过程中的速度差距也较大，不论是发达国家还是发展中国家在实践中都存在着较多的问题，涉及资源、能力和效果等，在后续过程中也对之予以持续关注和改进。在全面应用阶段，基于起步阶段的实践成果，各个地区和国家的信息化环境建设都取得了一定的成果。美国发布的 NETP 2000 和 NETP 2004，从2000年到2004年，数字资源建设、信息化系统的提升以及信息技术教学能力等③都开始全面推进，开始突出管理的功能，对信息化教学的建设与评估起到反馈和调控作用。与此同时，新加坡的 MP1 计划具体到应用信息化资源来促进教学方面④，包含教学方法和教学资源的扩展应用。新加坡在 MP3 计划中开始关注信息化环境对学生学习的作用，在提供学生学习经验方面，充分利用信息技术为学生提供丰富的资源，创建平台和网络技术⑤，加强学生具身学习经验，帮助学生自主合作学习。而此时的韩国则重点推广数字化学习，在其第一份规划文件基础上进行数字化学习，提高学

---

① *Getting America's Students Ready for the 21st Century：Meeting the Technology Literacy Challenge. A Report to the Nation on Technology and Education*，Washington DC：Department of Education，1996.

② Ministry of Education, Singapore. Masterplan 1. ［2021 - 1 - 27］. http：//ictconnection. moe. edu. sg/masterplan-4/our-ict-journey/masterplan-1.

③ U. S. Department of Education, "Toward A New Golden Age in American Education：How the Internet, the Law and Today's Students Are Revolutionizing Expectations," *National Education Technology Plan*, 2004, p. 72.

④ Ministry of Education, Singapore. Masterplan 1. ［2021 - 1 - 2］. http：//ictconnection. moe. edu. sg/masterplan-4/our-ict-journey/masterplan-1.

⑤ Ministry of Education, Singapore. Masterplan 3. ［2020 - 12 - 27］. http：//ictconnection. moe. edu. sg/masterplan-4/our-ict-journey/masterplan-3.

习效率。在融合阶段，信息技术与教育教学结合的内在逻辑开始受到广泛关注：信息技术与课程、教学、教师、学生的关系究竟如何？其间存在着怎样的逻辑关系？如何更好地利用信息技术，以充分发挥其优势？国外较为一致地认为，二者的关系应是融合的，不是简单的结合，而是你中有我，我中有你，深度融合，助力于提高教育教学质量。针对二者到底该如何融合，不管理论层面的研究成果有多么丰富，还是要落实到实践中来，关键在于教师的信息化教学能力。美国在 NETP 2016 计划中要求推进信息技术支撑下的教育系统结构性变革①，要提高教师的信息素养，提升教师将信息技术与教育融合的关键能力。除了在教师方面进行改革外，还关注信息化环境的建设，如新加坡和韩国开始大规模推行学生使用电子书包，用计算机和专用阅读器等电子设备将学生的学习资源进行数字化，把经处理后的资源整合放到移动终端，家校共同来帮助学生学习。在创新阶段，信息技术并非一成不变，而是随着技术领域研究成果的增多，教育行业的信息技术也得到更新换代，更注重信息化背景下的创新教学。2010—2016 年的地平线报告多次报道了信息技术的新成果，如学习分析技术、增强现实（虚拟现实）技术。② 这些新兴的信息技术对教育教学的变革都具有重要意义，相比传统教学关注教师的教所带来的教学弊端而言有一定的弥补作用，改进了学生的学，从学习方式、学习时间、学习空间、学习资源等方面都有一定的创新，对学生的知识学习和意义生成产生了重要影响，突出了信息技术在未来教学中的可期性。美国教育部在 2012 年 10 月发布了《通过教育数据挖掘和学习分析促进教与学》的报告，揭示了我们已经进入了数据驱动的学校时代，分析变革教育的大数据时代。③ 其具体的做法可以聚焦在美国于 2012 年启动的 Big Data Research and Development Initiative 计划上，根据大数据规模大、类型多、速度快、价值密度低的特点，开始对教育领域

---

① U. S. Department of Education, "Future Ready Learning Reimagining the Role of Technology in Education," *National Education Technology Plan* 2016.

② N. M. Consortium, "The 2011 Horizon Report," *New Media Consortium*, 2011（3）, pp. 28-30.

③ U. S. Department of Education, *Enhancing Teaching and Learning through Educational Data Mining and Learning Analytics*, US Department of Education, 2012.

的课程建设和人才培养进行实践，学校教育阶段应融入更多的人工智能技术课程，以此培养学生的信息素养。

三　关于教育信息化环境下信息技术应用现状的研究

对国外信息技术在教育应用中所存在的问题以及解决对策进行分析，我们可以借鉴经验，避免重走弯路，在积极利用现代信息与传播技术推进我国教育信息化等方面做出更明智的决策。梳理国外对信息技术应用的研究成果，发现其主要存在着数字鸿沟[1]、信息安全设备的使用和管理[2]、教师培训、教学应用的有效性（主要是在学生的绩效评价方面、学生从事自主探究式学习方面、在学生进行远程学习方面）、信息技术研究（主要是理论研究滞后于技术、学校信息技术资源滞后于学生、校长及管理者的培养滞后于ET发展需求、研究缺乏批判性自我反思机制）等问题。在数字鸿沟方面，由于各个地区经济发展不平衡，学生在此过程中所接收到的数字资源不同，信息技术应用程度存在差异，信息富有者和信息贫乏者之间的差距不断扩大，由此产生数字鸿沟。计算机和网络设备分布不均，接触和使用计算机等信息技术产品的机会不均等。这一现实问题已引起社会的广泛关注。在信息安全设备的使用和管理方面，互联网的可接触性较低，缺乏相关的管理制度，只要有机会进入网页者都可以浏览信息和发表言论，导致互联网的内容良莠不齐。若学生缺乏权威指导而受错误信息的引导就会误入歧途，不仅仅对学生的学习无益，反而会损害学生的身心健康。美国作为一个倡导自由的国家，若缺乏网络管理制度，有害信息在网络上的肆意传播，则会放大信息技术所带来的劣势，难以捕捉其优点，更难以利用信息技术所带来的丰富资源。在教师培训方面，教师的信息技术教学能力是信息技术和教学深度融合的关键，教师不仅要会用信息技术，还要用好。而在实际中对教师进行这

---

[1] A. Cattagni & E. Farris, *Internet Access in U. S. Public Schools and Classrooms*: 1994 - 2000 (*NCES Statistics in Brief*), Washington, DC: National Center for Education Statistics, http://nces.ed.gov/pubs2001/2001071.pdf.

[2] Beverly F. Flowers and Glenda C. Rakes, "Analyses of Acceptable Use Policies Regarding the Internet in Selected K-12 Schools," *Journal of Research on Computing in Education*, Spring 2000, Vol. 32, No. 3.

方面培训的效果不佳,近 2/3 的教师对此还不适应,尤其是年龄偏大的教师更是出现适应困难,在教学观念和教学技能方面都较滞后于信息技术的发展要求。对此虽有相关的教师信息技术教学能力方面的培训,但教师培训的资金不足和培训制度及评价机制不完善都直接影响着教师信息技术教学技能的提升。在教学应用的有效性方面,将信息技术应用到教学中的效果究竟如何,教学质量的提升是否直接来源于信息技术的应用,对将信息技术应用到课堂教学中的效益、效果和效能都存在质疑。对此,虽然美国相关的教育行政部门也采取了一定的措施,但还需要更多的时间和实践来进行深入探索。在信息技术研究方面,其一是理论研究滞后于技术,随着信息技术的快速发展,将其应用到教育领域的研究成果还不是很多,在实际的具体应用中也不成熟。如关于人—机互动,对人工智能协同教学仍需要进一步开展研究。其二是学校信息技术资源滞后于学生需求[1],信息技术的跟进需要大量财政资源的投入,尤其是经济欠发达的地区难以跟上信息化课堂教学的需要。其三是校长及管理者的培养滞后于 ET 发展需求[2],相关领导者的信息化领导力在极大程度上直接影响着整个学校的信息化课堂教学进程,若校长未能很好地形成信息化领导力,就难以满足今日学校的相关需求。其四是研究缺乏批判性自我反思机制,反思—实践—再反思—再实践能更好地改进信息化教学,美国学者通过相关研究发现,虽然学校在各个方面提供了资源和设备,但是信息化教学效果并不是十分令人满意,主要原因就在于各方面的实践主体在一定程度上缺乏自我反思的能力,相关的评价机制也不够完善。[3]

四 关于信息化背景下教师数据素养的研究

教师是教学活动的主导者,教师的专业技能是其有效开展教学实践

---

[1] B. Levin, & M. Fullan, "Learning about System Renewal," *Educational Management and Leadership*, 2008, 36, pp. 289–304.

[2] Kershner Brad & McQuillan Patrick, "Complex adaptive Schools: Educational Leadership and School Change," *Complicity: An International Journal of Complexity and Education*, 2016, 13 (1), pp. 4–29.

[3] Matthew Militello and Jennifer Friend, Charlotte, "Technology and Educational Leadership," NC, *Information Age*, 2013.

的核心能力。数据素养是大数据时代信息素养的新内容,是当前教师需要掌握的新技能。第一是对教师数据素养的界定。Athanase et al. (2013)① 认为,教师数据素养是指教师集中、有目的地收集和分析学生的学习,反思和处理这些学习数据的能力。可以发现,他们把教师的数据素养聚焦在教师的信息处理能力上,尤其是学生学习数据对改进教学的反馈调整能力。Nancy(2013)② 和 Athanase et al. 有着共同的关注点,但更为强调教师对数据的持续性处理能力,突出教师数据素养的长期动态变化,更突出素养的持久性,突出教师对学生学习数据的持久关注和处理,以此跟踪学生的学习,改进教学。第二是教师数据素养教育的意义和挑战。2012年美国就提出教育大数据时代已到来的论断,利用大数据推动教育变革,积极探索不同学习因素之间的关联所在,为改进教育教学提供可资参考的决策,使得教学对学生的培养愈加个性化,落实因材施教,评价的智能化以及管理决策的科学化。其中也存在着很多尚未解决的问题,Mandinach et al.(2011)③ 针对政府、学校、教师、学生等不同层面所存在的问题展开了讨论。第三是教师数据素养能力的理论基础。Marsh et al.(2015)④ 设计了一种数据驱动教学的指导框架,在经历了经验模仿教学范式和计算机辅助教学范式之后,对于其中的精准性和个性化是数据驱动教学更为关注的内容。Mandinach 从教师的数据素养技能和概念出发,提出了数据运用的概念框架⑤,对教师具体的数据素养内容进行更为细化的分析。第四是教师数据素养教育项目研究。为提升教师的数据素养,美国创办了国家科学基金和斯宾塞基金会来进行

---

① S. Z. Athanase, L. H. Bennett, J. M. Wahleithner, "Fostering Data Literacy through Preservice Teacher Inquiry in English Language Arts," *The Teacher Educator*, 2013, 48 (1), pp. 8 – 28.

② Nancy Love, *Data Literacy for Teachers*, Naples: National Professional Resources Inc./Dude Publishing, 2013, pp. 1 – 6.

③ E. B. Mandinach, E. S. Gummer, R. D. Muller, "The Complexities of Integrating Data-Driven Decision Making into Professional Preparation in Schools of Education," 2011. http://educationnorthwest.org/sites/default/files/gummer mandinach-full-report.pdf.

④ J. A. Marsh, C. C. Farrell, "How Leaders Can Support Teachers with Data-Driven Decision Making: A Framework for Understanding Capacity Building," *Educational Management Administration & Leadership*, 2015, 43 (2), pp. 269 – 289.

⑤ E. B. Mandinach, "A Perfect Time for Data Use: Using Data-Driven Decision Making to Inform Practice," *Educational Psychologist*, 2012, 47 (2), pp. 71 – 85.

相关的研究，其他国家，如英国、澳大利亚以及南非地区的部分国家也在开展教师数据素养提升的培训，在培训中更为关注教师对数据的处理能力。通过梳理文献发现，教师数据素养大致涉及这几点：其一是重视信息认知的培养（培养对信息的批判性反思能力、重视信息认知能力的教学和普及）；其二是重视信息行为的塑造（注重贯彻终身学习的理念、指导制订和执行信息素养阶段性学习计划、提倡嵌入式信息素养教学）；其三是重视信息分享和创造能力的培养（推广社区化学习理念、强化信息创新能力、重视信息道德的培养）。

五 关于教育信息化下课堂教学变革所面临的现实挑战的探索

库克耶在其论著《大数据时代：学习和教育的未来》中提出了互联网+教育的利与弊，并在分析利弊的基础上，探索出了应对弊的相应策略。美国的高校也主动进行了信息化变革，并以"红气球项目"为载体，为其所面临的困难与挑战提供了解决方案。针对信息化教学过程中所面临的现实问题，有学者建议美国政府应发挥主要作用，对教育进行变革，如加大对教育信息化的投入、对教育信息化进行立法、提升中小学校的信息化教学质量。也有学者认为，要有效解决信息化教学过程中的问题，就必须由专门机构负责信息化顶层设计和协调推进工作；鼓励非政府组织成为基础教育信息化的重要参与者；营造宽松的教学氛围激发创新的教学模式和教学案例；倡导健康使用技术，弥合新型数字鸿沟；普及无障碍技术，促进特殊群体公平参与。与此同时，美国政府也相继制订了一系列国家教育技术计划（NETP），如"技术支持下的 21 世纪学习模型"，并进行美国教育的系统性变革；倡议"为未来准备的学习"理念，并提出要积极应对数字应用鸿沟。总结来看，这主要表现在如下方面：一是政府增大对薄弱地区的投入，缩短数字鸿沟[1]；二是采取多种手段实施访问控制，保障信息安全[2]；三是畅通网络、提供技术支持，

---

[1] Michelle S. Kosmidis, "Bringing the Internet to Schools: US and EU Policies," 29th TPRC Conference, 2001, http://arxiv.org/abs/cs.CY/0109059. [2020-10-7].

[2] Beverly F. Flowers and Glenda C. Rakes, "Analyses of Acceptable Use Policies Regarding the Internet in Selected K-12 Schools," *Journal of Research on Computing in Education*, Spring 2000, 32(3).

保证硬件设备有效应用①；四是继续围绕互联网时代师生应该如何教学和学习等问题展开深入研究。②

不难发现，国外学术研究者对信息化给教育教学变革所带来的影响与创新思路进行了有益探索，并取得了丰硕的研究成果。这一系列思考为中小学信息化课堂教学变革提供了一定的借鉴作用。

第二节 国内研究现状

关于国内相关研究现状的梳理，我们可以从两个方面进行阐述：一是信息化环境下课堂教学的相关研究；二是信息化环境下课堂教学变革的相关研究。

一 有关信息化环境下课堂教学的研究

国内有关信息化环境下课堂教学的研究成果十分丰富，主要集中在信息化课堂教学的理论基础、信息化课堂教学的有效性、信息化课堂教学模式、信息化课堂教学设计、信息化教学实践、信息化课堂教学行为、教师信息化专业发展、课堂教学管理、教育信息化的本质、信息技术与教育"深度融合"、课堂教学评价等方面。

（一）有关信息化环境下课堂教学理论基础的研究

周素娜（2011）在《教育信息化环境下基于主体间性的基础教育课堂教学模式探析》中阐述了主体间性理论的内涵、特征，认为主体间性是主体与主体之间的关系，重视主体间的平等交流与协作。③ 蓝同磊主张师生之间应是主体与主体的关系，即师生在任何时候都应该是主体。④

---

① Honorable Bob Kerrey, "The Power of the Internet for Learning: Moving from Promise to Practice," *Report of the Web-based Education Commission to the President and the Congress of the United States*, 2000. www. ed. gov/offices/AC/WBEC/Final Report/WBEC Report. pdf.

② Honorable Bob Kerrey, "The Power of the Internet for Learning: Moving from Promise to Practice," *Report of the Web-based Education Commission to the President and the Congress of the United States*, 2000. www. ed. gov/offices/AC/WBEC/ Final Report/WBEC Report. pdf.

③ 周素娜：《教育信息化环境下基于主体间性的基础教育课堂教学模式探析》，《中国教育信息化》2011年第16期。

④ 蓝同磊：《试论师生"学习共同体"构建的意义及其策略》，《当代教育论坛》2007年第1期。

吴迪（2013）在《教育信息化环境下基础教育课堂教学模式探析——基于建构主义理论》中论述了建构主义的内涵、四大要素（情景、协作、会话和意义建构）及从教学目标、教学内容、教学方式、教学评价四方面阐述了该理论对教学的启示。[①] 姚玉献（2011）认为，知识不仅仅是教师传授的，也是学习者在一定情境下，借助其他人、借助其他学习资源，通过意义建构而获得的。[②] 王忠政（2013）以教师与领导者角色的趋同、主体参与式教学、混合式教学等为理论基础，探讨了教师领导力开发的具体表现。[③] 孙卫国等（2008）认为，在教育信息化进程中，如何在课堂教学中合理地使用信息技术，做到用技术来学习，而不是学习技术，是各教育工作者需要仔细思考的问题；并以协同学习理论、掌握学习理念、以反馈评价为中心的教学理念为理论基础设计了课堂互动技术系统，以期为信息化课堂教学创新提供可资借鉴的变革主张与设想。[④]

（二）有关信息化课堂教学有效性的研究

有关信息化课堂教学有效性的研究主要表现在三个方面：一是从技术实用取向层面对课堂教学有效性进行探讨，如孟琦（2006）分析了信息化教学得以成功的原因，认为其主要表现在技术功能、学习投入、情境创设、教学准备四个方面。此外他还指出：教师在信息化教学认识上普遍存在问题，如倾向把失败归因于技术本身、主要以课堂表现作为评价依据、教学活动模式化现象等。[⑤] 由此可见，学习情境的创设、技术优势与学科特色的适切融合、学生学习兴趣的激发以及相关的教学准备对于信息化课堂教学有效性的发挥都是重要且必要的。同时教师应提高对信息化教学的认识、转变自身观念、提升信息素养，以适应教育信息化发展的趋势。二是基于信息化教学模式的课堂教学有效性进行研究，

[①] 吴迪：《教育信息化环境下基础教育课堂教学模式探析——基于建构主义理论》，《长春理工大学学报》2013年第4期。

[②] 姚玉献：《现代教育技术环境下课堂教学模式的探索》，《卫生职业教育》2011年第20期。

[③] 王忠政：《教师信息化课堂教学领导力开发》，《广西教育学院学报》2013年第1期。

[④] 孙卫国、吕兰兰：《课堂互动技术成为信息化教学新平台》，《中国教育信息化》2008年第10期。

[⑤] 孟琦：《课堂信息化教学有效性研究——教育技术之实用取向》，博士学位论文，华东师范大学，2006年。

如李钒、宋翔（2018）以一堂完整的课为研究对象，重点研究在某一具体模式下信息化课堂教学的有效性。他们通过研究发现，当前模式下课堂教学是有效的，其有效性体现在环境营造、教学设计的逻辑性、教学理念的更新、教学形态的流畅性等方面。① 三是对如何形成信息化课堂教学有效性策略的相关研究，如刘珍（2011）基于对小学数学课堂教学现状的分析，以儿童认知发展理论、和谐沟通理论、刺激—反应理论为理论基础，探讨出了一套可操作的教学策略。② 王贤文③（2007）则以课堂为研究对象，通过多种研究方法相结合的方式，分析了教师信息化教学的现状，并给出了有效利用的策略。由此可见，要提高信息化课堂教学质量，不在于技术的引进，而在于教师的有效使用。

（三）有关信息化课堂教学模式的研究

国内针对信息化课堂教学模式的研究主要涉及如下四个方面：

首先，通过与传统课堂进行比较，对信息化课堂教学模式进行探索的研究，如王贤明（2003）根据对信息技术和传统课堂教学的优势整合是教育信息化的新走势的判断，提出了"超课堂"教学模式，该模式立足于原有的班级授课制，通过现代信息技术的引入，解决传统课堂教学在异步交流、教学内容、教学资源、多渠道交互、学生学习主观能动性带动方面所存在的缺陷。"超课堂"教学模式具体体现为在线备课、课堂教学、在线练习，并指出评价是"超课堂"教学过程的重要环节。④ 赵国宏（2004）通过对传统课堂"书灌"教学模式、信息化环境下课堂教学"电灌"教学模式及以教师为中心的教学模式进行反思，并结合建构主义学习理论和现代信息技术理论，就如何设计适合于课堂教学的信息化教学模式进行了探索。⑤ 陈振华（2011）在《当代中国课堂教学变革方式论略》一文中指出，"当代中国课堂教学变革主要表现在教学时

---

① 李钒、宋翔：《信息化教学模式下当前课堂教学有效性研究》，《天津化工》2018年第2期。
② 刘珍：《信息化环境下小学数学课堂有效教学策略研究》，硕士学位论文，西北师范大学，2011年。
③ 王贤文：《高校教师信息化课堂教学有效性研究》，硕士学位论文，湖南科技大学，2007年。
④ 王贤明：《"超课堂"教学模式简述》，《中国教师报》2003年第2期。
⑤ 赵国宏：《高校课堂信息化教学模式初探——以延边大学为例》，硕士学位论文，延边大学，2004年。

间、空间的变革以及手段与方法的变革"上,并对课堂教学变革的基本规律给出了自己的看法:课堂教学变革不仅是纵向的也是横向的,并且不是一蹴而就的,但其始终进行着,对师生教学方式产生改变这一事实是客观存在的。① 吕洪波、郑金洲（2012）在《中小学课堂教学变革的基本认识》一文中认为,"未来的课堂教学变革趋势将是多相融合的"②。

其次,有学者结合建构主义等理论,构建了一种新的信息化课堂教学模式,具体体现为全面兼顾教学目标和学习目标、正确建立平等的师生关系、整合新旧学习内容、合理利用现代信息技术、实施多角度评价。周素娜（2011）则基于主体间性理论从师生关系、信息素养、学习方式、师生交往观、教学情境五方面论述了基础教育课堂教学模式变革的启示,并阐述了该模式的应用策略。③ 黄伟等人从教学关系的角度展开了对课堂教学模式变革的研究,认为基于教学关系的课堂教学模式大体有三种:"先教后学,随教而学""自学自理,以教辅学""先学后教,以学定教",并对这三种教学模式及其变革思路进行梳理和辨析。他们还认为,尽管"先学后教,以学定教"自身的科学性及所取得的成效是有目共睹的,但它仍不是尽善尽美的,还有较大的完善空间,需要在理性看待它的基础上将其运用于具体课堂教学中。

再次,基于对大数据的动态分析,进而对信息化课堂教学模式进行建构研究。如王瑞（2015）基于大数据理念,研究了信息化与大数据支持下的教学模式诉求,阐述了移动自主学堂的模式构建,根据不同角色对课堂教学支撑平台进行了设计,并对应用情况进行简单论述。④

最后,从我国教育信息化的困境与出路出发,对信息化课堂教学模式进行创新研究,如王竹立（2014）指出了我国教育信息化"天花板困局"形成的原因,从某种意义上说,这也是我国教育信息化发展滞后的

---

① 陈振华:《当代中国课堂教学变革方式论略》,《陕西师范大学学报》（哲学社会科学版）2011 年第 5 期。
② 吕洪波、郑金洲:《中小学课堂教学变革的基本认识》,《教育研究》2012 年第 4 期。
③ 周素娜:《教育信息化环境下基于主体间性的基础教育课堂教学模式探析》,《中国教育信息化》2011 年第 16 期。
④ 王瑞:《信息化环境下移动课堂教学模式探究》,《中国教育学刊》2015 年第 12 期。

主要原因。① 众所周知,网络时代人们通过三种模式进行学习:学校教育、网络教育和网络学习,随着信息科技的快速发展,未来我国教育信息化的主战场应该在网络教育而不在学校课堂,当然,网络教育也不能照搬传统的学校教育模式,而必须在传统学校教育模式的基础上继承与创新。信息化的本质就是实现信息与知识共享,可见,网络学习可能将成为未来学习的主要模式。周婕(2018)一方面分析信息化在给课堂带来丰富的教学资源、多样化的教学手段、多形式的教学设计、交互性的教学方式以及多元的学习考评变化时,也存在信息技术滥用的问题。另一方面结合当前信息化课堂教学模式所存在的现实问题,提出了创新信息化课堂教学模式的改革,其具体体现了开放性、活力化、简洁性。② 陈杨彬提出每一种全新的教学模式总是能找到支持它们的证据和理由,但同时也会出现一片反对之声的观点,揭示了课堂教学变革过程中一直以来存在的一种现象。同时他还提到,无论是哪种教学模式,对课堂环境的要求都是一样的,即学生是主体。最后他还从改变教学方式和手段方面论述了信息技术的优势,得出很多数学课堂都需要依托信息技术来实现教学模式转变的结论。

概而言之,国内关于信息化环境下课堂教学变革的研究大致是从教育理念、教学模式、学生学习、教师教学等方面进行思考探索的,其中,学者们普遍认为,好的教学模式能在较大程度上降低学习负荷、帮助学生轻松学习,进而提升课堂教学质量。

(四)有关信息化课堂教学设计的研究

信息化时代的教学设计模式不仅仅是对学习资源的筛选与设计,对教学内容、学生前测水平的分析,更应在此基础上借助有效沟通机制与信息技术在一个开放环境中创设问题情境和提供外部资源、智力支持。钟晓流、宋述强等(2013)在回顾教学设计的发展演变之后,基于翻转课堂理念构建了一个太极环式翻转课堂模型,并根据模型的组成和功能

---

① 王竹立:《我国教育信息化的困局与出路——兼论网络教育模式的创新》,《远程教育杂志》2014 年第 2 期。
② 周婕:《"互联网+"背景下信息化课堂教学模式创新研究》,《福建电脑》2018 年第 8 期。

给出了实施的关键要点。① 胡小勇（2005）则以课程范式迁移、中观教学设计、支架教学策略为理论基础设计了以问题为导向、以信息技术为支撑的问题教学设计理论，其设计模型主要包括：从主题单元到问题设计；问题化教学环境设计；问题化教学过程设计；问题化教学资源设计；问题化教学评价设计。② 北师大刘美凤团队于2016年9月对国际教学设计领域的著名学者查尔斯·瑞格鲁斯进行了一场深度访谈，他认为，课堂教学设计自20世纪90年代以来就逐步走向以学习者为中心的范式，在此过程中整个教育体系需要进行系统的、全方位的变革。

（五）有关信息化环境下教学实践现状的研究

国内针对信息化环境下教学实践现状的研究主要集中在两个方面：一是从教学实践出发整体把握现状的研究，如陈晓峰（2017）采用个案研究、行动研究法对CY高中师生进行访谈，调查发现："信息化"资源使用率较低，师生对"信息化"功用认识欠缺、缺乏共识，"信息化"在课堂教学方式的改进中作用不足等问题集中存在于现阶段的CY高中课堂教学信息化中，并通过理论探析，从学校内部管理、管理者政绩观和课堂教学中师生主体三个不同视角探寻问题的成因。③ 窦菊花，文珊（2015）分析了信息化时代大学英语课堂存在沟通渠道有限，师生互动较少，信息化应用层次低，教学效果不甚理想等问题，并就信息化课堂存在的现实困境提出了基于APP的翻转课堂教学模式。④ 该模式较传统教学模式的优势体现在降低学生学习的认知负荷、促进学生知识内化、增强师生互动交流等方面。李玉顺、史鹏越（2014）通过对丰师附小平板电脑教学应用现状进行调研发现，iPad教学改变了教师的教学方式，同时也改变了学生的学习方式，继而改变着学生学习过程的记录方式、再现方式、评价方式诸多方面，并把"丰师现象"成功的原因归结为校

---

① 钟晓流、宋述强等：《信息化环境中基于翻转课堂理念的教学设计研究》，《开放教育研究》2013年第1期。

② 胡小勇：《问题化教学设计——信息技术促进教学变革》，博士学位论文，华东师范大学，2005年。

③ 陈晓峰：《高中"课堂教学信息化"的现状与改进——基于上海CY高中的个案研究》，硕士学位论文，华东师范大学，2017年。

④ 窦菊花、文珊：《基于APP的大学英语翻转课堂教学改革探索》，《黑龙江高教研究》2015年第5期。

长的信息化领导力以及对技术运用的理性认识。① 由此可见，数字文化、数字课堂、新型教与学的方式将是技术与教育整合的新趋势。与此同时，作为一名教育工作者务必要知道，在教师设计教学的过程中，是有了教学设计的需求，才会有下一步的技术使用，切不可本末倒置。二是从信息化课堂教学存在问题以及解决策略出发进行的研究，如罗辉、陈松涛等（2007）指出：思想认识不到位，资源建设滞后，教学设计不合理，激励机制缺乏等问题都是当前信息化课堂上普遍存在的，他们从提高认识、转变观念、完善机制、加强管理，教师培训、立足应用，多方参与、开发资源，强化应用、提升水平五方面提出对策建议。② 将传统与现代辩证统一是目前高校课堂教学信息化应用应着力解决的问题。闫祯（2017）提出信息化课堂一定是基于学生的，是有学生参与的课堂，信息化课堂一定是充满人文关怀的课堂。③ 王运武等人从高校师生的课堂教学满意度方面透视了课堂教学的创新型变革，认为学生对课堂教学的满意度是教学质量好坏的一个重要指标，并为此逐一罗列出影响高校课堂教学满意度的关键因素，最后提出了变革高校课堂的必要性及相应的变革策略。

（六）有关信息化课堂教学行为的研究

有关信息化课堂教学行为的研究主要表现为三点：一是行为分析方法的研究。如穆肃、左萍萍④（2015）通过分析国内外课堂行为，以学生课堂上的"行为"为基点，提出了 TBAS 方法。其中、教学行为、互动行为、技术的应用等是该方法的分析内容。通过 TBAS 分析系统对课堂教学实录进行量化处理，并结合视频观察对课堂教学行为进行统一分析，能够较客观地反映课堂教学活动的实情，便于教师对课堂教学行为、学生行为、课堂师生互动行为以及媒体在课堂教学中的应用情况等形成清楚的认识，有利于客观地分析教学过程。由此可见，基于数据可以合

---

① 李玉顺、史鹏越等：《平板电脑教育教学实践成功应用的学校案例剖析——丰师附小数字课堂与数字文化实践之思考》，《中国电化教育》2014 年第 5 期。

② 罗辉、陈松涛、安川林：《信息化课堂教学存在的问题及对策》，《中国医学教育技术》2007 年第 6 期。

③ 闫祯：《"互联网+"对课堂教学的冲击及其化解策略》，《教学与管理》2017 年第 3 期。

④ 穆肃、左萍萍：《信息化教学环境下课堂教学行为分析方法的研究》，《电化教育研究》2015 年第 9 期。

理地观摩他人的教学过程并反思自己的教学实践，从而更好地促进专业发展。① 二是教学交互行为的研究。如孙志伟（2016）开展了高职教师课堂教学行为的研究，把课堂教学行为作为研究的切入点，对信息化环境下特有的教学行为做深入分析，并从课堂结构、教学媒体、教学内容三方面论述了信息技术对教师课堂行为的影响，以期对我国教师在信息化环境下的课堂教学行为起到一定的指导作用。② 李静、张祺等（2014）从质性分析的角度，对教师在多种环境中的交互行为进行了对比研究，研究发现：不同环境下的交互行为几乎都是以传统人际交互为主。与此同时，还指出为更好地优化教师课堂交互行为、提升教学效果，可以从交互意识、教学活动设计、学生主体地位、现代教学媒体的使用四方面来考虑。③ 田健、阳嵘莎等（2009）研究了以技术性、开放性、主体性、多样性为特征的课堂教学交互行为，研究发现，教师在技术使用上的自觉性还有待提高，容易过于依赖技术所带来的便利。④ 三是教师课堂行为的研究。富媒体学习环境能够使学生随时随地进行多种形式的学习，并在实现低阶思维能力的基础上培养学生创新能力、合作能力和问题解决能力。如赵呈领、梁云真等（2016）采用定性与定量相结合的方法，对以高度感知体验和高交互性为特征的富媒体环境下的案例进行分析，研究发现其拥有先进的教学理念、凸显出深度融合的教学结构、注重创设良好的协作与互动学习环境，但小组合作效果、课堂提问还有待改善。⑤ 正如有学者所提出的：教学的生命在于提问，提问在学生学习过程中处于重要位置。鉴于此，李倩（2012）在梳理教师课堂行为研究现状的基础上，设计了一套全新的分析教师行为的编码系统，以探究教师

---

① M. D. Pistilli, K. E. Arnold, "In Practice: Purdue Signals: Mining Real-Time Academic Data to Enhance Student Success," *About Campus*, 2010（3）.

② 孙志伟：《信息化环境下高职教师课堂教学行为研究》，硕士学位论文，山西师范大学，2016年。

③ 李静、张祺等：《中学信息化课堂教学交互行为研究——基于质性分析的视角》，《中国电化教育》2014年第2期。

④ 田健、阳嵘莎等：《基于信息化课堂的教学交互研究》，《当代教育科学》2009年第13期。

⑤ 赵呈领、梁云真等：《网络学习空间中交互行为的实证研究——基于社会网络分析的视角》，《中国电化教育》2016年第7期。

的课堂教学行为变化。①

(七) 有关教师信息化专业发展的研究

国内有关教师信息化专业发展的研究，主要可从三个方面进行阐述。

首先，有对信息化环境下教师的各方面能力进行研究的，如从教师领导力的研究出发，结合多种理论，对教师领导力的内涵与外延进行了界定。具体而言，教师的领导力体现在教师对课程的理解力、信息化资源的建设以及学习共同体的构建等方面。教师领导力具备与否直接决定着教师信息化教学变革效果的好坏。李文、杜娟等（2017）则通过问卷调查法对影响中小学名师课堂信息化教学能力的因素及对策建议进行了研究，指出自身技能、工作氛围、个体心理这三个影响因素对中小学名师课堂信息化教学能力的影响效果显著。② 不难发现，内、外部因素对教师教学能力都发挥着重要作用，共同影响着中小学教师课堂信息化教学能力。

其次，有专门对信息化环境下教师教学相关方面进行分析探讨的，如蔡旻君（2012）对教师的教学倾向进行了研究，指出教师的教学倾向是决定教学效果的重要因素之一。因此，学校管理者应给予教师教学倾向以关注与重视，并帮助其往好的方面转变。③ 王景枝（2016）从信息化课堂教学出发，指出教师要与时俱进，革新课堂教学观念，即要有新人才观、知识学习观。④ 朱军委（2016）则从传播学视角对教师课堂教学各要素进行了系统研究。⑤

最后，有对信息化环境下教师角色、专业发展进行的研究，如宋卫华（2004）从分析信息化时代课堂教学的特征出发，论述了信息化课堂教师角色应该是学习资源的建设者和提供者、学习过程的导师、学生学习的伙伴、信息化学习环境的管理者、学习活动的组织者和协调者、学

---

① 李倩:《信息化教学环境下教师课堂教学行为研究》，硕士学位论文，华中师范大学，2012年。
② 李文、杜娟等:《中小学名师课堂信息化教学能力影响因素分析》，《中小学电教》2017年第10期。
③ 蔡旻君:《中小学教师教学倾向的调查研究——基于信息时代课堂教学变革的思考》，《现代教育技术》2012年第3期。
④ 王景枝:《论信息化时代教师课堂教学观念的变革》，《教育信息化》2005年第2期。
⑤ 朱军委:《教育信息化背景下教师课堂教学研究》，硕士学位论文，西南大学，2016年。

习的评价者。① 张新征、杨道宇（2018）论述了"互联网＋"时代给教师带来的机遇与挑战，并多角度探究了教师专业发展的途径。从某种意义上说，教育信息化不单单指采用信息技术，而应该是人的信息化，即教师自身要有信息化的意识与进行教学信息化的素养。② 一言以蔽之，教师的信息化专业发展是实现教育信息化的关键因素。③

（八）有关信息化课堂教学管理的研究

鞠学庭、石宏（2010）从教学管理视角，论述了当前信息化课堂教学所存在的问题及从备课管理、教研活动管理、课堂教学管理、作业与辅导管理及学生评价管理五方面提出了信息化课堂教学管理的对策建议。其中，课堂教学管理是核心，主要包括教学资源的管理、教学设计的管理以及教学效果及时检测的管理。④ 刘晶（2020）也认为："提升教育及教学质量水平和管理工作开展效率，就必须依靠信息化管理平台的建设与应用。"⑤

（九）有关对教育信息化本质进行探讨的研究

陈晓慧（2005）从文化学视角对教育信息化的本质进行了研究，即以辩证唯物主义和历史唯物主义为基本立场，以信息技术与教育的关系为视角，结合多种理论，对教育信息化的本质进行了深层次的阐释。⑥ 该研究首次实现了文化学定义上的探讨。马德四（2007）则从教育学视角对教育信息化的本质问题进行了研究。该研究认为，教育信息化的本质是数字虚拟世界的教育，其主要关涉哲学、实践、科学三个维度的研究。⑦

---

① 宋卫华：《信息化课堂教学中教师的主要角色》，《山西高等学校社会科学学报》2004年第7期。

② 张新征、杨道宇：《"互联网＋"时代教师专业发展的危机与对策》，《教学与管理》2018年第12期。

③ ［美］乔纳森等：《学会用技术解决问题——一个建构主义者的视角》，任友群、李妍、施彬飞译，教育科学出版社2008年版，第6—11页。

④ 鞠学庭、石宏：《教育信息化背景下的课堂教学管理研究》，《教学与管理》2010年第18期。

⑤ 刘晶：《信息化背景下高校教育教学管理的创新发展》，《现代职业教育》2020年第49期。

⑥ 陈晓慧：《关于教育信息化的文化审视》，博士学位论文，东北师范大学，2005年。

⑦ 马德四：《教育信息化本质研究：教育学视角》，博士学位论文，华东师范大学，2007年。

（十）有关如何促进信息技术与教育"深度融合"的研究

何克抗（2014）指出：要解决教学改革的低成效问题，不能只是修修补补式的，而应该是根本的、彻底性的。信息化教学变革也是如此。① 徐海元（2016）认为，要实现信息技术与教育的"深度融合"，务必要处理好几对关系，即处理好主导与主体的关系、主与辅的关系、预设与生成的关系、繁与简的关系、新与旧的关系、内与外的关系。② 李怡明、李森尝试从课堂教学结构变革的角度构建异质化教学结构以提升教学效率，在对同质化教学加以扬弃的基础上，提出了异质化教学结构是对教学结构的功能核心、结构主干与支撑要素进行的整体变革，并认为结构变革并不否定模式构建，同一教学结构能产生出众多的教学模式，只要将"底层"基础结构奠基扎实了，"表层"（即各种教学模式）自然会稳定、顺畅地运转起来。对于课堂教学变革初期出现的"适得其反"现象，他们给出的解释是任何改革无一例外都有一个曲折的过程，对于课堂教学变革也同样如此，这是非常正常的现象，是由师生暂时的不适应所造成的，一旦师生对其有所掌握，教学效率自然会提升。这也揭示了一条重要的教育规律。

（十一）有关信息化课堂教学评价的研究

国内有关信息化课堂教学评价的研究，主要表现在四个方面：一是健全的评价体系是教学得以顺利实施的重要保障。如孙沛华（2011）就采取自下而上、扎根理论等方法提出了信息化课堂教学有效性的评价体系。③ 马鹤（2009）则从绩效角度探讨了信息化课堂教学评价体系的建构，为信息化课堂教学评价提供了一种新的指导思路，丰富、完善了信息化教学评价。④ 二是对信息化课堂教学评价指标进行研究，如薛琨（2013）通过头脑风暴法、访谈法、问卷调查法，以小学英语教师、学

---

① 何克抗：《如何实现信息技术与教育的"深度融合"》，《课程·教材·教法》2014年第2期。
② 徐海元：《课堂教学信息化深度融合的教学关系处理》，《基础教育参考》2016年第17期。
③ 孙沛华：《基于扎根理论的信息化课堂有效教学评价体系研究》，《现代教育技术》2011年第9期。
④ 马鹤：《信息化课堂教学绩效评价体系研究》，硕士学位论文，东北师范大学，2009年。

校相关领导以及参与信息技术与课程整合实验的专家为研究对象建构了信息化课堂教学评价指标体系。[1] 邓耀光（2006）通过对信息化课堂教学评价存在问题的分析，结合相关评价理论，从纵向维度与横向维度提出了构建信息化课堂教学评价体系的标准，并对所构建的评价标准进行了可行性分析。[2] 三是从不同视角对信息化课堂教学进行评价研究，如马鹤、解月光（2009）基于绩效角度，以小学数学课堂为载体，从评价内容、评价量规等方面对信息化课堂教学评价进行了研究。其中评价内容主要包括信息化教学效果、信息化教学效率、信息化教学效益和信息化教学关系绩效。[3] 吴璇、张菊花（2017）则探讨了未来"互联网+信息技术"下的课堂教学评价问题。[4] 实时反馈教师教学质量、有效挖掘学生学习需求、实现家长深度参与课堂应是未来教学评价的价值追求。[5] 黄荣怀等人分析了当代中小学生偏好的学习方式与课堂提供的学习方式之间的差异，并从内容序列、学习材料、教学法、学习结果和评价方式五个方面进行了深入阐述，对我国课堂教学变革的方向具有指导意义。四是对课堂教学评价信息化模式进行研究。随着教育信息化进程的不断推进，课堂教学逐渐信息化，教学评价作为教学的关键要素之一，自然也应信息化。如易志亮（2007）在分析已有评价模式的基础上，构建了主体多元化、智能化的评价模式。[6]

二 有关信息化环境下课堂教学变革的研究

国内有关信息化环境下课堂教学变革的研究成果十分丰富，如有针对信息化时代课堂教学变革的基本原则、新要求、优势机遇、现实挑战

---

[1] 薛琨、苏健仪：《小学英语信息化课堂教学评价指标的建构研究》，硕士学位论文，曲阜师范大学，2013年。
[2] 邓耀光：《关于中学信息化课堂教学评价标准的探讨》，《教学研究》2006年第4期。
[3] 马鹤、解月光：《信息化课堂教学绩效评价研究——以小学数学课堂为例》，《中小学电教》2009年第9期。
[4] 吴璇、张菊花：《"互联网+"背景下未来课堂教学评价展望》，《教育观察》2017年第18期。
[5] 宗树兴：《教学有效性评价模式在互联网背景下的实现》，《教育实践与研究》2016年第7期。
[6] 易志亮、赵雪、张永忠：《课堂教学评价信息化模式的探析》，《计算机与教育：实践、创新、未来——全国计算机辅助教育学会第十六届学术年会论文集》2014年8月。

和相关策略等方面的具体研究。

（一）有关信息化时代课堂教学变革基本原则的研究

信息化时代课堂教学变革主要包含两个基本原则：一是从变革的主体出发，认为信息化时代的课堂变革应以在突出学生主体地位的同时兼顾教师的主导地位为基本原则。该原则既杜绝了教师"满堂灌"的现象，又反对完全由学生自学的做法，正如吕洪波、郑金洲（2012）所指出的，课堂教学变革既不能仅考虑学生，也不能仅考虑教师，而是要在教师与学生之间确定一个平衡点。① 二是从变革的方向出发，以信息化时代的课堂变革应以泛课堂教学的主导方向为基本原则。杜尚荣（2016）指出，为了适应数字化时代发展的需要，传统的课堂教学方式必须做出调整，"泛课堂教学"这一概念便油然而生。② 泛课堂概念的提出一改我们对传统课堂教学的认识，它在时间、空间上均有了一定程度的延伸，从某种意义上讲，泛课堂概念的提出是信息化时代课堂教学变革的应然要求，引领着教学研究的新方向。

（二）有关信息化时代课堂教学变革新要求的研究

信息化时代课堂教学变革对教师、学生、教学手段、教学环境等均提出了新的要求。张彩艳（2017）指出：在教师方面，在教学观念上，应建立新的教学理念（知识观、学生观、人才观等）；在教师角色上，应建立多元的教师角色（指导者、合作者、促进者等）；在教学行为上，应注重与信息技术相结合（实施途径多样化、教学方式个性化、教学技术现代化）。在学生方面，学生要积极应对，当课堂的主角，即形成自主学习、主动学习的习惯，敢于展示自己的观点，重视课前预习，学习方式应多样化、个别化、科学化。在教学模式方面，应由单一到多样，由单一建构到整体建构、由刻板到灵活、由传统方法到现代技术手段。在教学手段方面，要科学合理地运用信息化技术。在教学评价方面，应实现评价主体多元化、信息反馈及时化。③

---

① 吕洪波、郑金洲：《中小学课堂教学变革的基本认识》，《教育研究》2012年第4期。
② 杜尚荣：《泛课堂教学论：教学研究的新进展》，《教育探索》2016年第7期。
③ 张彩艳：《"互联网+教育"背景下高效课堂建构的策略探析》，《天津市教科院学报》2017年第3期。

（三）有关信息化时代课堂教学变革的优势机遇研究

信息化时代的到来为课堂教学变革带来了诸多的优势机遇。正如杜尚荣（2015）所指出的，数字化在教学中的引入，激起了教师教学理念的创新，突破了教学思维的瓶颈，超越了教学时空的局限，引起了教学结构的变化，实现了教学方式的变革，改变了教学评价的方式。① 王鉴认为，传统课堂更多的是一种为教而教的"适教课堂"，较少从学生视角思考为何而教，属于工业化社会的产物，其弊端可谓不言而喻；随着科技的发展，数字化时代正席卷而来，信息化环境下的教学则是一种为学生的学而教的"适学课堂"，并且正逐渐取代"适教课堂"而成为一种变革趋势。

（四）有关信息化时代课堂教学变革所面临的现实挑战探索

闫祯（2017）认为，智能手机的运用、慕课的开发、微课的制作、翻转课堂的构建等教育信息化手段的运用在为课堂教学的变革创新创造和提供平台的同时，也带来了新的要求与挑战。② 杜尚荣（2015）指出，在数字化时代，课堂教学实践中出现了如传统教学手段的缺位、道德缺失、真假乱象等现实问题；从教师的角度来看，信息化时代的课堂教学变革将会导致教师资源过剩而造成选择危机；学生获取信息的数量和途径得以扩展，教师教学方式将面临挑战；教师的角色发生转变，教师身份地位将面临挑战；信息化时代涌现出众多依靠信息技术的慕课、微课、云课堂等新型教学方式，教师教学能力面临着挑战；在教育信息化过程中，教育资源共享已经成为一种共识，教师的照搬照抄将会导致教师面临同质化的危机；信息化时代信息技术已被广泛应用到课堂教学的各个环节，教师盲目地运用和依赖教学技术将会面临教学技术使用的风险等。③

（五）有关积极应对信息化时代课堂教学变革策略的研究

根据信息化时代课堂教学变革所面临的挑战，众多研究者纷纷建言

---

① 杜尚荣：《数字化时代课堂教学变革的现实困境与路径反思》，《现代教育管理》2015年第7期。

② 闫祯：《"互联网＋"对课堂教学的冲击及其化解策略》，《教学与管理》（理论版）2017年第1期。

③ 杜尚荣：《数字化时代课堂教学变革的现实困境与路径反思》，《现代教育管理》2015年第7期。

献策。根据教师所面临的挑战提出，教师为适应新时代需要应更新教学理念，实现教师角色转变、调整教师培养目标等。周雨青、万书玉（2016）建议，教师要积极应对和理性地处理教育信息化中的课堂教学变革，秉持开放姿态和价值坚守，在对比权衡的基础上慎重取舍。① 杜尚荣（2016）在泛课堂教学理论研究中指出要重新界定课堂教学的时空概念等。②

第三节 国内外研究述评

纵观国内外文献，我们发现国内外对教育信息化、信息化环境下课堂教学的研究与各国的教育实践现状及信息化发展水平密不可分。学界关于信息化环境下中小学课堂教学变革的研究，主要集中于讨论在信息化环境下课堂教学所涉及的教学本质、教学设计、教学模式、教学评价、教学管理、教师能力（包括教师角色、教师专业发展、教学领导力等）以及师生交互行为、课堂变革策略等核心问题的发展与变化情况，并取得了丰硕的理论研究和实践操作性成果，但是已有研究也存在着一些不容忽视的问题和局限。

一 在成果上，量较多，但质有待提升

在收集和整理相关文献资料的过程中，我们发现，目前为了提升教学质量、培养新时代人才，各国都在努力加强信息基础设施建设，以此推进信息技术与课堂教学的深度融合。从研究成果来看，出现了诸多有关信息化课堂教学的研究成果，它们对信息化环境下的课堂教学改革做出了积极贡献，然而，虽然已有研究成果在数量上表现出极其繁荣的景象，但大多散见于期刊文献和少量的著作及学位论文当中，且以普通期刊文献居多，系统、深入的信息化课堂教学研究体系尚未建立起来，以致整体研究成果的质量还有待进一步提升。

---

① 周雨青、万书玉：《"互联网+"背景下的课堂教学——基于慕课、微课、翻转课堂的分析与思考》，《中国教育信息化》2016年第2期。
② 杜尚荣：《泛课堂教学论：教学研究的新进展》，《教育探索》2016年第7期。

二 在内容上，缺乏对变革机制的关注

从研究的具体内容来看，已有国内外研究成果主要集中于对信息化课堂教学的本质、设计、模式、评价、管理、教师能力（包括教师角色、教师专业发展、教学领导力等）、师生交互行为以及课堂变革策略等相关问题的具体探讨上，且已形成系列。然而，已有研究在内容上至少存在两个方面的不足：一是鲜有专门针对中小学信息化课堂教学变革机制进行深度探讨的文献。当前，在中小学信息化课堂变革过程中长期存在的如变革不够深入、整体效果不佳诸多现实问题，决定了深度探讨中小学信息化课堂教学变革机制问题是非常重要且必要的。二是在已有相关研究成果中缺乏对课堂教学变革的"要素驱动"这一本质内涵的直接关注。这是本书得以立足的研究基础和前提，也为本书内容设计得以顺利进行创设了可供进一步深度思考的话题和空间。

三 在视角上，尚缺乏研究的系统性

从研究的视角来看，现有文献大多都是以微观视角对信息化环境下教学实际问题进行研究的，而少有以"机制"为切入点，从大系统角度深入探讨信息化环境下中小学课堂教学变革问题的。因此，本书另立视角，在继续深入学习和借鉴国外信息化教学先进经验的同时，借助系统研究视角，从机制的角度入手，并借助建构主义学习理论、人学理论、合作学习理论等，对信息化环境下课堂教学变革的机制进行研究，力争在理论和实践方面实现新的突破，以期助力于加速我国教育事业的现代化发展进程。

综合上述分析，本书基于信息化这个大环境，借助系统化的分析视角，以机制为切入点，通过构建机制，对中小学课堂教学变革进行系统探讨，从而深度揭示信息化环境下中小学课堂变革的"要素驱动"本质，以此延续现有相关研究，并弥补已有研究的不足。

第三章 信息化环境下中小学课堂变革的主要依据

信息化环境下的课堂变革一直都是一个被广泛关注的话题，老生常谈却又常谈常新。中小学课堂走向信息化是当下教育事业发展的大势所趋，它直接影响着教育的高质量发展，信息化环境下的课堂变革问题贯穿着政策决策、理论研究和课堂实际教学的全过程，是教育信息化背景下必须面对和深入推进的重大工程，也是课堂变革和发展过程中待攻克的壁垒。为了本研究的顺利开展，迫切需要厘清信息化环境下中小学课堂变革的政策依据、理论依据和现实依据。作为信息化环境下课堂变革的重要基础和思想导向，相关教育政策的法律效力和实践权力发挥着非常关键的作用和价值，尤其是科学合理的教育政策"组合拳"对课堂变革问题可以提供政策方面的支持。而已有的理论成果也为本研究提供了理论依据，在思考角度、思维方式等方方面面具有指导意义，站在前人的研究成果上，从理论的角度出发，结合实践，将理论和实践充分结合，丰富已有的理论。除此之外，本书是基于课堂现实，从课堂变革的内源性所在、信息化环境下课堂变革的真实问题所在以及已有的实践经验所提供的现实依据展开分析的。简言之，政策、理论和现实三方面为本研究提供了依据，并为本书的后续探讨奠定了基础。

第一节 信息化环境下中小学课堂变革的政策依据

国家政策对社会发展起着决定性的作用，明确了在一定历史时期内应该达到的奋斗目标，为事业的发展指明了方向并为此保驾护航，好的政策能促进社会发展，推进教育信息化领域的政策文件也不例外。新中国成立以来，党和国家出台的有关教育信息化的文件数量众多，尤其是在改革开放以后，部分文件还直接以教育信息化命名，突出了党和国家对教育信息化大力推进的要求。同时，这些文件也为各地的中小学在信息化背景下推动学校变革和课堂变革提供了政策支持。因文件众多，所涉及的内容不一，经过梳理和总结，将其为中小学课堂变革提供政策依据概括为六个方面。

一 信息资源政策引领课堂资源走向多元

我国教育的现代化自然离不开农村教育的现代化，加快农村教育发展，提高农村教育教学质量，充分利用信息技术，引入和创建优质的课程资源，实现共建共享优质资源。2003年国务院颁布了《关于进一步加强农村教育工作的决定》，强调实施农村中小学现代远程教育工程，促进城乡优质教育资源共享，提高农村教育质量和效益。[①] 通过实施现代远程教育工程，农村地区也能接触到优秀的课程资源，使课堂资源不再局限于传统的教科书，通过技术手段，教育教学资源可以为不同地区、不同领域所利用，极大地丰富了课堂资源的内容。常见的方式有同步课堂、教学资源光盘和卫星数据广播资源，以此实现优质资源城乡共享，缩小教育鸿沟。除了农村教育事业的发展外，党和国家也关注到西部地区，相比发达地区，西部地区在信息化环境下有着更多的课堂变革特殊性。2004年，教育部颁布了《2004—2010年西部地区教育事业发展规划》，提出要设立符合西部地区教育信息化的标准和促进教育教学资源的开发。《国家中长期教育改革和发展规划纲要（2010—2020年）》提出加强网络教学资源体系建设，尤其是要引进国际优质数字化教学资源，建立数字图书馆和虚拟实验室。对于信息化环境下课堂资源的变革主要体现在区域和城乡方面的资源均衡发展方面，引领课堂资源走向多元，课堂资源不再局限在课堂上，也可以发生在课前、课后，当然也有线上资源的获取，课堂的信息可以在不同阶段发生重组，以更

---

① 《关于进一步加强农村教育工作的决定》，（2003－9－17）［2021－4－16］，http://www.gov.cn/zhengce/content/2008-03/28/content_5747.htm。

好地实施课堂变革。

二 相关政策指示将课堂目标转向信息素养

随着信息化时代的到来，知识更新的节奏不断加快，如今的学习没有完成时，只有进行时，课堂亟须发生相应的新型人才培养观的变革，助力信息化背景下落实立德树人的教育根本任务。课堂需要为全面提升学生信息素养服务，这也是我国教育现代化转向内涵式发展的应有之义。[①] 其中，与信息素养培养最为相关的应是 2000 年教育部颁布的《中小学信息技术指导纲要（试行）》，教育部决定在全国中小学开设信息技术课程。该文件对中小学信息技术的课程任务和教学目标、教学内容、课时安排和教学评价都做了较为详细的说明和介绍，重在培养学生获取信息、传输信息、处理信息和应用信息的能力。[②] 同时，要遵循信息文化和信息伦理意识，以信息技术作为支持终身学习和合作学习的手段。可以发现，信息化背景下对学生的培养不再局限于以前的目标上，增添了信息素养这一诉求，从而导致课堂目标发生相应的改变。在信息化环境下，通过信息技术与教育深度融合，构建新的人才培养模式，推动教育实现深层次的改革创新。[③] 之后，教育部又颁布了《国家中长期教育改革和发展规划纲要（2010—2020 年）》，明确指出要更新教学观念，改进教学方法，提高教学效果等。可见，课堂目标应走向综合化，纳入信息素养的培养，在课堂目标、课堂内容、课堂过程、课堂方法等要素方面都必须发生一系列的转变。尤其是以信息素养为目标牵动其他课堂要素发生转变，鼓励学生利用信息手段主动学习、自主学习，增强运用信息技术分析解决问题的能力。于教师而言，教师需要提高自身的信息素养，在教学过程中体现多模式、多策略、多方法、多方式和多手段的教学，以培养学生的信息素养，提高自身的信息素养。

[①] 谭小琴：《困境与超越：教育现代化视域中信息素养提升的思维向度》，《自然辩证法研究》2020 年第 7 期。

[②] 《中小学信息技术课程指导纲要（试行）》，(2000 - 11 - 14) [2021 - 4 - 17]，http://www.moe.gov.cn/s78/A06/jcys_left/zc_jyzb/201001/t20100128_82087.html。

[③] 何克抗：《如何实现信息技术与学科教学的"深度融合"》，《教育研究》2017 年第 10 期。

三　信息平台政策引导课堂空间走向重组

传统的课堂教学主要发生在 40 分钟或 45 分钟的课堂环境里，而在信息化环境下，课堂空间发生了重组，这表现在时间和空间上。避免走出课堂、走出学校就难以接受教育，使课堂上的内容在课后也能延伸与深化，课前、课中、课后，教师课堂教学和学生自主学习都可以进行不受时空限制的结合。中国共产党第十五次全国代表大会提出了跨世纪社会主义现代化建设的宏伟目标与任务，为全面推进教育的改革和发展，制定了《面向 21 世纪教育振兴计划》。通过对文件的解读发现，现代信息技术在教育中的广泛应用会导致教育系统发生深刻的变化，提出实施"现代远程教育工程"，形成开放式教育网络，构建终身学习体系。① 通过现代远程教育工程，实现跨越时空的课堂资源共享，为学生提供了继续学习的机会，这种学习更方便、更灵活、更个性化，实现了不同程度的培优补差功能，促进终身学习体系和学习型社会建设。在突如其来的疫情期间，党和国家就强调充分利用包括有线电视网在内的公共通信网络，积极推动教育资源进家庭，保证停课不停学，课堂上的各项活动依旧能顺利进行。其实，在十三五期间，教育部就终身学习体系的构建提出了目标要求，《关于"十三五"期间全面深入推进教育信息化工作的指导意见（征求意见稿）》，在核心目标中就明确指出，到 2020 年，基本建成"人人皆学、处处能学、时时可学"② 的学习平台。教育的平台不仅仅是指课堂，而且是指各种可以接受教育的平台，出现泛课堂的学习。传统的课堂更多的是由教师、黑板、粉笔和教科书等组成的 40 分钟或 45 分钟的活动，而在信息化环境下出现的翻转课堂和学习 APP 都可以服务传统的课堂，课堂外的预习、课堂上的学习、课堂后的复习和深化，均实现了课堂空间的宽度和深度拓展。因此，信息化环境下的课堂已经在空间上超越了教室的局限，通过信息技术融入教育教学，课堂上

---

① 《面向 21 世纪教育振兴行动计划》，（1998 - 12 - 24）［2021 - 4 - 20］，http：//www.moe.gov.cn/jyb_sjzl/moe_177/tnull_2487.html。
② 《关于"十三五"期间全面深入推进教育信息化工作的指导意见（征求意见稿）》，（2015 - 09 - 02）［2021 - 4 - 20］，http：//www.moe.gov.cn/srcsite/A16/s3342/201509/t20150907_206045.html。

的时间和空间就分布得更合理、有效了。

四　信息管理政策指引课堂管理走向智能

推进信息化环境下课堂的管理改革，有助于促进管理决策科学化、服务系统化与管理规范化。1989年国家教委颁布的《国家教育管理信息系统总体规划》就明确提出"建立以计算机为主要手段，利用现代信息技术和科学管理办法"的要求，这为后续推进管理信息化的相关工作提供了政策支持。更为具化的要求体现在《国家中长期教育改革和发展规划纲要（2010—2020年）》中，它要求充分利用优质资源和先进技术，创新运行机制和管理模式，制定学校基础信息管理制度，加快学校管理信息化进程，促进学校管理标准化、规范化，这为课堂管理中信息技术的利用提供了有力的支撑。信息技术在课堂上多模式、多策略、多方法、多方式、多手段的运用，提高了整个课堂管理的现代化水平，是以"互联网+"的思维来架构整个课堂教学的。在课堂教学的师生互动中，课堂管理者可以通过智能感知系统跟踪课堂的状况，对学生的学习情况和学习状态进行实时追踪、记录和评价，并将其反馈到教学活动中。通过信息技术创设问题情境，使问题的背景更生动形象，多方法地使用信息技术，丰富课堂，摒弃传统教学的缺陷，更可能关注到个体差异和全体学生，把课堂上的多主体都结合起来，从资源到人都走向管理智能化。

五　信息环境政策指导课堂环境走向丰富

信息网络建设、信息化标准体系、信息化安全保障体系等为信息化的课堂提供了支持环境，尤其是在资源不均衡的地区更需要这些基础设施建设。有了这些基础设施，才能有机会利用广泛的课程资源，开展信息化课堂教学。在文件层面最先涉及的是校园网的建设与规范，有助于我国中小学教育信息化程度和教育技术手段现代化水平的提高。2001年教育部颁布了《关于中小学校园网建设的指导意见》，明确指出校园网可为教学、管理、日常办公及内外交流等提供全面、切实的支持，转变了师生对校园网的认识。值得一提的是，依托校园网实施的"校校通"工程，打破了学校之间的壁垒，自然也打破了课堂与课堂间的隔阂。在课堂上合理有效地应用校园网，不仅可以改变传统的教学模式、教学方法和教学手段，而且将会促进教育观念与教学思想的转变。在硬件设备方面，《国家中长期教育改革和发展规划纲要（2010—2020年）》要求提高中小学每百名学生拥有计算机的台数，为农村中小学班级配备多媒体远程教学设备，推进数字化校园建设，让多种方式进入学习平台。2020年需要达到基本建成人人可享有优质教育资源的信息化学习环境、基本形成学习型社会的信息化支撑服务体系、基本实现宽带网络的全面覆盖、教育管理信息化水平显著提高、信息技术与教育融合发展的水平显著提升五大目标。[①] 信息环境的大力建设为课堂变革的各个方面提供了可行性，不同的教师可以根据自己的教育实践经验选择合适的变革实践路径，可以从信息环境提供的目标、内容、过程、方法、评价等方面入手，以保障课堂变革的顺利进行和有效实现。

六 信息标准政策带动教师队伍走向专业

信息化环境下的教师队伍亟须改造，应造就一支业务精湛、结构合理的教育信息化师资队伍、专业队伍、管理队伍，为课堂信息化提供人才支持。为使信息技术课程进入课堂以后，教师有能力实施信息技术课程，推进信息技术课堂的顺利实施，2004年教育部颁布了《中小学教师教育技术能力标准（试行）》，这也是我国首个中小学教师教育技术专业能力标准，该标准的颁布成为我国中小学教师专业发展的重要"里程碑"，从无到有，对中小学信息技术教师提出了新要求。就信息技术与学科教育相融合的问题，同年教育部还出台了《实施全国中小学教师教育技术能力建设计划的通知》，开始对教师的信息技术与学科教学有效整合的能力进行培训，其主要目的也是要提高中小学教师的信息化水平。针对教师的教育技术培训，2013年教育部印发了《关于实施全国中小学教师信息技术应用能力提升工程的意见》，从顶层设计方面进行规划，推动每个教师在课堂教学和日常工作中有效应用信息技术，促进信息技术与教育教学的融合取得新的突破。此外，2019年教育部颁布了《关于实施全国中小学教师信息技术应用能力提升工程2.0的意见》，在总体发

---

① 《教育信息化十年发展规划（2011—2020年）》，（2012-03-13）[2021-4-26]，http://www.moe.gov.cn/srcsite/A16/s3342/201203/t20120313_133322.html。

展目标上，要实现校长信息化领导力、教师信息化教学能力、培训团队信息化指导能力显著提升，全面促进信息技术与教育教学融合创新发展。① 这一系列文件都彰显了对教师的教育技术能力标准建设的要求，对信息化环境下的课堂教学提出了更高的要求。教师的信息技术与课堂教学的融合能力如何得到发展，对二者如何实现深度融合，不同的学科怎么做好融合，基于信息技术，从内容方面如何驱动课堂变革是教师教育技术能力提升的关键。

第二节　信息化环境下中小学课堂变革的理论依据

《中国教育现代化2035》是目前指导我国未来15年教育发展方向的重要纲领性文件，其中将"加快信息化时代教育变革"作为十大战略任务之一，并明确提出要"利用现代技术加快推动人才培养模式改革"②。可以看出，在这一教育信息化推进教育现代化的进程中，学校教育系统必将发生深刻的变革，这也直接影响着课堂系统的重大变革，智慧课堂成为教育信息化背景下课堂生态的重要特征，应从课堂作为一个系统的视角出发，探寻信息化课堂变革的理论基础。基于信息化必将引起课堂系统发生变革，由此也会带动课堂的教学和学习发生系列变化，在此本书选择了系统理论、精准教学理论和情境认知与学习理论作为其理论依据。

一　系统理论为课堂变革思维转变提供认识论和方法论基础

系统理论的首创者是美籍奥地利人、生物学家贝塔朗菲，他对于系统的理解可以分为动态和静态两个方面。从动态的角度来看，系统是"一组相互连接的事物，在一定时间内，以特定的行为模式相互影响"③，

---

① 《关于实施全国中小学教师信息技术应用能力提升工程2.0的意见》，（2019-03-21）[2021-5-16]，http：//www.moe.gov.cn/srcsite/A10/s7034/201904/t20190402_376493.html。

② 《中国教育现代化2035》，（2019-2-23）[2021-5-24]，http：//www.gov.cn/xinwen/2019-02/23/content_5367987.htm。

③ [美]德内拉·梅多斯：《系统之美》，邱昭良译，浙江人民出版社2012年版，第7页。

第三章 信息化环境下中小学课堂变革的主要依据

从而实现一定的目标;从静态的角度来看,"系统"即"由相互作用和相互依赖的若干组成部分合成的、具有特定功能的有机整体"①。这一点对研究课堂变革的意义可表现在两方面。一方面是认识论上的突破,不再用孤立、静止、片面、表面的观点来看待课堂,而是把课堂看作一个系统,辩证地看待课堂上的各事物及其发展;另一方面是方法论上的进步,课堂内部和外在世界是复杂和非线性的关系,从事物的各要素出发探讨整体、系统的研究范式。

在系统理论的视域下,拥抱信息技术,走向智慧课堂,提高课堂教育教学质量。利用信息技术追求自身内部功能的强化、优化过程,课堂所涉及的教师、学生、教学内容和教学媒体②等基本要素都将发生变革。在系统理论看来,任何系统都具有整体性、关联性、动态平衡性、时序性等特征,课堂系统也不例外。要素与要素、要素与课堂系统、课堂系统与课堂环境都是彼此互摄互蕴的。信息化环境下的课堂系统也是如此,通过调整系统结构、协调各要素、优化机制,以达到预期的课堂目标。结合该理论对信息化课堂变革的认识论和方法论思考,可以从该系统中的物质循环、信息传递和能量流动三方面提供理论参考。在信息化环境可以促进课堂的物质循环方面,在自然状态下,课堂系统本身具有一定的动态平衡调节能力,输出和输入可以达成物质的螺旋式循环,信息技术推动着课堂上各种物质走向信息化。就教学媒介而言,从传统课堂上的黑板擦、粉笔、黑板等到多媒体、投影仪、电子资源等信息化手段的教学用具,再到语音交互电子屏的实时互动教学,这一切主要是从要素方面发生变化的,由此也引发了课堂系统和课堂环境的跟随变动,导致过程和方法都将发生变革,所以,课堂变革不仅仅是单一要素驱动,也可以是多要素驱动的。在信息化环境促进课堂的信息传递方面,教育信息化进程可以推进教育均衡优质发展,信息技术手段可以使课堂的资源,包括教师、教学资源、课外资源等都发生双向的传递,实现开放共享,丰富课堂资源,促进资源分布均衡。随着课堂知识开放性和免费性的出现,教师不再是知识的权威,课堂上学生和教师在学习过程中不再是

---

① 钱学森主编:《论系统工程》,湖南科学技术出版社1982年版,第10页。
② 余胜泉、马宁:《论教学结构——答邱崇光先生》,《电化教育研究》2003年第6期。

"唯师是从",教师的角色发生明显的转向。信息化环境促进了课堂的能量流动,信息技术作用于课堂,为课堂赋能。人机交互学习、区块链的智慧教育学信息系统等都可以促进课堂系统内各要素间的能量流动,不断丰富数字学习资源、优化数字课程管理、推进智慧课堂探索、深入线上教研应用①等,极大地推动着育人方式的变革创新、助推课堂发生深度变革。

二 精准教学理论让课堂教学策略变革走向精准化和个性化

精准教学是由美国学者奥格登·林斯利基于斯金纳的行为主义教学理论而提出的,它被引入我国的教育领域应以华东师范大学的祝智庭教授最具代表性,他在对智慧课堂的阐述中指出了由信息技术支持的高效知识教学,以高效知识教学激发精准教学的活力。该理论有着明确的理论框架:其一是斯金纳的行为主义学习理论。斯金纳的学习理论强调操作性条件反射,学习也是操作性条件反射的发生过程,若达到预期结果就给予积极强化,若在其他情况下则不予强化。其二是衡量教学过程中的流畅度。精准教学理论顾名思义强调精准,用是否精准来进行各种评价活动,精准就主要体现在准确度和速度上。其三是包含练习和测量的学习方法。练习是测量的基础,且对全程进行跟踪记录、反馈和追踪。②

将精准教学应用到课堂教学变革方面,以信息技术赋能课堂,能够全面、精准、迅速地记录学习者的学习行为,以此实现教师的精准教学,使因材施教成为可能。③ 精准教学理论主要为变革中小学课堂提供了以下依据:首先,确定精准的教学目标。将含糊的、内化的教学目标尽可能地转变为可见的、可以观测的教学目标,以此精准界定学生的学习效果。④ 其次,开发精准教学内容和形式。在精准目标的指引下,针对学生的短板开发信息化的教学内容,具体到教学形式方面,有翻转课堂、

---

① 于翠翠:《信息技术驱动的课堂教学结构变革》,《课程·教材·教法》2018年第3期。
② 段沙、周怡:《精准教学文献综述》,《英语教师》2017年第24期。
③ 祝智庭、彭红超:《信息技术支持的高效知识教学:激发精准教学的活力》,《中国电化教育》2016年第1期。
④ 张忻忻、牟智佳:《数据化学习环境下面向个性化学习的精准教学模式设计研究》,《现代远距离教育》2018年第5期。

MOOC教学等，可以进行差异化教学，学生可以进行自适性学习。再次，评价精准学习行为。精准教学强调对学习行为的精准分析，根据分析结果再指导教学，同时，利用过程中所产生的各类型信息数据进行实时反馈分析，尽可能对全程数据都进行评价，便于客观、及时了解自身的学习情况，对下一步的教学设计进行规划。[①] 最后，精准确定教学策略。基于前述对精准评价的理解，分析学情，在课前研判出学生所存在的问题，针对问题，精准地制定教学策略。

三 情境认知学习理论让课堂学习方式变革走向情境化

情境认知学习理论是20世纪80年代中后期形成的重要的学习理论。情境认知学习理论认为，学习的实质是个体参与实践并与他人、环境等相互作用的过程，是个体形成实践活动的能力，是提高社会水平的过程。[②] 在该理论的指导下，学习更强调情境性、真实性、实践性、探究性、主动性，由此产生的教学模式就有抛锚式教学模式、随机进入教学模式、认知学徒制教学模式，这些教学模式都强调以学习者为中心，是基于问题的、构建性的学习[③]，教师的角色更多的是学习者的"支架"，为学习者提供各种支持。随着信息技术的快速发展，越来越多的技术开始被应用到学习中来，学生可根据自己的动机、兴趣、能力与经验开展个性化的自主学习，更能做到因材施教。将信息技术融入课堂，为学习提供多种背景，化抽象为具体，在学习过程中加强师生教学互动的力度，培养学生发现问题和解决问题的能力。[④] 事实上，信息技术提供的恰当问题情境能够提高学生的学习兴趣，使学习过程成为学生"身临其境"的问题展现和问题解决的过程，能够使学生在问题情境中利用自己原有的经验去完成新知识的学习，并通过教师的引导使得学生的问题意识和

---

① 何政权、陆浩、尹安明：《精准教学视野下的智慧课堂研究——以重庆市大足区智慧课堂建设为例》，《现代教育技术》2019年第10期。
② 刘义、高芳：《情境认知学习理论与情境认知教学模式简析》，《教育探索》2010年第6期。
③ 崔允漷、王中男：《学习如何发生：情境学习理论的诠释》，《教育科学研究》2012年第7期。
④ 黄涛、田俊、吴璐璐：《信息技术助力农村教学点课堂教学结构创新与均衡发展实践》，《电化教育研究》2018年第5期。

问题发现与解决能力得到培养。学习情境和教学中的问题是教学的关键所在，两者有着不可分割的联系。学习所依托的情境是具体的、可感知的，问题则不容易被发现，需要在情境中展现出来。缺少问题的情境，难以调动学生学习的主动性和积极性，同样，缺少附着于情境的问题也是抽象的，缺少趣味性的。

信息化环境下的课堂教学，对于学生的学习来说，可使其借助信息技术，将信息技术与问题情境进行融合，可以为其提供参考的理论依据：其一是学习问题的提出。学习问题是创设问题情境的前提，如若将其应用到信息技术的教学中，结合趣味性、现实性和代表性，开发出信息技术特有的问题，将自己的问题提出来。其二是问题情境创设与问题的呈现，借助信息技术的问题情境创设更具有真实性，将抽象化为具体，给学生身临其境的感受，问题呈现环节也注重顺序、时间分配和主次之分，将时间用在刀刃上，为学生自主探究与合作提供更多的时间和机会。其三是讨论问题的呈现。经历过自主探究，让学生发表自己的看法，教师不可先入为主，阻断学生的思维。学生利用多媒体进行分享，将自己解决的问题思路提供给大家讨论，互相学习，并在过程中做好相关记录，后续再加以完善，教师需要实时进行引导和启发。其四是教师的反馈，针对学生的分享进行评价，实时在学生的管理系统中做出决策与控制，进行智能化处理，为下次教学提供参考意见。其五是活动的总结。学习数据可以进行共享，师生都能掌握该堂课的结果，让学生自己总结，结合已有的经验，并衔接现在的学习结果，为下一步学习做好铺垫工作。

第三节　信息化环境下中小学课堂变革的现实依据

时代背景的变化自然也会影响当下各种事务的运行，信息化环境为当下中小学课堂变革提供了一定的机遇，也带来了很多挑战。一方面信息化环境下的课堂变革依旧存在很多问题，亟须深入研究。另一方面，信息化在促进教育均衡与优质发展的过程中，也有许多值得借鉴和推广的经验，可以通过此次调研的案例来进行相关分析。这些都为信息化环境下的课堂变革提供了丰富的现实依据。

一　课堂的坚守与变革内蕴着课堂走向信息化的意旨

教育作为社会的一个子系统，回顾学校教育的发展历史，学校的变革都会直接或间接地受到社会的深刻影响，社会变革倒逼着教育变革，教育变革倒逼着课堂变革。从传统课堂到现代课堂，在教育目标观、课程观、教学观、教师观、学生观、评价观等方面都发生着一系列的变革，但是不变的是立德树人的初心，核心素养的有效落地，课堂以学习者为中心，指向学生真实地学、完整地学、深度地学，这是一种有价值取向的坚守。因传统课堂与当前教育思潮的不适所带来的弊端，也需要对课堂进行变革，这是守正创新的变革。东北师范大学附属小学的"率性教学"①，强调保护天性、尊重个性、培养社会性，革新传统的学习方式，让学生愿意学，学会学习，变革课堂的学习方式。中国科学院附属玉泉小学的"学程研究"②，突出课程中学生自我和同伴建构的过程，丰富了课程实施的多样取向，让学生真实地参与课程，突出学生学习的主体地位，转变课堂上的学生观。江苏太仓市城厢镇新毛小学的"跨学科学习"③，学科内部以及学科之间，打破学习的学科局限壁垒，各学科相互作用、相得益彰。安徽省阜阳市颍泉区太山庙小学的"基于大数据的个性化学习"④，以"大数据+人工智能"背景为实践方向，探讨个性化的学习模式等。这些课堂变革的样本呈现出课堂的一个方面或者多个方面都发生着变革，重构着课堂教学价值观。党和国家对教育信息化进程的大力推进，在推行进程中所带来的动态性和复杂性与现实际遇共时叠加，内在地预设了信息化环境下课堂必须发生变革，课堂结构必将发生改变的旨归。因此，有必要在信息化背景下从课堂所涉及的各个要素，不论

---

① 赵艳辉：《率性教学，让数学课堂有根源、有过程、有个性》，《小学教学》（数学版）2017年第9期。

② 高峰：《走向核心素养时代的新学程研究》，《中国教师报》2021年4月21日。

③ 陆玉亚：《英语课堂上的一个亮点——"跨学科"学习》，《新课程研究》（下旬刊）2010年第12期。

④ 王晴晴：《基于大数据的个性化学习环境构建分析》，《新课程》（小学）2019年第11期。

是单要素还是多要素驱动来顺应课堂变革。但是，课堂的变革与坚守一直都是相伴相生的，以信息技术为构建智慧教育的抓手，助力课堂变革，重塑课堂生态。

二 信息化环境下课堂变革的坚实基础

信息技术作为传统课堂的外来之物，一开始并非与课堂具有天然的适切性，需要双方都做出一定的探索，共同变革课堂。充分发挥信息技术的优势，有机融入课堂，打造时代所需的智慧课堂。在这一融入过程中，还存在着与课堂设施、课堂课程、课堂教学、课堂学习、课堂评价、课堂管理六大方面的融合问题，这为本书提供了研究空间。

（一）已有的研究成果为本研究筑牢了根基

在与课堂设施的融合变革方面出现失衡困境，一方面是课堂的信息化基础设施供求量大于需求量，导致某些教育信息技术设备成了摆设，未能很好地作用于课堂[1]，造成资源的浪费。另一方面是课堂的信息化基础设施供求量小于需求量，对于乡村学校而言，推进信息化环境下课堂变革的难度就加大了。[2] 在与课堂课程融合的变革方面出现失准困境：其一是课程理念亟须更新，需要转变教师对课程和教学的陈旧观念。[3] 其二是课程目标，缺乏一种多元化的价值目标和课程观。其三是课程形态，在"互联网+"的课堂上，其所具有的交互性、协作性和自主性[4]都未能在课堂上完全实现，更难以实现信息化环境下的课程特征："融合。"[5] 在与课堂教学融合的变革方面出现滞后困境：一是教师的信息化教学观念滞后于信息化与教学融合的变革；二是教学过程的要素组合没有发生深入的融合；三是教学空间未能得到充分拓展与延伸；四是教师的角色未发生及时转变。在与课堂学习融合的变革方面出现偏差困境：第一是

---

[1] 陈海东：《信息技术促进教育优质均衡发展：内涵、案例与对策》，《中国电化教育》2010年第12期。

[2] 宋乃庆、杨欣、李玲：《以教育信息化保障城乡教育一体化》，《电化教育研究》2013年第2期。

[3] 付卫东、王继新、左明章：《信息化助推农村教学点发展的成效、问题及对策》，《华中师范大学学报》（人文社会科学版）2016年第5期。

[4] 何克抗：《现代教育技术和优质网络课程的设计与开发》，《中国电化教育》2004年第6期。

[5] 易凌云：《互联网教育与教育变革》，福建教育出版社2018年版，第66页。

追求学生自身的知识建构维度，有从"人灌"到"机灌"之嫌。[1] 第二是追求学生自身的情境认知维度，有从"具身"到"无身"之疑。[2] 第三是追求学生自身的交互学习维度[3]，有从"交互"到"无个性"之疑。在与课堂评价融合的变革方面出现缺失困境：一是缺乏对新兴CRS的应用[4]；二是教师采用信息化方式评价学生的比例较低，主要是利用信息技术来建立学生的电子档案[5]，未能对信息技术在课堂评价中的深层功能进行深入挖掘。在与课堂管理融合的变革方面出现低效困境：一是教师的信息化管理能力有待提高，因为老师的应变能力直接关乎课堂能否顺利进行。[6] 二是教师对信息技术与自身融合定位得不当，导致管理中存在"代具"和"代替"[7] 分界不够明确的状态。

通过梳理发现，当前学术界对信息化环境下课堂变革的研究成果众多，也已经形成一定的规模，主要集中于教学资源、课堂目标、课堂教学、课堂学习、课堂评价、课堂管理等方面，针对在变革过程中所存在的一些具体问题也进行了深入研究，这些都为本研究的开展奠定了良好的基础。

（二）已有研究成果的不足为本研究提供了空间

针对文献的梳理我们发现，学者们均从自己的立场和不同视角为信息化环境下的课堂变革建言献策，充分展现了学界对课堂信息化进程的关注，在某些方面也彰显出共识，然而，有的地方又是和而不同的。因此，在前人研究的基础上，探索本研究的可行性空间，既不能脱离已有研究成果，又丰富了学界的相关研究。针对已有研究成果的不足来进行

---

[1] 廉莲、汪令国等：《课堂教学中应用现代教育技术的问题与对策研究》，《现代教育技术》2006年第3期。

[2] 王美倩、郑旭东、吴砥：《信息实践何以促进信息素养内涵式发展：基于具身认知视角》，《现代远程教育研究》2021年第3期。

[3] 孙唯、董双威：《小学课堂教学中信息技术支撑学生学习方式转变的研究》，《中国电化教育》2013年第2期。

[4] 李芒、蔡旻君：《课堂评价急需信息技术的支持》，《中国电化教育》2016年第1期。

[5] 王广新、白成杰：《网络学习环境中的课堂评价技术》，《电化教育研究》2004年第4期。

[6] 齐群、殷曰海：《浅谈信息技术应用于课堂教学中应注意的几个问题》，《电化教育研究》2004年第3期。

[7] 张务农、保先等：《"代具"还是"代替"？人工智能究竟能否取代人类教师的哲学省思》，《教师教育研究》2021年第1期。

本研究的立论。

1. 缺乏从机制的视角进行课堂变革的相关研究

本研究主要是从信息化环境下中小学"要素驱动式"课堂变革机制着手进行的，以探索变革机制所涉及的各个要素以及基本要素如何驱动课堂变革为出发点。然而，学界已有的研究成果对这方面的涉及还较少，主要是从各个层面进行较为单一的深入研究或从每个层面进行较为浅层的研究。缺乏从机制视角进行课堂变革的系统、深入研究，如从课堂上目标、内容、主体、过程、方法、环境和评价等要素切入，突出"要素驱动式"，以信息技术作为驱动变革的手段探析信息化环境下课堂变革的机制。其中不仅可以是单要素，也可以是多要素或者是全部要素切入，具体根据调研结果来进行要素之间的运行机制探析。

2. 缺乏对课堂变革模型进行深入分析

由于教师的个体差异，对信息化环境下的课堂变革可以呈现出不同的变革思维和变革路径，已有的研究成果更多的是从课堂的目标、过程以及方法上探析课堂变革。其实不然，课堂的要素丰富多样，涵盖课堂主体、课堂目标、课堂内容、课堂评价等，讨论这些方面或者是探讨课堂全要素的研究不多，也不够深入，亟须开展系统的研究。本书针对课堂要素，从某一要素或者多要素切入，建构出教师在信息化环境下课堂变革的结构模型，涉及一要素和其他要素之间作用的基本类型，深入分析各个方面的变革运行理念以及由此得出的变革类型和具体的变革路径模型，并提出相应的优化策略。

三 信息化环境下课堂变革的优秀经验

目前，我国正在调整或适应以信息化为主要特征的课堂信息化对传统课堂的变革，信息技术成为推动课堂变革的重要实践取向。翻转课堂、移动学习和智慧课堂等都是实践信息化环境下课堂变革的重要样态，翻转课堂颠覆了传统课堂对课堂时空的规定，出现了"泛课堂"，教学内容和过程发生重组。移动学习超越了教师讲授，学生被动学习的困境，革新了教学方法和学习方法。智慧课堂重视智慧性和智能化，基于动态学习数据分析，确定课堂的信息化目标素养，应用智能化的测评系统等，在各个方面实现了数据化、智能化、立体化，促进学生实现符合其个性化成长规律的智慧发展。

（一）翻转课堂为变革课堂教学内容和过程提供了样板

2018年，贵阳六中的"六中智造"[①]是贵阳市进行信息化学习的典型案例之一，基于翻转课堂教育云平台的学习空间应用正在逐渐普遍化、常态化。一是为翻转课堂教育云平台服务的教学环境提供了基础条件。两年来，云平台用户逐年递增，为师生的教学和学习提供了极大的便利。其中，教师在云平台分享教案100余份，交互视频课件177个，累计学习次数达12692次。师生可以在该平台上互动，教师提出拓展性问题，学生可以选择性地回答，教师也会对学生的疑难之处进行答疑解惑。二是课堂采取多种教学模式以取得良好的学习效果。"六中智造"的云平台使得师生在课堂上的关系从"主动传递—被动接受"的角色禁锢中解放出来，具体的教学模式就有主体探究式、翻转课堂式、互动教学式，突破了传统的灌输方法，学生成为学习的主体，可以进行自主学习，做学习的建构者。针对这样的新型课堂对学生学习的效果如何这一问题，学校收集了相关数据，发现在使用了信息化教学手段之后学生的成绩有显著的提高，信息化学习的效果更佳。除了所取得的优异成果外，六中在探索信息化学习中也以立德树人为根本，打造了"5+3"生态圈模型，人机融合，立足动手实践，依托情境，培养和提升学生关键能力、必备品格和价值观念。在教师方面，积极探索教师的教学行为，利用智能终端平台、人脸识别、OCR技术等，对教师的教学行为进行分析，以教促学。

翻转课堂作为信息化环境下催生的新型教学模式，是信息化教学的成功例证，其实践经验也为本研究提供了变革样板，尤其是在课堂教学过程中最为明显。课前、课中、课后的教学内容发生融合，教学过程发生重组，充分利用课前的学习，课中的时间主要花在教学重点和难点上，大大提高了教学效率。贯通课前、课中、课后，学生学习的主体地位得到观照，可以进行自主学习，也不完全排斥教师主导的教学，更能体现出教学中的主体间性。

---

① 《让人惊艳的"六中智造"》，（2018-9-18）[2021-6-1]，https://mp.weixin.qq.com/s/z3sybOKelAShjSgpgempig。

(二)移动学习为变革课堂教学方法提供了范例

教育部开展的北京师范大学"移动学习"项目提出了一种新型学习资源组织方式——学习元,在研究中积极探索"学习元移动云课堂"[①],学习元为学生提供了微型学习资源和学习服务,可以根据学生的个性化需求提供适宜的课程内容,学生可以学习所提供的课程,也可以自我生成课程。"学习元移动云课堂"为学生提供了跨终端的学习活动组建库,包括讨论交流、提问答疑、发布作品、练习测试以及同伴互评等学习活动。学生可以使用电脑等不同终端随时随地获取知识、参与学习。"学习元移动云课堂"所提供的课程内容可以在线浏览和参与,也可以下载,方便学生在网络连接不畅的时空中使用,拓展了学生的学习地点。"学习元移动云课堂"通过对学生学习过程的分析,挖掘学生的潜在学习兴趣和知识掌握情况,为学生及时推荐对其有帮助的课程。"学习元移动云课堂"为学生的移动学习提供技术支持,跨越正式学习和非正式学习的障碍,融合不同的学习情景进行学习,给予学生具身的学习体验。

移动学习的推广倒逼着课堂的教学方法发生变革,从传统课堂的教科书学习转变为移动学习。不受时间和地点的限制,借助各种便捷的移动设备,根据学习者的需求进行个性化的学习。学习者不再局限于线下学习,可以将线上学习和线下学习充分结合起来。对教师而言,教师的教学也不仅仅停留在传统的课堂上,也可以在虚拟课堂上进行,教师在线上和学生进行教学、互动、评价。由此,师生的学习可以体现为现实和虚拟学习相结合。紧接着,教师的教学方法也需适应这一变化,在信息化环境下,教师应掌握多种模式、多种策略、多种方法与多种手段进行课堂教学,从方法维度驱动课堂的信息化变革。

(三)智慧课堂为变革课堂教学目标和评价提供了参考

蚌埠二中展示了两节基于大数据的精准课堂公开课,通过信息化手段和智慧教学平台的运用,坚持"史料实证数字化、理解分析情境化"地开展教学。蚌埠二中通过智慧课堂的常态化应用,创新教学模式,探

[①] 中国教育和科研计算机网:《国内移动学习典型案例》,(2015-4-16)[2021-5-31],http://www.edu.cn/xxh/zyyyy/ydhl/201504/t20150416_1248330.shtml。

索建立了历史学科的智慧教学基本模式:"4+4+4"模式①,即教师教学的 4 个流程,学生学习的 4 种方式,全过程的 4 种技术支持,共同组成课前、课中、课后的完整课堂教学过程。观摩该堂课,可以发现课堂处处体现着智慧。首先是课堂环境的智慧升级。智慧性的学习环境是教育信息化背景下师生对课堂环境的迫切诉求,也是有效促进教学与学习方式变革的支撑条件。② 历史 + 智慧课堂,展示出丰富的史料,使历史学习情境的展现更加鲜活,提高学生从历史发展角度看问题的能力,促进学生智慧发展。其次是课堂教学的智慧重构。信息化改变了传统的教学模式,实现了教学理念、教学方法、教学手段的信息化走向,突破了现实课堂的局限,开始融入虚拟教学方式。③ 在智慧课堂教学之前,教师根据学生已形成的感性认识的分析,了解学生的已学情况,制定详细的智慧课堂教学资源。通过智能评测系统实现数字化作业或预习预设的问题,进行自动数据分析与反馈,为教师提供及时准确、全面的数据信息,为教师课堂教学目标的设计提供准确的依据。

智慧课堂在各个方面都体现出智慧性的特点,从目标上看,以智慧课堂目标为统领,在环境创设、问题设计、教学模式以及教学评价等方面都融入了信息技术,可以说,在各个方面对学生的信息素养培养都有重要影响。从评价上看,相比其他的信息化教学实践智慧课堂在评价方面的成果是一亮点,对智能评测系统的充分应用,有效反馈,为课堂教学的其他方面变革提供了借鉴价值。除了在目标和评价方面的重要意义外,在手段、内容、过程方面也是有研究价值的。

---

① 科大讯飞智慧教育:《智慧课堂范式研究》,(2020-11-22)[2021-5-31],https://baijiahao.baidu.com/s?id=1682580079303747875&wfr=spider&for=pc。
② 张东:《智慧学习环境:有效支撑学与教方式的变革》,《中国教育报》2012 年 5 月 25 日。
③ 崔晓慧、朱轩:《信息技术环境下智慧课堂的概念、特征及实施框架》,《继续教育》2016 年第 5 期。

第四章　信息化环境下中小学课堂变革的价值诉求

在信息化时代里，信息技术与课堂教学的深度融合已成不可回避的事实，以致我们只有坦然接受和认真面对，以求在改革与发展的道路上不至于被时代潮流所淹没和淘汰。这就要求我们必须认清时代发展的趋势，在深度把握信息技术具体融入中小学课堂的基本含义和运行机制之前，首先须阐清在信息化环境下中小学课堂变革的价值诉求。这对后续关于相关问题是否值得持续进行，具体从哪些方面进行，如何有效进行等问题的思考都具有决定性意义。所谓"价值"，它是一种关系的范畴，是指客体能够满足主体需要的程度。"诉求"，在《汉语辞海》中被解释为：①陈诉和请求。②追求；要求。[①] 可见，诉求，就是在某些方面提出需求或请求。鉴于此，"价值诉求"，就是指在"价值"方面有些什么具体的需求或请求。或者说是有关价值的具体界定及其所关涉的范畴。显然，综合起来理解，我们所探讨的信息化环境下中小学课堂变革的价值诉求，实质上就是要讨论信息化环境下中小学课堂变革在"价值"方面有些什么具体的需求或请求。它主要包括如何界定其价值，具体涉及哪些取向，如何实现这些价值等问题。

第一节　信息化环境下中小学课堂变革的已有价值反思

综合理论思考和实际调研，我们发现，信息化下课堂教学变革在教学目标、教学内容、教学方法、教学评价、师生互动、教师以及学生等

---

① 《汉语辞海》，2021-4-24. http：//www.esk365.com/cihai/chshow.asp? id = aiblwzyl.

方面发挥着重要的价值作用。

一　促进了教学目标从低阶向高阶的转变

教学目标是指师生在经历有目的有计划并兼顾预设与生成的教学活动后,学生所取得的预期效果,即学生获得了多大程度上的发展。学生的发展是教学的晴雨表。但在传统教学中,学生发展的重要性似乎并没有得到应有的重视,至少在行动上未看出来,其更多地呈现出"教师中心"或"知识中心"取向,即教师在教学中更多地关注自己怎样方便地教、知识点漏讲了没有,如果真要说关注了学生,那也应该是学生对教师所讲的内容都记住了没有,或者说在考试的时候是怎样拿出来用的,是否可以取得高分这样的问题。遗憾的是,教师并没有关注对学生问题意识、批判性思维、创新能力与实践精神等高阶目标方面的培养。当然,这其中免不了有一些客观因素在"助力":一是应试教育使然,即在极力强调提高升学率的压力下,教师关注更多的是如何提升学生的考试分数,满足于学生高分的达成,而对于学生发展则显得力不从心。二是教师自身能力有限,教学手段单一,因而对于学生学习兴趣的激发较困难,帮助学生理解一些抽象难懂的教学内容十分乏力。

而在提倡素质教育、信息技术手段多样化的今天,教师在教学目标的达成方面起到了较大的推动作用。从教学目标本身来说,除了本学科原本就要求达到的目标外,教师还会把学生"信息素养"的培养作为一个独立的教学目标。这是信息化环境下课堂变革所独有的,即并非为了技术手段而采用技术手段,教师在使用信息技术辅助教学的同时,也会把学生学会如何使用它作为目标之一;从目标达成的难易程度上看,学生的学习目标达成更容易;从目标的达成水平上说,学生学习目标呈现出从低阶目标到高阶目标逼近的趋势;从效率上说,同样的学习内容,学生可以在更短的时间内学会,在同样的学习时间里,学生可以学习到的内容更多;在同样的时间里,教师更能照顾到大部分学生的需要,更能因材施教。

二　转变了教学内容的"容貌"

随着信息化2.0时代的到来,课堂教学手段呈现出多样化、现代化的特征，如从传统的黑板、粉笔、挂图、实物展示到现代的PPT展示、动画展播、视频、音频以及虚拟仿真等。在信息化环境下的课堂教学变革中，其教学内容"容貌"焕然一新。在传统教学中，由于受到各方面条件的限制，教师在进行教学内容讲解时，不外乎采取以下几种形式：一是通过板书的形式将教学内容呈现出来；二是通过教师本人在黑板上进行绘画或借助于实物展现的形式将教学内容呈现给学生；三是对于不易进行板书或无合适的实物图呈现教学内容时，教师则将自己对教学内容的理解通过口头语言的形式转述或描述给学生；四是在板书、实物呈现或口头语言表达都不足以呈现教学内容的情况下，教师就会让学生集中注意力、调动学生已有的学习经验，闭上眼睛，进行充分的"想象"。比如数学中在讲到空间几何的内容时，尤其是在画图形的三视图或求某一几何体的空间展开图以及体积、表面积时。以上形式虽然在某种程度上对于教师的教学和学生的理解是有一定意义的，但同时也可能导致教师或学生对部分教学内容的曲解，或对教学内容的理解不深入、不深刻，进而影响学生学习目标的达成，最终影响学生学业的发展。

但是在信息技术手段辅助的课堂教学中，教学内容的神秘面纱则不复存在，无论是浅显型、概念型、原理型，抑或是动态抽象型，我们总能"上有政策，下有对策"，或者说是"道高一尺魔高一丈"，将简单容易的内容深入化，将概念晦涩、原理难懂的内容形象化、趣味化，将动态抽象的内容简单化、直观化。具体而言，在信息化教学中，教师在进行教学内容的讲解时，其形式和方法可谓不胜枚举，在此仅列举几类典型进行阐述。一是对于一些简单易操作，没必要借助现代信息技术手段的内容，教师还是采取板书、画图或实物展示的形式进行呈现；二是对于无法用传统教学手段进行教学的内容，教师则通过PPT、视频、音频等方式有标注有层次地进行直观展示，并在此基础上丰富教学内容，以帮助学生对某一具体知识点的理解；三是对于一些极其抽象难解的内容，抑或是一些不能在真实情景中向学生展示的内容，教师则可以通过虚拟动画或虚拟仿真的形式，让学生在虚拟情境中动手操作，进行实际体悟，加深学生对此内容的理解，进而基于学习经验，构建、生成学生自己的生命意义。如模拟自然灾害中自救、地震中逃生等现实课堂教学中无法展开的教学活动。总而言之，在信息化时代，课堂教学内容呈现方式发生了改变,并凸显出动态、形象直观的特点。与此同时,在保证核心内容教学的基础上,教学内容得到了补充与丰富,拓宽了学生视野与知识维度。

三 实现了教学方法的变革

教学方法是指教师为了帮助学生达成学习目标,促进学生发展而在教学过程中基于实际问题的解决或学生学习活动情境的创设而采取的一系列活动方式的总称。[1] 但受限于客观条件的支持,传统教学中能够应用于激发学生学习兴趣和促进学生轻松愉快学习的教学方法是非常有限、非常基本的。如简单的黑板加粉笔式的讲授法、基于简单实物或挂图的观察法、学生小组间的讨论法等。可见,在传统教学中,教师若想激起学生浓厚的学习兴趣或集中学生听课的注意力是非常具有挑战性的一项任务,当然,学生学习的幸福感、获得感也是不可和新时代的中小学生相媲美的。这是因为现代信息技术走进课堂后在很大程度上改变了教师的教学方法,相较传统课堂主要依赖黑板、粉笔以及嘴的讲授法而言,信息化环境下的教学方法则呈现出形象化、多样化、现代化的特征,其形象化在于教学方法更贴合教学内容,让抽象的理论内容"再现",因而学生更容易理解,理解程度更深入;其多样化在于除了以黑板加粉笔式的听觉型教学方法为主外,也更加注重与视觉型、视听综合型及活动型之类的教学方法相融合[2],进而达到实际问题的解决抑或学生活动情境创设的目的;其现代化在于教师逐步革新自身教学理念,主动学习新技术并应用新技术解决实际教学中所遇到的问题。

四 变革了师生间的互动模式

教学是一种认识活动[3],是师生在教学过程中以课程内容为载体,以促进学生发展为目标而进行的区别于一般活动的特殊交往活动。活动的开展、实现则离不开主体行为的参与,因此师生间的有效互动于教学

---

[1] 蔡伟:《论教学形式系统》,《课程·教材·教法》2005年第5期。
[2] 蔡伟:《论教学形式系统》,《课程·教材·教法》2005年第5期。
[3] 杜尚荣、郑慧颖、李森:《再论教学的本质:复合型特殊交往说——兼论基于人文性关怀的教学价值取向》,《现代教育管理》2013年第3期。

的顺利高效开展的重要意义是不言而喻的。在教学活动过程中，师生间的互动可以理解为是教与学的辩证统一体，是知识传授与思维发展的有机合成。① 我们可以从三个方面理解师生互动的内涵：一是师生互动的理解性，师生互动应该是一种基于理解的互动、在理解中的互动、为了理解的互动。师生间只有在理解的基础上才能顺利互动，在互动中师生间的理解才能持续生成、不断加深，以及师生间的互动是为了师生间能达到更深层次上的理解，进而缩小师生间的理解差异，达成课堂教学的有效甚至高效。二是师生互动的形成性，作为教与学主体的教师和学生是不断成长、发展的，只不过年龄、知识、经验以及阅历的不同，导致了师生间成长与发展的诉求和结果各有差异。于教师而言，其主要体现在教学风格的形成、教学成就的达成上；于学生而言，其主要表现在知识的获得、思维的形成以及个性的生成方面。三是师生互动的反思性，正如波斯纳所提出的，教师的成长＝经验＋反思，我们以为，学生的成长也离不开这一模式。其中教师可以通过在师生互动的过程中就一些具有反思价值的问题进行深入思考，反思自己的教学。而学生则可以通过在师生互动过程中检视所学知识，并就所遇到的困难与教师交流探讨，及时总结、反思、再总结、再反思。

由此可知，师生互动之于教师抑或之于学生的重要价值是不言自明的。但是，在"教师中心""知识中心""课堂中心"的传统教学结构中，以及在科技不发达和教学手段古老单一的情况下，师生间互动作用的发挥是有限的，甚至有可能是不存在的。但是在信息化、现代化的背景下，在技术手段驱动式课堂教学中，教师普遍认为，在现代信息技术手段辅助于课堂教学后，教师与学生间的互动场所已经超越教室课堂，逐步延伸到虚拟课堂了，其师生间的互动模式已经从直接具体的"人—人"互动演变为"人—机—人""机—人"或"人—机"等模式了。师生间互动更便捷、频繁，在此过程中除了有助于缩小师生间的理解差异外，还达到师生间思维同步、认知共振、情感共鸣，亦能形成平等、和谐的学习氛围，增进师生间的感情。

---

① 李保强：《师生互动的本质特点与外部表征》，《教育评论》2001年第2期。

五 改变了教学评价的方式

在调研中,当问到"技术手段辅助于课堂教学带来的最大改变有哪些"的时候,大多数教师都积极主动地发表自己的见解,概括而言主要体现在以下方面:其一,变革了教师的教学理念,激发了教师主动学习的热情,提升了教师应用信息技术手段的能力。其二,激发了学生学习兴趣,集中了学生的注意力,加深了学生对知识的理解并启发学生思考,学生问题意识得到增强;教学内容呈现方式发生改变,凸显出动态、形象直观的特点,丰富了教学内容。其三,教学方法多样化、现代化并更有助于促进学生的学习。其四,师生互动更加频繁,增进了师生间的感情。但在课堂教学评价方式的变革方面,不同学校不同教师的情况则大有差异。于同一个学校而言,青年教师普遍认为,信息技术手段的应用除改变他们课堂教学评价的方式外,还可以在评价中引入网评、投票等学生喜闻乐见的评价手段,改变传统的以分数排名的"一刀切"做法。但部分老教师则认为,技术手段的应用并没有改变教学评价的方式,更多的应该就是激发学生的学习兴趣。于不同学校而言,一些硬件设施设备齐全学校的教师大多认为,技术手段变革了他们教学评价的方式,因而使其更了解学生,更助力于促进学生的发展。而对一些条件相对较差的学校而言,大部分教师都认识到技术手段的应用远不止于一些简单的多媒体的使用,还可以帮助他们进行教学评价,促进教学评价功能的发挥,但是限于学校设施设备单一、学生生源素质不高以及学生家长的不配合等因素,在实际中技术手段对于变革教学评价方式的收效甚微。针对上述现象,我们以为其背后隐含的现实问题在于:一是不同区域不同学校的设施设备建设情况不一,这对教师课堂教学变革效果具有一定的限制作用;二是不同年龄段的教师对于技术手段之于课堂教学的心态、看法大相径庭,尤其是对于部分老教师而言,他们对技术手段辅助课堂教学的效果是持观望、怀疑态度的,这从其态度以及语言中就可窥见一斑。因此,若想技术手段能更全面、更有效、更高效地服务于课堂教学,政府在资源配置方面则应尽力做到公平、均衡,当然,学校层面也应该主动开源,寻求社会支持,构建形成政府主导、社会支持的经费保障机制。

六 激起了教师的学习意识

信息化下的课堂教学不仅促进了教学目标从低阶向高阶的转变，改变了教学内容的"面貌"，实现了教学方法的变革，重构了师生间的互动模式，变革了教学评价的方式，增强了学生的问题意识并启迪学生思维，同时也改变着教师自身，激起了教师的学习意识。在传统教学中，由于受到信息闭塞，传播渠道单一，教学观念落后等方面的影响，教师的学习意识淡薄，教学理念滞后，"吃老本"现象呈常态化。当然，该现象背后也隐含着某些客观层面的因素：一是由于经济方面的影响，教育经费的投入有限，尤其是用于教师培训方面的支出更是寥寥无几，进而导致教师一直以来都是在输出，在输入方面显然不足，甚至是根本就不存在输入。长此以往，教师的学习热情消失殆尽，且学习能力也在退化，学习意识淡薄也就成"正常情况"了。二是在传统教学中，学生的知识获取渠道单一，其主要来源于教师、教科书、辅导资料等。这铸就了教师的权威形象，教师不用担心学生问住、难住自己，没有实质性的危机感，进而也就没有持续的学习意识。

而对于现代化的新时代而言，科技的发展使课堂教学发生了翻天覆地的改变，尤其之于教师而言，对其素质要求之高是空前的、前所未有的。毋庸置疑，教师为了迎接挑战、适应教学之需也正在积极改变自身，尤其是在信息技术手段融于教学后，其改变意识更为强烈，结果也甚为令人欣喜。概而言之，教师的改变至少表现在以下三个方面：其一，教师的教学理念得到了变革和创新，教学理念是教师在长期的教学实践中经过体悟、内化后形成的对教学的根本观点与看法，具有稳定性、动态性特征。[①] 其二，教学中各种现代化教学手段的应用激发着教师主动学习新技术新知识。国家层面从"信息技术与课程整合"到"信息技术与教育教学深度融合"的提法昭示着对将信息技术用于教育教学的高度重视。与此同时，各种各样的新技术手段正在课堂教学中逐渐涌现出来，对教师的教学起着重要的辅助及补充作用，但这隐含的一个条件就是需要教师具备驾驭各类技术手段以及创造性地将其辅助于课堂教学的能力，

[①] 李海、邓娜、杨小雯：《论教学理念及其对教学的影响》，《教学研究》2004年第3期。

因而教师不得不主动学习新技术新知识。其三，教师的多媒体应用能力得到了较大提升。通过学校开展的教师技术能力培训以及教师平时的自我钻研、网络学习等途径，教师在技术手段方面的应用能力明显有了极大的提升。质言之，信息化下的课堂教学变革在激发学生学习兴趣、促进学生学习的同时，也变革着教师自身，实现了师生间的共同成长与内涵式发展。

七 促成学生深度学习的发生

深度学习是一种学生自主构建的、基于理解的学习，是以培养学习者批判性思维、质疑精神与高阶思维发展为目标，通过问题式、主题式、项目式等学习形式来培养学习者的团队合作意识与解决实际问题的能力，着重帮助学习者构建新的认知结构，并将已有知识经验迁移到新构建的认知结构中的一种学习。[①] 深度学习强调学生的深入理解，概括而言，深度学习的内涵至少应该从以下三个方面来理解：一是从程度上讲，深度学习应该属于深入的学习，即学生对某一知识内容的理解是深入的，而非浅层的、记忆的、简单的。二是从层次上看，深度学习应该是一种深层次的学习，即从学生获得的发展层次来看，应该是一种高层次的、深层次的。三是从对学生思维的影响层面来讲，深度学习应该是一种深刻的学习。要达到以上三个方面深度学习的目标，对于教师、学生、教学环境的要求都是极其严苛的。但囿于传统教学条件如教师素质整体水平较低，学生学习环境受限及教学手段单一的限制，学生深度学习的开展是极具挑战性的。就教学内容的理解而言，由于部分教学内容晦涩难懂，仅凭板书或教师的口头讲解抑或让学生充分"想象"的方式是无法还原内容、无法帮助学生加以深入理解的，但教学内容又是培养学生的重要载体，很难想象在未深入理解学习内容的前提下，学生还能获得高阶的发展。

毋庸置疑，信息化下的课堂教学对于促成学生深度学习的实现则是大有裨益的，究其原因主要在于：一是现代信息技术手段融于课堂教学，在很大程度上激起了学生学习的兴趣、集中了学生的注意力。一方面，

[①] 安富海：《促进深度学习的课堂教学策略研究》，《课程·教材·教法》2014年第11期。

"兴趣是学生最好的老师",只有学生对学习有了浓厚的兴趣,一切后续的学习行为才有可能发生。另一方面,由于年龄阶段的特征,中小学生的自律性较差以及精力特别容易受外在环境的影响而分散,而教师在教学中适当地运用信息技术手段来辅助教学则可以在激起学生学习兴趣的同时有助于集中学生的注意力。二是形象直观地将教学内容呈现给学生,有利于加深学生对知识内容的理解并启发学生思考,形成学生的学科思维。这里的思维主要是指学生基于学习活动而形成的关于学习活动的所有思维方式、过程与结果的总和,而学科思维则是指学生在解决实际问题时有意识地运用某一学科思维方式的过程。三是相较于沉闷的传统教学而言,技术手段驱动式的课堂教学氛围活跃,学生问题意识明显增强。不难发现,当学生有了学习兴趣,精力高度集中,问题意识增强后,学生深度学习方式的形成将是自然而然的、自发的。

质言之,就我国课堂形态从语言课堂、文字课堂、直观课堂到多媒体课堂形态的转变来看,毋庸置疑,技术媒体的革新在其中发挥了主要的推动作用。在某种程度上也再次印证了信息化环境下课堂教学变革这一说法的真实性。就信息技术手段涌入课堂教学阶段而言,现代信息技术手段确实在教学目标、教学内容、教学方法、师生互动、教学评价以及教学主体(教师与学生)等方面发挥着重要的价值作用。

第二节　信息化环境下中小学课堂变革的未来价值取向

价值作为一种关系范畴,是指客体的存在能够满足主体需要的一种效用、效益或效应关系。"诉求"是指思想表达和理想追求。价值诉求是一种价值判断和倾向的表达,在本质上是为了实现事物自身价值的意义表达,其具体表现为表明事物究竟想干什么、能干什么及追求什么样的价值。同时,它是根据一定的价值信念和价值目标,在实施的过程中力图坚持此信念,从而达到此目标的强烈驱动倾向。① 因此,探讨信息化环境下中小学课堂变革的价值诉求即是探讨信息化环境下中小学课堂教学变革想要做什么、能在理论和实践上实现什么意义、追求什么样的价值目标等。具体来看,信息化环境下中小学课堂变革在未来的发展过程中应着重聚焦在如下五个方面。

一 促进教师专业发展

信息化发展的运用已然渗透到教学研究的方方面面,在促进教师专业发展方面亦不例外。信息化发展所带来的新技术正不断刷新着人们对教师专业发展的认知,为教师专业发展提供了丰富的资源和广阔的空间。与此同时,信息技术与教育教学的深度融合亦昭示着信息化环境下教师专业发展的新追求,即广大教师要以技术为环境、内容、途径和方法,充分利用现代信息技术提升专业技能发展和实现自我完善。

首先,要建构教师教学必备专业知识。通过信息化环境下的课堂教学变革,既要对教师的教学必备专业知识提出新要求,又要从教师的教学必备专业知识中增添新内容,以不断更新教师的知识能力体系,让教师紧跟现代教学的发展要求,真正做到与时俱进。在教师教学必备专业知识的构建中,一是要形成有关信息化教学的陈述性知识,即让教师掌握信息化教学的原理、性质、规则等有关知识;二是要形成有关信息化教学的操作性知识,即在让教师掌握信息化教学的陈述性知识的基础上,进一步加强信息技术在教学中的运用,掌握信息获取、传输、处理、利用、创造等基本方法,强化教师操作信息化教学活动的实践能力;三是要形成有关信息化教学的策略性知识,即教师要学会运用信息技术,发现、分析和解决相关教学问题。

其次,要培养教师学习资源获取能力。在终身学习的理念下,以及在信息化知识经济时代的背景下,教师获取学习资源的能力既在教师专业发展中发挥着极为关键的作用,又是教师专业发展中所必备的能力。在教师获取学习资源的能力培养中,一是教师要形成主动运用信息化技

---

① 王笑地:《实践取向的中小学教师培训课程设计研究》,硕士学位论文,贵州师范大学,2018年。

术获取学习资源的意识，即将教师的专业成长与教育信息化的发展相联系，实现教师由传统的资源获取途径向新型的信息化方式转变。二是教师要具备运用信息化技术获取学习资源的能力，即教师要充分运用信息技术手段，广泛获取学习资源。如通过资源检索工具、资源更新工具、资源管理工具等，快速检索和获取网络学习资源。三是教师要遵守运用信息化技术获取学习资源的规范，即教师主动遵守网络文明规范，不窃取资源、不传播有害信息等。

再次，要发展教师教研能力。教研是促进教师专业发展的重要途径。在信息化环境下的课堂教学变革中，教研的模式及发展路径发生了重要变化①，同时，也为教师的教研能力带来了新发展：一是教师作为教研者的共同体意识逐步凸显。在教研活动参与过程中，教研实践共同体正逐步构建，一线教师们基于教学实践活动或问题解决的需要聚集在一起，开展学习、合作、交流、对话、资源共享、反思和再实践活动。② 二是教师教研资源逐渐多样化。在信息化环境下，丰富的网络教研资源以及打破时空限制的教研资源分享方式改变了传统教研在同一范围内发放统一资源的供给方式，为不同专业成长需求的教师提供了多元化的教研资源和多元化的教研资源获取途径。三是教师教研评价逐渐精准化。在信息技术与教育教学的融合过程中，通过对相关教师教研数据的精准分析，能较为精准地对教研进行评价，从而为教师教研提供科学合理的工作指引。

最后，要生成教师教学智慧。叶澜教授曾指出："具有教育智慧，是未来教师专业素养达到成熟水平的标志。"当前，随着教育信息化的不断发展，新技术的智能特性及其在学校的应用直接催生出智慧教学的新话语。③ 而在智慧教学的开展过程中，教师智慧的发挥是无可替代的。因此，在信息化环境下中小学课堂教学变革中，关注教师教育智慧的生

---

① 胡小勇、曹宇星：《面向"互联网+"的教研模式与发展路径研究》，《中国电化教育》2019年第6期。

② 钟苇笛：《教育信息化背景下中小学教师专业发展提升策略》，《中国电化教育》2017年第9期。

③ 李树英：《智慧教育需要教育智慧：教师专业发展的人文选择》，《现代远程教育研究》2019年第6期。

成既是教师专业发展的必然要求,亦是对信息化时代发展的积极回应。在信息化时代,教师要运用智慧教育技术,提升教学效能、调适教学策略、拓宽思维视野,并从中获得相应的精神成长、自我理解等,最终凝聚为教师的教育智慧,从而运用智慧的火花,开启学生的悟性,启迪学生的智慧。

二 变革学生学习方式

在信息技术与课堂教学深度融合的视域下,信息技术已然超越了其作为教学辅助性工具的外部器物层面,全方位地内渗于教育教学,成为构成教育教学的内生要素,从器物的工具层面上升到与人的个性化生命成长相统一的人本价值层面。[①] 据此,在信息化环境下的中小学课堂变革中,让学生适应信息化、感受信息化,并通过信息技术变革学生的学习方式,提升学生分析与解决问题的能力,最终获得个性化的生命成长尤显重要。

首先,通过信息技术驱动学生学习兴趣。学生的学习兴趣影响着学习发生的方式和学习过程,且学习兴趣是提高学生学习效果的关键因素。在信息技术与课堂教学的融合中,数字化校园、电子书包、虚拟教师等信息技术的运用不仅让学生获取学习资源更加便捷,也在创新课堂活动、创设课堂氛围方面增添了课堂教学的活力,并在一定程度上激发了学生的学习兴趣,成为学生学习的外部动力,唤醒学生学习的自主性。因此,在信息技术环境下,要让信息技术在教学中所发挥的优势转化为学生学习的外部动力,并通过学生学习的外部动力,增强学生学习的内部动力。

其次,借助信息技术使学生获得学习自由。学生的学习自由是学生作为教学主体的重要表征,亦是学生学习方式转变的重要体现。随着教育信息化2.0时代的到来,以大数据、人工智能、云计算等为首的先进信息技术正改变着学生的学习方式,解放着学生的学习自由。一是在学习形态上,由于信息化环境下的课堂教学早已不满足于现实的真实课堂教学情境,而是一种源于现实又超越现实的虚拟世界,形成了现实世界

---

① 史利平:《信息技术与教育深度融合的机制创新解析》,《教育研究》2018 年第 10 期。

与虚拟世界相结合的课堂教学形式。① 因此，学生的学习形态不再局限于校园学习，而是演变为集网上学习为主的线上学习与传统面对面的线下学习、学校教育的正式学习与社会教育的非正式学习于一体的学习形态。二是在学习内容上，能在一定程度上兼顾学生的闲暇学习。在信息技术的协助下，师生间拥有的闲暇时间越来越多，相应的闲暇活动、闲暇学习也随之得以开展。师生在闲暇时间里除了对教学内容的学习以外，对闲暇内容的学习也逐渐增多。三是在学习环境上，学生的学习环境更加开放自由。在信息技术革新学生的学习方式过程中，学生的学习环境也在不断地优化和升级，学习环境从课堂中心走向更加多元开放的环境。在多元开放的场景中，学生可以自由切换学习的内容、形式。

再次，运用信息技术触发学生深度学习。2017年，崔允漷教授对深度学习的概念进行了进一步的界定，指出深度学习是"在复杂环境下表现出高度投入，高度认知参与并获得意义的学习"②。此外，相关研究者指出，影响学生深度学习的因素主要有四个，分别为学习者、教师、课程和环境。③ 而信息化环境作为教学环境的一部分，理应最大限度地触发学生的深度学习。在运用信息化环境触发学生深度学习的过程中，一是要对线上学习资源进行整合和更新，让学生能够高速便捷地获取学习资源；二是要为学习者创造良好的线上学习环境，让学生保持高度的注意力；三是要组织学生进行信息加工和交流协作，与同伴进行学习过程、学习结果和学习经验的分享，将学习引向深入。

最后，利用信息技术促成学生高阶学习。布鲁姆的分类学理论将教育目标分为低阶目标与高阶目标，其中低阶目标包括知识的记忆与理解两类目标；而高阶目标则囊括目标分类中的应用、分析、评价、创造四类认知目标，如批判性思维、学会学习、自我认识与沟通合作等。在以教师单纯讲授为主的传统教学模式中，由于学生缺乏先验的知识，加之学生在课堂上总是处于被动的一方，缺乏学习的主动性，因此难以进行

---

① 施贵菊、杜尚荣：《本质意蕴与价值追求：新常态视野下的教学变革——兼论互联网+时代我国课堂教学》，《江汉学术》2018年第4期。
② 崔允漷：《指向深度学习的学历案》，《人民教育》2017年第20期。
③ 杨一丹：《深度学习场域下的高职院校"线上线下混合式教学"常态化构建》，《江苏高教》2020年第6期。

高阶学习。而在信息化环境下的课堂教学中,教师结合信息技术在教学中的应用优势,在课前安排学生学习教师发布的教学视频,在课中研讨和讲解学生所遇到的困难,在课后运用网络教学平台与社交媒体应用软件,做好相应的课后指导工作,便可致力于帮助学生进行知识的二次内化,促成学生高阶学习的发生。

三 优化课堂教学结构

在信息化教学环境下,由教师、学生、教学内容和教学媒体这四个要素相互联系、相互作用而形成的教学活动进程的稳定结构形式便是教学结构。[1] 在这四个要素中,每个要素既各有所指,又相互关联,四个要素间根据相应的教学理论所形成的特点各异的交互关系,便形成不同类型的教学结构。[2] 教学结构是一个相对稳定的结构,结构中某个单一要素的变化并不足以引起课堂教学发生结构性的改变。因此,信息化教学环境下的教学结构的优化便是在信息技术的支持下对教学结构要素间的相互联系、相互作用进行优化配置的过程。

首先,要深刻认识课堂教学结构优化的具体要素。其中,就教师而言,教师需优化自身角色定位,积极应对教育信息化的发展。第一,教师要成为学生知识学习的引导者。教师要引导学生在纷繁复杂、碎片化的线上知识中进行科学、合理的检索、甄别、加工和应用。第二,教师要成为学生高效学习的助推者。教师要充分运用信息技术,组织课堂教学,发挥技术优势,帮助学生进行知识的意义建构,助推学生的高效学习。第三,教师要成为多元化交流的合作者。教师要学会与虚拟教师进行多元合作、多元交流,实现多元教学主体之间的优势互补。就学生而言,学生要正确认识信息技术,适应教育信息化的发展。一是要树立正确的技术观念,学生要正确认识信息技术,走出技术游戏观的误区,将信息技术合理运用于自身学习中。二是学生要成为学习的主动参与者。在教育信息化环境下,学生线上参与已成为常态,这将对学生学习的主动性形成一定的挑战,要求学生成为学习的主动参与者。三是学生要形

---

[1] 余胜泉、马宁:《论教学结构——答邱崇光先生》,《电化教育研究》2003年第6期。
[2] 于翠翠:《信息技术驱动的课堂教学结构变革》,《课程·教材·教法》2018年第3期。

成信息思维，如开放性思维意识、共享共赢思维意识等。就教学内容而言，要广泛查阅线上教学资源，转变以教材内容为教学内容的传统。就教学媒体而言，教学媒体要有效地促进教师的教和学生的学，让教师和学生获得有效的认知探索、协作交流、自我评价等技术支持。

其次，要实施有效优化教学结构的教学模式。若要变革课堂教学结构，优化教师、学生、教学内容、教学媒体四要素间的相互联系、相互作用，只有通过教师在课堂教学中设计和实施有效的教学模式才能成为可能。为此，需要结合信息化技术，根据不同主体、不同学科、不同主题，设计和采用相应的教学模式。如近年来受广大师生所热捧的翻转课堂教学模式、慕课模式、线下教师与线上教师构成的"双师"课堂等。这些教学模式均同时关注到教学、学生、教学内容和教学媒体这四要素，并力图实现这四要素之间的协调运作从而发挥最大的教学合力。

最后，要开发相关学科的教学资源。教育的进步从来都不是简单依靠教学设备和技术的新旧更替就可以实现的，无论什么时代，人始终是教育的关键，技术价值的发挥是通过人并作用于人的。要通过技术优化课堂教学结构，除了需要先进的技术、有效的教学模式以外，还应开发出相关学科的丰富学习资源，即充分利用信息技术所带来的生成性资源，服务于师生的教学需要。

四　改变内容呈现方式

随着信息技术与教育教学的深度融合，作为教学主体的教师与学生的教学方式、学习方式、思维方式等均在不同程度上发生着相应的改变。同样，教学中教学内容的呈现方式亦发生着相应的改变。课堂教学中内容的呈现主要是指教师在课堂教学中运用声音、动作、文字、图像等方式，向学生展示教学内容的行为。[①] 在信息化环境下，教师课堂教学内容的呈现方式主要表现在以下几个方面。

首先，从呈现的主体来看，主要体现出多元主体合作呈现的趋势。在信息化环境下的课堂教学中，除了传统意义上的教师、学生以外，还

---

① 李如密、李茹：《课堂教学呈现艺术：内涵、类型、功能及策略》，《当代教育与文化》2017年第5期。

增加了人工智能机器人教师、网络教师。因此，信息化教学中的教学内容呈现往往由教师、学生、网络教师、人工智能机器人合作完成。正如在网络教师、机器人教师与现实教师的结合教学中，网络教师或机器人教师可以承担大部分的教学内容，人类教师可将剩余精力、智慧应用于学生的情感丰富、创造力启发教学中。该过程便体现出教学内容呈现过程中多元主体间的合作。

其次，从呈现的载体来看，主要表现为多种载体相结合的方式。一是以音频的形式呈现，在课堂教学中，教师常运用多媒体，以音频的方式向学生展现教学内容，尤其是在音乐学科的教学中。二是以视频的形式呈现，即教师在教学过程中根据教学需要，以视频播放的形式，向学生呈现教学内容。三是以图片的形式呈现，即教师在教学过程中结合多媒体的运用，以图片展示的形式向学生直观地展现教学内容或借助图形进行相关内容的说明。四是以文字的形式呈现，如教师在授课过程中，运用电子白板进行相关的板书书写。

最后，从呈现的形式来看，主要表现为预设性呈现和生成性呈现并存。其中预设性呈现主要是教师在备课的过程中，根据教学目标、教学媒体设施等因素，提前对相关教学内容进行规划，并制作好相应的教学课件，准备好相关的教学视频等。而生成性呈现则表现为教师在教学过程中，根据学生的反应或教学的需要，对教学内容进行调整，增加或删减对教育技术的使用。如在授课过程中临时运用网络检索工具，搜索某一知识点的形成、演变等。

五　创新教学评价机制

教学评价是课堂教学的重要组成部分，科学而全面的教学评价不仅能让教师全面了解学生的学习过程，对学生进行适时适当的指导，还有助于学生了解自我的学习情况，明确自己的学习方向。在信息化环境下，以大数据分析、人工智能、图像分析等为代表的信息技术正逐步运用于教学评价之中，教学评价正转向以智能化为引领，以大数据为支撑的新方向。可以说，信息化环境下的教学评价机制的创新亦是信息化环境下课堂教学变革的价值诉求之一。

在信息化教学环境下的教学评价创新中，一是评价主体逐渐多元化。

在信息化环境下，教学评价的主体主要是线下教师、学生、线上教师以及家长。就线下教师而言，他们可借助课堂教学分析软件，如弗兰德斯系统等，分析学生的学习过程，并对学生的学习状态、学习过程等做出进一步的评价。就线上教师而言，他们可以通过对学生的学习时长统计、在线测评、作业完成情况等对学生的线上教学进行相应的评价。就学生而言，则主要是学生之间的相互评价。就家长而言，在家校协同育人的理念下，线上线下同步进行的家校沟通平台已逐步搭建形成，家长亦是教学评价的参与者。

二是评价的指标更加精细化。随着教育信息化2.0时代的到来，教学活动发展得更加开放灵活，与此同时，教学评价也打破了传统的以考卷为评价工具，以知识掌握为评价重点的教学评价方式。在信息化环境下，教学评价方式在逐渐智能化的同时，其评价标准更加精细化，对学生的评价也更为客观和全面。如相关研究者在研究基础教育学校信息化教学创新评价指标体系中，确定了学习者属性创新等6个一级指标和14个二级指标，其中包含反映学校信息化教学创新的观测指标就有40个[1]，可见评价指标的精细化程度较高。

三是评价的方式逐渐多样化。在信息化环境下，教学评价方式不再局限于单一的考试评价，而是采用多样化的评价方式。如可以通过线上投票获取学生的反馈。通过正规和非正规两种形式开展线上投票，获取学生关于教和学的反馈。其中，正规形式指通过网络发放正式的问卷进行调查，即在每个阶段的学习结束后，由教师发放网络调查问卷，获取学生的学习效果情况及对课程教学的满意程度等；非正规的方式则指通过电子邮件、QQ、微信等方式具体了解学生的学习情况及对课程的评价或建议；可以通过图像分析系统从教学过程中学生的头部姿态估计、表情识别、注意力检测、实时信息交互等角度进行分析，获取学生的学习兴趣情况。[2]

四是评价的统计逐渐自动化。在教学评价过程中，教师、家长或

---

[1] 刘晓琳：《基础教育学校信息化教学创新评价指标体系研制——面向2.0时代》，《中国电化教育》2018年第12期。

[2] 陈靓影、罗珍珍、徐如意：《课堂教学环境下学生学习兴趣智能化分析》，《电化教育研究》2018年第8期。

学生可结合网络教学工具，充分发挥信息技术发展所带来的便捷、自动化优势，快速、有效地进行教学评价。如可以通过大网络教学平台对学生在线学习时长、师生交互率、作业完成度、单元测试情况等进行自动化的统计和分析；在对课堂教学中学生的学习状态进行分析时，所涉及的相关定量分析会产生大量的数据，而通过图像分析系统，便可自动完成数据记录、统计、分析等任务，让教学评价者摆脱繁复的记录和计算。

理 论 篇

第五章　信息化环境下中小学要素驱动式课堂变革的本真阐释

就某一事物的本质内涵进行全面深入探讨是课题研究中的重要一环、关键一步，可以说，任何未明晰研究事物内涵的课题研究，其结果都是不可想象的。鉴于此，本章将对研究中的相关概念进行界定，以及信息化环境下中小学要素驱动式课堂变革的内涵与主要特征进行阐述，以期为后续研究做铺垫，打基础。

第一节　信息化环境下中小学要素驱动式课堂变革的概念内涵

一　相关概念界定

为了更好地帮助人们深度理解信息化环境下中小学要素驱动式课堂变革的本真内涵，我们有必要对其所涉及的如信息化环境、中小学课堂变革、课堂变革机制、要素驱动核心概念做进一步思考。

（一）信息化环境

在对信息化环境进行概念界定前，有必要先对环境、教学环境做出一个清晰的界定。就环境而言，环境是人生存与发展的重要基本条件之一，是人类生产、生活活动中所必需的诸客观条件与力量的总和[1]，它能直接或间接地影响社会发展水平及人类生活品质，对人类生产生活中行为、情感、认知的表现与形成有着重要的影响作用。[2] 与此同时，从

---

[1] 梁永郭、李强：《浅析经济发展环境》，《太原城市职业技术学院学报》2013年第9期。
[2] 谢丽娟：《试论课堂教学环境的内涵、结构及建设策略》，《当代教育与文化》2009年第6期。

社会变革发展层面来看，任何生产生活工具的更新、使用，社会变革的发生，都离不开一定环境的配合与支持。概而言之，环境是影响人类活动（如教学活动）的各种情况和条件的总和，从性质上看，环境一般可以分为生活环境和自然环境；从人类活动影响的情况来看，自然环境又可进一步分为原生环境和次生环境；从可见与否的层面来看，环境又可分为隐性环境与显性环境①，其中，隐性环境主要包括理念、文化、氛围、习惯、人际交往以及心理适应等，显性环境则主要包括仪器、硬基础设施等物理设备。不难发现，大环境也是教学得以顺利开展、高效开展的重要因素之一。本书探索的是信息化环境下中小学课堂变革的驱动要素，其中所涉及的环境主要是指显性环境。

就教学环境而言，教学环境是指在教学活动中对师生行为、认知和情感表现造成直接或间接影响的各因素的总和。② 概括来说，教学环境主要包括物理（物质）环境和心理环境，其中，教学物理（物质）环境是学校教学活动得以开展的物质基础，具体包括学校内部的各种物质、物理要素所构成的一种有形的"硬环境"③；而教学心理环境则主要包括教学过程中的教学理念、师生关系、教学氛围等要素所构成的一种无形的环境。此外，根据不同的研究需要，教学环境还可以细分为以下几种：一是为强调信息技术在教学中的运用，将教学环境细分为虚拟环境、物理环境和心理环境。④ 其中，虚拟环境主要是指师生通过信息设备所创造的一种信息化教学情境。二是将教学放置在一个大的社会环境中，既肯定了学校教学环境对师生教学活动的影响，又强调了社会环境对教学的影响，将教学环境划分为物质的、社会的和心理的三个方面。⑤ 三是指影响师生教学活动开展的教学因素，可将教学环境概括为物质环境、自然环境、观念环境、人际环境、社会环境

---

① 刘成新、李兴保：《现代教育技术：信息化教学理论与方法》，电子工业出版社2009年版，第15—18页。
② 周秀清、胡建国等：《多媒体教学在互动课堂中的有效运用》，《"教师教学能力发展研究"科研成果集》（第14卷），2018年，第265—269页。
③ 康霖：《现代教学环境构成要素与功能探析》，《井冈山师范学院学报》2003年第3期。
④ 宋生涛、杨晓萍：《翻转课堂的基本原理与教学形态》，《西北师大学报》（社会科学版）2018年第2期。
⑤ 张文：《教学心理环境内涵的反思与重构》，《教学与管理》2009年第18期。

和班级环境。① 总之，教学环境的分类是根据实际研究的需要而对教学物理环境与心理环境的进一步细化。综上所述，本书中的教学环境更多地指向教学物理环境的变化。

随着"互联网+教育"的持续推进，《教育信息化2.0行动计划》的颁布，教育信息化已从基于技术的1.0的信息时代跨入基于数据的2.0时代。因此，本书中的信息化环境主要是指以数据为核心的信息时代为课堂教学变革所提供的信息化资源条件，即运用现代信息技术和现代教育理论所创设的教学环境。它是师生在开展信息化教学活动过程中赖以持续的各种内外部条件的集合，具体包括在信息技术条件下影响师生互动交往的"教"与"学"的所有直接或间接的因素，是时空、软硬件以及文化心理等环境因素的总和。从硬件环境来看，在信息技术、信息媒体高度发达的今天，那种仅仅具有"黑板+粉笔"式的传统教学环境几乎完全改变了，目前各学校教室已接入班班通，换上了电子交互白板，用上了ipad等学习移动终端；从软件环境来看，教师获取教学资源的渠道已经大大拓宽，教师的信息素养水平已有了质的提升。

(二) 中小学课堂变革

中小学即中学和小学的合称，小学包括一年级至六年级，分为低段、中段、高段（1—2年级为低段、3—4年级为中段、5—6年级为高段）；中学包括初中和高中，其中7—9年级为初中，10—12年级为高中。

随着时代的变迁、科技的发展、社会的进步，"课堂"一词的含义绝非仅指"学习地点"，不同的学者对"课堂"一词的理解与阐释可谓仁智互见。《同义词大词典》将"课堂"释义为各种教学活动发生的场所，如教室，但不一定指具体的专门场所，任何知识传授的地方均可被称为课堂。陈时见认为，课堂是"进行各种教学活动的场所"，这显然窄化了课堂的内涵，这一界定只适用于对教室的解释。他还认为课堂作为教师、学生及环境之间形成的具有情感和生命的互动情景，是一个有着多种结构的功能体。② 包国庆却认为，课堂是一个充满生机的系统整

---

① 张楚廷：《论教学环境与课程》，《湖南师范大学社会科学学报》1999年第1期。
② 陈时见：《课堂管理论》，广西师范大学出版社2002年版，第2页。

体，并不是一个没有生命的教室空间，而是一个有着人际交往的社会体，一个有目的性的行为体，一个有多种结构的功能体。① 由此可见，课堂内蕴了教室但与教室在内涵上又有显著的区别，课堂比教室包含着更多的内涵。其一，课堂强调的是基于物质基础的教学活动过程，其核心是教学活动的过程；教室强调的是有形的物质基础，其重心是物质空间，教室偏重于实然，课堂偏重于应然。其二，随着泛课堂教学的兴起，教学活动场所的不断延伸和拓展，课堂已不再囿于传统的有形房屋之中②，特别是随着科学技术的发展，教学活动场所得到了极大的扩展，课堂开始超越教室的藩篱，创造出新的形态，泛指一切可进行教学活动的场所。其三，为了更好地适应教学活动的开展，教室也在不断配备各种教学设施，课堂不断升级翻新，改变着形态，以满足现代甚至未来教学活动的需要。

通过梳理文献我们发现，关于课堂内涵至少可以从三个方面去理解：一是指课堂教学，即教师与学生在教室里发生互动交往的教学活动；二是指教学场所，即教室；三是指学习型共同体，即学生与教师发展、成长的共同体。根据研究需要，本书中的课堂主要是指教师与学生进行互动的教学场所（如教室、多媒体室等）。

关于"变革"的最初词源可以追溯到"changer"这一古法语词，它的原义是弯曲或转动。③ 在英文当中，"变革"（change）通常泛指事物的变化或改变，它主要包括两层含义：其一，是指一般的变化；其二，是指彻底的变化。而在《现代汉语词典》中，"变革"是指对本质的改变，即这种改变不是一般的变更或变换，而是根本的、本质上的变化。《现代汉语词典》也认为"变革"同样意指"改变事物的本质"，其变革的过程实质上就是一种新秩序取代旧秩序的过程。这种解释与《现代汉语词典》以及英文中的第二层解释不谋而合。综上所述，本书所提的"变革"是指在坚守传统课堂教学发展的已有经验的基础

---

① 包国庆：《论课堂系统》，广西教育出版社1991年版，第4页。
② 郭泽平：《基于教育生态学视角的多媒体课堂教学环境构建》，《中国教育技术装备》2019年第6期。
③ 李春玲：《理想的现实建构：政府主导型学校变革研究》，博士学位论文，华东师范大学，2007年。

第五章　信息化环境下中小学要素驱动式课堂变革的本真阐释

上,借助教育信息化发展的契机,以实现课堂教学的创新和超越的变革。而教育变革实现的关键在于课堂变革的落实。就现实而言,真正意义上的课堂变革应该是能够产生人们所希望的积极的课堂改变,是能够对当前的课堂教学实践所存在的现实问题起到真正的改善作用的变革。具体而言,课堂变革涵盖了中小学课堂上各个方面的变革,主要涉及课堂教学的各个要素包括"教学环境、师生关系(教学主体)、教学目标、教学内容、教学过程、教学方法、教学评价"等方面。只有对课堂教学的各个要素做出了切实的调整和改变,才能实现真正意义上的课堂变革。

综上所述,本书所谈及的课堂变革,是指在小学至高中阶段,在坚守传统课堂教学发展的已有经验的基础上,借助教育信息化发展的契机,实现课堂教学的创新和超越。这种变革是在坚守课堂教学根本性要素的基础上,实现新课堂对旧课堂的传承与超越,而非重新产生一种纯粹新型的"课堂"。

(三) 课堂变革机制

"机制"一词可追根溯源到希腊文"mechane",其最初的含义是指机器、机械[1],在英文中,机制为"mechanism",其具体含义是指机器的构造和工作原理。[2] 对现有文献的梳理发现,大部分学者都较为认同该种界定,即机制泛指在一个工作系统中,各个要素之间相互联系、相互制约及其运转的方式。[3] 但由于不同领域的不同研究者对机制关注的侧重点不同,因此人们对机制内涵的界定也有所差异。具体而言,在社会科学研究中,机制往往泛指"一个工作系统的组织或部分之间的相互作用的过程与方式"。在自然科学的研究中,机制则通常被界定为"机体的构造、功能及相互关系",同时也可理解为"某些自然现象的物理、化学规律"。与此同时,由于机制在不用学科领域都有较为广泛的运用,因此在不同学科领域里、在不同的分类标准下机制的类型纷繁复杂,如

---

[1] 郑杭生、李强:《社会运行导论——有中国特色的社会学基本理论的一种探索》,中国人民大学出版社1993年版,第347页。
[2] 张朝伟:《农村学前教育投入保障机制研究》,硕士学位论文,河北大学,2012年。
[3] 中国社会科学院语言研究所词典编辑室:《现代汉语词典》,商务印书馆2002年版,第582页。

李义渝根据"怪圈结构产生机制"而将机制细分为协同机制、动力机制、变化机制、制约机制以及存在机制①；而孙绵涛、康翠萍则基于现象或事物运行和发展的基本方式将机制分为形式机制、功能机制以及层次机制。②虽然不同学科领域对机制的界定不同，但通过对已有研究成果的梳理可知，机制至少包含三层要义：其一，机制蕴含了事物或组织内部构造及其功能发挥之间的关系。可以说，机制的变革是有效促进事物或组织有效变革的重要手段，了解事物或组织的内部结构，有助于其内部机制结构的调整和优化，能进一步为事物或组织的变革提供动力。其二，机制内蕴了事物或组织系统中各个构造间的相互联系、相互作用和相互制约的过程。如果能进一步明晰事物或组织系统构成的核心要素，以及要素间的相互联系、相互作用与相互制约的内在联系，就有助于对事物或组织进行高效管理。其三，机制蕴含了事物变化的内在原因及其规律。任何性质的事物或组织在正常工作或运行的过程中，都有相对应的机制在维持其正常的运作，它蕴含了事物内在变化的重要规律和原因。如果机制不存在，那么，在事物或组织中的各个要素以及要素间将不能正常有机地联系起来，进而会阻碍事物或组织的正常运作。

通过研究发现，机制主要被理解为事物或系统中各要素之间的相互联系、相互制约及其运转的关系。当然，由于研究关注的重点和使用领域的不同，研究者对机制的内涵认识也有所不同。但无论从何种角度来看，对机制内涵的理解与把握至少应该从构造、运行及功能三个方面来展开。首先，事物或组织构造所涉及的主要对象（核心要素）的组成，而主要对象的构造组成方式则进一步决定了其机制运行的整体情况和功能本质。如绿叶能在阳光下进行光合作用，但石头却不能，究其根源，虽然其组成元素相似但其内部构造却不同。从某种意义上说，事物或组织中各个要素的存在是机制存在的前提，有事物或组织的各个要素的存在，就有一个如何协调各要素间的关系问题。其次，运行主要是指通过构造体（运作单元）之间的相互作用所体现出来的一种特有的运行规律。最后，可以说，任何机制的运作必然导致某种功能，如在社会组织

---

① 李义渝：《机制论：涵义、原理与设计》，《人文杂志》1991年第6期。
② 孙绵涛、康翠萍：《教育机制理论的新诠释》，《教育研究》2006年第12期。

当中，机制起着维持组织运转、提高管理效率、促进组织变革的作用。概而言之，本书将"机制"界定为一个系统中所涉及的关键要素及其相互联系、相互制约和运转的工作机理。

综上所述，我们认为，所谓的变革机制，实际上反映的就是系统中各要素之间的相互联系、相互作用以及相互制约的关系，是保持系统中各要素有效运行的基本原理。而本书中的课堂变革机制则是指课堂教学系统中各要素之间的相互联系、相互作用以及相互制约，是保持课堂教学系统中各要素有效运行的基本原理。

（四）要素驱动

"要素"是指构成事物必不可少的因素，如词汇是语言的基本要素；人物、环境、情节是写小说的三个要素；事件发生的时间、地点、人物、起因、经过、结果是记叙文的六要素；论点、论据、论证是议论文的三要素；建筑功能、建筑技术、建筑形象是建筑的基本构成要素；而教学目标、教学内容、教学过程、教学方法、教学评价、教学环境、教学主体则是教学的七要素。"要素"还是组成系统的基本单元，具有层次性。某一要素相对于它所在的系统是要素，而相对于组成它的要素则是系统。要素在系统中既相互独立又按一定比例联系成一定的结构，并在很大程度上决定着系统的性质，同一要素在不同系统中的性质、地位和作用也不相同。由此可见，要素是指构成一个客观事物的存在并维持其运动的必要的最小单位，既是构成事物必不可少的现象，又是组成系统的基本单元，是系统产生、变化、发展的动因。

在经济学领域，要素驱动是指主要依靠各种生产要素的投入（比如土地、劳动力、资源等）来促进经济增长的发展方式以及从市场对生产要素的需求中获取发展动力的方式。而本书中的要素驱动，主要是指基于信息化大背景，通过变革课堂七要素（教学主体、教学目标、教学内容、教学过程、教学方法、教学评价、教学环境）中的一个或多个要素来实现信息化环境下课堂变革的一种方式，即指主要依靠某一个或某几个甚至所有教学要素的改变来促进信息化环境下中小学课堂变革的方式。

二 信息化环境下中小学要素驱动式课堂变革的内涵

自"互联网＋教育"出现之后,学术界便掀起了一股信息技术变革热潮,认为教育的实施、教育的变革离不开信息技术这片沃土,因此信息化环境下的教育变革依旧离不开课堂教学的变革。通过文献梳理,我们发现学者们均从各自的立场和不同视角做着建言献策的工作,充分展现了教学理论工作者和教学实践工作者之间就信息化环境下课堂教学变革的一些共识,彰显了"术业有专攻""理论与实践相结合"的内核。课堂变革是教育变革的微观层面,是教育改革的实践起点。就课堂变革的具体切入点而言,学者们可谓仁智互见。概而言之,其主要集中在以下几方面:一是指向教学目标的课堂变革,涵盖教学目标的渗透性、针对性、可操作性、动态性。二是指向课程建设变革,强调课程取向应追求满足学生需求与不满足学生需求的动态性、把课程变成伸向社会的触角。在课程实施上要让学生成为课程的设计者与实施者、把学生经验与课程相结合。在课程评价上要从学生成长的角度评价课程。三是指向教学方式的变革,强调主导性、多元性、互动性、反馈性。四是指向教学范式的变革,强调在理念上要关注学生认知的发展、关注学习者差异,构建互动式的教学过程,注重教学活动的混合性。在目标上应构建课堂教学的开放性与生成性,旨在促进学生认知发展,帮助构建学生知识体系,唤醒学生自主意识。在结构上要观照课前、课中、课后,做教学一体化设计。在策略上要注重情境创设,架设学生认知发展的桥梁,突出合作探究,提升学生自主水平与认知水平,做到即时评价,观照学生的学习能力。五是指向教学环境的变革,教学环境主要包括物理环境与心理环境。研究成果大多体现出民主化、觉醒化、情境化的特点。六是指向教学评价的变革,关涉反思性、过程性、多元性、层次性、结合性。

不难看出,学者们关于课堂变革的观点和而不同,但总体上均呈现出循序渐进的特点。因此,在前人研究的基础上,本书所提出的信息化环境下中小学"要素驱动式"课堂变革机制可以分为"要素""要素驱动式""变革机制"三个关键词进行内涵阐释。首先,要素是指信息技术与课堂教学融入的载体,主要关涉教学目标、教学内容、教学过程、教学方法、教学主体及教学评价。其次,"要素驱动式"是指在信息化环境下将信息技术与单要素或多要素融合，以此驱动课堂变革。由于人具有主观能动性，可以自主思考并选择采取什么样的变革路线，据此，每个教师不同的思维方式、不同的教学观及教学经验都会影响课堂教学变革的实践形态和行动路向。最后，所谓的变革机制，实际上反映的就是变革系统中各要素之间的相互关系、相互作用，是保持系统中各要素有效运行的基本过程与方式。而课堂教学变革机制则是指课堂教学系统中各要素之间的相互关系、相互作用，以此保证课堂教学系统中各要素有效运行的基本过程与方式。

综上所述，信息化环境下中小学"要素驱动式"课堂变革机制是指在信息化背景下，将信息技术与中小学课堂教学的教学目标、教学内容、教学过程、教学方法及教学评价五大核心要素相融合，通过各要素之间的相互关系、相互作用形成要素变革系统，以此保证课堂教学系统中各要素有效运行的基本过程与方式。

第二节　信息化环境下中小学要素驱动式课堂变革的特征

通过文献梳理与课堂观察，我们发现在信息化环境下，不同学科的教师或同一学科的不同教师，抑或城市教师与乡村教师在基于现代信息技术对课堂教学进行变革时，所呈现出来的面貌并不是一模一样的，即彰显出不同的教学风格。但概括起来说，这种要素驱动式的课堂变革至少具备自主性、差异性、非指定性以及目标一致性等基本特征。

一　信息化环境下中小学要素驱动式课堂变革的自主性

在国家"信息技术要与教育教学深度融合"的号召下，中小学课堂教学纷纷踏上了信息化变革的征途，但在大方向上，国家层面与学校层面并没有要求教师具体怎么着手去变革，而是允许不同教师依据自身的教学风格以及教学的实际需要进行变革，留给教师极大的自主性。其原因至少有以下几个方面：一是从国家层面来看，纵使教育信息化、教学信息化、信息化教学被提到了前所未有的高度，但考虑到我国各省省情差异较大，尤其是沿海城市与中西部教育软硬条件的差异，也只是鼓励教师积极地进行信息化课堂教学变革，而没有做出硬性要求；二是从社会层面来看，随着技术手段的不断更替，越来越多的电子教育产品走进师生的视野，在提高教师教学效率的同时，亦为教师的课堂教学变革带来了越来越多的自主性；三是从学校层面来看，不同学校间由于校长教育理念、管理理念的差异，教师教学风格也存在着一定的差异，进而在信息化课堂教学变革上会体现出不同的思考逻辑与变革路径；四是从学科层面来看，学科有着自身的本质，渗透着本学科独有的思想与方法，这就要求教师在进行信息化课堂变革时，充分考虑学科特点，自主选择变革切入点；五是从教师层面而言，他们要顾及自身的信息素养、教学风格、教学策略以及所教学生的学习风格、最近发展区等要素，选择最适合的变革切入点来进行信息化课堂教学变革。

鉴于此，教师在进行要素驱动式课堂教学变革时可根据实际情况进行。因此，也就出现了不同学科教师或同一学科的不同教师，甚至是同一教师在不同班级实施的课堂变革都不一样的情形，换言之，即教师在驱动课堂变革时选择的要素不同，譬如，有的教师基于信息素养的目标引起变革，有的教师则基于信息甄别的内容引起变革，或基于信息重组的过程驱动变革，或基于信息手段的方法驱动变革，抑或基于信息数据的评价驱动变革。

二 信息化环境下中小学要素驱动式课堂变革的差异性

正所谓"有一千个读者，就有一千个哈姆雷特""世界上没有两片相同的叶子"，由于每个教师的经历、理论素养、教学理念及教学风格都不一样，因此不同教师信息化课堂变革所体现的思维逻辑与变革路径也是不一样的，即信息化课堂变革存在一定的差异性。具体而言，主要表现在以下两个方面：一是学科差异性。由于不同学科领域知识的性质、类型与表现形式以及学生对知识的掌握程度存在差异性，因而教师在课程变革时会受学科思维的影响而尝试寻找最适切的变革路径。二是教师自身信息素养水平与教学经验存在差异。教师信息素养是指教师运用信息解决问题的能力，主要指基于网络获取、分析、生成、使用和创造信息的综合素质。对教师而言，主要指他们在教育教学过程中，检索、获取、分析、生成、接受、存储、消费、使用和生产创造信息的能力，亦即选择信息、筛选信息、利用信息的能力。从影响教师信息素养的因素来看,年龄是影响受调查教师信息素养的一个主要因素,教龄是另外一个因素,是否承担学校电子教学资源开发和管理工作是第三个因素。教师自身信息素养水平的高低以及教学经验的多少在某种程度上会影响课堂变革的效果。因此,对于年轻教师而言,要着重培养他们的知识产权意识和对学生信息素养的帮助能力。对于年长教师而言,要着重加强他们的现代信息技术的培养,并充分发挥他们教学经验丰富的优势。让信息技术教师承担学校电子教学资源开发和管理工作,对于提高其信息技术能力、发挥学科优势、帮助其他教师提高信息素养具有积极意义。三是乡村学校与城市学校资源、师资的差异性。一方面,乡村学校在教学资源获取方面不如城市学校便捷、及时,在某种程度上可能会影响教师课堂变革的积极性。另一方面,乡村学校的教师师资水平参差不齐,教师结构老龄化较严重,在某种程度上会导致乡村学校的教师在信息化课堂变革方面与城市学校教师存在差异。

三 信息化环境下中小学要素驱动式课堂变革的非指定性

指定性是指在做某一项工作的过程中,为工作者划定某一确定方向或确定某一具体行为。本书中的非指定性则是指教师只要达到指定的教学变革目标即可,不对教师的变革方向或具体行为做出限定。鉴于此,非指定性的内涵至少可以包括以下几个层面:一是教师在实施信息化下的课堂变革时,可根据自身实际从不同要素出发,如信息素养较高的教师在变革过程中可以考虑得更加全面,可选择两个、三个甚至所有要素进行变革,而其他教师则可以选择其中的一个要素着手变革,即从部分向全部过渡;二是将信息技术手段应用于课堂教学并非一刀切式的,学校或教师在进行信息化课堂变革时,应结合学科特性思考本堂课的教学内容是否适合引入信息化手段,如果适合,那么应思考在哪个教学环节进行变革的效果会更好?采用何种思路、路径着手进行变革更科学?即每一位教师都要提前对"选择变革与否、如何切入、何时切入"等问题进行深入思考。概而言之,信息化环境下中小学课堂变革是一种渐进式的持续推进的过程,其变革要素主要包含教学目标、教学内容、教学过程、教学方法及教学评价。通过对教师访谈的数据进行整理发现,在实际的课堂教学变革中教师总是倾向于从某一个或某几个要素出发，因此在要素选择上具有非指定性特征。具体而言，教师在课堂教学中会依据所教学科的性质和教师自身的教学习惯、教学理念、教学方法来选择以任何一个要素作为教学变革的着力点，进而引发课堂教学变革。现当代课堂已经不能仅采用传统思维来上课，即以"教师为中心、课堂为中心，教师满堂灌、学生接受式学习"。更不能简单地把信息技术当作技术来用，被技术牵着鼻子走，使技术与教学呈现出两张皮的现象，而是应该有将信息技术与教育教学进行深度融合的意识与能力。这就倒逼着学校要多为教师信息素养能力的培养提供学习的平台与机会，倒逼教师激发出自主学习的意识，主动提升将信息技术与教育教学进行深度融合的意识。也只有真正提升了教师相关的意识与能力，实现两者的深度融合，教育的某些属性才会真正表现出来，从某种意义上讲，这也正好为信息化环境下的课堂变革提供了契机。

四　信息化环境下中小学要素驱动式课堂变革的目标一致性

"目标"是人们做某一件事想要达到的境地或标准。于教学而言，教学目标是指师生在经历有目的有计划并兼顾预设与生成的教学活动后，学生取得的预期效果，即学生获得了多大程度上的发展。学生的发展是教学的晴雨表。然而，随着社会的发展，社会对所需人才的培养有了新的要求，学生的学情也发生了变化，尤其是对于有着"原住民"之称的这一代学生更是对教师的教学有着新的要求。这在一定程度上倒逼着教师去学习，去变革教学理念、教学风格、教学手段、教学方法等。传统上那种教师讲、学生背着手听，一支粉笔走天下的教学模式已完全不能胜任新时代的教学之需。随着技术的不断发展与革新，越来越多的现代信息技术融入课堂教学，为教师的教学提供便捷，如从幻灯片、图片、视频、音频的引入，再到现在的投影仪、智慧课堂、智慧校园以及AR、VR虚拟现实学习，这些技术手段的引入从某种意义上讲都在很大程度上帮助学生理解了一些平时见不到摸不着，"闭着眼睛想不出"的抽象学习内容，同时也提高了教师的工作效率，使其从烦琐、繁重的教学事务中解放出来。信息化环境下的课堂教学变革是学术界与实践界研究的热点，通过文献梳理与课堂观察发现，当下的课堂变革并没有一个统一的、

第五章　信息化环境下中小学要素驱动式课堂变革的本真阐释

标准的变革模式，可谓是"有一千个读者，就有一千个哈姆雷特""仁者见仁智者见智"。譬如有学者提出，信息化时代下的课堂变革应首先从教师、学生、教学模式、教学评价等方面着手，认为教师要革新教学观念，建立新的知识观、学生观、人才观等；学生则要争当课堂主角，形成自主学习的习惯，并在学习方式上做到多样化、个别化与科学化；在教学模式上则应实现由单一到多样、由刻板到灵活、由传统到现代；在教学评价上要实现评价主体多元化、工具科技化、统计数据化以及信息反馈及时化等。但毋庸置疑的是，无论是基于目标要素、内容要素、评价要素还是基于其他任意要素的变革，其变革的原点与归宿都是与时俱进，提升教学质量，培养符合国际社会所需要的不同类型的人才，以促进学生的发展、社会的发展与国家的发展。

第六章　信息化环境下中小学要素驱动式课堂变革机制的理论建构

探讨与研究信息化环境下中小学要素驱动式课堂教学变革机制的意义在于更好地为课堂教学服务，其最终目的在于激发学生的学习兴趣，降低学生认知负荷以及使学生获得学习自由，进而提高教学质量，促进学生全面及个性发展。而探讨分析信息化环境下中小学要素驱动式课堂变革系统的关键构成要素，信息化环境下中小学要素驱动式课堂变革的结构模型，以及明晰信息化环境下中小学要素驱动式课堂变革的基本类型是理解要素驱动式课堂教学变革机制、指导教师进行课堂教学变革实践的重要环节。所谓信息化环境下中小学"要素驱动式"课堂变革机制就是指在信息化背景下，将信息技术与中小学课堂教学目标、内容、过程、方法及评价五大核心要素相融合，通过各要素之间的相互关系、相互作用形成要素变革系统，以此保证课堂教学系统中各要素有效运行的基本过程与方式。

第一节　信息化环境下中小学要素驱动式课堂变革的关键要素

为了探明信息化环境下中小学"要素驱动式"课堂变革机制的各个构成要素及作用机理，有必要阐述信息化环境下中小学"要素驱动式"课堂变革系统的关键要素。通过文献梳理、分析得知，在信息化的大环境下，中小学"要素驱动式"课堂教学变革主要包括主体、环境、目标、内容、过程、方法和评价7个关键要素。

第六章　信息化环境下中小学要素驱动式课堂变革机制的理论建构

一　主体要素：教师及学生，课堂变革的行动主体

无论课堂发生怎样的变革，教师和学生都是其变革行动的主体。这是因为信息化环境下课堂教学变革最核心、最根本的关键在于教师是否采取了变革行为，即教师是此次变革中的发起者和主导者，而学生则是此次变革中的见证者和评价者。

就教师而言，教师是教学的主体之一，在教学中起着主导作用。教师作为学生获得知识、发展核心素养的中介，在整个教学过程中可以发挥出主观能动性以理顺、调整各个要素之间的关系（包括教师自身这个要素），使其达到最优化，以获得最大的教学效果，实现教学高阶目标。正因如此，所以我们才说教师在教学活动中起着主导作用。当然，其主导作用所产生的效果如何，则主要取决于教师的主观能动性、学科专业知识素养、教育教学知识素养以及信息素养等方面的综合素养水平。首先，从主观能动性来看，教师是一个有着自身主观能动性的个体，教学中任何活动的开展都离不开教师的自觉意识，离不开教师主观能动性的发挥，马克思说过，在整个社会生产关系中，人是起决定性作用的。可见，不管科技如何发达、课堂教学技术手段如何先进、智能，然而，如果教师心里有抵触，不愿发挥他们的主观能动性，那么，技术手段的进步是不会促进课堂教学的变化与进步的。其次，从学科专业知识素养来看，作为一名传道、授业、解惑、教书育人的光荣教师，扎实的学科专业知识是教师胜任教学工作的前提，是教师教学胜任能力模型中最重要的因素。因此，教师必须树立终身学习的意识，除了在大学期间要认真学习学科专业知识外，在入职后也应该继续探讨学习，甚至进行学历的深造、提升，为"要给学生一桶水，教师自身必须具备一井源源不断的活水"做好准备。再次，从教育教学知识素养来看，教师除了应具备学生"学什么"的学科专业知识外，还必须具备指导学生"如何学"的教育教学知识。因此，教师在教学的过程中，应有意识地提升此方面的素养，为学生的学习服务。最后，从信息素养水平来看，随着社会科技的发展、信息社会的到来，科技的发展改变了我们的思维方式、生产方式甚至教学方式，越来越多的智能电子设备涌入课堂，如计算机多媒体、移动终端设备、智慧教室等，在打开教师教学思路的同时，也对教师的技术使用能力，资源收集能力以及课程资源建设与开发能力等相关的信息素养能力提出了较高的要求。因此，教师应有意识地学习这方面的技能，并不断提升自身的信息素养水平。

　　就学生而言，学生是教学的"圆心"，所有的教学要素几乎无不围绕着学生这一教学主体打转。其中，教学目标主要是通过学生体现出来的，且教学目标的制定应切实依据学生身心发展的特点与已有的学习经验；教学内容是课堂上师生间学习互动的载体、凭借，教学内容的选择与组织也离不开学生心理发展水平及其已有的学习水平；教学过程是教师依据教学设计有目的有条理地指导、促进学生发展核心素养的过程，在整个过程中活动的开展必须以学生为中心，真正做到在学生中开展活动、一切活动为了学生，即学生是教学活动的主角，教师是学生活动的策划者、组织者、促进者以及服务者；教学方法应适切，正所谓教学有法、教无定法、贵在得法，教师教学方法的使用最好能做到多样化与针对性，即因材施"法"；教学评价应注重多种方式相结合，起到相互补缺的作用。如定性与定量相结合，线上评价与线下评价相结合，过程性评价与终结性评价相结合等，真正使教学评价为学生服务，为学生核心素养的发展助力。只有当所有要素的组织与开展都紧密围绕学生、为了学生，才能真正落实"学生的发展是教学的出发点与落脚点"这一教学主旨，而非使其成为一句空话与口号。概而言之，课堂教学中学生作为学的主体是课堂教学的见证者和评价者。其原因至少表现在两个方面：一是课堂教学是师生双向互动的过程，教师以课堂教学作为媒介达到促进学生身心发展的作用，课堂教学连接着师生两端。教师在首端采取一系列的具体措施，通过课堂教学输出给学生这一末端，学生因此成为教师教学的见证者；二是教师输出多少，输出的质量高不高，输出的方式是否恰当等，学生都能对其进行明确的判断，因此说学生是教师教学的评价者。信息化环境下的变革只是提高了课堂教学的效率，改变了课堂教学的方式，使得教学更能贴近当前社会的发展，但课堂教学的本质以及核心没有改变，也不可能改变，它仍旧是师生的互动过程。

二　环境：信息化环境，课堂变革背景

　　环境是个体和人类赖以生存与发展的基本条件，优质的环境是人性

第六章　信息化环境下中小学要素驱动式课堂变革机制的理论建构

得以保持和发扬的场域①，是影响人类活动（如教学活动）的各种情况和条件的总和。不难发现，大环境也是教学得以顺利开展、高效开展的要素之一。本书中的信息化环境主要是指运用现代教育理论和现代信息技术所创建的教学环境，是信息化教学活动展开过程中赖以持续的情况与条件，其包含着在信息技术条件下直接或间接影响教师"教"与学生"学"的所有条件和因素，是硬件环境、软件环境、时空环境、文化心理环境等条件和因素的集合。在信息化大背景下借助互联网信息技术参与课堂教学环境建构所营造的教学环境，也是课堂教学环境的组成部分之一。教学环境体现在很多方面，外在可见的环境和无形的环境都会对教学效果产生影响。②信息技术的发展使得传统的课堂教学环境得以延伸，课堂教学不再局限于狭小的教室，突破了时间和空间对课堂教学的限制。教学环境包括有形环境和无形环境两种，有形的教学环境指校园内外是否美化、教室基础设备与信息化教学设备布置得是否完备与整洁等，无形的教学环境指师生之间、学生之间的人际关系、校风、班风以及信息化的课堂教学氛围，等等。

三　目标：课堂教学预期结果

目标是个人、部门或整个组织所期望达到的结果。教学目标是指师生在经历有目的、有计划并兼顾预设与生成的教学活动后，学生达到的预期效果，即学生获得了多大程度上的发展。学生的发展是教学的晴雨表。课堂教学的目标，指的是在学校教学活动中师生预期所要达到的学习结果或标准。③课堂教学目标是教师进行教学设计的起点，不仅对学生学习起着指导激励的作用，而且对教学结果起着导向作用。教学活动的效果主要体现在学生的身心发展变化上，学生是实现教学目标的主要群体，教学目标是通过一定的教学活动而使学生实现的预期变化，它表现为对学生学习成果及其终结行为的具体描述。在提倡素质教育、信息

---

① 靖国平：《从"知性人"到"智性人"——当代教育学人性假设的转型》，《教育研究与实验》2010 年第 4 期。
② 杨南昌、刘晓艳：《具身学习设计：教学设计研究新取向》，《电化教育研究》2014 年第 7 期。
③ 李森、陈晓端：《课程与教学论》，北京师范大学出版社 2015 年版，第 75—77 页。

技术手段的多样化，则为教师在教学目标的达成方面提供了较大的助力作用。从教学目标本身来说，除了本学科原本要求达到的目标外，教师还会把学生"信息素养"的培养作为一个独立的教学目标。这是信息化环境下课堂变革所独有的，即并非为了技术手段而强调技术手段，而是教师在使用信息技术辅助教学的同时，也会把学生学会如何使用它作为目标之一；从目标达成的难易程度上看，学生的学习目标达成更容易；从目标的达成水平上说，学生学习目标呈现出从低阶目标向高阶目标逼近的趋势；从效率上说，对同样的学习内容，学生可以在更短的时间内学会，在同样的学习时间里，学生可以学习到更多的内容；在同样的时间里，教师更能照顾到大部分学生的需要，更能因材施教。总而言之，信息化环境赋予了教学目标新的内容，即将信息素养作为独立的目标，其包含着信息意识、计算思维、数字化学习与创新、信息社会责任等，与其他课程本应实现的目标共同组成新的课堂教学目标。

四　内容：师生互动学习载体

教学内容是课堂教学中教师与学生之间互动学习的载体，是为实现学校教育目标而选择的教育内容的总和。其中，课程标准、课程计划、教学参考资料、教材、电子文本及练习册等都是教学内容的基本载体。信息技术的空前发展，知识经济时代的来临，知识呈现出"爆炸"式的增长，教学内容的来源途径增多，内容选择的范围也越发广泛，教师教和学生学的内容不再局限于教材，因此教学内容也成为触发课堂教学变革的关键要素，是教学活动中最具实质性的要素。但教学内容的选择与组织离不开学生的心理发展水平和已有的学习经验，因为从建构主义的观点来看，学习是学生自主学习、自主建构的一个过程，教学内容必须顾及学生的心理发展特点与学生过去已获得的学习经验。一方面，就教学内容的选择而言，教学内容是教师课堂教学的蓝本，是课堂教学的要素之一，教学内容的选择对学生的发展具有至关重要的作用。随着信息化2.0时代的到来，教学内容不再局限于教科书，其选择范围变得更加广泛，教师如何在海量的知识中甄别与选择适切学生发展的教学内容，是触发教学变革的关键之一。另一方面，就教学内容的表现形式来看，教学内容可以是显性的也可以是隐性的，显性的教学内容是指书面的文

第六章　信息化环境下中小学要素驱动式课堂变革机制的理论建构

字或图画等，而隐性的教学内容包括课堂教学的氛围、师生关系等，无论是显性还是隐性教学内容对学生核心素养和能力的养成都有其独特的作用。在信息化背景下隐性教学内容的表现形式在本质上没有发生太大的变化，而显性教学内容的表现形式呈现出丰富多样的现代化特征，如从传统的黑板、粉笔、实物转向现代的视频、音频、PPT 以及虚拟仿真等。传统与现代的教学内容的表现形式各有优势，如何对其实施有效的联合利用是课堂教学变革的重要切入点之一，是促进课堂教学变革实现学生发展的重要载体。

五　过程：师生教学活动的展开与持续

教学过程是指以师生相互作用的形式进行的，以学生为主体，以教师为主导，以一定的内容作为认识对象，实现教学、教育和发展三大功能和谐统一的特殊认识和实践活动过程。[①] 换言之，即教师采用一定的组织形式与学生互动而展开的持续的特殊认识和实践活动。传统上常见的组织形式有个别教学、班级授课制、复式教学、道尔顿制、分组教学、小队教学等，并且随着信息技术的发展还出现了新的教学组织形式，如远程教学、网络教学。值得说明的是，每一种教学组织形式的出现都引发了课堂教学的变革，信息技术的出现也不例外。信息化下的教学组织形式更为彻底地突破了传统的教师中心和知识中心取向，转向了学生中心取向。在数字化的课堂教学过程中，教师起到了指导和帮助学生理解知识的作用，信息技术则发挥着支持和辅助作用，其最终的目的都是使得教学的效果、效益和效率达到最优的组合，从而在一定的时空里更好地促进学生的发展。具体而言，教学过程是一种认识活动[②]，是师生在教学过程中以课程内容为载体，以促进学生发展为目标而进行的区别于一般活动的特殊交往活动。而活动的开展、实现则离不开主体行为的参与，因此师生间有效、互动的教学活动于教学的顺利、高效开展的重要意义是不言而喻的。在信息化、现代化背景下，传统教学过程的时间和

[①] 李秉德：《教学论》，人民教育出版社 2001 年版，第 22 页。
[②] 杜尚荣、郑慧颖、李森：《再论教学的本质：复合型特殊交往说——兼论基于人文性关怀的教学价值取向》，《现代教育管理》2013 年第 3 期。

空间实现了重大突破，信息技术在教学过程中的运用使得师生互动的场所不再局限于教室，而逐步延伸到更广阔的时空，师生的互动过程由"人—人"拓展到"人—机—人""机—人"或"人—机"等，为师生的互动交往提供了更加便捷的场域，有效缩短了师生间的距离，增进了师生间的感情。

六　方法：师生互动所采用的行为方式

教学方法是为了达到教学目标，运用教学手段，在教学原则指导下师生共同围绕教学内容相互作用而形成的一整套行为方式。[①] 即教学方法是师生教学互动所采用的一系列教学行为，包括师生互动所采用的模式、策略、方法以及互动的手段。在信息化环境下，由于信息技术在教育领域的应用导致教学方法在许多方面都发生了变革。在模式上，有现实主导模式、虚拟主导模式、现实与虚拟协同模式；在策略上，有基于数据的策略、基于观察的策略、基于现代信息的策略；在具体方法上，有视觉型方法、听觉型方法、视听综合型（活动型）方法；在手段上，有基本教学手段、辅助教学手段（文字、图片、音频、视频、动画、虚拟现实）等。然而，不同教学方法的选择不但与教师的教学个性和风格有关，还受到教学内容的制约。与此同时，教学方法的选用也会反过来影响教学目标的达成情况，引发课堂教学变革。一是现代化的教学方法能有效唤起学生的好奇心、求知欲，让教学变得更加生动活泼。在传统的教学中，由于客观条件的限制，课堂教学运用的教学方法只能是讲授法、实物观察法等，要想有一个轻松愉快的教学氛围，就需要教师自身强大的语言描绘能力，即使教师本身有高超的语言功底，也很难营造出让学生"身临其境"的教学情境，由此在一定程度上可以窥见传统的课堂教学要想营造出生动的教学氛围，激发出学生的好奇心和求知欲是一项非常具有挑战性的教学任务。而在现代信息技术的支持下，教学方法所具有的形象化、多样化、现代化的特征，能让教师轻松地营造出生动的教学情境，让那些抽象的、难以用言语描绘的教学内容生动地"再现"，让学生更加容易理解和把握课堂教学内容。二是现代化的教学方

[①] 王本陆：《课程与教学论》，高等教育出版社2017年版，第153页。

第六章　信息化环境下中小学要素驱动式课堂变革机制的理论建构

法能与传统教学方法形成优势互补,教师如果能将传统与现代的教学方法融合运用到实际教学中,在实现学生发展的同时,又能有效促进教师主动学习新技术,并应用新技术去解决实际教学中所遇到的问题,革新自身的教学理念。

七　评价：师生对教学价值的判断

课堂教学评价是对课堂教学活动的评价,课堂教学活动的实践性、主体之间的社会交往性和文化传承再生的价值性等特征决定了课堂教学评价是一种以育人目标为导向的价值判断活动。[①] 它是检验教学目标、学生学习效果的重要指标,对整个教学过程起着诊断、调节和激励的作用,带有客观性、科学性、指导性和整体性。[②] 信息化环境下的数据化教学评价是衡量信息技术融入课堂教学的重要方式,这种评价突破了传统课堂教学评价的局限,具有方便、快捷、精准、个性化等优势,深受师生的喜爱。依据课堂教学评价的结果对教学活动进行反思和改进,有利于促进课堂教学质量的提升,推进课堂教学评价方式的改革。随着社会、科技的迅速发展,教学评价越来越呈现出混合的趋势。教学评价的混合主要是指传统的以纸笔测验为主的总结性评价+基于大数据的过程性评价的混合。传统的以纸笔测验为主的总结性评价虽然能快速地测验出学生的学习分数,却不利于学生的长远发展,其以学习结果为判断标准的总结性评价忽视了学生过程发展之于学生整个人生健康发展的重要性。过程性评价则不以学习结果的最终评价为旨归,相反,其见之于学习的各个环节、见之于学生学习的各个方面,体现出评价的动态性,力求使评价结果尽可能地体现出学生学习的真实情景。因此,信息化环境下基于大数据的过程性评价对于中小学课堂教学的质量提升具有不可小觑的作用。从课堂层面来看,教师的课堂评价走出了传统单一的纸笔测验评价形式,即在对学生学习结果进行评价的同时,还关注基于对数据进行分析的过程性评价。如现在广为流行的翻转课堂教学,课前要求学

---

① 李森、郑岚:《促进质量提升的课堂教学评价改革》,《课程·教材·教法》2019 年第 12 期。
② 袁磊:《核心素养视域下STEAM教育的课堂教学变革》,《中国电化教育》2019 年第 11 期。

生进行微视频的学习，并在每完成一个知识点的学习后，自行在线检测，上传所完成的习题；在课堂上，教师依据测评数据以及学生观看视频的学习过程进行分析并点评，进而有方向、有效率地指导学生的后续学习。毋庸置疑，翻转课堂的实施过程就充分展现了过程性评价与形成性评价的混合，取得了良好的教学效果。此外，评价也可以采取报告与交流、课堂评价、档案袋等形式。

第二节 信息化环境下中小学要素驱动式课堂变革的结构模型

前已述及，信息化环境下中小学课堂变革是由七个关键要素相互作用而引发的。其作用机理是，在信息化环境下课堂教学的主体——教师根据自身教学经验和思维方式运用信息技术，从目标、内容、过程、方法和评价五个核心要素中选择一个或多个作为课堂教学变革的着力点来驱动整个课堂教学变革。基于此，我们可将由7个关键要素驱动的结构模型图比较形象地表示出来（见图6-1）。由于在信息化环境下课堂上每个要素要运用信息技术都有其特殊要求，由各个要素驱动的课堂变革形式同样是不同的。因此要素驱动模型包含了五类"要素驱动式"课堂变革类型，分别是基于信息素养的目标驱动式中小学课堂变革、基于信息手段的方法驱动式中小学课堂变革、基于信息甄别的内容驱动式中小学课堂变革、基于信息重组的过程驱动式中小学课堂变革、基于信息数据的评价驱动式中小学课堂变革。

如图6-1所示，在信息化环境下要实现课堂教学变革，就必须由课堂教学的主体要素发起，这里的主体要素包括教师和学生，这是课堂教学变革的中心。主体以信息技术作为课堂变革的媒介，以其余五个核心要素中的一个或多个要素作为课堂教学变革的着力点，以此发力驱动其余要素发生改变，从而协同、联动引发整个课堂教学发生变革。这里就涉及课堂变革的中心（变革动力源泉）、媒介（动力输出载体）和着力点（力量受体）联合形成课堂变革机制。例如，当以目标为着力点驱动课堂教学变革时（见图6-2），课堂变革的中心——教师和学生会借助信息技术着力于课堂教学目标，以促进其余几个要素发生改变，促进整

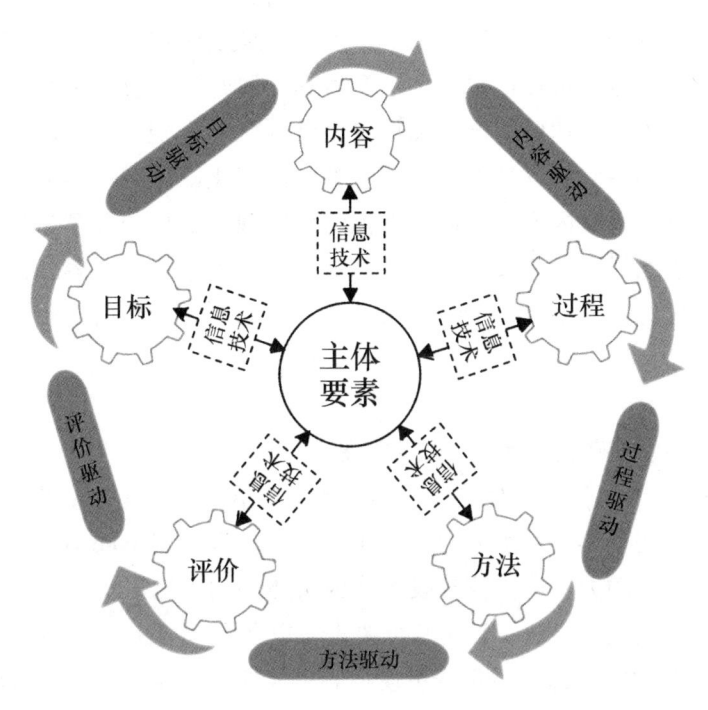

图 6-1　信息化环境下"要素驱动式"课堂教学变革结构模型

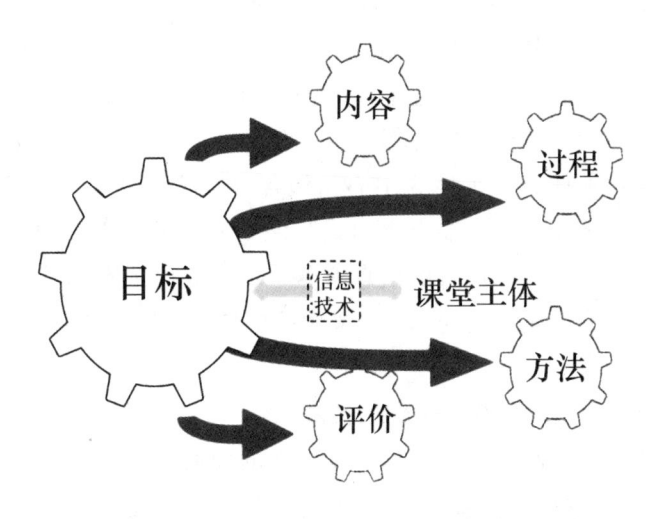

图 6-2　信息化环境下目标驱动式课堂教学变革结构模型

个课堂教学的变革。具体而言，主体利用信息技术着力于教学目标，课堂教学则会围绕教学目标发生变化：教学内容会围绕教学目标加以组织，并采用有利于教学目标达成的方法和过程，同时评价也会围绕教学目标加以组织以检验其达成情况，以使得课堂教学发生变革。当以教学内容为着力点驱动课堂教学变革时，课堂教学的变化则围绕内容展开：手段是为了更好地呈现内容、从内容上提炼出实现什么样的教学目标、方法考虑的是怎么样更好地实现内容的达成，评价是为了与内容相匹配，由此以教学内容为着力点，引起其余各要素发生改变，从而促使课堂教学发生变革。

一　课堂变革的中心——主体要素

从图6-1可知，主体要素是构成课堂教学变革结构模型的中心，它是课堂教学变革得以发生的力量源泉，为课堂教学变革联动机制的运行提供了根本的动力支持，信息技术作为载体将动力输送于力量受体即目标、内容、过程、方法、评价几个要素，以此驱动课堂教学变革，故谓之"要素驱动式"课堂教学变革模型。主体要素之所以是课堂教学变革的中心，是驱动课堂教学的力量源泉，是因为只有人才具有主观能动性，才能引起课堂变革。在信息化环境下课堂教学是否发生变革的关键在于，课堂教学主体（教师或学生）是否进行了变革，即变革的发起者和主导者都是课堂教学的主体，并且主体施加于变革的力度决定了课堂教学变革结果。此外，课堂教学最终都要落实到促进人的发展上，课堂的其他要素都是围绕主体，以主体为中心组织各要素协同促进人的全面发展。故而，在信息化环境下"要素驱动式"课堂教学变革模型中，我们理应重点关注课堂教学主体自身的信息素养，不但要以现有的动力为基础驱动课堂教学变革，还应在变革中培养师生的信息素养，增强其变革动力。

二　课堂变革的媒介——信息技术

如果说主体因素是课堂变革得以发生的中心和动力源泉的话，那么信息技术则是变革动力得以输送的媒介载体。信息化环境下教育发生的巨大改变、信息化环境对教育的影响正是通过信息技术在教育上的应用而发生的。同样，课堂变革中的主体不可能不借助任何"物体"，就将

第六章　信息化环境下中小学要素驱动式课堂变革机制的理论建构

变革的力量作用到变革要素上。通过信息技术，在教学活动中教学主体发挥自身的主观能动性去理顺、调整各个要素之间的关系（包括教师自身这个要素），使其达到最优化，以获得最大的教学效果，促使教学高阶目标的达成，促使课堂发生变革。值得注意的是，信息技术并不是只能由主体将力量输送到变革着力点上的单向载体，而是一个双向载体，变革着力点同样也可将信息通过信息技术反馈给教学主体，由此促使变革的发生。此外，就信息技术作为载体本身而言，不同的信息技术（载体）的输送功能（效果）也不尽相同。因而从课堂变革媒介的角度来说，我们应该注意信息技术的利用，即主体与信息技术的结合、信息技术与着力点的结合，还应当关注信息技术本身在教学中的开发。

三　课堂变革的着力点——五大核心要素

在信息环境下"要素驱动式"课堂教学变革的结构系统中，除了变革的动力与媒介外，还需要确保变革结构得以有序运行的着力点，即图 6-1 中围绕主体因素的五个要素目标、内容、过程、方法以及评价。这五个要素是使课堂效率、效益、效果达到最优化所必需的核心要素，是课堂变革发生的动力齿轮。当主体将变革的动力通过信息技术传送到着力点时，该着力点则成为课堂变革结构系统中的动力齿轮，其自身转动则会引起其余的齿轮联合一起转动，触发课堂教学发生变革。因此要确保课堂变革联动发生就需注意以下几点：一是课堂变革驱动的着力点不宜过多，以一个要素或几个要素作为着力点效果较佳，如果作用于全部要素则会导致动力分散，难以驱动整个课堂发生变革，应该将动力聚集于一个或几个要素以驱动课堂教学发生变革。二是主体要选择适合的信息技术为载体输送变革动力，以使得动力能最大限度地流向着力点，减少动力流失。倘若课堂教学的主体教师以内容作为驱动的着力点，由于信息技术的选择不当，将本来适合用影片呈现的教学内容用简单的图片来展示，那么势必会使得变革的动力大打折扣，从而影响课堂变革的效果。三是主体应该选择适合自身的变革要素作为课堂驱动的着力点。如对于新入职场的教师而言，通常他们的教育经验较为缺乏，而对信息技术的使用较为擅长，在教学过程中其方法的使用也较为得心应手，因此在课堂变革着力点的选择上，他们更倾向于以方法为着力点驱动课堂教学变革。

第三节 信息化环境下中小学"要素驱动式"课堂变革的基本类型

信息技术融入中小学课堂教学必须涉及目标、内容、主体、过程、方法、环境和评价等要素，而信息化环境下课堂上每个要素在运用信息技术方面又有其特殊要求，其中，教学主体和教学环境处于更为特殊的地位，因为教学主体是信息技术融入所有教学要素都必须涉及的，而信息化环境本身就是教学环境的组成部分，同时也是本研究的大环境。因此，由每个要素所驱动的课堂变革同样都有所不同，由此形成了以下五种不同的课堂变革。

一 基于信息素养的目标驱动式中小学课堂变革

基于信息素养的目标驱动式中小学课堂变革是三点统一、三效统一的。

（一）三点统一：学生发展、知识创新、教师发展

首先，从学生发展来看，信息化时代的课堂教学，其教学目标绝不只是关注学生知识的掌握，简单技能的获得，至少还应致力于学生信息素养的培养。对于学生信息素养的培养，应该用发展的眼光来理性审视。一是信息化时代是一个知识大爆炸的时代，其知识数量之多要求教师应加强培养学生对浩瀚知识的选择能力、辨别能力，进而去粗取精并将所学知识拓宽延伸，使其最终转化为核心能力，促进学生的终身发展。二是随着经济、科学技术的快速发展，国家、社会对人才培养的要求不断提高，倒逼着学校提高学生的培养质量，以期培养出来的人才能满足社会的高要求，并有利于学生自身的长远发展，因此，学生的信息素养是21世纪对未来人才培养的最基本素养要求。

其次，从知识创新来看，在以云计算、大数据、物联网为特征的高科技的裹挟之下，教育领域也发生了翻天覆地的变化，尤其是与传统的学习方式相比，学生学习的方式丰富了许多，知识的获取渠道也从过去只能从教师、教材处获取转变为可以通过网上、视频等渠道获取，这就

第六章 信息化环境下中小学要素驱动式课堂变革机制的理论建构

可能出现学生所知道的比教师所储存的知识更丰富的情况，因此，学生获取知识的多元性就打破了过去那种教师基于自身已有知识以及教材就可以给学生上课的局面。于教师而言，这种不容乐观的局势倒逼着教师在课前不得不更加精心地备课，通过各种渠道优化组合教学内容，进行知识创新，从而帮助学生更快更好地发展。

最后，从教师发展来看，随着课堂教学信息化水平的提高，为适应外部环境的变化，教师也应该有所作为，譬如说革新自身观念，重新树立新的知识观、学生观、教师观、资源观等，并积极参加教师培训、网络课程、专家讲座等形式的训练、学习来提高自身的信息素养，丰富自身的知识与素养结构。正所谓要想给学生一碗水，教师自己必须先有一井水且须是源源不断的活水。

（二）三效统一：效率、效果、效益

本书所提出的效率、效果与效益统一主要是以追求课堂教学的效率、效果与效益的平衡与统一为旨归。具体而言，平衡主要指在追求效率、效果和效益过程中要权衡利弊，寻找一个平衡点，避免出现顾此失彼的现象；统一则表现在效率、效果以及效益三者间是相互联系的，即课堂教学不应只追求其中之一，譬如仅追求教学过程中的效率，而忽略教学效果与效益的现象，或只追求教学的效果、效益，而不考虑教学的效率问题，导致大量不必要的人力、物力与财力浪费，因而要兼顾三者的功能，使其形成合力并发挥各自的重要作用。

二 基于信息甄别的内容驱动式中小学课堂变革

基于信息甄别的内容驱动式中小学课堂变革主要关涉三个方面，即基于教师合作的教学内容选择与整合、基于知识关联的教学内容选择与整合和基于学科差异的教学内容选择与整合。

（一）基于教师合作的教学内容选择与整合

教学内容即指教师教的内容和学生课上学的内容。由于信息化带来了信息的多元性、易取性，打破了以往教材即教学内容的狭隘认识局面，进而以教师间合作的教学内容选择与整合代之。所谓选择，即除了从已有的教材、教参书中选择教学内容外，教师还需要从具有海量资源的网站上选择教学内容；所谓整合，即指把从各种渠道获取的海量信息去粗取精，去伪存真，最终再综合考虑教学目标、学生已有的学习经验以及学生的最近发展区对所选内容进行整合。我们认为，基于教师合作的教学内容选择与整合至少表现在三个方面：

一是相同学科的教师合作。虽然同学科的教师有着相同的学科育人目标，但教师间教学经验的不同，主观能动性的不同以及自身知识素养的不同等也恰好说明了教师所拥有的教学资源亦是有所差异的，也正是这些差异使得同学科的教师间有了合作的可能性。正所谓个人的力量是有限的，而团队的力量则是强大的；一个人走路可以走得更快，但一群人走路，却可以走得更远。可见，同学科的教师合作对于教师、学校的长远发展而言尤显重要且必要。

二是同班教学的教师合作。虽然同班教学的教师从学科属性上看是不太具有合作优势的，但从对学生的认识、了解层面来看，同班教学的教师合作则是大有裨益的。具体而言，学生的表现会受个人的动机、兴趣、情感等的影响，因此可能在不同的课堂上有着不一样的表现，而同班教学的不同学科教师则正好可以此为契机，对学生的表现进行"教育会诊"，以便促进对学生学习风格、学习特征的了解，进而以此为出发点进行教学内容的选择，真正做到教学内容的选择"以学生为中心""因材施教"。

三是专家与教师间的合作。真正优质的教学内容应有理论与实践的考量，二者相辅相成，缺一不可。由于专家具有较深厚的理论知识，对于教育问题有着自己解决问题的理论体系，但限于时间，鲜有长期待在教学一线的，因而很难发现问题，导致其理论难以接地气。长期身处教学一线的中小学教师由于繁忙的教学任务，鲜有时间继续学习教育教学理论知识，进而在理论方面非常欠缺。因此，若专家与一线教师能保持紧密的联系、进行合作，其教学质量必然会大幅度提升，长此以往，国家的教育事业必将呈现出欣欣向荣之态势。

（二）基于知识关联的教学内容选择与整合

我们认为，基于知识关联的教学内容选择与整合至少体现在两个方面：

一是指同学科中新旧知识间的关联，即知识间的纵向关联。纵观我们的课本、教材，不难发现，其内容的编写主要遵循知识的逻辑顺序与

第六章　信息化环境下中小学要素驱动式课堂变革机制的理论建构

学生的心理发展逻辑两条原则，虽然这样的编写逻辑顺应了事物的发展规律，有利于帮助学生循序渐进地学习、发展，但是在实际实施过程中似乎显得有些不尽如人意，譬如一些教师会忽略知识的系统性，课堂上只涉及当堂课的学习内容，既不会主动联系学生以前学过的类似知识点，唤醒学生的经验来促进对现有知识的理解、内化，也不会有意识地"敲一敲"学生，让其重点掌握本节课上的某部分知识点，因为该部分知识点的掌握将会为后期某一知识点的学习打下基础。

二是指不同学科异质知识间的关联，即知识间的横向关联。注重知识间的横向联系，有利于拓宽学生的认知视野，增强其对知识的理解，进而促使学生更好地发展。如教师在讲到数学向量这一知识点时，就可以联系物理学科中的力来进行讲解，帮助学生理解何为向量以及向量的属性，比起单一地为讲向量而讲向量，恰当地引入其他学科的相关例子或许可以起到意想不到的效果。当然，要想实现这种多学科相融并达到事半功倍的效果，一定是与教师自身的知识结构及其具有的教育教学理论素养分不开的，这也就对新时代的教师提出了更高的要求，教师要与时俱进，不断主动学习。与此同时，我们也应注意到：基于知识关联的教学内容的选择与整合务必要考虑到内容的教育性以及学生的可接受程度，不能仅仅为了知识间的关联而强调关联，要防止表演化、形式化与范式化的关联教学。

（三）基于学科差异的教学内容选择与整合

随着以大数据、物联网、人工智能等为主的信息技术的迅速发展，社会对学校人才培养的要求越来越高，传统的单科教学或分科教学的育人形式已不能满足大众和社会的需求，因此在这个"互联网+"的时代提倡学科之间的深度融合就尤显必要了。如基础教育综合实践活动课程的开设、跨学科的研究、创客教育、新工科教育以及 STEM 教育等的出现无不体现着该思想正被教育界所重视，无不印证着学科之间深度融合理念提出的科学性。概而言之，虽然在宏观层面对于学科间融合发展的重视是无可厚非的，但是总体而言，学科间融合发展的终点必然是培养人或是培养具有新时代特色的跨学科的具有高创造性的复合型人才，而培养人的主场域还是在课堂上，还得依赖教师凭借一定的教学内容来对学生进行因材施教，由此可见，基于学科差异的教学内容选择与整合的重要性是不言而喻的。这就启示着教师在教学中要有学科整合意识，遵循开放性与科学性原则，重视学科间的横向联系，在遵循本学科知识内在逻辑规律的基础上尝试构建拓展性与脉络化的学科知识地图。

三　基于信息重组的过程驱动式中小学课堂变革

基于信息重组的过程驱动式中小学课堂变革具有三段一体、四环一体、二主交互以及二式结合的形式。

（一）三段一体——课前、课中、课后

信息技术与教育教学的融合，不仅丰富了教学手段与教学方法的使用，同时也提高了教学资源的利用率，使得课前、课中、课后融为一体成为可能。传统教学中的课前、课中与课后三阶段是相互割裂的或者说是相互脱离的，其主要是由于信息技术的发展比较落后，教学的时空具有一定的局限性，师生在课前、课后的沟通交流也受到了阻碍。即便传统教学中也有课前预习、课后复习巩固阶段，但由于学生的自觉性较低，以及在自学过程中遇到问题后不能及时获得教师与同伴的帮助而降低了学习的积极性，因而使得整体教学收效甚微。但随着信息化2.0社会的到来，各种技术手段的快速发展很好地解决了上述问题，如教学时间从传统的40分钟或45分钟延伸到了课前或课后的若干时间里，教学空间从传统的40平方米延伸到了学校或世界上的任何一个角落，师生的沟通交流也发生了巨大变化，即不分时间和地点，均可以通过QQ或微信等平台实现师生、生生的有效沟通与交流。

总而言之，信息技术与教学的深度融合极大地便利了学生的学习，学生可以随时随地进行学习，在遇到问题时可以及时通过移动终端上的交流平台与教师、同伴讨论，进而达到学习的目的。如当前在教育界广为流行的翻转课堂教学就很好地体现了三段一体的整合理念，即学生在课前自学教师提前制作好的视频，并在学完视频后进行检测；课中则是教师对重难点知识进行讲解，并就某一主题组织学生探究、讨论，以达到知识的内化以及实现将所学知识运用于实际问题情境的目的；课后主要还是学生根据自身的实际情况开展巩固复习，并及时上线与老师、同学一起交流讨论难点问题，最终在解决问题的过程中实现师生间的教学相长、共同进步与共同发展。

（二）四环一体——备课、上课、听课、评课

教师的主要任务就是通过高质量的教学来指引、指导学生，以帮助学生获取学会学习、学会生存、学会做人与学会合作的能力，以培养学生解决复杂问题和适应不可预测情境的高级能力与人性能力，即核心素养。毋庸置疑，这一完美结果的实现必须依赖于教师上课的有效性，即教师高超的教学能力。而教师教学能力提升的必经路径之一就是开展集备课、上课、听课与评课四个环节于一体的教学活动。其中，备课以上课的有效性为核心，是上好课的前提和基础，听课与评课则主要围绕上课展开，其目的主要是促进上课的有效性，进而促进学生的发展。具体来说，备课主要是教师在研读本学科的课程标准后，明晰学生所要达到的学习结果；仔细钻研不同版本的教材，并进行对比斟酌，以帮助自己正确领悟教材的真谛；了解学生的现有知识水平，并在判断学生的潜在学习水平的基础上进行教案撰写的系列过程。上课是教师一系列技能或能力的一个整合过程，譬如教授、观察、情境创设、提问、倾听、点拨、课堂调控等。而听课、评课则主要是激励教师向其他名师或有经验教师学习的过程，通过听课、评课来启发教师的思考，以促进教师对教学的卓越追求。总而言之，上述四环节对于教师教学能力的提升起着非常关键的作用，切不可只追求上好课，而不顾及其他几个环节。

（三）二主交互——教师与学生、教师与教师、学生与教师、学生与学生

教学本质上是一种基于师生间、生生间平等交流的特殊认识活动，从性质上说，教师与学生都是主体，而不是一些学者所说的"教师是主体，学生是客体"。我们认为，教师与学生在教学中都发挥着不可或缺的重要作用，没有学生的学或没有教师的教的"教学"都不能被称为教学，如在没有学生学的情况下，教师的教就谈不上是教学，顶多也就算是自我陶醉、自言自语；而学生在没有教师的教或引导情况下的学也称不上是教学，顶多就叫自学。从作用角度来说，教师与学生的关系应该是一种教师主导，学生接受教师的主导并超越教师主导的一种学习过程。由是可知，在教学过程中，师生间应是一种二主交互的状态，是倡导师生的平等地位，教师与学生、教师与教师、学生与教师以及学生与学生之间在相互肯定和尊重对方的基础上，进行真诚的沟通，相互借鉴、扬

长避短，共享知识、经验，在合作的氛围中各自生成或建构客观世界的知识以及对自我的认识，最终实现共同进步、共同发展、教学相长。

（四）二式结合——教师主导式课堂和学生自主式课堂

教学本质上是一种师生间和生生间基于经验与知识媒介进行交流与对话的过程。师生平等是教学得以顺利实现的主要前提。但在传统教学观念中太过注重教师的地位，而削弱了学生主体性的发挥，认为教师是绝对的唯一的知识拥有者，学生只需要接受教师传递的知识就好，因而就出现了一直以来广受诟病的"教师中心论"。在认识到"教师中心论"的弊端后，一批学者便极力抨击以教师为中心的课堂，认为这样的课堂不利于学生的身心发展，不利于学生解决问题、批判性和创造性能力的培养，认为在教学中应以学生为中心，教师的所有工作都要以服务学生的发展为旨归，因此出现了"学生中心论"。我们认为，单纯强调"教师中心"或"学生中心"都是不科学的，这两种论断的背后都体现了二元中心论的错误思维，教与学应该是统一于教学这一活动中的，既要摒弃以教师为轴心、学生绝对服从教师的"教师中心论"，也不主张以学生为轴心、教师无原则地迁就的"学生中心论"，而应该是一种二式结合的课堂——教师主导式和学生自主式课堂。概而言之，就是将以教师为中心的传统教学结构改变为既充分发挥教师主导作用，又能突出学生主体地位的主导—主体相结合的教学结构。譬如翻转课堂教学的实施就很好地体现了教师的主导作用，同时也使得学生的主体性得到了充分发挥，并有助于激发学生的学习动机，培养学生的自主性。

四　基于信息手段的方法驱动式中小学课堂变革

基于信息手段的方法驱动式中小学课堂变革需要采取五法并用、线上线下结合等方式。

（一）五法并用——多模式、多策略、多方法、多方式、多手段

以大数据、人工智能以及物联网等为代表的信息技术的快速发展为课堂教学中的多法并用提供了现实土壤。有学者提出，新时代的课堂应是以学生为中心，并充分考虑到学生个体差异性的课堂，教师应摒弃只运用一种模式、一种策略、一种方法与单一手段的课堂教学方式，而应将多种模式、多种策略、多种方法与多种手段因地制宜、不拘一格地灵

活运用于真实的课堂情境中，进而有效提升课堂的教学效率与教学质量。概括而言，当今的课堂一定是一种混合型教学的课堂。此处的混合绝不意味着传统教学和线下学习的简单相加，而是以"互联网+"的思维来架构整个课堂教学。当然，在强调教师在课堂上应多法并用的同时，我们并不提倡那种全然不顾实际情况，为了混合而混合的课堂，而应该是从教学目标和教学内容的具体要求出发，基于学生身心发展的实际情况与学生努力后所能达到的最近发展区选择多种不同的模式、策略、方法与手段等，并且将其有策略地灵活运用于课堂教学，使课堂教学能更好地为学生的核心素养发展服务。

（二）线上线下结合——现实＋虚拟

数字化时代改变了传统的粉笔加黑板式的简单教学形式，实现了现代化教学手段支撑下的"现实＋虚拟"的新型教学形式。值得关注的是，信息化时代的"现实＋虚拟"的新型教学形式不应只是传统教学与在线学习的简单叠加，而是以互联网思维来重构整个课堂教学，以使信息技术对课堂教学产生"革命性"的影响。近年来开展得如火如荼的翻转课堂教学，则是对信息时代课堂教学新诉求的最好回应，其体现了学生"线上＋线下"的新型学习方式。如山东省昌乐一中施行的二段四步十环节教学模式，就很好地彰显了翻转课堂的实施路径，有效提升了学校的教学质量。具体来说，二段四步十环节教学模式主要分为自学质疑与训练展示两个阶段。其中，前一阶段主要是学生在教师的指导下，借助教师制作的微视频、教材以及小组合作等方式进行自学，在完成自学后即可马上进行在线检测，并就困惑之处与同学、教师进行及时的在线交流，以减少问题的堆积，进而提高学习效率。后一阶段主要指在课堂上，教师根据学生线上学习结果的检测数据，以及学生完成学案的质量情况，总结学生们普遍存在的困难，进行重点讲解、释疑解惑，同时就课堂上师生新生成的问题进行及时讨论、交流、解决。总而言之，信息化时代下学习者的学习特征和学习方式与传统学习者相去甚远。信息化时代的教育教学应向学生提供在线学习、在线课堂、在线课程等多种学习方式，增强学生学习的自主选择性，提高学生主动学习的积极性。

五 基于信息数据的评价驱动式中小学课堂变革

在信息数据的评价驱动式中小学课堂教学变革中，基于多主体的网络评价、基于大数据的过程性评价是重要且必要的。

（一）基于多主体的网络评价

所谓评价，即收集学生学习的信息，并做出基于证据的教学决定。而网络评价与传统上依赖于教师头脑中已有经验的评价则有所不同，前者主要利用网络收集信息的便捷性、多元性、易得性等特点来收集学生的学习信息，并基于所收集的信息对学生的学习结果进行科学的评价，从而促进学生更好地学习。由于任何一种工具的使用都有其自身的优势与局限性，因此，课堂教学评价不应只依赖于某一种形式，而应该结合多种评价方式进行以达到趋利避害、优势互补的效果。网络评价则正好可以解决传统教学评价主体单一化的问题，由于网络具有较强的开放性和包容性，因而准许更多的主体参与进来，如学生、家长等。与此同时，评价对象也应该是多主体的，具体而言，可以根据学生的个性、特长分为不同的群体，这样的分主体进行的评价可以更好地因材施教，充分发挥学生的特长，调动学生的积极性。

（二）基于大数据的过程性评价

赫伯特·西蒙教授认为，人类的理性是有限的，因此所有决策都是基于有限理性的结果，如果能够利用存储在计算机里的数据来辅助决策，人类的有限理性范围将会扩大，决策的质量也将得到提高。可见，将大数据用于教育教学是未来的大趋势。与此同时，相较于总结性评价而言，过程性评价则不以最终评价为旨归，相反，其见之于学习的各个环节、见之于学生的各个方面，体现出评价的动态性，以期使评价结果尽可能地接近学生学习的真实状况。由此可见，在信息化环境下，基于大数据的过程性评价对于中小学课堂教学的质量提升具有不可小觑的作用。从课堂层面来看，教师的课堂评价不再局限于传统单一的纸笔测验评价，改变了过去只重视对学生学习结果的评价，而忽视对学生学习过程观照的局面。在对学生学习结果进行评价的同时，开始关注基于数据分析的过程性评价。如现在广为流行的翻转课堂教学，课前要求学生进行微视频的学习，并在完成一个知识点的学习后，自行进行在线检测，上传所完成的习题；在上课的时候，教师依据测评数据以及学生观看视频的学习过程进行分析并点评，进而有方向、有效率地指导学生的后续学习，整个过程无不体现着过程性评价思想。从学校层面来看，学校在提倡将过程性评价与总结性评价整合于课堂教学评价的同时，还应建设、完善学校的软硬件配套设施，并有意识、有计划地吸纳、培养具备高信息素养的相关人才，为有效开展基于大数据的过程性评价提供环境与人才支撑。

第七章 信息化环境下中小学要素驱动式课堂变革机制的运行理路

在厘清了信息化环境下中小学"要素驱动式"课堂变革机制的内涵与外延之后,还应进一步明确信息化环境下中小学"要素驱动式"课堂变革机制的运行理路,即在构建信息化环境下中小学要素驱动式课堂变革机制后,还需思考如何让"要素驱动式"课堂变革机制有效运行。帮助教师理解其中的规律、作用原理与运行路径,助推中小学教师从"要我变革课堂"到"我要变革课堂""我想变革课堂"的思想与行动转变,从而进一步提高中小学教师教育教学水平及课堂教学质量。理念是行动的先导,任何机制的有效运行都需要有正确的理念引导、清晰的逻辑思路以及基于现实的实现路径。鉴于此,我们拟从运行理念、运行逻辑和运行路径三个维度展开论述。

第一节 信息化环境下中小学要素驱动式课堂变革机制的运行理念

运行理念是指信息化环境下中小学"要素驱动式"课堂变革机制运行的教学理念。所谓教学理念,就是人们对教学和学习活动内在规律的认识的集中体现,同时也是人们对教学活动的看法和持有的基本态度、观念,是人们从事教学活动的信念。我们认为,信息化环境下中小学要素驱动式课堂变革机制运行理念至少包括三层意思:一是不同于人们的具体教学实践,运行理念是一种思想观念;二是它源于信息技术与大数据背景下的课堂教学实践,由教师总结提炼而成;三是它指向基于信息化环境下课堂教学实践的内在规律与作用原理。由此可见,运行理念会随着信息技术与课堂融合的变化而发展。大数据、数字化的融入,引起了中小学课堂教学活动的诸多变化,这必然会使得旧的教学理念和教学实践的不相适应。因此,信息化环境下"要素驱动式"课堂变革机制要想在中小学得以有效运行,其必不可少的前提便是变革和创新教学理念。具体而言,为了使信息技术与课堂教学深度融合以达到高效的课堂变革,我们必须将教学理念与课堂教学所关涉的教学目标、教学内容、教学过程、教学方法、教学评价五大核心要素紧密结合起来。基于上一章所探讨的五种不同要素驱动式课堂变革类型,不同要素的课堂变革类型有着其与众不同的教学理念,以此构成整体的运行理念来助力"要素驱动式"课堂变革机制的运行。

一 目标驱动式:从技术走向育人

信息素养已被《21世纪技能框架》作为21世纪的核心技能,该举措在某种程度上会将学生信息素养的培养转化为每门学科教学目标的要素之一。在现代信息化社会里,为了给人们提供最佳的学习与发展机会,使其成为出色的终身学习者与未来劳动者,就必须使其成为一个有信息素养的人,亦即能熟练运用信息工具获取、传递和处理信息、解决问题、做出决策、创造知识之人,培养学生的信息素养也就成为教育的首要课题,教学必须以"信息素养"作为新的立足点。处理信息的目的在于综合利用各种信息,在分析处理相关信息的基础上,围绕某一问题的解决,创造新的信息。信息素养的核心是信息处理能力,它是新时代学习能力中至关重要的能力。在信息处理能力的基础上,思维能力、问题解决能力、交流与合作能力以及决策能力成为学习、生活和工作的基础。信息技术教育作为培养学生和社会公民信息素养的重要途径,不能局限于信息技术的工具性价值,而需要从信息技术向信息素养的培养方向逐层推进。

自信息技术被引入课堂教学以来,培养学生的信息素养逐渐成为教学目标之一,其宗旨是进一步提升学生的信息素养,以适应当前信息技术高度发达的时代需要,注重培养学生通过自主探索、合作交流等学习方式来解决实际生活中问题的能力,让学生借助信息技术更好地转识成智。因此，针对前期调研所发现的当前信息技术融入课堂教学所存在的技术化倾向的问题，我们提出的基于信息素养的目标驱动式中小学课堂变革在教学目标的确立取向上是由技术走向育人，注重借助技术培养学生甄别信息、筛选信息、运用信息技术的信息素养，同时突出信息化环境下培育学生学会学习、学会生存的育人目标。因为任何信息技术的嵌入，都只是教学手段的更新，其目的是提升课堂教学质量，进一步实现育人目标。

二　内容驱动式：从被动走向自主

在信息技术与课堂融合的背景下，教学内容不再仅限于物化的纸质课本，而是发展成集纸质课本、幻灯片、投影仪、音响、计算机、网络虚拟媒介、电子课本等资源于一体的数字化教学内容，例如微课、慕课、短视频、电子课件、幻灯片等就是数字化呈现的教学内容。其中十分突出的变化有三点：就教学内容的呈现形式而言，从以往物化表征的纸质教材扩展成为数字化表征形式；在教学内容的构成资源上，从以往封闭单一的资源发展到如今开放共享的资源；在教学内容的选择上，从单一选择到多样化的选择。显而易见，信息化时代以"幻灯片"为代表的数字化课堂，一个银幕与互联网的连接就可以被用作黑板来生动地演示各种教学内容，并且可以充当任何教学用具。

正因如此，过去学生被动接受教学内容的组织形式不再适应信息化的课堂，基于信息甄别的内容驱动式中小学课堂变革要求教师在教学内容的呈现形式、构成资源、内容选择取向上引导学生从被动接受知识、支配学习到自主建构学习内容、主动学习，同时教师也应该树立全新的知识传递理念，在教学内容的甄别过程中，有意识地分类选取教学内容并进行教学，真正实现内容驱动式课堂变革从被动走向自主的过程。具体而言，在教学实践中，我们可以尝试将教学内容分为四类：一是基本目标内容，这是所讲内容的基础，学生只有掌握了这部分内容才能对所学课程有基本的了解，这部分内容可以被视为"敲门砖"，由教师带领学生进行系统学习。二是提高性任务目标内容，任务中的一部分内容是教师明确要求的，另一部分是允许学生自由发挥的。三是开放性任务目标内容，教师只给出一些要求，其形式和内容完全由学生组织安排。比如 Word 模块的综合练习，可以让学生设计制作一份小报，要求有图、有文、有艺术字、有分栏等，其内容和版式完全由学生自由发挥。四是教学难点内容，即学生通过自学后仍然心存疑虑难以明白的内容，这类内容需要教师给予指导点拨，采取与学生讨论研究、演示和鼓励多实践的教学方法。属于大多数学生的问题，综合起来与学生一道讨论研究；属于个别学生的问题，则单独进行辅导。

三 过程驱动式：从预设走向生成

随着信息技术的快速发展，各行各业间的联系正变得越来越紧密，社会正向着良好态势发展。毋庸置疑，科技的快速发展改变着我们的生活方式、工作方式、学习方式以及思维方式。总而言之，信息化的到来正改变着我们周围的一切事物，教育领域亦不例外。目前教育信息化的迅速发展，使得我们的主阵地"课堂教学"正在发生翻天覆地的改变，其颠覆了传统的班级授课制课堂教学形式，彻底改变了教学时空。即在时间上突破了传统的 45 分钟课堂，向无数个 45 分钟延伸，真正实现了课前、课中、课后的有效衔接；在空间上则完全突破了过去十多平方米大的教室的限制，真正实现了学习者时时可学、处处能学的美好愿景。但就教学活动本身来说，课堂教学依然是一种预设性与生成性并存，并以预设为基础、以生成为补充延伸，以达到促进学生发展的过程。但在实际教学过程中，一线教师往往会出现两种极端：一是在教学中太依赖于教学设计，过于关注预设教学任务的完成与否，而忽略了师生互动中的生成性部分，殊不知生成性部分对于有效教学具有重要价值。从某种意义上讲，对于生成性教学的把握与处理是衡量一个教师教学水平高低的依凭之一。二是在关注教学预设的同时紧紧盯着教学的生成，眉毛胡子一把抓，分不清主次，最终则无法较好地实现教学目标。概而言之，课堂教学是一种预设性与生成性并存，并以预设为基础、以生成为补充延伸，以达到促进学生发展的过程。因此教师在教学过程中应防止以上两种倾向的发生，有效平衡好、处理好预设与生成二者间的关系。

如果说预设性是传统课堂的显著特征，精致化的教学设计加上程式化的教学过程实际上限制了学生的想象和创作空间，阻碍了学生主体性的充分发挥。而生成性是与预设性相对的，是课堂教学中不可预知的、由学生认知水平不同所引起的教学实际效果与预期效果之间的发展差异。不言而喻，教育信息化正在改变着传统的教学理念和课堂教学组织形式，数字化背景下的课堂教学已然超越了时空、现实的界限，融入网络虚拟世界，学生便有大量时间用在课前准备和课后研习上，而不仅仅局限于在课堂上学习。因此我们认为，信息化环境下的课堂教学需要遵循从预设走向生成的理念，关注课堂的动态生成性，引导学生主动、积极、有创造性地学习。

四　方法驱动式：从分裂走向融合

在以信息技术、大数据、物联网为主要特征的现当代社会背景下，作为数据原住民的学生已经不再满足于传统的粉笔＋黑板的讲授模式与教学方法，即传统的课堂教学方法已不再能适应新时代的课堂教学之需，无论在数量还是在质量上都应抓住信息技术发展的顺风车，力争在以往教学方法的基础上进行创新、丰富。具体而言，面对数据"原住民"的学生，作为"移民"的教师至少应做到以下两个方面：一是积极转变教学观念，"互联网＋"时代是一个充满变数的时代，其事物发展呈现出动态性、多元性和无限性。面对这场变革浪潮，作为课堂教学主导者的教师要有积极的准备和乐观的态度，要不断更新自己的教学观念，使之与"互联网＋"时代所要求的先进理念相一致。与此同时，还要增强信息意识，提高信息素养，树立正确的信息化教学理念，尤其是要提高教学设计和运用教学媒体的能力，要能够在这些多样化的教学媒体中游刃有余，借助教学媒体进行高水平的教学设计。这样才能达到预设的教学目标，产生良好的教学效果。二是要建立"互联网＋"时代课堂变革的资源辅助系统。任何一种变革都需要一定的条件和基础，当具备相对成熟的条件和较为稳固的基础时，变革才会自觉发生。因此，教师要进行课堂教学变革，就必须使它所需要的条件、时机得到充分满足，这样的变革才会进行得更顺利、更彻底。

但现实却总是不尽如人意的，现实中的课堂不乏教师在教学方法的运用上过度依赖技术，导致课堂教学效果不佳的例子。这种方法的技术化倾向主要体现在三方面：一是单向依赖技术，个人风格缺失。例如有些教师直接在网上下载PPT、下载教案，照着PPT去"念经"，无视所教班级学生的知识结构现状、忽视所教学生的最近发展区、忽略所用教材的实际情况与使用建议,把课堂变成了"一潭死水"。二是多向依赖技术,课堂组织混乱。如我们在访谈时经常有老师抱怨说,如果停电或者忘记带 U 盘就没法正常授课,课堂便会陷入长时间的混乱无序中。三是完全依赖技术,传统教学手段缺位。反观在当前的课堂教学中几乎已经很少能看到教师仍然坚持用粉笔进行板书了,基本都被 PPT 所呈现的数字化内容所代替,黑板、粉笔、黑板擦等教学工具"形同虚设"。面对这些技术化的现代教学方法的冲击,基于信息手段的方法驱动式中小学课堂变革的运行理念是从分裂走向融合,即将传统教学手段的优势和现代教学手段的优势合二为一、科学地利用其来驱动课堂变革,做到既不排斥现代信息技术手段的使用,也不过度依赖信息技术手段的运用,只是在合适的时候运用合乎学生学习之需的教学手段,真正让技术为教学所用,而非被技术牵着鼻子走。

五 评价驱动式:从技术走向人文

评价是指以一定的规则对某一活动结果进行价值判断的过程。教学评价则是指基于教学活动对教学目标的实现情况进行价值判断的过程。教学评价的内涵至少具有三个层次:一是描述教学活动中发生了什么,这是明确评价内容和获取资料信息的关键一步;二是通过收集到的资料信息对完成教学目标的基本情况进行判断,这一步是判定教学有效性的关键;三是对教学目标本身做出价值判断,这一步是对教学活动是否有意义,或者说是对达成该教学目标的教学活动做出持续与否的决策判断。可见,教学评价本身以及评价方式对于教学的重要性是不言而喻的。

但在数字化的时代背景下,传统的教学评价方式相对单一,不能与现代信息技术下的课堂结构相适应,无法真实、有效地体现网络化后的课堂教学给学生带来的变化,加之融入现代技术的教学评价方式更适合当前国际化的评价取向,并且更加方便、快捷,例如,网络问卷等网评方式深受人们的喜爱。但长期以来,信息化下的课堂教学评价重技术运用轻人文考量的弊病逐渐凸显。究其缘由是在长期的应试教育中的固化思维使得我们在评价过程中形成了默认逻辑:技术与课堂融合是为提升学生的成绩,所以在很大程度上我们忽略了对信息化教学的效果评价,这种效果不仅是升学率，而且更多的是学生的综合素养的提升。鉴于此，基于信息数据的评价驱动式的运行理念在于转变技术量化，走向人文质化，也就是说，以信息数据为评价手段，注重信息化环境下课堂教学的精神感染和人文熏陶，以此化解技术所带来的生硬性和冷漠性。

第二节　信息化环境下中小学要素驱动式课堂变革机制的运行逻辑

任何一项教育改革的推行必然有其自身发展的一套逻辑体系，逻辑明确与否会影响学校课堂变革、教师施行课堂变革的进度与力度。正是由于每一所学校的管理理念、每一位教师的教学风格、每一班学生的学情都具有共性之外的个性，因此厘清信息化背景下的要素驱动式中小学课堂变革机制的运行逻辑就显得尤为必要。基于前面所提出的五种要素驱动式课堂变革类型，我们认为，该机制的运行逻辑应该紧紧围绕教学目标、教学内容、教学过程、教学方法和教学评价五大核心课堂教学要素之间的变革关系展开，主要可以从单要素驱动和多要素联合驱动两个维度分析、论述信息化环境下要素驱动式课堂变革机制的运行逻辑。

一　单要素切入驱动课堂变革

信息环境下要素驱动式课堂教学变革机制的单要素切入驱动运行逻辑是指教师在信息化环境下选择从某一要素切入进行课堂变革，在某一种要素驱动下课堂变革有了相对稳定的成效后再考虑将其他要素共同作用于课堂教学，即呈现出循序渐进的特点。在对信息化环境下要素驱动式课堂教学变革机制的单要素驱动式进行阐述时，本书主要以教师专业发展阶段为依托。美国学者福勒（Frances Fuller）根据教师的需要和不同时期所关注的焦点内容，认为教师的成长发展经历由关注自身，关注教学任务，再到关注学生的学习以及自身对学生的影响的逐渐递进过程[①]，依据该观点，可以有三种不同的要素切入方式：一是自身生存关

[①] 罗蓉、李瑜：《教师专业发展：理论与实践》，北京师范大学出版社2012年版，第75页。

第七章　信息化环境下中小学要素驱动式课堂变革机制的运行理路

注阶段,该阶段的教师往往刚入职场,教学经验欠缺,处于教学"磨合期",在变革时会选择注重教学的便捷性,因此通常会从基于信息手段的方法驱动式课堂教学变革入手;二是教学任务关注阶段,该阶段的教师通常有了一定的教学经验,关注教学的知识取向,主要表现为注重知识内容的完整性,侧重于关注学生对知识内容的掌握与记忆,这个阶段的教师多会选择基于信息甄别的内容驱动式进行课堂变革;三是学生学习关注阶段,这个阶段的教师具有了较丰富的教学经验,并对教学内容的把控也较为适切,其更倾向于学生取向的要素驱动方式,常常会选择从基于信息素养的目标驱动式、基于信息重组的过程驱动式以及基于信息数据的评价驱动式三者之一进行课堂变革,主要体现为注重学生学习情境的创设。以上基于三种不同取向的单要素驱动方式有着不同的着力点,并且这三种切入方式间是一种层层递进、继承与超越的发展关系。

二　多要素联合驱动课堂变革

信息化环境下要素驱动式课堂教学变革机制的多要素联合驱动运行逻辑,即指机制中的每个要素以其独特的方式与其他关键教学要素发生相互作用,并共同指向课堂教学变革。当各要素间的互动达到某种动态平衡时,信息技术环境下要素驱动式的课堂教学变革机制才能随之有效运行。为了更加清晰地揭示信息化环境下多要素联合驱动式课堂教学变革的具体运作过程,我们以基于信息素养的目标驱动式课堂变革为例来进行阐明。首先,基于跨学科理念,教师在学科教学中应有跨学科培养学生素养的意识,即教师在教学目标的确立中融入对学生信息甄别和应用能力的培养,随之其教学内容的组织方式、内容选择也会在信息素养目标导向下进行筛选和安排,在内容上注重信息的甄别和信息伦理。其次,正所谓教无定法、贵在得法,教学方法的使用在于适切性,教学方法的选择会随着教学目标和教学内容的变化而发生变化,教师在教学过程中应学会根据教学目标和教学内容合理地组合与之相适应的教学方法,在方法上寻求信息化手段的多样化,使其真正助力教师的教学、帮助学生对学习内容的理解与内化。再次,教学目标、教学内容和教学方法的转变会引起教学过程突破传统课堂的限制,走向信息重组的教学过程,注重学生在信息化教学过程中的参与,培养其信息技术运用能力。最后,如果课堂教学的教学目标、教学内容、教学过程、教学方法均倾向于培养学生的信息素养，那么教学评价也必然需要在评价内容中纳入对学生信息素养的评价，在评价方法上结合传统评价方式和信息化评价手段。教学评价的反馈都会注重这方面能力的培养，这也就实现了最初设定的培养学生信息素养的教学目标。因此，当多要素联合并达到动态平衡时就会形成一个系统且有效的联动式驱动机制，随着技术手段的不断变化和更新，各要素之间不断强化调控功能，从而产生非线性的动力效应，使诸要素协同发展，从而联合其他要素共同驱动课堂发生高效率、高质量的变革。

第三节　信息化环境下中小学要素驱动式课堂变革机制的运行路径

在当下信息科技极其发达的时代，信息技术手段被广泛应用于课堂上。由于教学资源的数字化与来源的多样化，过去那种单一化的以教师为中心的教学模式已一去不复返，现代化的课堂越来越凸显出以自主探究学习和深度学习为特征的学生中心取向。正因如此，为了让信息化环境下要素驱动式课堂变革机制高效运行，我们至少可以从教师、学生、知识、课堂四个维度来建构其运行路径。

一　教师取向：理性地看待教学变革，主动转变教学理念

如何使技术与课堂教学的五大核心要素深度融合，从而驱动课堂发生我们所期盼的变革效果主要取决于我们如何看待和利用技术。其中如何看待即教学思维方式问题。从教师层面来看，教师作为课堂教学的教育者，是驱动课堂的最重要因素，课堂教学变革的效果如何，则主要取决于教师的综合素养和对待技术理性的态度。在信息化课堂教学背景下，首要的便是教师应该转变教学思维方式，主动提升自我素养。首先，以过程理性看待教学变革。信息技术的加入为课堂教学解决了许多问题，在教学过程中教师应该在提问和问题解决上引导学生形成非线性思维，注重在教学过程中培养学生主动建构知识的思维。其次，主动转变教学理念。柏拉图认为，"理念"是指独立存在于事物与人心之外的一般概

念,它是事物的原型,事物不过是理念的不完善的"摹本"或"影子"。事物之所以存在,是因为它们先有了理念,理念是永恒不变的、绝对的,是唯一真实的存在。理念在某种程度上决定着事物的发展,事物的发展在某种意义上也隐含着理念。所谓教学理念,就是人们对教学和学习活动内在规律认识的集中体现,同时也是人们对教学活动的看法和持有的基本的态度、观念及理念,是人们从事教学活动的信念。教学理念很重要,因为它是人们从事教学活动的指导思想和行动指南,可以这样说,有什么样的教学理念就会产生什么样的教学行为,教学行为受教学理念的支配。通俗地说,就是"态度决定一切"。我们认为,教学理念至少可以从三个层面去理解:一是理论层面的教学理念。理论层面的教学理念是人们对知识、教学、学习和学生的总的、一般的看法,它摆脱了具体的一时、一事、个别情景、具体学科的复杂性,达到对教学、学习、学生等的理性理解与解释。这种理念对教学、学习、学生、知识的理解更加综合。有人可能不知道怎样展开具体的教学实践活动,但他可以谈他对教学的看法、观点。二是操作层面的教学理念。操作层面的教学理念是在具体的教学情景中运用某些教育学的、心理学的或者学科的理论,把某种理论具体化、实践化。三是学科教学理念。学科教学理念既包含了教师对学生、学习、知识、教学活动等总的看法,也包含了教师对所教学科的看法,因为对学科的看法会深刻地影响教师的教学行为。从主观能动性来看,教师是一个相对具有较强主观能动性的群体,不管我们的科技如何发达,课堂教学技术手段如何先进、智能,如果教师一开始就对之持抵触观念,那么技术手段的进步是难以促进课堂教学的变化与进步的。最后,树立统整性思维。信息化环境下要素驱动式变革机制是只有五大要素联合发力才能得以运行的机制,因此教师要有关系式的理性思维,将其看作一个整体,明确各要素之间的关系,科学选择教学手段,合理安排好多样化的教学组织形式。

二 学生取向:创设信息化学习场域,打造现代化学习共同体

学生是教学服务的对象,是教学的"圆心",所有的课堂教学活动都是围绕着学生这一教学主体展开的,学生素质的高低是衡量学校管理水平、教学质量高低的重要依据。可见,信息化环境下课堂教学最终成

效如何也是由学生的质量来体现的。所以从学生取向出发，主要可以分为教师引导学习和学生自主学习两个方面来实现信息化下的课堂变革。一方面，从教师引导学习来看，教师必须更新教学理念，认识到知识的获得必须靠学生在做中学，自主进行建构，在教学过程中学生是主体，教师只起着指导、引导作用，教师要注重情景导学，为学生创设信息化学习场域。具体而言，对于抽象性较强的、学生理解起来较困难的学习内容，教师可以通过信息技术的嵌入来创设与教学内容相协调的情景，为学生营造信息化的学习场域，如AR、VR虚拟现实教学就可以帮助学生更直观地理解知识，激发学生对所学知识的兴趣和动力，从而促进学生的高阶学习。另一方面，就学生自主学习而言，一是学生要主动转变学习方式，革新学习理念，积极参与到教师的信息化课堂教学变革中，真正成为课堂的主人。在数字化时代的学生应改变过去那种只有输入，少有或根本没有输出的被动学习方式，主动参与课堂教学活动，与教师、学生进行积极互动和思考，名正言顺地做回课堂的主人。二是从建构主义的观点来看，学生应自主形成数据化的学习共同体。信息化背景下的学生与学生之间应该是"学习共同体"的关系，即要相互学习、相互交流、相互促进，在共同学习的过程中以任务驱动学生有意识地把技术手段作为学习内容之一，利用信息技术或与信息相关的思维来发现问题、分析问题与独立解决问题，这样才能在实践中锻炼自我信息筛选与处理能力，提高社会责任感等，以提升自身的信息素养水平。

三 知识取向：注重开放式教学设计，精炼知识内容的表达

课堂教学的本真是教师引导学生以适合学生学习特点的方式进行知识学习，生成学生自身学习的意义，促进学生的发展。并且课堂教学改革从来都是一项系统工程，只有整体联动，才可能有效落实。在泛信息化环境下，知识的爆炸性增长给知识的选择与组织带来了前所未有的挑战，因此教师如何有效组织知识，实现联动课堂教学变革就显得尤为重要。从知识取向的角度出发，教学设计将知识由粗转精、注重知识内容的表达，将粗放型的教与学转向学习本位的精准的教与学。这主要可以从两个方面出发：一是传统课堂教学知识的再概念化。强调课堂教学知识不是抛弃已有的教学基础重起炉灶，而是在已有教学经验之上借助信

息技术对知识进行组织，如设计与教学知识相配套的APP，使知识以合适的形式表现出来，实现知识的再概念化，这就使得教学知识由粗转精。二是面向跨学科学习。随着信息技术的发展及其在教育中的广泛应用，多学科融合的教育实践已取得较大进步，通过跨学科、融合实践来培养人才已成为一种趋势。但多学科教学仍有很长的路要走，可行的办法是在学科课程的基础上根据条件增设基于问题学习的模块，设计驱动性问题以激发学生的学习动机，让已有的结构化知识在活动和交流中进一步完成自我建构和迁移。

四 课堂取向：强化非线性教学过程，建构智慧型生态课堂

如果说课堂教学变革是课堂上教与学的变革，那么作为其中之一的课堂必然也要随着信息技术的参与而发生改变，但通过实际调研发现，现如今的课堂依然是教师的一言堂课堂，即教师讲、学生听的满堂灌课堂。可见，这就必须打破原本的教师本位的传统结构，建构教师主导、学生主体的学生本位课堂教学结构。概而言之，就是依托教学过程将教学五大核心要素辐射、联结起来，打造以技术为手段支撑、以学习为教学主轴、以思维为教学导向的生态课堂，真正促进学生核心素养的发展。具体而言，其一是要重点协调各要素之间的关系，形成非线性的教学过程。教师应明晰所教班级学生的知识结构现状、学生个体间的差异以及学生的最近发展区，并在教学过程中多方位地思考影响学生学习的关键要素，以技术为辅助手段进行创新教育教学平台开发，助推信息化课堂教学的各大核心要素发生非线性作用，促进学生在学习过程中扩散思维全面发展。例如，在问题设置和提问方式上结合信息的开放化来引导学生展开思维，发挥想象，创造性地作答。其二是注重课堂人文精神，建构智慧型生态课堂。再先进的技术也无法替代师生和生生之间的和谐关系，只有在人与人之间有情感地交流学习下技术的嵌入方显得有意义。因此，在信息化环境下的课堂变革中，教师应该注重课堂人文精神培养，营造良好的师生关系，并引导学生之间和睦相处，这样才能有效提升信息化环境下要素驱动式课堂变革的教学质量。与此同时，教师也要主动更新自身的教学理念，不断构建自身的知识结构，真正提升教学质量，建构智慧型生态课堂。

第八章　信息化环境下中小学要素驱动式课堂变革机制的优化维度

为了保障信息化环境下中小学"要素驱动式"课堂变革机制的稳定运行,本书将继续分析、探讨要素驱动式课堂教学变革机制的优化维度,为信息化环境下中小学要素驱动式课堂变革机制的顺利、有效甚至高效运行保驾护航,为教学一线各阶段、各学科教师的信息化课堂教学变革提供有力指引。有人认为,信息技术服务于教育教学就像三条腿的小板凳,其中一条腿是教师,一条腿是优质教育资源,再一条腿便是硬件设备设施。我们认为,其能否有效、稳定运行,主要还是在于教师与学生的技术使用意愿与应用能力、硬件设备设施、相关教学软件的开发、制度保障要素。虽然这四个方面未包含支持系统的全部要素,但却直接制约着信息化环境下"要素驱动式"课堂教学变革的可能性。

第一节　师生信息素养提升:"要素驱动式"课堂教学变革的核心

师生的信息素养水平是决定信息化环境下要素驱动式课堂教学变革效果的关键要素之一,因此,我们可以通过提升师生的信息素养,达到优化要素驱动式课堂教学变革的效果。

一　信息素养的含义

信息素养是由"信息"和"素养"两个词组合而成的复合词。信

第八章 信息化环境下中小学要素驱动式课堂变革机制的优化维度

息,即指"消息、音讯"①。素养,即指"平日的修养"②。由此可见,信息素养,即指有关消息方面的修养。事实上,"信息素养"这个词,美国信息产业协会主席保罗·泽考斯基(Paul Zurkowski)于 1947 年就进行过具体阐释,他认为信息素养就是利用大量的信息工具及主要的信息资源,促使问题得到解决的技术和技能。③ 钟志贤、汪维富(2010)认为,信息素养是"个体利用各种信息工具,特别是多媒体和网络技术工具确定、查找、评估、组织和有效生产、使用、交流信息,并解决问题的能力"④。明桦、林众等(2019)认为,信息素养是个体结合自身需求有效地获取、加工和使用信息的能力,并具备一定修养的综合表现。他们还提出,一个具备信息素养的人至少应当做到四点:一是对信息敏感,能明确自己对信息的需求;二是能够高效地获取、储存、评价、整合和表达信息;三是能够有效利用信息以解决问题或产生创造性观点或产品;四是具备信息社会责任感,在法律和道德许可的范围内批判性地获取和使用信息,具备信息安全意识,做文明的网络公民。⑤ 梳理已有研究观点,我们不难发现,信息素养的概念至少涉及三个方面的含义:第一,信息素养是个体批判性地面对信息的修养;第二,信息素养是个体在查找信息、处理信息和运用信息解决问题的过程中表现出来的能力水平;第三,信息素养还涉及个体维护信息安全的责任意识。鉴于上述理解,我们可以把信息素养界定为个体在批判性地获取、存储、整合和表达信息,并自觉地维护信息安全等过程中所表现出来的各种能力和修养的综合。

二 提升师生信息素养促进要素驱动式课堂教学变革的核心要义

在信息化环境下,要素驱动式课堂教学变革的关键在于教师、学生

---

① 《辞海之家》,http://www.cihai123.com/cidian/1055572.html。
② 《辞海之家》,http://www.cihai123.com/cidian/1058575.html。
③ 转引自明桦、林众等《信息素养内涵与结构的国际比较》,《北京师范大学学报》(社会科学版)2019 年第 2 期。
④ 钟志贤、汪维富:《Web 2.0 学习文化与信息素养 2.0》,《远程教育杂志》2010 年第 4 期。
⑤ 明桦、林众等:《信息素养内涵与结构的国际比较》,《北京师范大学学报》(社会科学版)2019 年第 2 期。

"是否愿意用、是否会用"。

首先，从教师层面来看，实现信息化环境下的要素驱动式课堂教学，至少要做到两个方面：一是教师要消除自身的惰性心理，唤起自身的变革意识。二是教师要不断革新知识与拓展知识，提升教师信息素养水平。随着教育信息化2.0时代的到来，各种信息的获取渠道拓宽了，教师应抓住机遇，践行终身学习理念，主动利用业余时间更新自身的知识结构，多途径地拓宽知识的广度与深度。教师还应该加强自身的科学理论水平与政策水平，积极学习前沿理论知识与政策知识，如根据教育部颁发的《中小学教师教育技术能力标准》[①]所提出的教师应具备基本技术素养、计划与准备、组织与管理、诊断与评估、学习与发展等方面的教育技术能力主动进行自我审视与学习，以提高自身的教育教学技术能力。

其次，从学生层面来看，积极参与教师的信息化课堂教学变革，同样需要做到两点：一是要主动转变学习方式，革新学习理念，真正成为课堂的主人。学生应改变过去只有输入，少有或根本没有输出的被动学习方式，主动加入课堂教学活动中，与教师、学生进行积极互动和思考，名正言顺地做回课堂的主人。二是提升学生的信息素养水平。所谓学生的信息素养，即学生利用信息技术或与信息相关的思维来发现问题、分析问题与独立解决问题的能力，具体包括信息意识、计算思维、数字化学习与创新、信息社会责任等方面。这不仅要求在信息技术科目中需要格外注意学生信息素养的培养，教师在其他科目的教学中也应该有意识地培养学生的信息素养。总而言之，作为教学主体的教师和学生，都应具备符合信息化课堂教学的变革意识与相应的变革能力。

三　提升师生信息素养，促进要素驱动式课堂教学变革的主要路径

为了更好地促进要素驱动式课堂教学变革，结合对师生信息素养的关联性因素分析，我们可以将提升师生信息素养的路径概括为自我更新、外部诱发和信息技术关联三个方面。

---

① 《教育部关于印发〈中小学教师教育技术能力标准（试行）〉的通知》，(2004-12-15) [2021-4-16]，http://www.moe.gov.cn/srcsite/A10/s6991/200412/t20041215_145623.html。

第八章　信息化环境下中小学要素驱动式课堂变革机制的优化维度

（一）自我更新型路径

所谓"自我更新"，主要是指教师和学生作为教学主体，在个体主观能动性的积极作用下，为了更好地适应课堂教学的实际需要，通过主动学习信息技术，从而实现自身素养提升的过程。学会认知（Learning to Know）是联合国教科文组织强调的教育四大支柱之一。① 教师和学生通过自我学习，不断提升自己的信息技术能力和水平，是促进要素驱动式课堂教学变革的主要路径之一。首先，就教师而言，只有通过不断学习和提升自己的信息素养，方能更好地适应和完成信息化环境下的课堂教学任务。一方面，拥有良好的信息素养是教师准确、合理运用信息技术进行课堂教学的前提；另一方面，不断补充和习得新的信息技术是教师创造性地推进课堂教学变革和创新的关键。其次，就学生而言，增强自身的信息素养既是学习的目的，又是学习的手段。从目的的角度来说，提升学生的信息素养本来就是信息化环境下课堂教学追求的目标任务。在强调发展学生核心素养的今天，基于信息化的时代需求，信息素养必然成为课堂教学的核心目标。从手段的角度来说，学生拥有良好的信息素养，能更好地适应信息化的课堂教学，更好地形成新的信息素养水平。

（二）外部诱发型路径

在提升师生信息素养的相关因素中，除了师生的主动学习和自我更新之外，外部因素的诱发也是很重要的。一般来说，诱发师生不断提升信息素养的外部因素主要涉及三个方面：一是信息化课堂教学活动需要师生具备一定的信息素养作为基础条件，这是诱发师生自觉提升信息素养的最核心要素。二是相关政策制度的规定，如2018年中共中央、国务院出台的《关于全面深化新时代教师队伍建设改革的意见》要求"到2035年……教师主动适应信息化、人工智能等新技术变革，积极有效开展教育教学"②。这对提升师生信息素养而言，既是诱发性的，又是内在规定性的，要求师生必须这样做。三是形成关注信息素养的文化氛围，这是刺激和诱发师生不断提升信息素养的重要因素。一般来说，这种关

---

① 联合国教科文组织总部中文科译：《教育——财富蕴藏其中》，教育科学出版社1996年版，第76页。
② 中共中央、国务院：《关于全面深化新时代教师队伍建设改革的意见》，（2018 - 1 - 20）[2021 - 4 - 16] http://www.gov.cn/zhengce/2018 - 01/31/content_ 5262659.htm。

注信息素养的文化氛围一旦形成,将会潜移默化地影响教师和学生,使之自觉地提升自身的信息素养。

(三)信息技术关联型路径

所谓"技术关联型路径",主要是指通过信息技术与师生主体的深度融合,达到提升师生信息素养水平目的的途径。事实上,信息素养这个概念的存在,本身就蕴含了信息技术与师生个体的深度融合,然而,它是以个性化的方式存在或表现出来的。其关联性主要涉及信息技术与师生个体的关联性和师生之间信息素养的相互关联性。首先,就信息技术与师生个体的关联性来说,它是反映信息技术与师生个体融合水平的重要指标,这主要决定于三点:一是信息技术作为一种技术手段被使用的成熟程度;二是师生个体对信息技术的敏感性程度;三是师生运用技术解决实际问题的支持条件准备程度。其次,就师生之间信息素养的相互关联性而言,它从根本上反映了教学相长的核心要义。一方面是指师生之间的信息素养具有本质一致性,如他们之间是相互支持、相互促进,乃至相互转化的;另一方面是指师生之间的信息素养具有差异性,如教师不仅需要拥有学生需要的信息素养,还需要拥有培养学生信息素养的"信息"素养。显然,理清师生信息素养的关联性,是提升师生信息素养必须关注的重要路径。

四 提升师生信息素养、促进要素驱动式课堂教学变革的条件保障

为了更好地实现通过提升师生信息素养而有效地促进要素驱动式课堂教学变革,在通常情况下应做好如下三个方面的保障工作。

(一)制度保障

通过提升师生信息素养促进要素驱动式课堂教学变革,需要有相关的制度做保障,其主要涉及三个层面的制度:一是来自上级主管部门(制定或转发的国家和省里的文件)的有关推进信息化课堂变革的政策文件,这对信息化环境下提升师生信息素养及推进要素驱动式课堂教学变革具有统领性和定标性的意义;二是学校层面出台的有关推进信息化课堂教学变革的具体管理制度,这主要体现为对信息化环境下提升师生信息素养及推进要素驱动式课堂教学变革的约束性和激励性;三是教研室或班级层面制定的一些有关提升师生信息素养及推进要素驱动式课堂

教学变革，这更加侧重于操作性和自觉性。然而，在创设制度保障的过程中，必须综合考虑制度的科学性和合理性，坚持以人为本，充分发挥制度的激励性和服务性功能，要少一些约束和控制。

（二）物质保障

提升师生信息素养，促进要素驱动式课堂教学变革需要大量的物质保障，这主要涉及提供教学场所、多媒体仪器、设备、技术软件、信息化教具和平台等确保课堂教学有序进行的物质条件。当然，在提升师生信息素养，促进要素驱动式课堂教学变革的过程中，绝对不是简单地提供这些物质条件即可，而是应该充分考虑这些物质条件的科学布局和合理运用等。我们认为，这里的物质保障至少应该考虑三个因素：一是在数量上确保提升师生信息素养，促进要素驱动式课堂教学变革的基本物质需求；二是充分考虑所提供的物质条件的切实性，因为只有切合实际的物质供给才是合理的，才能有效地发挥作用；三是建立物质条件的持续供给机制，以确保物质供给的持续长效。

（三）文化保障

所谓"文化"，是指人们在长期的生活实践中逐渐积淀而形成的具有强大生命力的优秀经验。文化也是提升师生信息素养，促进要素驱动式课堂教学变革的重要保障因素，良好的"信息化"文化环境能保障师生信息素养的有效提升和课堂教学变革的有序推进。在通常情况下，以提升师生信息素养促进要素驱动式课堂教学变革的文化保障因素主要涉及师生关系、信息服务和环境氛围等。

第二节　硬件设施建设更新："要素驱动式"课堂教学变革的动力

学校设施条件可以分为硬件设施和软件设施，它们都是推进要素驱动式课堂教学变革的重要因素。在本节中，我们将重点针对硬件设施的更新、要素驱动式课堂教学变革的核心要义、主要路径和相关保障条件等进行探索，以此为人们通过硬件设施建设促进要素驱动式课堂教学变革实践提供参考信息。

一　硬件设施的含义

硬件设施是由"硬件"和"设施"两个词组合而成的。所谓"设施",即指"设备、措施"。所谓"硬件",是指"一是整个电脑系统的实体装置。一般由中央处理器、记忆体、输入输出设备等组成。二是借指生产、科研、教学、经营及其他社会活动中的机械设备等物质材料"。可见,硬件设施综合起来理解,就是指基础性的设备等物质材料。换句话说,硬件设施就是可以看得见、摸得着的,是一种实物物体。鉴于此,学校的硬件设施主要就是指能支撑课堂教学活动顺利开展的一切物质性的设备或措施。

二　更新硬件设施促进要素驱动式课堂教学变革的核心要义

现代化硬件设备建设作为学校信息化教学的硬实力,是反映学校办学条件和水平的重要指标,其影响和决定着学校的课堂教学活动能否顺利展开和产生积极效果。因此,通过更新硬件设施对促进要素驱动式课堂教学变革具有重要的现实意义。针对这个问题,我们至少可以从两个方面来理解:一是学校现代化硬件基础设施建设水平对于系统变革学校的教育教学模式、方法和手段,提高课堂教学质量,实现教育教学现代化起着重要作用;二是学校现代化硬件基础设施建设水平是要素驱动式课堂教学得以正常实施的前提。正所谓"巧妇难为无米之炊",若没有现代化硬件设备做支撑,信息化教学可谓寸步难行,要素驱动式的课堂教学变革更是无从谈起。

一般来说,学校涉及的能够对课堂教学直接发挥作用的硬件设施建设主要包括两类:一是有关支撑课堂教学活动得以正常展开的基础性硬件设施建设,如教学楼、教室、黑板、课桌椅等,这在历来的课堂教学活动中都是必不可少的,也是课堂教学得以存在的根本性要素;二是有关支撑课堂教学活动更好地开展的现代化硬件设施建设,如涵盖校园网建设、多媒体教室建设、远程教学建设、图书馆电子阅览室建设等。在实践中,这二者都对课堂教学活动有着重要的支撑作用,及时更新硬件设施,能较好地促进要素驱动式课堂教学变革。

第八章　信息化环境下中小学要素驱动式课堂变革机制的优化维度

三　更新硬件设施促进要素驱动式课堂教学变革的主要路径

一般来说，学校硬件设施更新主要涉及合理利用硬件设施、修缮已有硬件设施和增加新的硬件设施三个方面。那么，我们自然可以从这三个方面着手努力，实现硬件设施的更新，以便更好地促进要素驱动式课堂教学变革。

首先，就合理利用硬件设施而言，用好现有硬件设施设备是推进要素驱动式课堂教学变革的必备条件，只有硬件设施设备的功能效用得到充分发挥，课堂教学活动才能得到保障。

其次，就修缮已有硬件设施而言，主要是指对已有设施设备的修理和改进，使之功能和效用得以正常发挥出来，或者说是通过修缮使其因为损坏或正常耗损而逐渐消失的功能重新发挥出来。这是保障已有硬件设施设备持续发挥作用的关键所在。

最后，就增加新的硬件设施而言，它是推动要素驱动式课堂教学变革最为活跃的条件性因素。在通常情况下，当育人需求水平不断提高时，自然需要更新设施设备，与之相适应，方能更好地取得育人效果。

四　更新硬件设施是促进要素驱动式课堂教学变革的条件保障

学校硬件设施建设需要一个持续长效机制，方能发挥其最大效能。尤其是在现代化硬件设施的建设过程中，校园网络建设更是必不可少。学校的校园网建设，一般应是一个"从无到有，从有到广，从广到优"的建设过程，即在接入校园网之后，其覆盖面上应逐步从教学楼、实验楼、办公楼向教师宿舍、学生宿舍等地拓展，开放校园网络是一切现代化教学手段得以实施的根本前提，校园网的接入还有利于教师进行网络学习和获取丰富优质的教学资源，有利于学生的自主学习与伙伴间的交流学习；在线上用户增多的情况下，校园网在速度、质量上也应该得到保障，如加大宽带的运行速度以及设立专门的技术服务部门，以保障校园网的有效运行；在多媒体教室建设方面，学校应极力保证每间教室都能配备教学必需的多媒体设施，满足信息化教学的基本需要；在远程教学建设方面，学校应认识到远程教学对于线下教学的重要补充作用，明晰远程教学的优势，如突破时间、空间的限制，实现同步异地、异步异地教学，进而加强远程教学建设；在图书馆建设上，学校应购买电子设备、电子资源，建设电子阅览室，向学生提供现代化学习场所，满足学生现代化学习的需要，与信息化课堂教学互为补充。

第三节　教学软件开发创新："要素驱动式"课堂教学变革的关键

教学软件的运用，能让课堂教学活动变得更加生动有趣，能以教学媒介的方式，很好地将教师的教、学生的学以及教学的其他要素紧密联结在一起。因此，教学软件的有效运用和开发，是促进要素驱动式课堂教学变革的关键所在。在这一节中，我们将重点讨论教学软件的含义、教学软件驱动课堂教学变革的核心要义、主要路径和条件保障等问题。

一　教学软件的含义

所谓"软件"，是指"为了运行、使用、管理、维修和开发计算机而编制的各种程序及文档资料的总称。包括汇编程序、编译程序、计算机的监控管理程序、调试程序、故障诊断程序、程序库、操作系统、数据库、各种维护使用手册、程序说明书等"[①]。由此可以得出教学软件就是支撑教学活动持续进行的各种计算机程序及文档资料的综合。随着现代信息技术的不断开发和运用，课堂教学中对各种教学软件的依赖越来越强烈。因此，好的教学软件能大大提高课堂教学效率，其主要表现在三个方面：一是教师教得出彩。在课堂教学中，教师通过有效地利用ppt课件、电子资源平台等教学软件，不仅能让所教内容清楚明了，而且能在有限的时间里呈现出相对较多的内容，还能被接受。二是学生学得轻松。当前，多样化的教学软件支持着学生的学习，其不仅能让学生学得深刻透彻，还能在很大程度上激发学生的学习兴趣。三是教学内容的质量、范畴和价值意义都有较大的变化。由于各种教学软件的运用，教学内容的质量水平更好，涉及范畴更广，所发挥的价值意义更大。

---

① 《在线汉语字典》，http://xh.5156edu.com/html5/368419.html。

二 开发教学软件是促进要素驱动式课堂教学变革的核心要义

如果说现代化硬件设备建设是学校信息化教学的硬实力,那么学校自主开发的抑或是购买的教育教学软件平台则是学校实现信息化教学的软实力之一。虽然目前在教育教学软件平台的开发上已取得了丰硕的成果,但还是存在着种类泛滥,鱼龙混杂,缺乏教育性,功能定位模糊等现象,有的甚至还会对学生的学习产生误导。为此,就需要相关监管部门加强监管力度,当然,最为根本、关键的还是在于相关软件开发主体要提升自身的教育素养与技术素养,从单纯的技术开发主体蜕变为教育与技术兼顾的高素质教学软件开发主体,真正从促进学生发展的视角创新教育教学软件平台的开发,为信息化课堂教学助力,继而促进课堂教学质量的提升。由是可见,创新教育教学平台开发,助推信息化课堂教学,助力学生全面发展尤显必要。如为了能将学生的课前、课中以及课后的表现情况及时反馈给学生、家长,以帮助学生进行自评与自我反思,以方便家长明了孩子的学习现状,教育专家们可以创新课堂管理系统,其宗旨在于将教师、学生和家长围绕着学生的成长主线串联起来,将学生的课前、课中和课后的表现综合起来,以方便进行集中管理,进行动态实时分析。又如在线测试系统的开发,能帮助教师摆脱仅凭经验去判断学生对某一知识点的掌握情况,通过使用在线测试系统,教师可以快速、精准地判断学生对知识的掌握水平,及时调整教学进度、教学策略,继而实现高质量的反馈教学,构建高质量、高效益的课堂教学。

三 开发教学软件是促进要素驱动式课堂教学变革的主要路径

毋庸置疑,积极开发教学软件对促进要素驱动式课堂教学变革具有重要的价值和意义。我们认为,其实现路径主要有如下三条。

(一)鼓励学校师生自主研发

鼓励自主研发是调动师生积极性,实现内生发展的主要表现。学校师生可以根据教学过程中解决实际教学问题的需要,结合现有条件,自主研发相关教学软件。鼓励学校师生自主研发相关教学软件至少可以在三个方面体现出优势:一是师生在解决实际问题的过程中所研发的教学软件最切合实际需要,是推动课堂教学变革的最直接动力;二是师生在自主研发教学软件的过程中,不仅能提升个体的科学研究能力,而且能自觉形成较好的现代信息技术素养,增强师生利用信息技术,有效推进信息化环境下要素驱动式课堂变革;三是学校师生协同研发教学软件,其本身就是实施探究式教学的重要途径,符合新课改提出的倡导探究式学习的基本理念。然而,鼓励学校师生自主研发教学软件同样具有三个局限有待突破:首先,不是每个教师都具有组织和带领学生进行自主开发教学软件的能力和水平的;其次,鼓励学校师生自主研发教学软件需要匹配相应的技术支持,由于缺乏相关的技术指导,难以顺利完成开发任务;最后,鼓励学校师生自主研发教学软件需要耗费师生大量的工作和学习时间,影响其正常的教学工作,甚至可能出现"费力不讨好"的局面。当然,在实践中,我们还是主张避其锋芒,用其所长,理应积极鼓励学校师生自主研发相关教学软件。

(二)联合公司根据需求进行开发

为了弥补学校师生自主开发教学软件在技术上的不足,鼓励学校与较为专业的技术公司联合研发教学软件。比如华南师范大学黄甫全教授研究团队就与南京阿发达机器人科技有限公司联合开发了小学机器人全科教师"华君"。学校联合公司根据需要开发教学软件至少有三大优势:一是可以实现学校与公司之间的优势互补,实现合作双赢。学校师生可以通过教学实践发现实际问题,提出切合实际的需要,而专业技术公司可以提供专业的技术指导、时间、精力,乃至成本投入等。二是提高所研发的教学软件的质量水平,以便能更好地推进要素驱动式课堂教学变革。由于二者的优势组合,研发出来的教学软件的质量水平自然会高很多,因此能快速推进要素驱动式课堂教学变革。三是推广应用的效果会更好。一般专业技术公司不仅具有技术优势,还拥有一定的市场优势。通过联合开发,经过学校的实际运用和持续改进,其推广价值更大,再加上公司的市场业务经营,可以让更多的学校受益,从而实现课堂教学变革的区域内整体推进。

(三)直接引入最新教学软件

诚然,无论是鼓励学校师生自主研发,还是联合公司根据需求开发,都需要学校师生亲自参与研发过程。当学校师生完全没有开发教学软件的能力或者就算有开发能力,但不具备亲自参与研发的条件时,也可以通过直接购买的方式引入最新的教学软件。对于学校师生来说，这种直接引入最新教学软件的方式是最省时省力的事情，但同时也至少有三个问题必须引起重视：一是引入的最新教学软件是否能解决学校师生课堂教学的实际问题。如果引入的最新教学软件不能解决实际问题，就不仅不能推进要素驱动式课堂教学变革，反而会给学校的正常教学秩序造成一定的影响。二是有没有人能够操作的问题。虽然能解决实际问题，但是没人能够操作，其价值也不能有效发挥出来，以致难以真正推进要素驱动式课堂教学变革。这就需要一定的技术跟进，通过技术指导，培训出专业操作人员，或者让学校师生都能操作使用。三是能否解决教学软件的升级问题。教学软件的使用始终是有一定限度的，在飞速发展的当今时代，能否提供升级版是必须考虑的问题，否则容易导致课堂教学变革不彻底，乃至出现中途夭折等现象。

四　针对开发教学软件促进要素驱动式课堂教学变革的建议

开发教学软件在促进要素驱动式课堂教学变革方面发挥着重要作用，但是同样也存在着诸多有待克服的困难，就此，我们提出三点建议：首先，增强师生的创新意识，保持持续更新状态。创新是发展的源泉，没有创新则难以有效发展。在鼓励学校师生自主或参与研发教学软件的过程中，必须重视"创新"问题。关于师生的创新问题，应注意三点：一是增强师生的创新意识；二是鼓励师生进行创新性活动；三是实施侧重创新的教学评价。其次，提供经费支持，确保软件开发的持续长效。确保教学软件开发的经费供给是实现教学软件持续更新最为关键的条件。在通常情况下，支持教学软件研发的经费主要有三个来源：一是来自政府的计划性投入和支持；二是社会公益组织或热心人士的捐赠；三是来自软件公司的垫付或市场的回馈。最后，谨防技术依赖，抹杀了师生课堂教学的主体性。技术依赖是信息化环境下课堂教学中最为常见的问题。比如时常出现的部分教师由于对PPT课件的过度依赖而导致一旦停电就没法授课的现象。这种对技术的过度依赖最直接的表现就是师生在课堂教学活动中的主体性缺失。因此，充分认识到这一点，对于教学实践中快速推进要素驱动式课堂教学变革具有重要意义。

★ 理论篇

第四节　建立健全相关制度："要素驱动式"课堂教学变革的保障

　　制度是保障，若想系统推进"要素驱动式"课堂教学变革，就离不开相关的教学制度做保障。没有制度的工作场景将是十分混乱的。教学制度的存在，可以在很大程度上减少教学过程中各种行为的随意性和人为性。尤其是在要素驱动式课堂教学变革问题上，没有教学制度的保障是很难实现变革的。因此，在这一节中，我们将重点讨论教学制度的含义、教学制度驱动课堂教学变革的核心要义、主要路径和注意事项等方面的具体问题。

一　教学制度的含义

　　所谓"制度"，即指"制定的法度"[①]。它是对个人或群体的行为能产生约束与鼓励的所有因素的综合，有显性制度与隐性制度之分。显性制度指具有强制力的规章、制度、法律等。隐性制度则指一般的习俗或舆论。鉴于此，教学制度可以被理解为对师生的教学行为产生约束与鼓励的所有因素的综合，它同样涉及显性教学制度和隐性教学制度。二者在保障师生教学活动顺利进行问题上都发挥着积极的作用。显性教学制度一般是指对师生的课堂教学行为进行直接规定，起着直接约束或鼓励作用的制度，而隐性教学制度一般不是以固定"文本"的方式存在的，而是一种不成文的规则，比如师生关系、同学关系、课堂文化、校风班风等。虽然，隐性教学制度确实是存在的，但是由于隐性教学制度通常以潜移默化的方式发挥作用，以致其不容易被理解和把握。这就要求置身其中的师生必须具有专业的眼光和敏锐的洞察力，方能很好地掌握隐性教学制度的基本要义。

二　建立健全教学制度、促进要素驱动式课堂教学变革的核心要义

　　实现教育现代化是我国实现现代化的重要一步，而教育现代化的实

[①] 《辞海之家》，http://www.cihai123.com/cidian/1070988.html。

第八章　信息化环境下中小学要素驱动式课堂变革机制的优化维度

现又不得不凭借教学的信息化、课堂的信息化，而要素驱动式课堂教学是课堂教学信息化的重要类型之一。从信息化课堂教学的实施现状来看，其情形却不容乐观。如很多教师认为，信息化环境下的课堂教学增加了备课的工作量，干脆不用信息技术辅助教学；有的教师为了完成任务，对实际工作不加思索，单纯为了用技术而用技术，因而对教学并未产生实际效用；还有的教师则表现为另一种极端，直接变传统的粉笔教学为读PPT的"现代化教学"，变"人灌"为"机灌"；或者是"停电就没办法进行教学，只能让学生自学"。事实上，诸如此类的现象都是不合理的，若是不及时予以制止，长此以往，将不利于学生的发展，更不利于我国教育事业的发展。因而，信息化环境下要素驱动式的课堂教学作为传统课堂教学的一种革新，其顺利实施与否自然离不开学校相关管理制度的支撑。制度主导个体或群体的行为选择，群体或个体行为嵌入制度并被制度所塑造。行为与制度密不可分，从某种意义上讲，行为反映制度，制度约束行为。因此，敦促学校建立健全相关的管理制度，以对教师的信息化教学行为进行鼓励与约束尤显迫切。

三　建立健全教学制度是促进要素驱动式课堂教学变革的主要路径

建立健全教学制度是促进要素驱动式课堂教学变革的主要路径。根据制度本身所具有的显性和隐性特点，我们认为，至少可以从两个方面着手思考如何通过建立健全教学制度，从而促进要素驱动式课堂教学变革。

（一）合理制定显性教学制度

合理制定显性教学制度是促进要素驱动式课堂教学变革的主要路径之一。学校应因地制宜，根据实际情况制定教师岗位职责规定、行为规范、奖惩制度与教师绩效考核制度等。即强制性地要求教师在课堂教学中应根据教学目标、教学内容、学生学习特点等因素进行综合考虑，决定是否使用信息技术来辅助教学，这其中要避免陷入二元对立的思维陷阱；设立科学的奖惩制度，对于能较好地应用信息技术辅助教学，对于提升教学质量的教师给予相应的鼓励，对于不顾学生需要而"坚守"传统教学模式的，应给予相应的惩罚，并帮助此类教师更新教学观念，借培训以提升他们的信息化教学执教水平；在年终对教师进行考核时，应把"是否愿意、是否能够恰如其分地运用现代信息技术来辅助教学"作为考核评价教师工作的标准之一。

(二) 积极创设隐性教学制度

积极创设隐性教学制度同样是促进要素驱动式课堂教学变革的主要路径。学校应营造一种健康的生态文化，潜移默化地改变教师的教学观念，鼓励教师树立终身学习与敢于不断尝试新事物的精神。隐性教学制度之所以得以独立存在，且被倡导，是因为其至少有三个优点值得关注：一是隐性教学制度不需要太多的专门关注和成本投入，它是在长期的实践活动中逐步形成的，或者说是随着其他教学要素在发生变化的过程中自然而然形成的。二是隐性教学制度能达到"育人"于无形中。隐性教学制度通常是以潜移默化的方式发生影响的，具有润物细无声的效果，往往是师生在不知不觉中就被影响或改变了的。三是隐性教学制度很容易被师生所接受。由于隐性教学制度在影响师生教学行为时的润物细无声，以致隐性教学制度在对教学过程中的师生产生影响作用时，不会令师生感到特别的不适，从而很容易就接受了。因此，积极主动地将要素驱动式课堂教学变革所涉及的诸多因素化解于隐性教学制度中，是重要且必要的。

四 建立健全教学制度，促进要素驱动式课堂教学变革的注意事项

前已述及，通过建立健全教学制度来促进要素驱动式课堂教学变革，固然有其积极意义，同时也有一些注意事项不得不引起关注。

(一) 教学制度不宜烦琐，应简洁明了、可操作

为了更好地促进要素驱动式课堂教学变革，学校所制定的教学制度应简洁明了，可操作。首先，简洁明了的教学制度很容易被师生所理解和接受。凡是那些烦琐的教学制度，一般都很难得到有效实施，而且还会引起师生的反感，难以发自内心地接受和自觉践行。其次，"可操作"是教学制度得以有效实施的根本所在，如果某个教学制度一旦缺乏操作性，那它是不可能发挥出真正效用的。

(二) 教学制度应以服务为主，约束是为了更好地激励

虽然"约束"是教学制度不可缺少的功能，因为制度中的"规定"本身就是需要师生在教学活动过程中自觉遵守和亲自践行的。但是，约

束不是目的，它是为了更好地激励，所以"服务"才是进行教学管理的精髓所在。所有的教学制度的制定都应该充分考虑其服务教学活动和推进教学改进的功能。只有这样，教学制度才是真正有价值的教学制度，否则教学制度就会变成束缚师生正常从事教学活动的桎梏。因此，在教学制度的制定与实施过程中，应充分关注其服务功能。

（三）避免显性教学制度流于形式

建立健全相关教学制度，发挥其制度管人、制度育人的价值，是学校出台相关教学制度的初衷。但与此同时，也要防止为了制度而制度的倾向，即将建立起来的管理制度束之高阁，使其未得到真正执行与有效落实，未真正发挥出制度的激励与内生功能。教学制度的出台，必须落在实施上，使其真正解决教学中的实际问题，从而有效地推进要素驱动式课堂教学变革。

（四）谨防隐性教学制度的消极影响

隐性教学制度在服务课堂教学，推进要素驱动式课堂教学变革方面发挥着重要的作用。其潜移默化地发生影响的方式，能达到润物细无声的效果。这是隐性教学制度优越于显性教学制度而得以独立存在的地方。但也正是因为隐性教学制度的这种潜移默化起作用的隐性方式，让师生在应对不适宜的隐性教学制度方面的主观能动性丧失，很容易就被引向了另一个非预期的方向。因此，学校在创设隐性教学制度时，应尽量优化隐性教学制度的文化内核，谨防隐性教学制度的消极影响。

实践篇

第九章 信息化环境下中小学要素驱动式课堂变革的考察方案

实践篇主要是针对前面在理论篇所阐释的基础理论和操作机制，于现实课堂教学中进行实践考察，从中发现问题、分析原因并提出改进建议。本章主要讨论考察方案设计和考察过程概述两个方面的问题。

第一节 考察方案设计

在考察之前，有必要制定一个切实可行的实施方案。该部分我们将着重针对考察目标、考察对象、考察工具以及数据处理与分析说明等相关内容进行设计和说明，为现实考察方案的后续实施明确方向和指南。

一 设立考察目标

本书在设计考察方案之前，初步确定了考察目标，以确保后续的考察过程能顺利开展。

首先，采用问卷调查法了解 G 省中小学信息化环境下课堂教学实施现状，把握课堂变革的具体情况，明确被调查教师对要素驱动式变革课堂的认识与理解，明晰教学目标、教学内容、教学过程、教学方法、教学评价等要素如何驱动课堂教学变革，从而发现课堂教学变革的问题与不足。由于信息化环境下课堂上每个要素在运用信息技术方面都有其特殊的要求，因此，在问卷调查中设计了相应的问题，以获取信息化背景下课堂教学变革所涉及的各要素的实际开展情况。

其次，采用访谈法收集资料，从信息化环境下课堂教学变革要素的选择、结合及成效三个方面进行整理，深入分析信息化环境下课堂教学变革的逻辑和机理。教学主体是教学活动的组织者与参与者，故而本书的访谈对象主要以教师为主，以学生访谈为辅，充分了解信息化环境下课堂教学变革的内在逻辑，厘清课堂教学变革的内在机理，更好地开展信息化环境下中小学课堂变革机制的建构研究。

最后，通过课例分析法，对 G 省多所中小学课堂教学进行观察，了解信息化环境下中小学课堂变革的切入点及切入后与其他要素的融合情况。本书拟从众多课堂教学案例中筛选出具有代表性的案例进行比较分析，以便了解信息化环境下 G 省中小学课堂变革中各要素融合的实际情况，得出科学合理的研究结论，更好地提高课堂教学质量，从而促进学生的发展。

二 确立考察对象

为清晰、全面地了解和掌握小学的信息化课堂变革情况，从 G 省 9 个地（州）市按比例选取部分学校，以这些学校具有代表性的教师、学生、课堂教学案例作为考察对象。在分层分类研究方面，本书从不同学段（高中、初中、小学）、不同地区（市级、县城、乡镇、村）抽取受访学校；从年龄、教龄、职称等方面抽取受访教师；从不同学校、不同年级抽取受访学生；再从不同学科、采用不同着力点并利用不同要素分析课堂教学案例。

三 编制考察工具

（一）编制问卷

针对本书调查对象覆盖面广、数量较多的情况，本次问卷主要采用"问卷星"将问卷编辑成网络问卷，从而方便被调查对象填写和后期问卷回收，提高工作效率。问卷编制的目的在于通过问卷获取信息化环境下中小学课堂变革所存在的问题，分析其原因，从而提出合理的对策。问卷编制遵循目的性原则、顺序性原则、简明性原则和客观性原则等。除基本信息外问卷主要涉及目标、内容、过程、方法和评价五个维度。

1. 目标维度

目标维度是指提高师生的信息素养。信息素养作为独立目标的实现部分，包括信息意识、计算思维、数字化学习与创新、信息社会责任；

信息素养还包含与其他目标相结合的部分，此处的其他目标主要是指课程本该实现的目标。

2. 内容维度

内容维度主要有三个方面：知识与技能；过程与方法；情感态度与价值观。知识与技能内容分为知识性内容和技能性内容（动作技能和智慧技能）；过程与方法内容分为思维活动过程和思维活动方法；情感态度与价值观内容分为情感内容、态度内容和价值观内容，主要从自然事物、人造事物、他人、自我和社会（国家）五个方面来思考。

3. 过程维度

过程维度体现在"三阶段四维度"模型中，课前：涉及教师、学生、教学内容、教学手段；课中：涉及教师、学生、教学内容、教学手段；课后：涉及教师、学生、教学内容、教学手段。

4. 方法维度

方法维度有模式、策略、方式、手段四个方面。模式分为现实主导、虚拟主导和现实与虚拟协同；策略分为基于数据的策略、基于观察的策略和基于现代信息的策略；方式分为视觉型、听觉型、视听综合型和活动型；手段分为基本教学手段和辅助教学手段（文字、图片、音频、视频、动画、虚拟现实）。

5. 评价维度

评价维度反映在"三阶段四维度"模型中。准备阶段（课前评价）分为学生、教师、教学内容和教学环境；实施阶段（课中评价）分为学生、教师、教学内容和教学环境；收获阶段（课后评价）分为学生和教师。

在问卷形成后，先是课题组成员相互讨论，进行初步修改；然后咨询有关方面专家，根据专家给出的修改意见进行进一步修改；最后进行预测试，删除和整改不合理项目，形成最终问卷。

（二）编制访谈提纲

本书的研究目标之一是为中小学课堂教学改进提供服务，改善中小学课堂教学的现有局面，加之教师在信息化环境下扮演着发起者和主导者的角色，因此，本次访谈的主要对象为教师，辅助对象为学生，访谈提纲从四个方面编写：首先，对本次访谈的教师关于信息化的运用程度有一个大致的了解,即做一个摸底测试。考虑到每个教师教学经验、思维习惯的不同,拟定了两个关于教学要素变革的个性化选择倾向问题。其次,在第一步的基础上切入主题,询问教师是如何具体将信息化与课堂各个教学要素相结合的,得到比第一步更为详细的信息。随后逐渐引导教师对信息技术与课堂要素结合的难易程度进行评价,以此为第四个问题做铺垫。再次,考虑到变革的渐进性和层次性,变革并非一蹴而就的,而是一个由量变产生质变的过程。为此,访谈提纲一是对变革的特性做出说明,二是将国家层面的教育方针落实到具体的教学目标上,三是将当前时代变化的趋势与学校教育相结合,给出信息化时代下新的培养目标。最后,以上三个方面皆为发现问题、了解现状,因此最后就是要解决访谈中所出现的问题,询问教师对以上问题的意见和建议。

考虑到以上四个方面,本次问卷将教师的访谈问题列为以下五点:

第一,有人认为,信息化环境下的课堂变革应该只是一种,即侧重于从某一个方面或某几个方面与信息技术结合起来改变教学的过程,而非一开始就从所有方面同时与信息技术结合起来进行变革的过程。不知您是如何看待的?

第二,您在教学中是将所有要素同时改变还是先触及某一要素的变化,进而逐渐展开到其他要素的变化上?

第三,在信息化环境下,您是如何与课堂教学各要素(目标、内容、过程、方法、评价)相结合来实现课堂变革的?

第四,您认为"信息素养"应该作为一个独立的教学目标吗?您平时在教学中是如何培养学生信息素养的?信息素养的培养又是如何与三维目标(知识与技能、过程与方法、情感态度价值观)相结合的?

第五,您认为信息化环境下最理想的教学状态应该是什么样的?

本次问卷将对学生的访谈问题列为以下四点:

其一,你喜欢老师用传统教学方式还是现代技术辅助教学的方式给你们上课?为什么?

其二,你的老师在教学中会用信息技术来辅助教学吗?如何使用的?

其三,你的老师在教学中使用信息技术通常是为了解决哪些方面的问题(目标、内容、过程、方法、评价)?

其四,在信息化环境下,你认为你的老师在哪些方面做得较好(目标、内容、过程、方法、评价)？

（三）制定课例分析变量

为研究信息化对中小学课堂教学的变革影响，课题组成员通过现场观课、网上在线平台观课和反复观摩录像课等方式进行课例分析，其中包含不同学科的实际课堂，也包含与信息化环境相结合进行教学的课堂。一方面，课例部分主要从目标、内容、过程、方法、评价这"五大要素驱动"下的信息化课堂教学变革方面进行课堂观察与比较，不同的着力点导致课例的教学设计、师生活动、教学过程等都产生了部分差异性的变化。另一方面，在对课堂进行深度分析后，发现不同课堂教学中单要素驱动课堂变革与多要素驱动课堂变革之间的教学变化，明确了信息化环境下中小学课堂教学变革的具体情况，为后续展开研究提供了部分材料支撑。

四　数据处理与分析说明

针对问卷数据处理和分析的主要思路有：第一，通过答题时间筛选出有效问卷。将答题时间明显低于正常答题时间的问卷剔除，因为此类问卷多半是胡乱填写的；对明显高于答题时间的问卷，则检查其答案的逻辑性和意见建议类填空题的内容是否存在乱填现象，从而判断该问卷是否应予保留。第二，检查问卷的相似度。如果两份问卷或多份问卷高度相似，也就是除个别题目外其他题目的答案一致，则考虑问卷是重复的，可能为同一个人多次填写，只保留其中一份问卷。经过筛选，将剩余有效问卷用 SPSS 进行数据分析、用 WPS 进行图表绘制，以及用扎根理论进行意见建议分析等。

针对访谈数据，通过录音和笔记，分析受调查对象前后观点的逻辑性，从而判断其回答的真实性。同时，由于调查者的沟通能力和提问技巧等存在差别，因此，受调查对象的回答可能不尽相同或与事实出入较大，所以在处理和分析访谈数据时应结合实际，合理判断出所得数据的适用性，充分提取出有价值的信息。

针对课例部分，因为课例主题与本书研究的相关性将直接影响分析结果，所以选题和课例的选择应充分契合本书的研究主题。在课例的选择上尽量覆盖不同学段和不同学科，以增加其可信度。

第二节　考察过程概述

该部分旨在通过对考察过程的描述，让读者更加清楚本书的操作思路和数据形成过程，以便更好地结合数据分析对信息化环境下中小学课堂变革情况进行深度把握。我们着重讨论官方数据的搜集过程、问卷发放与回收处理过程、访谈实施与数据处理过程和课例收集与分析过程等。

一　官方数据的搜集过程

为准确了解G省基础教育信息化现状，本书主要通过两条渠道着手收集官方数据，数据的准确获取与分析对后续研究具有重要作用。一是通过访问G省教育厅官方网站和G省电化教育馆获取权威数据，如G省2010年至2018年的教育年鉴统计数据、G省2010年至2018年城市学校与农村学校的宽带接入情况与硬软件设施建设情况等。二是通过晓之以理，和G省电化教育馆的相关负责人对接，表明数据使用意图，进而获取一些权威数据。

二　问卷的发放、回收与分析过程

本次问卷发放主要采取网络问卷和实地走访等形式。编辑、发放和回收均使用"问卷星"平台。拟根据G省信息化教育教学改革情况和学校教师分布情况，选取各个地区具有代表性的学校教师进行问卷调研。课题组成员进行分工合作、相互配合，成立课题调研小组，实地了解学校教师课程改革情况，收集不同教师提出的各种意见和建议。纸质问卷相比网络问卷而言，在数据录入时出错概率较大，数据核对不方便，因此，本次考察采用网络问卷形式收集调研数据。采用网络问卷还能增加回收的便捷性、降低数据错误率、通过收集被调查对象答题时间从而筛选掉部分无效问卷。网络问卷虽然方便，但也正是由于其填写的灵活性，常常会导致问卷被非调研对象填写或多份问卷被同一人填写。为了尽可能地避免这种现象，我们采取实地发放来控制问卷质量，减少部分调研对象乱填、重填问卷或让非调研对象填写的问题。网络问卷的回收相对比较简单，此次问卷是在"问卷星"平台上通过"下载数据"功能直接

第九章 信息化环境下中小学要素驱动式课堂变革的考察方案

下载回收。

三 访谈实施与数据处理过程

为深入了解并掌握信息化环境下G省中小学课堂变革的内在逻辑和机理,课题组成员对G省部分中小学教师和学生进行访谈。首先,确定访谈对象和访谈人员,有针对性地筛选出部分学校,选取这些学校中的部分教师和学生作为访谈对象。其次,提前联系好访谈对象所在学校,与其沟通访谈事宜,确定访谈时间。再次,组织教师、学生进行访谈,告知访谈注意事项,针对不同对象控制好访谈时间,把握好访谈节奏,尽量在有限的时间内获得更多的有效信息。最后,收集和整理访谈资料,分析G省中小学信息化教学所存在的问题,找出其原因,提出意见和建议。在访谈中,并非一成不变地按照访谈提纲对受访谈者进行访谈,在访谈提纲撰写时要对哪些信息给予重视就已经有了明确的方向,应当把节奏控制在此次的访谈目标上,这既能节省访谈时间,又能得到较为精准的访谈数据。

四 课例收集与分析过程

为尽可能真实、直观地掌握信息化环境下G省中小学课堂是如何进行变革的一手资料,课题组成员对G省部分中小学课堂变革现状进行案例收集。

(一)前期准备

前期准备阶段主要涉及四个方面的内容:一是确定调研人员名单;二是提前联系所要调研的对方学校领导;三是确定调研所带物资;四是规划时间进度。在做好前期准备工作后便正式前往各中小学展开调研。

(二)中期展开

在各中小学领导的引荐和不同学科教师的支持和帮助下,深入不同班级进行整节课的观摩,在征求授课教师同意后,对课堂教学过程进行录像工作。为了避免外来人员干扰学生原本舒适的教学氛围,课题组成员会在上课前(课间休息)提前进入班级,与学生做好沟通和交流,以此减少对课堂教学的直接干扰。由于教室场景的限制,将录像机摆放在

实 践 篇

课堂最后面的空地处,既可避免分散学生上课时的注意力,也可完整、清晰地记录整节课教师的行为和学生的行为。在录像时,课题组成员进行同步记录,以确保课堂案例呈现的完整性。

(三)后期整理

在后期阶段主要是针对录制的课例进行筛选、整理和分析。课题组成员对录制好的课堂教学实例,分组进行观看,严格根据本书所涉及的五大研究要素进行初步筛选,经过多次对比,筛选出五节具有代表性的课堂教学案例进行系统分析。

第十章　信息化环境下中小学要素驱动式课堂变革调查结果量化分析

所谓量化分析，就是运用数据思维对一些不具体、模糊的因素进行分析比较，从而形成某种认识或概括出某种结论。量化分析对数据收集、整理的整个过程要求都比较严格，由此得出的结论比较可靠。可见，量化分析的结果是否可靠、有效，与数据的真实和完整有着必然的关系。当然，量化分析对分析工具的选择也有着较高的要求。在本章中，我们主要借助问卷的方式，对G省中小学教育管理者和师生进行调查，同时查阅教育年鉴和官方数据信息，运用一定的分析工具进行数理统计和分析，借此准确把握信息化环境下中小学要素驱动式课堂变革的基本规律和现实状况，为后续梳理问题、解决问题提供参考。

第一节　G省官方数据的处理与分析

为准确了解G省基础教育信息化现状，本书通过访问G省教育厅官方网站和对接G省电化教育馆以及查阅近年来的教育年鉴以获取权威数据，并针对所获取的数据信息，运用数理统计的方法对其进行量化分析，以求从中发现规律和总结现实问题，为后续分析提供参考信息。

一　G省基础教育概况
（一）教师概况

通过G省教育厅发布的2010年至2018年的教育年鉴统计数据，得到G省中小学教师数量变化结果（见图10-1）。

★ 实践篇

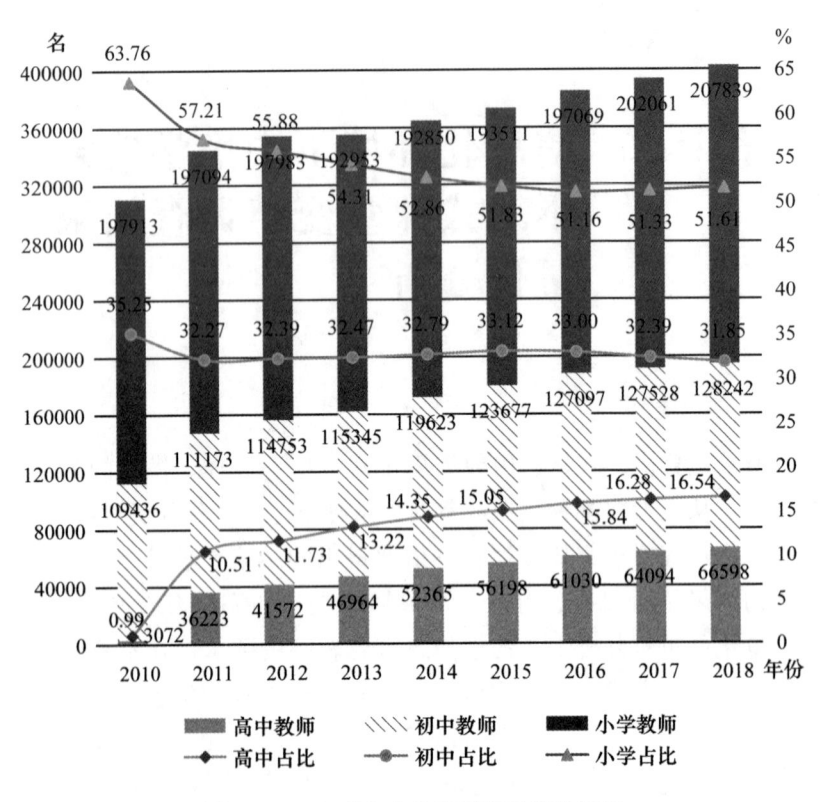

图 10-1 G 省中小学教师数量统计情况

从图 10-1 可以看出，G 省 2010 年至 2018 年中小学教师总数呈上升趋势。小学教师与初中教师数量占比呈现出下降的趋势，而高中教师数量及其占比则呈现出持续增加的状况。小学教师数量占比在 9 年里下降了 12.15%，初中教师数量占比在 9 年里下降了 3.4%，高中教师数量占比在 9 年里增加了 15.55%，2011 年各阶段教师数量及占比变化最大，小学教师数量比例下降 6.55%，中学教师数量比例下降 2.98%，高中教师数量比例上升 9.52%，小学及中学教师数量比例的下降，其很大的原因是高中教师数量的快速增加，在 2011 年增加 3 万多人。总体而言，G 省中小学教师数量在不断增加，最为明显的当属高中教师数量。

(二) 学校概况

通过 G 省教育厅发布的 2010 年至 2018 年的教育年鉴统计数据，得

第十章 信息化环境下中小学要素驱动式课堂变革调查结果量化分析

到 G 省中小学校数量变化结果（见图 10-2）。

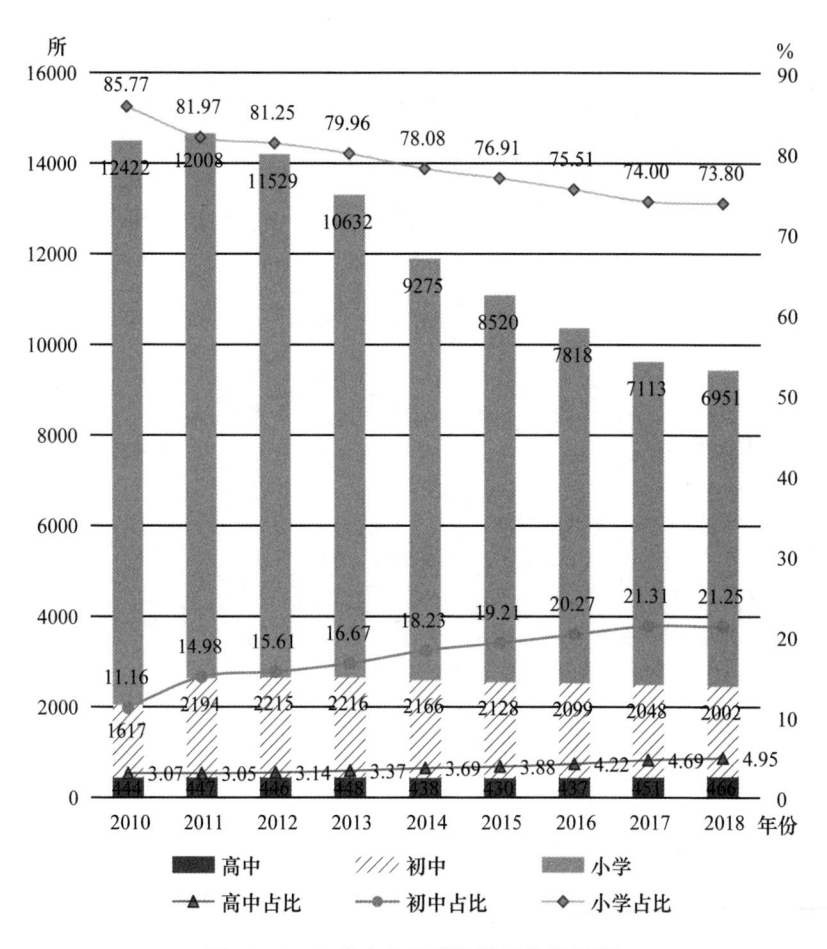

图 10-2 G 省中小学学校数量统计情况

从图 10-2 可以看出，G 省 2010 年至 2018 年中小学校总数呈下降趋势。其中，小学学校数量变化最大，在九年里小学数量锐减，从 12422 所下降到 6951 所，占比下降了 11.97%；初中学校数量呈稳定上升态势，从 1617 所增加到 2002 所，占比增长 10.09%；相比而言，高中学校数量变化不大，保持稳定状态，但其比例也有提高。高中、初中学校数量变化不大，但比例变化较明显，究其原因是在过去的 9 年中，乡村地区大量撤点并校，小学学校数量急剧下降，从而对中学占比产生较大影响。总体而言，中学学校数量保持稳定及小幅度增长，表明学校教育在不断发展。

（三）学历概况

在G省教育厅发布的G省2018年教育年鉴中，我们找到G省基础教育教师学历情况（见图10-3）。

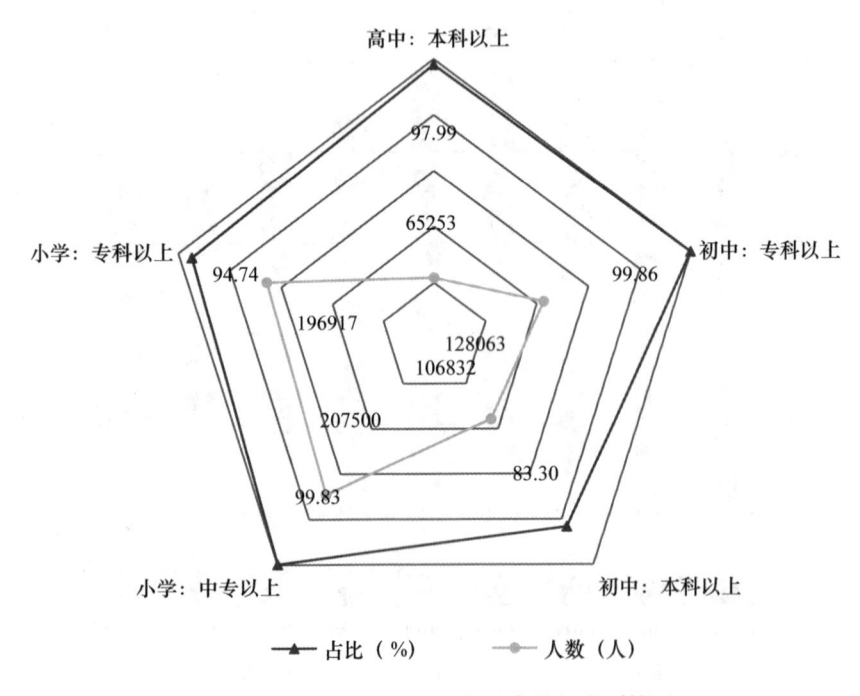

图10-3 G省2018年基础教育教师学历情况

从图10-3可以看出，普通高中本科以上学历教师人数最少，仅有65253人，但是占高中教师总数的比例很大，为97.99%；普通初中专科以上学历教师有128063人，占初中教师比例最大，为99.86%；普通初中专任教师本科以上学历有106832人，占初中教师比例最小，仅为83.3%；小学中专以上学历教师有207500人，占比为99.83%，小学专任教师专科以上学历有196917人，占比为94.74%。总体而言，不同学段教师的学历达标率都在97.99%以上，教师学历达标率较高。

二 G省基础教育信息化概况

G省2018年"宽带网络校校通"中小学宽带接入率达95%（其中10兆宽带占比达88.5%），"优质资源班班通"终端设施建设完成率达90%（其中整校班级应用数字资源达80.4%），"网络学习空间人人通"开通率达61.6%。

（一）宽带网络校校通

1. 网络建设条件

截至2019年6月，G省中小学宽带网络校校通建设条件如图10-4所示。

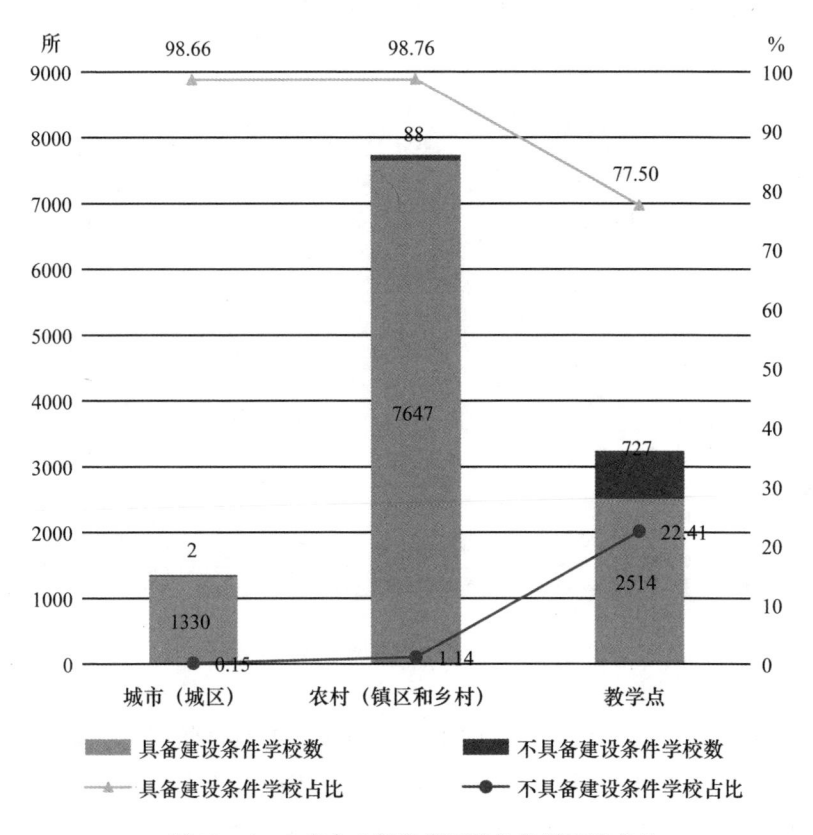

图10-4 G省中小学宽带网络校校通建设条件

实践篇

由图 10-4 可看出，G 省中小学宽带网络校校通建设条件的状况，在城市（城区）、农村（镇区和乡村）与教学点中不具备建设条件的学校数量及其比例依次增高。但从总体上说，很多学校都已具备建设条件，特别是城市的学校，基本可达到百分百，仅有 0.15% 的学校不具备建设条件；农村地区不具备建设条件的学校占比为 1.14%，相比之下，教学点之中则有很多学校不具备建设条件，占比高达 22.41%，这也和教学点的地理位置有很大关系，一般教学点都处于非常偏僻的地方。对于 G 省的学校而言，大都已具备宽带网络校校通建设条件，只是还需要完善一些教学点的建设条件，实现全覆盖。

2. 网络接入情况

截至 2019 年 6 月，G 省中小学网络接入情况如图 10-5 所示。

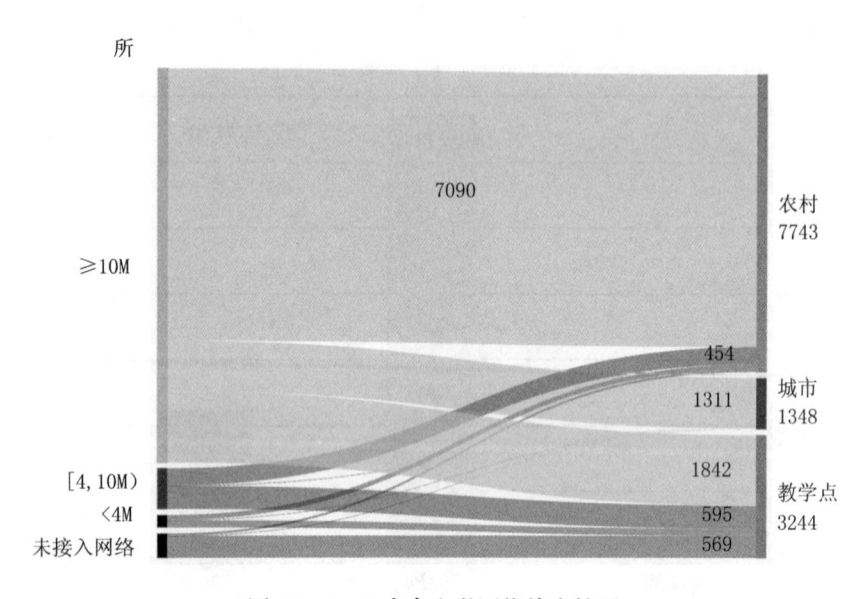

图 10-5　G 省中小学网络接入情况

由图 10-5 可以看出 G 省中小学网络接入的具体情况，接入的网络速度分 ≥10M、[4M，10M) 与 <4M，截至 2019 年 6 月，城市地区学校接入的网络几乎都是 ≥10M 的，只有极少数的学校接入的网络 <10M，其覆盖率达 97% 以上；在农村地区的学校大部分也已接入 ≥10M 的网络，还有 454 所学校接入的是 [4，10M] 的网络，其网络覆盖率达

第十章 信息化环境下中小学要素驱动式课堂变革调查结果量化分析

97%以上；教学点学校的网络覆盖率与接入的网络水平则比城市与农村要弱一些，在3244所学校中还有569所学校未接入网络，有595所学校接入的是[4，10M)的网络，其总覆盖率达到82.45%，相较于城市与农村的学校要低很多。总而言之，城市与农村网络接入实际情况差不多，都很不错，教学点则因地理位置之类的原因而导致很多学校不具备网络建设条件，其网络覆盖率不高，这一问题仍有待解决。

3. 配备多媒体设备教室数

截至2019年6月，G省中小学配备多媒体设备教室情况如图10-6所示。

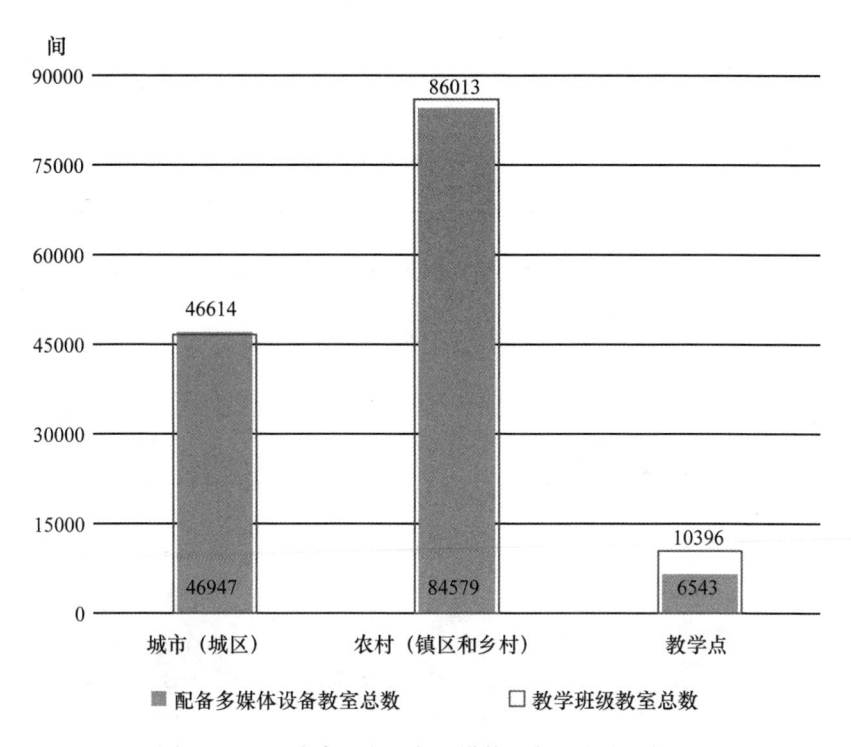

图10-6 G省中小学配备多媒体设备教室统计情况

由图10-6可以看出G省中小学配备多媒体设备教室的情况，发现教学教室并未全部配备多媒体设备，在城市（城区）的学校中共有46947间教室配备了多媒体，其中教学教室则有46614间，其覆盖率达到 99% 以上，除了教学教室配备了多媒体设备外，其他办公教室也有配备；在农村（镇区和乡村）则有 86013 间教学教室，而配备多媒体设备的教室只有 84579 间，覆盖率达到 98.33%；在教学点的学校中共有 10396 间教室，但配备多媒体设备的教室只有 6543 间，覆盖率只有 62.94%，远低于城市与农村（镇区和乡村），这些数据就代表着在农村（镇区和乡村）和教学点的教学教室并未全部配备多媒体设备。

4. 普通教室配备多媒体设备情况

截至 2019 年 6 月，G 省中小学普通教室多媒体设备配备情况统计如图 10-7 所示。

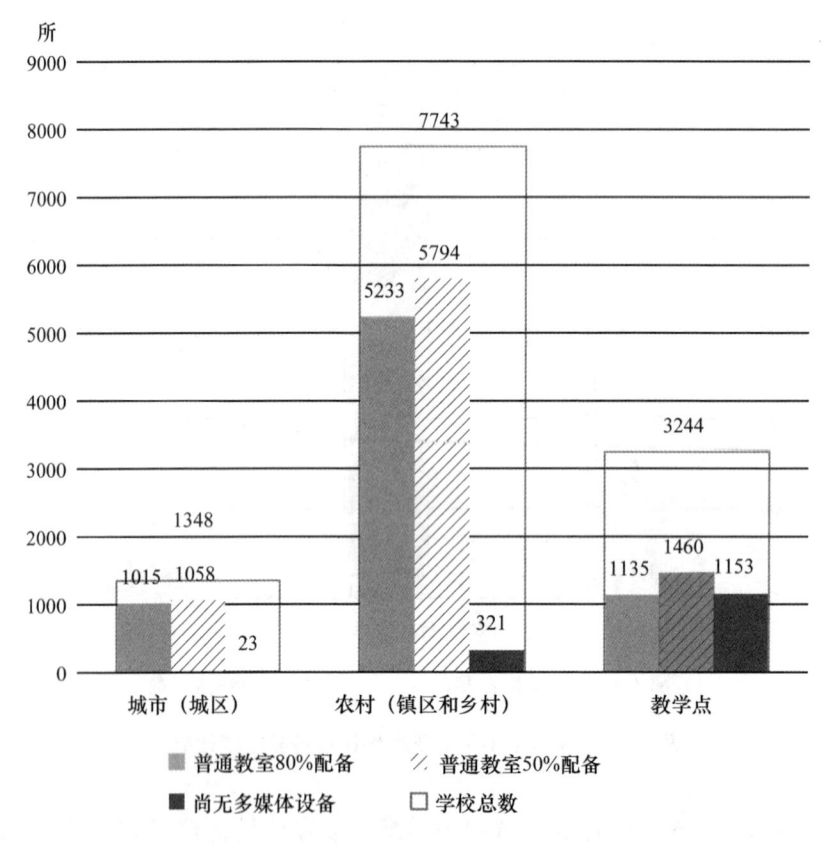

图 10-7　G 省中小学普通教室多媒体设备配备情况

从图 10-7 可以看出，G 省中小学普通教室多媒体设备配备情况，

第十章 信息化环境下中小学要素驱动式课堂变革调查结果量化分析

截至2019年6月,在城市(城区)的1348所学校中,有1058所学校的普通教室50%配备了多媒体设备,有1015所学校的普通教室80%配备了多媒体设备,只有23所学校的普通教室尚未配备多媒体设备,完全未配备的比例为1.71%;在农村(镇区和乡村)的7743所学校中,有5794所学校的普通教室50%配备了多媒体设备,有5233所学校的普通教室80%配备了多媒体设备,有321所学校尚未配备多媒体设备,完全未配备的比例为4.15%,略高于城市(城区)的比例;在教学点的3244所学校中,有1460所学校的普通教室50%配备了多媒体设备,有1135所学校的普通教室80%配备了多媒体设备,有1153所学校的普通教室尚未配备多媒体设备,完全未配备的比例高达35.54%,远高于城市(城区)与农村(镇区和乡村)的这一比例。总而言之,教学点的普通教室多媒体设备状况相比之下不是很好,这与其所在位置、所具备的条件有关,还有待解决。

5. 校内网部署情况

截至2019年6月,G省中小学校内网络设施部署情况如图10-8所示。

从图10-8可以看出G省中小学校内网络设施部署的状况。此处的学校总数指接通网络的学校总数,而配备网络设施的学校指拥有用于教学或工作的设备,通过相关部门或学校统一采购配备,因而会出现百分比超过100%的情况。在城市(城区),校内网络设施齐备的学校有1731所,占配备网络学校的128.41%,表明有的学校未通网,但其设施齐备;在农村(镇区和乡村),其校内网络设施齐备的学校有6307所,占配备网络学校的81.45%,说明还有一些学校网络设施不齐备,更为明显的是教学点,其校内网络设施齐备的学校只有1535所,占配备网络学校的47.32%,这形成了一个鲜明的对比,说明网络与设施配备的齐全度不相符,有待解决。

6. 办公和备课用计算机数

截至2019年6月,G省中小学校教职工办公和备课用计算机数量如图10-9所示。

实践篇

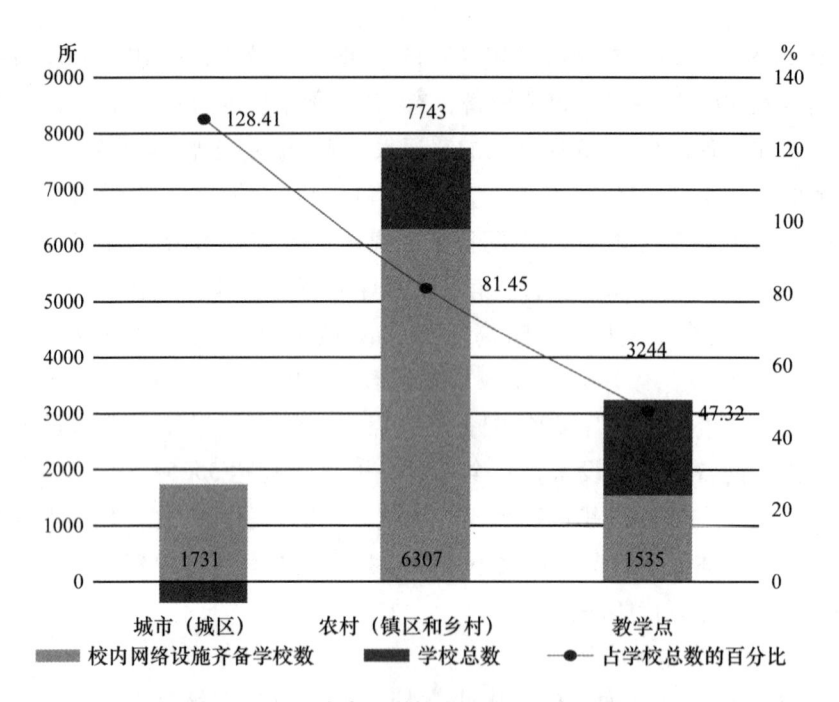

图 10-8　G 省中小学校内网络设施部署情况

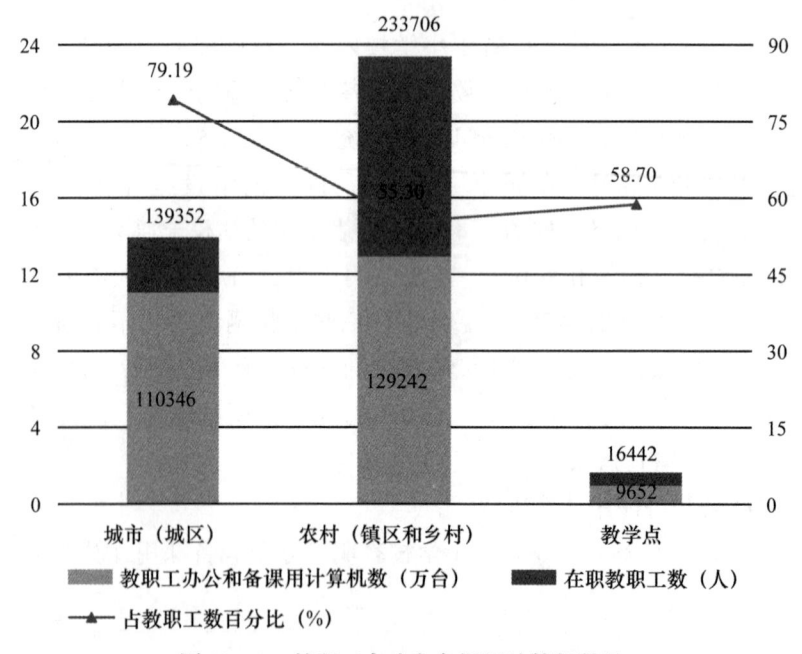

图 10-9　教职工办公和备课用计算机数量

第十章 信息化环境下中小学要素驱动式课堂变革调查结果量化分析

从图10-9可知G省中小学教职工办公和备课用计算机的数量情况，按一人使用一台计算机来算，在城市（城区）的中小学中，教职工可用于办公和备课的计算机有110346台，占比为79.19%，还有20.81%的配置空间；在农村（镇区和乡村）的学校中，教职工可用于办公和备课的计算机有129242台，占比为55.3%，达到一半以上，但相比城市要低；在教学点的学校，教职工可用于办公和备课的计算机有9652台，占比为58.7%，与农村（镇区和乡村）教职工办公和备课的计算机数相差不大。总体而言，农村（镇区和乡村）与教学点的教职工办公、备课计算机配备比例远低于城市（城区），且农村（镇区和乡村）学校的教职工基数大，其配备情况还需要有很大的改善。

（二）优质资源班班通

1. 数字教育资源使用情况

截至2019年6月，G省中小学校使用数字教育资源情况如图10-10所示。

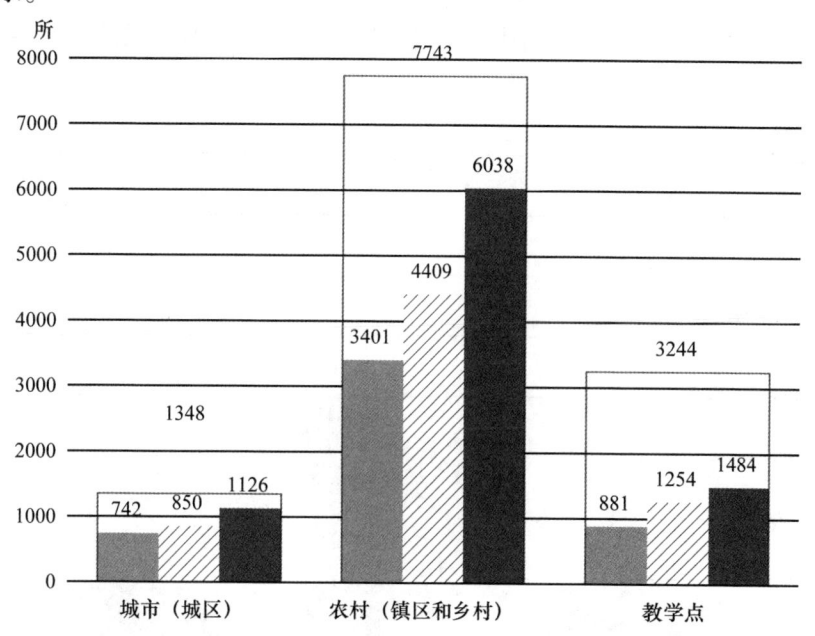

图10-10 学校使用数字教育资源情况

从图 10-10 可以看出 G 省中小学使用数字教育资源的情况，这包括三方面：第一，全部班级使用数字教育资源的情况，在城市（城区）达到 83.53%，在农村（镇区和乡村）这一比例达到 77.98%，在教学点这一比例只有 45.75%，远低于城市（城区）与农村（镇区和乡村）；第二，在各地区使用课时占全部课时的比例达到 30% 的情况，在城市（城区）这一比例达到 63.06%，在农村（镇区和乡村）这一比例达到 56.94%，在教学点这一比例只有 38.66%，远低于城市（城区）与农村（镇区和乡村）；第三，在各地区使用课时占全部课时的比例达到 50% 的情况，在城市（城区）这一比例达到 55.04%，在农村（镇区和乡村）这一比例达到 43.92%，在教学点这一比例只有 27.16%，远低于城市（城区）与农村（镇区和乡村）。总之，第一方面反映了是否使用数字资源，后两个方面是使用时间的体现，教学点的使用状况不如农村（镇区和乡村）与城市（城区）地区，但在这三个地方学校的数字资源使用时间都不长。

2. 使用网络备课学校数

截至 2019 年 6 月，G 省中小学校教师使用网络备课学校数如图 10-11 所示。

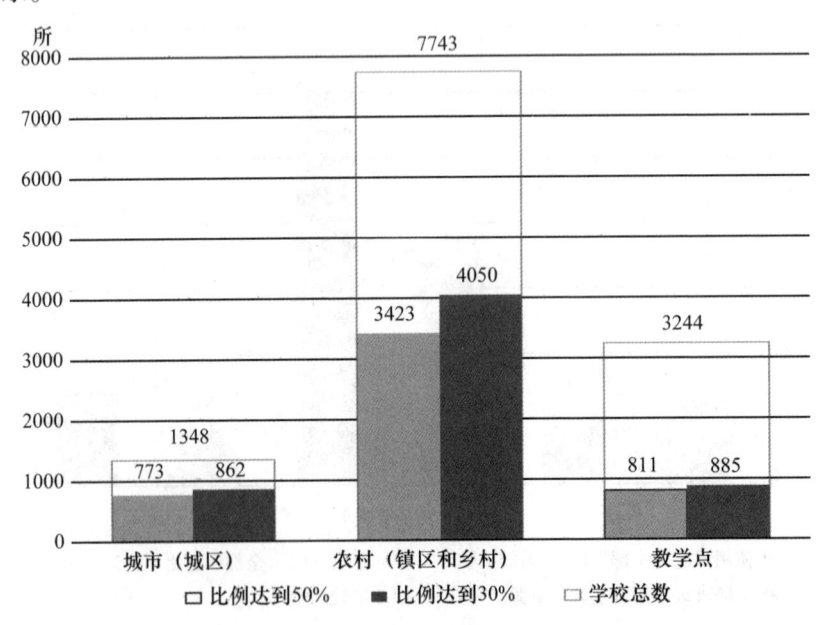

图 10-11 教师使用网络备课学校数

第十章　信息化环境下中小学要素驱动式课堂变革调查结果量化分析

从图 10-11 可以看出 G 省中小学教师使用网络备课情况，在城市（城区），30% 以上教师使用网络进行备课的学校有 862 所，占比为 63.95%，50% 以上教师使用网络进行备课的学校有 773 所，占比为 57.34%；在农村（镇区和乡村），30% 以上教师使用网络进行备课的学校有 4050 所，占比为 52.3%，50% 以上教师使用网络进行备课的学校有 3423 所，占比为 44.21%；在教学点，30% 以上教师使用网络进行备课的学校有 885 所，占比为 27.28%，50% 以上教师使用网络进行备课的学校有 811 所，占比为 25%；教学点教师使用网络备课的教师比城市（城区）与农村（镇区和乡村）都少，总体情况也一般，还有很多教师不常使用网络进行备课。

3. 校本资源建设情况

截至 2019 年 6 月，G 省中小学校本资源建设情况如图 10-12 所示。

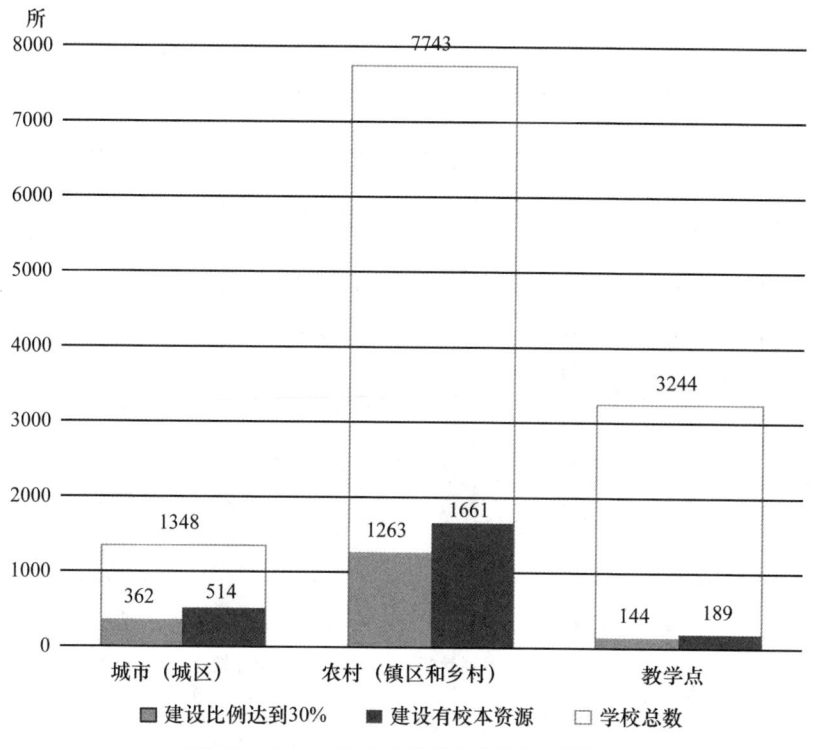

图 10-12　G 省中小学校本资源建设情况

从图 10-12 中可以看出 G 省中小学校本资源建设情况，在城市（城区）的 1348 所学校中，有 514 所学校建设有校本资源，其中建设比例达到 30% 以上的学校有 362 所，比例为 26.85%；在农村地区的 7743 所学校中，有 1661 所学校建设有校本资源，其中建设比例达到 30% 以上的学校有 1263 所，比例为 16.31%；在教学点的 3244 所学校中，仅有 189 所学校建设有校本资源，其中建设比例达到 30% 以上的学校有 144 所，比例为 4.44%。从中可以看出，在校本资源建设方面，各地区的建设都还处于较低水平，即使是城市（城区），其建设比例达到 30% 以上的学校也不足 30%，这一块儿还有待加强。

（三）网络空间人人通

1. 开通情况

截至 2019 年 6 月，G 省中小学网络空间人人通开通情况如图 10-13 所示。

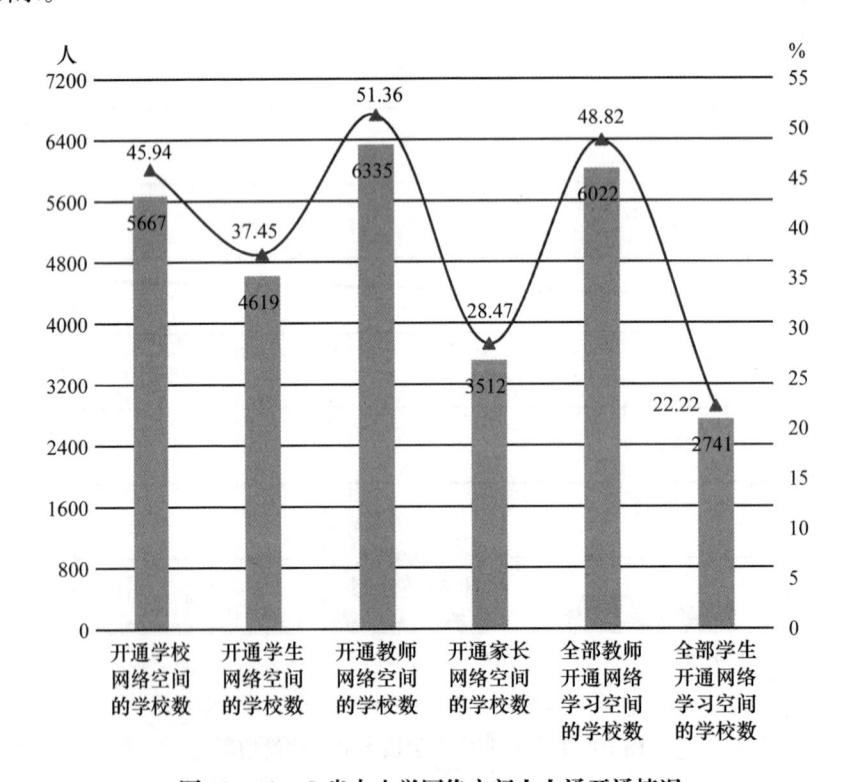

图 10-13 G 省中小学网络空间人人通开通情况

从图 10-13 可以看出 G 省中小学网络空间人人通开通情况，G 省开通学校网络空间的学校共有 5667 所，占比 45.94%；开通学生网络空间的学校有 4619 所，占比为 37.45%，其中全部学生开通网络学习空间的学校占比为 22.22%，总体偏低；开通教师网络空间的学校有 6335 所，占比为 51.36%，其中全部教师都开通的占 48.82%，比例较高，这为教师在各方面运用网络进行备课做了较好的准备；开通家长网络空间的有 3512 所，占比为 28.47%。由上可知，网络空间人人通开通情况最好的是教师，家长网络空间人人通开通量最少，总体而言开通量都不是很高。

2. 开通网络空间的教师和学生数

截至 2019 年 6 月，G 省中小学开通网络空间的教师和学生数量如图 10-14 所示。

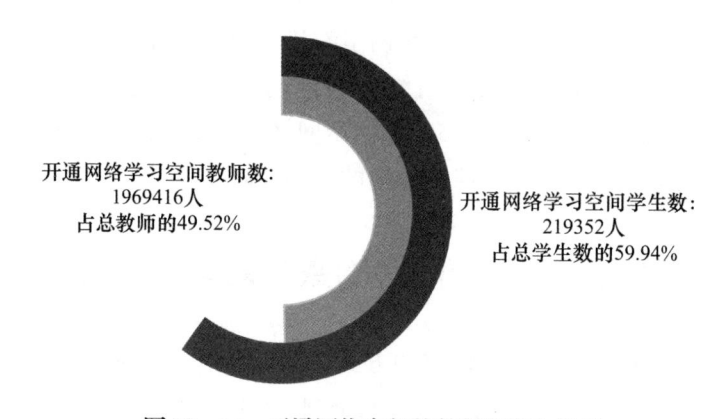

图 10-14 开通网络空间的教师和学生数量

开通网络学习空间教师数：1969416 人 占总教师的 49.52%

开通网络学习空间学生数：219352 人 占总学生数的 59.94%

从图 10-14 可以看出 G 省开通网络学习空间的学生与教师数量，开通网络学习空间的教师人数有 1969416 人，占总教师数的 49.52%，开通网络学习空间的学生人数有 219352 人，占总学生数的 59.94%。结合图 10-13 可知，开通教师网络学习空间的学校比较多，但开通网络学习空间的教师比例较低；开通学生网络空间的学校比较少，开通网络学习空间的学生比例也不算很高。

3. 空间使用情况

G 省中小学使用网络教研功能和采用网络学习空间进行课堂教学的教师数如图 10-15 所示。

★ 实 践 篇

使用网络教研功能的教师数：
196099人
占总教师数的53.59%

采用网络学习空间进行课堂教学的教师数：
89754人
占总教师数的24.53%

图 10 - 15　使用网络教研功能和采用网络学习空间进行课堂教学的教师数

从图 10 - 15 可以看出 G 省中小学使用网络教研功能和采用网络学习空间进行课堂教学的教师数，使用网络教研功能的教师有 196099 人，占总教师数的 53.59%，而采用网络学习空间进行课堂教学的教师只有 89754 人，占总教师数的 24.53%，使用网络教研功能的教师比较多，但直接使用网络学习空间进行课堂教学的教师比较少。

第二节　基于问卷的数据处理与分析

该部分主要是通过问卷调查的方式，借助问卷星，在 G 省进行大面积调研，在收集数据后，主要通过 SaaS 平台的问卷星和 SPSSAU、在线图表工具——图表秀、办公软件 WPS Office 和统计分析软件 SPSS 等分析工具进行分析。

一　基本信息

（一）调查对象

在本次研究中，我们先对信息化环境下 G 省中小学课堂变革的现状进行了解和分析，以信息技术与教学目标、教学内容、教学过程、教学方法和教学评价相结合的具体情况为主进行调查和研究。调研覆盖了 G 省所有地（州）市。

第十章 信息化环境下中小学要素驱动式课堂变革调查结果量化分析

（二）问卷发放与回收

在研究过程中，根据调研学校的实际情况，有针对性地发放问卷。问卷发放的类型和数量，根据各个地方和学校课堂变革的现状而定，本次调查总共发放761份问卷。被调查教师填写问卷时间排序的整理统计结果见表10-1所示。

表10-1　　　　被调查教师填写问卷的时间统计结果

统计项目		时长（分钟）
被调查教师填写问卷时间	平均值	10.37
	中位数	8.05
	最小值	1.22
	最大值	122.13

从表10-1可以看出，761名被调查教师平均填写问卷时间为10.37分钟，中位数填写问卷时间为8.05分钟，最长填写问卷时间为122.13分钟；最短填写问卷时间为1.22分钟。最长填写问卷时间远远大于平均填写问卷时间和中位数填写问卷时间，说明在填写时间中存在少数极大值，衡量平均填写问卷时间应以比平均填写问卷时间短的中位数填写问卷时间为准。也就是说，在本次问卷调查中，被调查教师的平均填写问卷时间在8分钟左右，同时还应核查极短填写时间问卷的有效性。经过实际测试，以正常阅读速度进行问卷填写，填写问卷时间为6分钟左右，结合实测结果，将填写问卷时间在3分钟以下的31份教师问卷作为无效问卷予以删除。

将剩余730名被调查教师的填写问卷时间按从小到大排序后绘制成散点图，结果如图10-16所示。

从图10-16中可以看出，被调查教师填写问卷时间集中在5—25分钟，在730人中，大约有100人的填写问卷时间5分钟以下，有30人的填写问卷时间在25分钟以上。对填写问卷时间在25分钟以上的教师问卷进行检查后发现，这部分问卷内容完整，填空题逻辑性强，无乱填现象，予以保留。总体而言，在761份问卷中，将填写问卷时间在25分

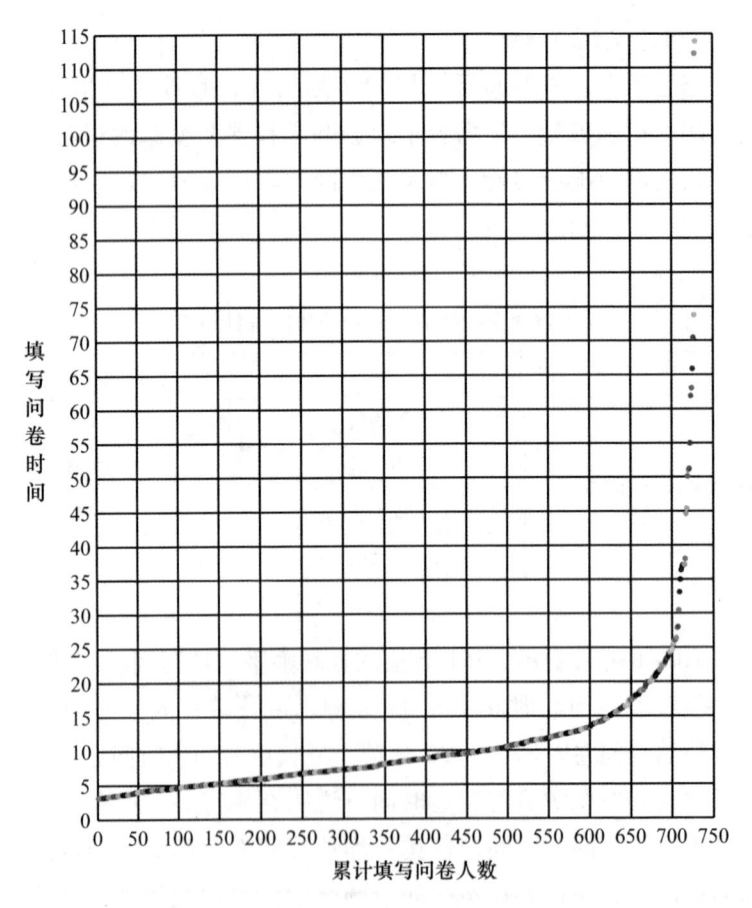

图 10-16 被调查教师填写问卷时间分布

钟以上的问卷予以保留,将填写问卷时间在 3 分钟以下的 31 份问卷予以删除,最后还剩下 730 份有效问卷。

(三)被调查教师地理分布

本次问卷调研的位置信息由问卷星通过被调查教师填写问卷时自动获取的 IP 地址确定。统计结果如表 10-2 所示。

表 10-2　　　　　　　被调查教师位置分布情况*

被调查教师位置	人数	百分比(%)
g 市	343	46.99

第十章 信息化环境下中小学要素驱动式课堂变革调查结果量化分析

续表

被调查教师位置	人数	百分比（%）
z 市	111	15.21
t 市	88	12.05
l 市	29	3.97
b 市	48	6.58
a 市	6	0.82
qd 市	13	1.78
ql 市	28	3.84
qx 市	33	4.52
G 省外	31	4.25

* 位置信息由被调查教师填写问卷时的 IP 地址确定。由于移动网络的 IP 地址由运营商分配、部分 IP 地址存在代理现象，所以部分教师的 IP 地址显示成了 g 市，特别是 a 市和 g 市并网后这一现象更加明显，极少部分教师 IP 地址显示在省外某个城市。也就是说，实际填写问卷的教师位置分布更加均匀、合理，更具有代表性。

由表 10-2 可以看出，被调查教师在 G 省各个地（州）市均有分布。其中，g 市教师最多，有 343 人，占被调查教师总数的 46.99%；z 市和 t 市其次，分别占 15.21% 和 12.05%；a 市最少，只有 6 人，占 0.82%。由于 IP 地址的分配和代理问题，其他地（州）市教师的 IP 有一部分会被记录在 g 市，极少部分会被记录到 G 省外。另外，g 市和 a 市移动网络并网后也会导致多数 a 市教师的 IP 地址被记录在 g 市。结合表 10-2 和实际情况，被调查教师在 G 省各个地（州）市的分布比较合理，整体分布情况较好，具有代表性。

将 G 省内被调查教师的地理位置信息绘制在 G 省地图上，整理后如图 10-17 所示。

由图 10-17 可以看出，相比于表 10-2 的位置分布，被调查教师在 G 省各个地（州）市分布更加直观，其分布情况和表 10-2 所反映的情况大致相同。

实 践 篇

◎ 地（州）市政府所在地　＊ 被调查教师地理位置

图 10-17　被调查教师的地理位置分布*

＊地理位置信息由被调查教师填写问卷时的 IP 地址确定。因移动网络的 IP 地址由运营商分配，部分 IP 存在代理现象，所以部分教师的 IP 地址显示成了 g 市，特别是 a 市和 g 市并网后这一现象更加明显，极少部分教师 IP 地址显示在省外某个城市。即是说，实际填写问卷的教师地理位置分布更加均匀、合理，更具有代表性。

总体来说，在考虑到移动网络 IP 地址分配、运营商代理和移动网络并网的情况下，被调查教师在 G 省各个地（州）市分布均匀、合理，整体分布情况良好，具有代表性。

（四）分析工具

本次问卷调查所采用的分析工具有基于 SaaS 平台的问卷星和 SPSSAU、在线图表工具——图表秀、办公软件 WPS Office 和统计分析软件 SPSS 等。问卷星主要用于问卷发放和回收、获取地理位置和填写问卷时间、进行关键词分析；图表秀主要用于绘制报告中的部分图表；WPS Office 除用于编辑研究报告外，还采用其中的 Excel 软件对数据进行简单统计分析、图表制作和描述分析；SPSS 软件和 SPSSAU 主要对数据进行

第十章 信息化环境下中小学要素驱动式课堂变革调查结果量化分析

信度分析、效度分析、描述分析、多重响应、对应分析（R-Q分析）、卡方检验（交叉分析）、相关分析和回归分析等。

二 信度和效度

考虑到此次调研所涉及的问题较多，该问卷共设计了56道题。为便于分析，分别用S1到S56表示，分为定类题、定量题和填空题。其中有17道题为量表题，分别是S27和S28、S32到S36、S38到S42、S50到S52和S54到S55。问卷总共分成四个总维度，第一维度测量的是样本整体情况；第二维度测量的是G省中小学信息化教学实施现状；第三维度测量的是信息化环境下引起G省中小学课堂教学变革的要素；第四维度测量的是信息化环境下G省中小学课堂变革的具体情况。

（一）问卷信度分析

在该问卷形成后，先是课题组成员间相互讨论，进行初步修改；然后咨询有关方面专家，根据专家给出的意见做出进一步修改；最后进行预测试，删除和调整该问卷中不合理的题目。其中17道题除S27和S28外的15道题均采用Cronbach信度分析，由于S27和S28所在维度的5道题中只有两道量表题，分析意义不大，所以不做信度分析。信度分析结果如表10-3所示。

表10-3　　　　　　　　调查问卷信度分析结果

维度	题目	校正项总计相关性（CITC）	项已删除的α系数	Cronbach α系数
1	S32	0.72	0.93	0.93
1	S33	0.85	0.90	0.93
1	S34	0.85	0.90	0.93
1	S35	0.84	0.91	0.93
1	S36	0.79	0.92	0.93
2	S38	0.72	0.83	0.87
2	S39	0.71	0.84	0.87
2	S40	0.65	0.85	0.87
2	S41	0.74	0.83	0.87
2	S42	0.65	0.85	0.87

续表

维度	题目	校正项总计相关性（CITC）	项已删除的α系数	Cronbachα系数
3	S50	0.82	0.89	0.92
	S51	0.75	0.91	
	S52	0.83	0.89	
	S54	0.81	0.90	
	S55	0.75	0.91	

从表 10-3 可以看出，三个维度的信度系数值分别为 0.93、0.87 和 0.92，均大于 0.8，说明研究数据信度质量很高，项已删除的 α 系数小于 Cronbach α 系数，删除该项后信度系数相同或下降，说明该项不应该被删除处理。被分析项的 CITC 值均大于 0.4，说明分析项之间具有良好的相关性，同时也说明信度水平良好。

总体而言，研究数据信度质量很高，所有题目都不应该被删除，题目间相关关系良好，可用于进一步分析。

（二）问卷效度分析

此次效度分析主要进行结构效度分析。其中，第四维度又可细分为 5 个小维度，分别是信息技术与教学目标、教学内容、教学过程、教学方法和教学评价相结合的具体情况。在设计问卷之初，17 道量表题分属四个维度，由于 S27 和 S28 所在维度的 5 道题中只有两道量表题，分析意义不大，所以不做效度分析。对剩余 15 道量表题进行探索性因子分析，共提取出 3 个因子，结果如表 10-4 所示。

表 10-4 调查问卷效度分析结果

名称	因子载荷系数			公因子方差
	因子1	因子2	因子3	
S32	0.76	0.19	0.24	0.67
S33	0.85	0.22	0.26	0.84
S34	0.83	0.29	0.23	0.83

第十章 信息化环境下中小学要素驱动式课堂变革调查结果量化分析

续表

名称	因子载荷系数			公因子方差
	因子1	因子2	因子3	
S35	0.83	0.24	0.26	0.81
S36	0.76	0.35	0.23	0.75
S38	0.33	0.19	0.78	0.74
S39	0.39	0.20	0.73	0.72
S40	0.22	0.28	0.69	0.60
S41	0.21	0.40	0.71	0.71
S42	0.13	0.48	0.62	0.62
S50	0.32	0.80	0.23	0.79
S51	0.19	0.70	0.44	0.71
S52	0.28	0.80	0.30	0.80
S54	0.25	0.81	0.26	0.79
S55	0.37	0.72	0.23	0.71
特征根值（旋转前）	8.52	1.52	1.03	—
方差解释率（旋转前）	56.79%	10.16%	6.87%	—
累积方差解释率（旋转前）	56.79%	66.95%	73.82%	—
特征根值（旋转后）	4.012	3.826	3.236	—
方差解释率（旋转后）	26.74%	25.51%	21.57%	—
累积方差解释率（旋转后）	26.74%	52.25%	73.82%	—
KMO 值	0.95			—
巴特球形值	8359.71			—
df	105			—
P 值	0			—

从表 10-4 可以看出，所有研究项所对应的公因子方差值均远高于 0.4，说明研究项信息可以被十分有效地提取。KMO 值为 0.95，远大于 0.6，意味着数据的效度非常好。三个因子的方差解释率分别是 26.74%、25.51%、21.57%，旋转后累积方差解释率分别为 73.82%，大于 50%，意味着研究项的信息量可以被有效提取出来。在 15 道题中，

S32 到 S36 的因子载荷系数绝对值在因子 1 上均大于 0.4，说明选项和因子有对应关系，为同一维度，与预期相符；S38 到 S42 的因子载荷系数绝对值在因子 3 上均大于 0.4，说明选项和因子有对应关系，为同一维度，与预期相符；S50、S51、S52、S54、S55 的因子载荷系数绝对值在因子 2 上均大于 0.4，说明选项和因子有对应关系，为同一维度，与预期相符。

总的来说，该问卷数据的效度非常好，研究信息可以被十分有效地提取出来，信息量也可以被十分有效地提取出来。各选项和不同因子分别具有对应关系，和预期相符，均属同一维度。

通过以上分析可知，该问卷研究数据信度质量很高，效度非常好。研究信息可以被十分有效地提取出来，信息量也可以被有效地提取出来，各选项和不同因子间均具有对应关系，和预期相符，均属同一维度，题目间相关性良好。数据真实有效，可用于做进一步分析。

三 调查结果

（一）调查样本的整体情况分析

1. 被调查教师基本情况

表 10 - 5　　　　　被调查教师性别、年龄和学历分布

基本情况		人数（人）	百分比（%）
性别	男	246	33.70
	女	484	66.30
年龄	25 岁以下	52	7.12
	26—35 岁	232	31.78
	36—45 岁	301	41.23
	46—55 岁	136	18.63
	56 岁以上	9	1.23
学历	高中或中专	9	1.23
	大专	206	28.22
	本科	502	68.77
	研究生及以上	13	1.78

第十章 信息化环境下中小学要素驱动式课堂变革调查结果量化分析

由表 10-5 可知，在参与信息化环境下中小学课堂变革情况调查的 730 份样本之中，存在以下几个特征：

第一，在性别结构方面，参与调查的教师性别存在一定的不均衡，女性教师明显多于男性教师，占总体的 66.3%，男性教师则只占 33.7%。从中可以看出当前教师性别的差异化，中小学男性教师相对女性教师而言处于缺乏状态，这与当前师范类院校的女生明显多于男生的现象一致。

第二，在年龄结构方面，在参与调查的教师中，25 岁以下以及 56 岁以上的教师相对较少，总占比为 8.35%，不足 10%，其他年龄层次相对较多，26—35 岁、36—45 岁、46—55 岁的教师占比分别为 31.78%、41.23%、18.63%，多以中青年教师为主，说明当前教师主力主要集中在中青年教师群体，但与此同时也存在年龄偏大的现象，如 36 岁以上的教师共占了 61.09%。

第三，教师的学历层次略显集中，多以本科学历为主，中专、高中以及研究生以上学历十分少。其中，拥有大专学历的教师占 28.22%，拥有本科学历的教师占 68.77%，但是高中或中专、研究生及以上学历的教师比例则显得相当少，分别为 1.23% 和 1.78%，由此可知，当前低学历教师已很少，但具有高学历的教师人数同样还有待提高，因为教师个体的学历水平反映了教师自身的教学背景，也是教学变革情况的一种重要影响因素。

2. 被调查教师教龄分布

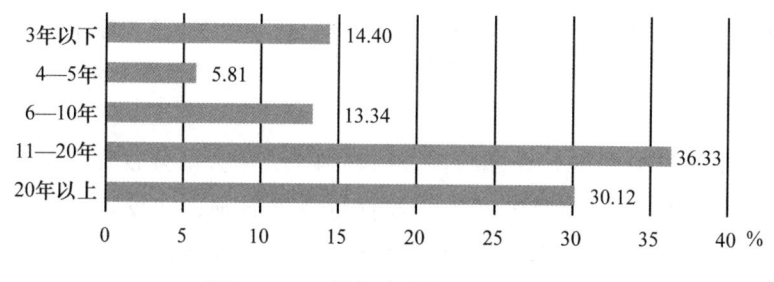

图 10-18　被调查教师的教龄分布

由图 10-18 可知，在教师的教龄结构方面存在较大的差别，5 年教龄以下的教师总占比仅为 20.21%，与之形成鲜明对比的是教龄在 11 年以上的教师数量；11—20 年教龄的教师占比为 36.33%，20 年教龄以上的也占到 30.12%，两者已超过 66%，教龄同教师性别一样存在着结构不合理的问题，该年龄段教师通常会造成教师自身教学理念与教学方法的思维定势，对信息化的教学环境可能存在一定的排斥反应，在课堂教学变革上会存在一定的困难。

3. 被调查教师职称与职位分布

由图 10-19 可知，在参与调查的教师中未评级的较少，拥有职称的比较多，共占 89.32%，但其分布呈现出较大的差异化，其中以一级教师与二级教师为主，占比分别为 50.68%、28.77%，一级教师已超一半，但高级教师与正高级教师较少，总占比不足 10%。由此说明，教师职称反映出教师一定的教学水平与教学经验，与图 10-18 中的教师教龄呈现出一致性。

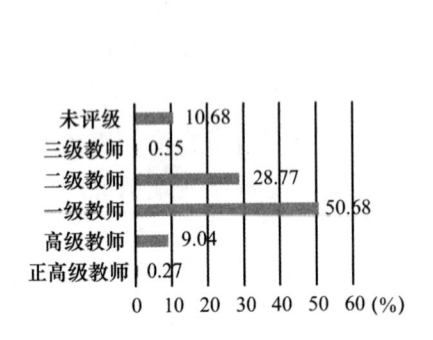

图 10-19　被调查教师的职称分布

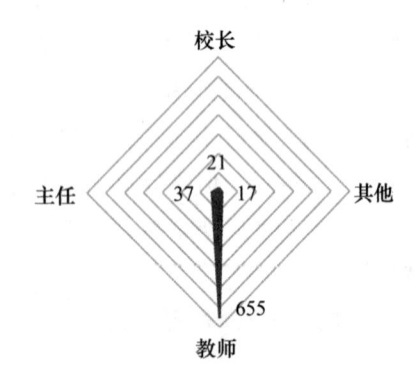

图 10-20　被调查教师在本校的职位（人）

由图 10-20 可知，在参与调查的教师中，绝大部分教师在学校都是普通一线教师，占比为 89.73%，教育行政类教师，如校长、主任等较少。由此可见，普通一线教师对于说明课堂上教师变革的情况具有代表性，而行政类教师参与信息化环境下中小学课堂变革情况的调查较少，但考虑到行政教师参与教学一线教学的较少，且行政类教师人数本就少于普通教师，对其调查仅具有参考性。

4. 被调查教师年龄与教龄交叉分析

将被调查教师的年龄和教龄进行卡方分析，呈现出 0.01 水平的显著性（$\chi^2 = 991.78$，$p = 0 < 0.01$），也就是说，二者具有差异关系，可以进行对应分析。将被调查教师的年龄和教龄进行对应关系分析，结果如图 10-21 所示。

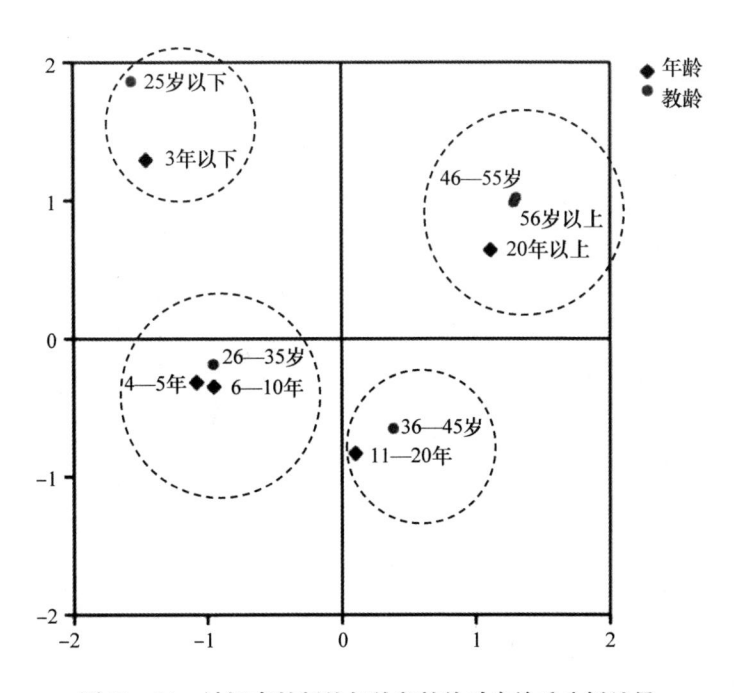

图 10-21　被调查教师的年龄和教龄对应关系分析结果

从图 10-21 可以看出，年龄在 25 岁以下与教龄在 3 年以下的教师之间有着较强的关系；同时年龄在 26—35 岁与教龄在 4—5 年、6—10 年的教师之间有着较强的关系；年龄在 36—45 岁与教龄在 11—20 年的教师之间有着较强的关系；年龄在 46—55 岁、56 岁以上与教龄在 20 年以上的教师之间有着较强的关系。另外，年龄在 25 岁以下、教龄在 3 年以下的离原点的距离较远，意味着年龄在 25 岁以下与教龄在 3 年以下教师之间的关系非常明显。通过分析可知：3 年以下教龄的教师，其年龄多数在 25 岁以下；4—10 年教龄的教师，其年龄大多在 26—35 岁；11—20 年教龄的教师，其年龄多集中在 36—45 岁；20 年以上教龄的教师，其年龄基本在 46 岁以上。

5. 被调查教师年龄与职称交叉分析

将被调查教师的年龄和职称进行卡方分析，呈现出 0.01 水平的显著性（$\chi^2 = 529.96$，$p = 0 < 0.01$），意味着二者具有差异关系，可以进行对应分析。将被调查教师的年龄与职称进行对应关系分析，结果如图 10-22 所示。

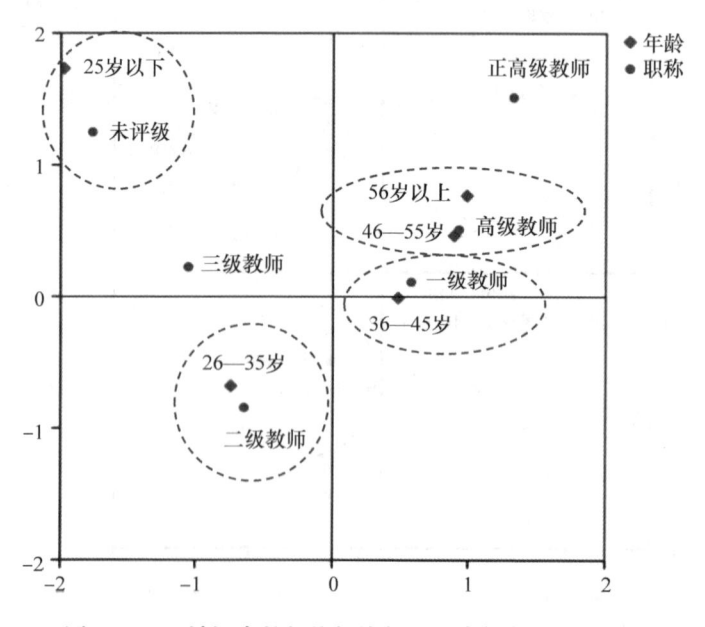

图 10-22　被调查教师的年龄和职称对应关系分析结果

从图 10-22 可以看出，年龄在 25 岁以下与未评级教师之间有着较强的关系；年龄在 26—35 岁与二级教师之间有着较强的关系；年龄在 36—45 岁与一级教师之间有着较强的关系；年龄在 46—55 岁、56 岁以上与高级教师之间有着较强的关系。另外，正高级教师、三级教师的年龄对应关系不明显。通过分析可知：未评级教师、三级教师的年龄多在 25 岁以下；二级教师的年龄基本在 26—35 岁；一级教师的年龄多集中在 36—45 岁；高级教师的年龄基本在 46 岁以上，正高级教师的年龄更大。由于职称获得的名额限制（职称越高，比例越小），部分教师原本有条件评上高一级职称的，但是由于名额限制而迟迟未能评上，导致获

第十章 信息化环境下中小学要素驱动式课堂变革调查结果量化分析

得一级教师称号的教师年龄基本在35岁以上,获得高级和正高级教师称号的教师的年龄更大。

6. 被调查教师教龄与职称交叉分析

利用卡方检验(交叉分析)将被调查教师教龄与职称进行差异关系研究,所得到的结果如表10-6所示。

表10-6   被调查教师的教龄与职称交叉(卡方)分析结果*

职称	教龄(%)					总计(%)	χ^2	P
	3年以下	4—5年	6—10年	11—20年	20年以上			
未评级	62 (63.27)	7 (17.50)	3 (3.06)	6 (2.23)	0	78 (10.68)	663.01	0**
三级	3 (3.06)	0	0	1 (0.37)	0	4 (0.55)		
二级	32 (32.65)	33 (82.50)	72 (73.47)	67 (24.91)	6 (2.67)	210 (28.77)		
一级	1 (1.02)	0	22 (22.45)	177 (65.80)	170 (75.56)	370 (50.68)		
高级	0	0	1 (1.02)	18 (6.69)	47 (20.89)	66 (9.04)		
正高级	0	0	0	0	2 (0.89)	2 (0.27)		
总计	98	40	98	269	225	730		

* 基于SPSS的分析结果,其中,** 表示 $p<0.01$。

从表10-6可以看出:不同教龄教师对于不同职称教师呈现出0.01水平的显著性,意味着不同教龄与不同职称的教师呈现出显著的差异性。通过具体人数和百分比对比差异可知,教龄在3年以下的教师多数未评级,占63.27%,明显高于平均水平10.68%,在评级的教师中多数为二级教师。4—5年教龄教师基本上是二级教师,占82.5%,明显高于平均水平28.77%,少部分未评级。6—10年教龄教师大部分为二级教师,占比为 73.47%，明显高于平均水平 28.77%，少部分为一级教师，占 22.45%，未评级和具有高级职称的教师极少。11—20 年教龄的教师多数为一级教师，占比为 65.8%，高于平均水平 50.68%，也有部分教师是二级教师，占 24.91%，也存在着三级教师和未评级教师。20 年以上教龄教师多数是一级教师，占比为 75.56%，少数为高级教师，极少是正高级和二级教师。根据 G 省省级相关文件的规定，本科学历教师获得二级教师 5 年以上（研究生 4 年、专科 6 年），满足相应条件可以经评选，获得一级教师称号。实际上，由于名额限制，要评上一级教师，其教龄多数在 11 年以上，其中，又有近一半在 20 年以上，说明一级教师及以上教师的职称较难获得。

7. 被调查教师性别与年龄、学历和职位交叉分析

利用卡方检验（交叉分析）将被调查教师的性别对于年龄、教龄、学历、职称、职位共 5 项进行差异关系研究。其中，不同性别教师对于不同职称教师没有差异性，其他项均具有不同程度的差异性，结果如表 10-7 所示。

表 10-7 被调查教师不同性别与其他基本情况交叉（卡方）分析结果*

类型	名称	男（人）	女（人）	总计	χ^2	p
年龄	25 岁以下	8 (3.25)	44 (9.09)	52 (7.12)	16.71	0.002**
	26—35 岁	75 (30.49)	157 (32.44)	232 (31.78)		
	36—45 岁	106 (43.09)	195 (40.29)	301 (41.23)		
	46—55 岁	50 (20.33)	86 (17.77)	136 (18.63)		
	56 岁以上	7 (2.85)	2 (0.41)	9 (1.23)		
学历	高中/中专	6 (2.44)	3 (0.62)	9 (1.23)	10.51	0.015*
	大专	57 (23.17)	149 (30.79)	206 (28.22)		
	本科	176 (71.54)	326 (67.36)	502 (68.77)		
	研究生及以上	7 (2.85)	6 (1.24)	13 (1.78)		
职位	校长	14 (5.69)	7 (1.45)	21 (2.88)	23.47	0**
	主任	22 (8.94)	15 (3.10)	37 (5.07)		
	普通教师	206 (83.74)	449 (92.77)	655 (89.73)		
	其他	4 (1.63)	13 (2.69)	17 (2.33)		

说明：括号内为比例数据。

基于 SPSS 的分析结果，其中， 表示 $p<0.05$；** 表示 $p<0.01$。

第十章 信息化环境下中小学要素驱动式课堂变革调查结果量化分析

由表 10-7 可以看出，不同性别教师对于年龄和职位呈现出 0.01 水平的显著性，对于学历呈现出 0.05 水平的显著性。这说明被调查教师的年龄和职位对不同性别的差异非常显著，学历对不同性别的差异十分显著。通过具体人数和所占百分比可知，35 岁以下和 56 岁以上男教师占比相比女教师明显低于平均值，36—55 岁男教师占比明显高于女教师；高中或中专、本科和研究生及以上学历男教师占比高于女教师，大专学历女教师占比高于男教师；担任校长和主任的男教师占比明显高于女教师，普通教师和其他职位男教师占比明显低于女教师。总体而言，中年男教师多于女教师，青年和老年女教师多于男教师；高学历男教师多于女教师，低学历女教师多于男教师；担任职位的男教师多于女教师，在普通教师中，女教师多于男教师。

8. 被调查教师所在学校基本情况

由图 10-23 和图 10-24 可知，被调查教师的学校所在地大部分都分布在县城，占比为 53.42%，此外，市级与乡镇的学校分布差别不大，分别占 23.7% 与 20.96%，具有代表性，略显薄弱的是村级学校，仅占 1.92%，但这与我国当前乡村撤点并校有着较大的关系，是一种正常现象。在被调查教师中，大部分是小学教师，占 65.07%，其次为初中与高中教师，分别占 20.27% 和 14.66%。

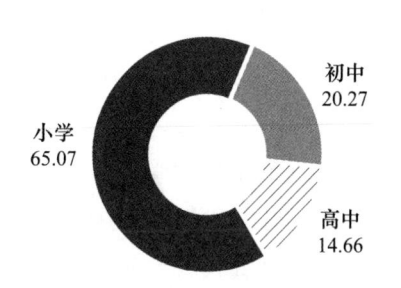

图 10-23　被调查教师所在学校学段（%）

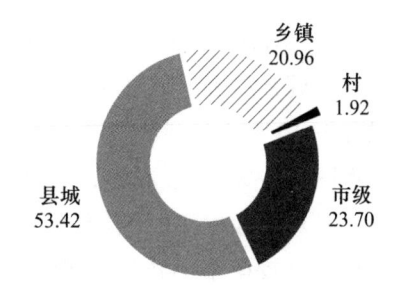

图 10-24　被调查教师学校所在地（%）

9. 被调查教师性别与所在学校基本情况交叉分析

利用卡方检验（交叉分析）将被调查教师的性别对于学段和学校所在地进行差异关系研究，结果如表 10-8 所示。

表 10 – 8　　　　　被调查教师不同性别对于所在学校
基本情况交叉（卡方）分析结果*

类型	名称	男（%）	女（%）	总计	χ^2	p
学段	小学	116（47.15）	359（74.17）	475（65.07）	54.53	0**
	初中	70（28.46）	78（16.12）	148（20.27）		
	高中	60（24.39）	47（9.71）	107（14.66）		
学校所在地	市级	36（14.63）	137（28.31）	173（23.70）	22.58	0**
	县城	135（54.88）	255（52.69）	390（53.42）		
	乡镇	68（27.64）	85（17.56）	153（20.96）		
	村	7（2.85）	7（1.45）	14（1.92）		

说明：括号内为数据占比。

*基于 SPSS 的分析结果，其中，*表示 $p<0.05$；**表示 $p<0.01$。

由表 10 – 8 可以看出，不同性别教师对于不同学段、学校所在地均呈现出 0.01 水平的显著性。这说明被调查教师的学段和学校所在地在不同性别上的差异非常明显。通过具体人数和所占百分比可知，小学女教师占比明显高于男教师，初中和高中男教师占比反而高于女教师；市级学校女教师占比明显高于男教师，而县城、乡镇和村级学校男教师比例高于女教师。

10. 被调查教师所在学校基本情况的交叉分析

将被调查教师所在学校和学校所在地进行分类统计，并画出桑基图，结果如图 10 – 25 所示。

由图 10 – 25 可以看出，在被调查的 730 名教师所在学校和学校所在地中，县城学校中小学教师最多，共 301 人，高中和初中较少且相差不大；市级学校中小学教师最多，共 108 人，高中居其次，初中最少；乡镇学校初中教师最多，共 88 人，小学居其次，高中最少；村级只有小学，没有初中和高中。也就是说，不同级别学校教师和不同学段教师之间差异非常明显，大部分被调查教师为县城小学教师，其次为市级小学教师和乡镇初中教师，乡镇高中教师和市级初中教师明显较少，村级就没有初中和高中学校。

综上所述，在被调查教师中，教师性别不均衡，女性教师明显多于

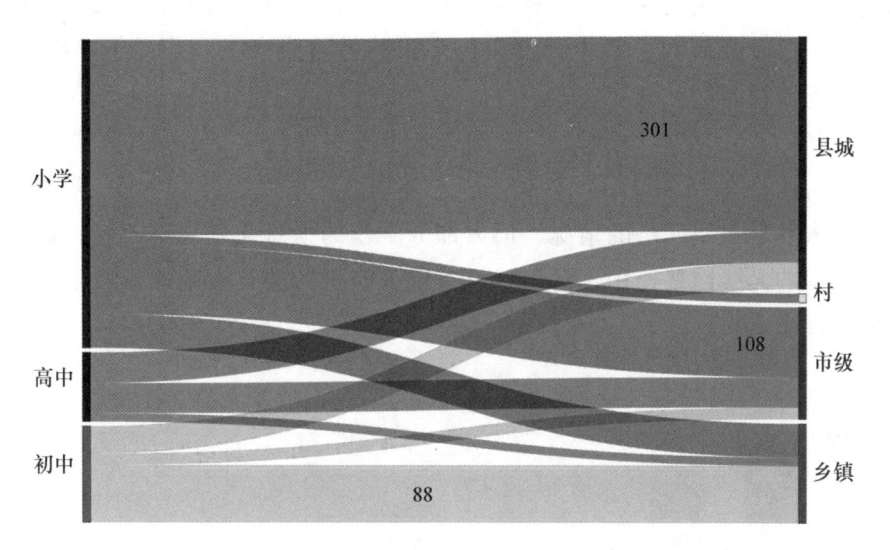

第十章 信息化环境下中小学要素驱动式课堂变革调查结果量化分析

图10-25 被调查教师所在学校和学校所在地对应关系

男性教师；多以中青年教师为主，年龄层偏大；教龄多为11—20年，其次为20年以上；低学历和高学历教师很少，多为本科学历；未评职称教师非常少，有职称教师多是一级教师与二级教师。中年男教师多于女教师，青年和老年女教师多于男教师；高学历男教师多于女教师，低学历女教师多于男教师；担任职位的男教师多于女教师，在普通教师中，女教师多于男教师。未评级教师、三级教师的年龄多在25岁以下（3年教龄以下）；二级教师的年龄基本在26—35岁（4—10年）；一级教师的年龄多集中在36—45岁（11—20年）；高级教师的年龄基本在46岁以上，正高级教师的年龄更大。由于名额限制，评上一级教师的教龄多数在11年以上，其中，又有近一半在20年以上，说明一级教师及以上教师职称较难获得。总体而言，被调查教师反映出的整体情况与G省教师的现状基本相同，作为样本具有代表性。

（二）G省中小学信息化教学实施现状分析

1. G省中小学信息设备建设和使用情况

（1）信息设备与无线网络建设情况

从图10-26可知，被调查教师所在学校的基本信息设备较为齐全，且大部分无较大差异，主要有计算机、多媒体教室、校园网、交互式电子白板以及投影仪，其中计算机与多媒体教室设备的设置达到94%以上，配置校园网、交互式电子白板以及投影仪的学校分别达到59.45%、64.25%、76.58%，相对而言，拥有电子图书室与电子备课室的学校较少，占比只有15.62%与17.95%。总体而言，虽然有很小一部分学校还存在未部署无线网络的情况，但大部分学校的信息化环境都不错，能保证基本的无线网络使用，且信息设备较为齐全，拥有实施课堂教学变革的条件。

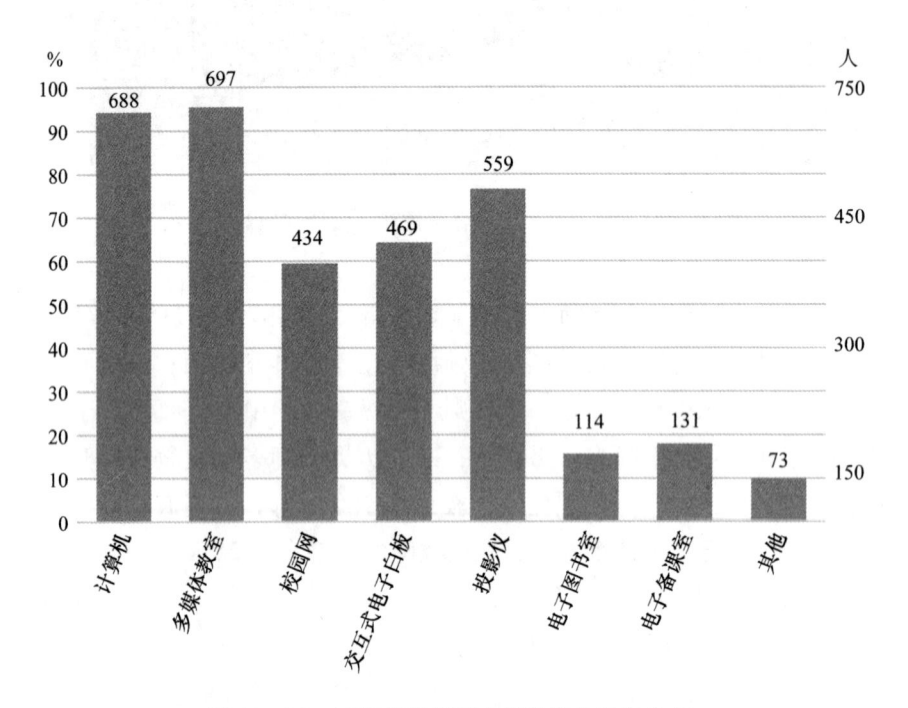

图10-26 被调查教师所在学校信息设备分布

由图10-27可知，在所调查的学校之中，学校无线网络覆盖率已高达93%以上，基本上实现无线网络部署，只是在无线网络覆盖范围上存在着差别，校内全覆盖的达到37.95%。此外，主要覆盖范围是教学区与办公区，学生宿舍区覆盖面最少，这一现象与学校限制学生使用网络电子设备存在一定关系。

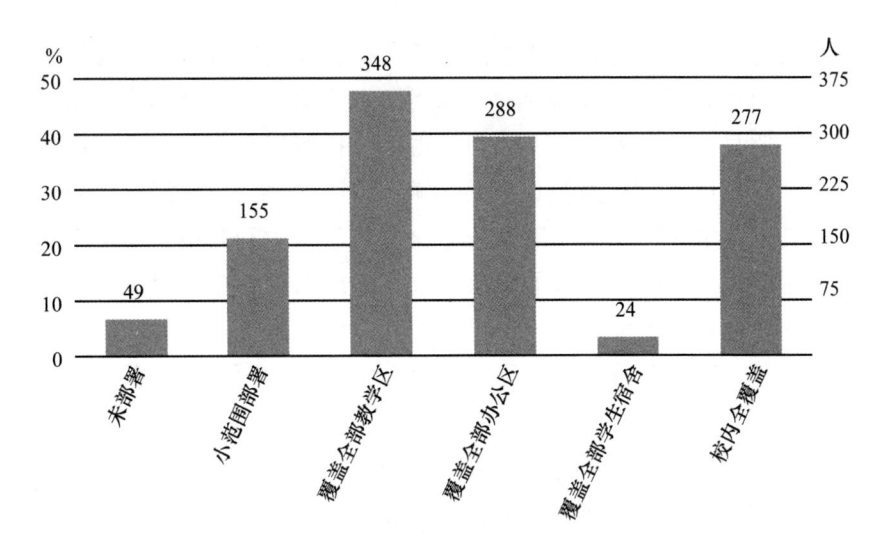

第十章　信息化环境下中小学要素驱动式课堂变革调查结果量化分析

图 10-27　被调查教师所在学校无线网络覆盖情况

（2）不同学段学校信息设备分布差异

利用卡方检验（交叉分析）将被调查教师所处学段与所在学校信息设备分布进行差异关系研究，结果如表 10-9 所示。

表 10-9　**被调查教师所在学校学段与信息设备分布交叉（卡方）分析结果**[*]

信息设备分布	学段			汇总 (n=730)	χ^2	P
	小学 (n=475)	初中 (n=148)	高中 (n=107)			
计算机	448（94.32）	139（93.92）	101（94.39）	688（94.25）	55.98	0**
多媒体教室	456（96.00）	138（93.24）	103（96.26）	697（95.48）		
校园网	300（63.16）	70（47.30）	64（59.81）	434（59.45）		
交互式电子白板	347（73.05）	73（49.32）	49（45.79）	469（64.25）		
投影仪	369（77.68）	110（74.32）	80（74.77）	559（76.58）		
电子图书室	67（14.11）	21（14.19）	26（24.30）	114（15.62）		
电子备课室	62（13.05）	27（18.24）	42（39.25）	131（17.95）		
其他	48（10.11）	12（8.11）	13（12.15）	73（10.00）		

说明：括号中为数据占比。

[*] 基于 SPSS 的分析结果，其中，** 表示 $p<0.01$。

从表 10-9 可以看出，被调查教师所在学校信息设备分布对于不同学段呈现出 0.01 水平的显著性，这说明不同学段不同类型信息设备分布差异非常明显。从具体响应人数和所占百分比可以看出，小学和高中的计算机、多媒体教室以及校园网的分布比例高于初中，高于平均水平；小学的交互式电子白板及投影仪分布比例高于初中和高中，高于平均水平；高中的电子图书室、电子备课室及其他信息设备分布明显高于初中和小学。在电子图书室、电子备课室及其他信息设备本来占比就很少的情况下，小学这类设备占比更少，说明小学的电子图书室、电子备课室及其他信息设备严重欠缺。

（3）不同级别学校信息设备分布差异

对被调查教师学校所在地与信息设备分布情况进行卡方检验呈现出 0.05 水平的显著性，也就是说，二者存在差异关系。将被调查教师学校所在地与学校信息设备分布差异关系绘制成折线图，结果如图 10-28 所示。

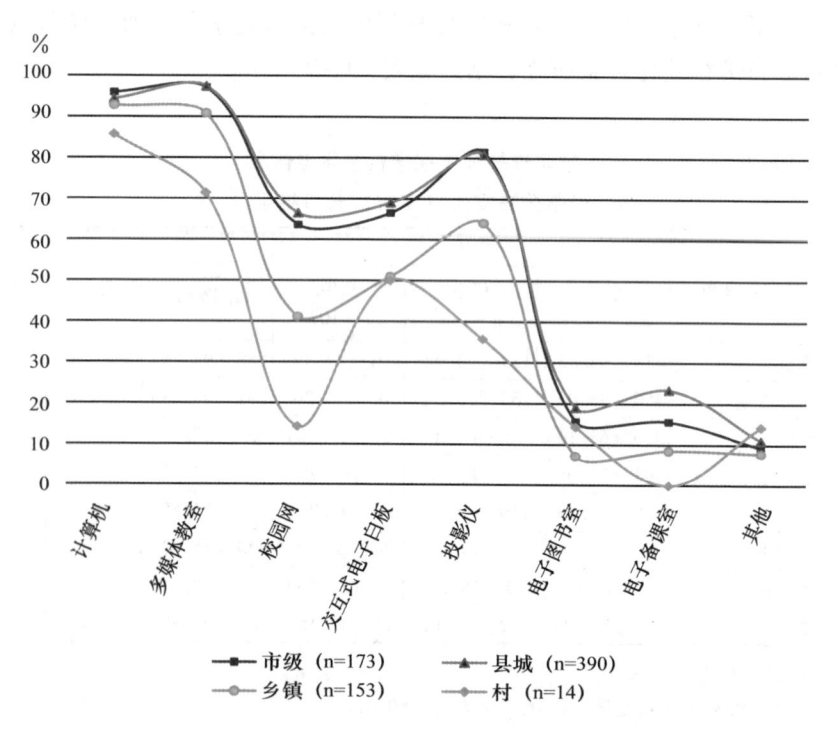

图 10-28　被调查教师学校所在地与不同信息设备分布的比例

第十章 信息化环境下中小学要素驱动式课堂变革调查结果量化分析

从图 10-28 可以看出，被调查教师所在市级和县城学校信息设备分布比例呈现出一致性，计算机、多媒体教室和投影仪占比较大且比例基本相同；校园网和交互式电子白板居其次，市级学校比例略微小于县城学校的比例；电子图书室、电子备课室和其他信息设备占比最少，其中，电子备课室市级的比例略小于县级的比例。乡镇和村级学校不同信息设备的分布比例，除村级学校其他信息设备外明显均低于市级和县级学校。这说明被调查教师所在学校中，不同级别学校信息设备分布比例差异明显，且乡镇和村级学校信息设备分布比例普遍偏低。

（4）不同学段学校无线网络覆盖差异

利用卡方检验（交叉分析）将被调查教师所处学段与无线网络覆盖情况进行差异关系研究，结果如表 10-10 所示。

表 10-10　　　　　　被调查教师所在学段与无线网络覆盖情况交叉（卡方）分析结果[*]

无线网络覆盖情况	学段（%）			汇总 (n=730)	χ^2	P
	小学 (n=475)	初中 (n=148)	高中 (n=107)			
未部署	14 (2.95)	16 (10.81)	19 (17.76)	49 (6.71)	66.90	0[**]
小范围部署	94 (19.79)	33 (22.30)	28 (26.17)	155 (21.23)		
覆盖全部教学区	246 (51.79)	59 (39.86)	43 (40.19)	348 (47.67)		
覆盖全部办公区	183 (38.53)	64 (43.24)	41 (38.32)	288 (39.45)		
覆盖全部学生宿舍	9 (1.89)	6 (4.05)	9 (8.41)	24 (3.29)		
校内全覆盖	210 (44.21)	43 (29.05)	24 (22.43)	277 (37.95)		

说明：括号内为数据占比。

[*] 基于 SPSS 的分析结果，其中，** 表示 $p<0.01$。

从表 10-10 可以看出：被调查教师所在学校无线网络覆盖情况对于

不同学段呈现出 0.01 水平的显著性（$\chi^2 = 66.90$，$P = 0 < 0.01$），也就是说，被调查教师所在学校无线网络覆盖情况对于不同学段间的差异非常明显。从具体响应人数和所占百分比可以看出，高中无线网络未部署、小范围部署和覆盖全部学生宿舍的比例明显高于初中和小学；初中无线网络覆盖全部办公区的比例明显要高于高中和小学；小学无线网络校内全覆盖的比例明显高于初中和高中。这说明在所有学段中，小学无线网络部署情况最好，初中居其次，高中部署的范围最小或未部署。

（5）不同级别学校无线网络覆盖差异

将被调查教师学校所在地与无线网络覆盖情况进行卡方检验呈现出 0.01 水平的显著性（$\chi^2 = 30.79$，$P = 0.009 < 0.01$），也就是说二者存在差异关系。将被调查教师学校所在地与无线网络覆盖情况的差异关系绘制成折线图，结果如图 10-29 所示。

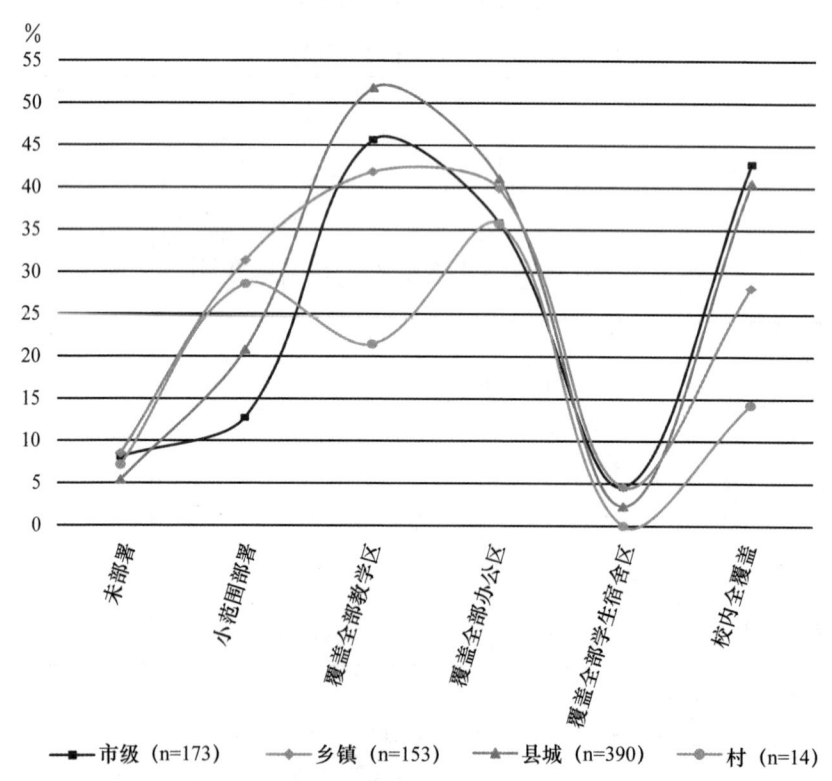

图 10-29　被调查教师所在学校无线网络覆盖情况在不同级别学校上的比例

第十章　信息化环境下中小学要素驱动式课堂变革调查结果量化分析

从图 10-29 可以看出，被调查教师所在市级、县城和乡镇学校无线网络覆盖全部教学区的占比最大，其次是覆盖全部办公区和校内全覆盖，比例最少的是覆盖全部学生宿舍和未部署；村级学校无线网络覆盖全部办公区的比例最高，覆盖全部教学区的比例明显低于市级、县城和乡镇学校；乡镇和村级学校小范围部署的比例高于市级和县城学校；市级和县城学校校内全覆盖的比例明显高于乡镇和村级学校。这说明被调查教师所在学校中，不同级别学校无线网络覆盖差异明显，市级和县城学校无线网络覆盖情况较好，乡镇和村级学校无线网络覆盖情况较差，多为小范围部署和覆盖全部办公区。

（6）信息设备来源和使用情况

图 10-30 体现出教师所在学校信息设备来源的基本情况，这与基本预想一致。90%的学校及教师的信息设备由学校统一配备，表明当前中小学对教师课堂教学信息设备的支持，也存在一些特别情况，即教师自己购买设备，其比例较小，大多是由于教师为更好地教学，根据自身需求且学校无法满足而购买。图 10-31 体现出对已有信息设备的具体使用情况，从中可知，大部分学校的信息设备是专岗专用，这类情况占比为 59.45%。此外，认为无闲置设备的状况占比为 45.89%，在这些学校之中，仅有 9.45%的设备闲置，总体而言，当前中小学信息设备的利用率较高，信息设备在学校中基本得到了使用，对于一些设备做到了专岗专用。

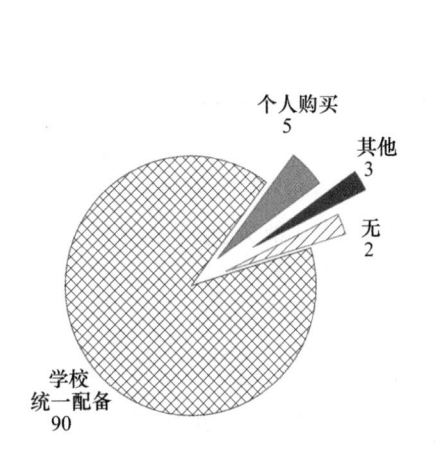

图 10-30　被调查教师所在学校信息设备来源（%）

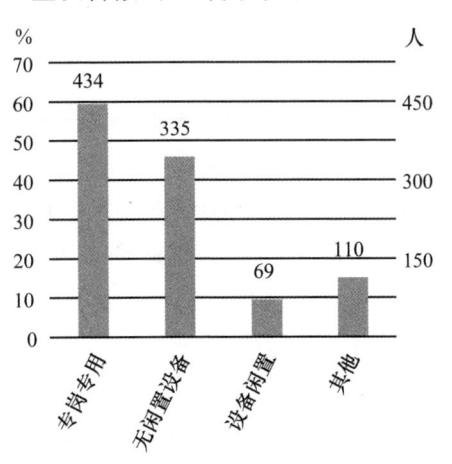

图 10-31　被调查教师所在学校的信息化设备使用情况

2. G省中小学信息化平台的使用情况

（1）优质资源来源与使用情况

图10-32与图10-33反映了对被调查教师所在学校优质资源的基本情况。由图10-32可知，参与调查学校的优质资源的主要来源有两大部分：名师课堂、名校网络课堂，来源于名师课堂的资源占到32.6%，来源于名校网络课堂的资源占到22.7%，与之形成对比的是专递课堂，其来源仅占8.77%。此外，存在一部分无来源的情况，还有较大一部分优质资源来源不明。由此说明，名师课堂、名校网络课堂和其他课堂来源较多，专递课堂和无来源课堂较少。

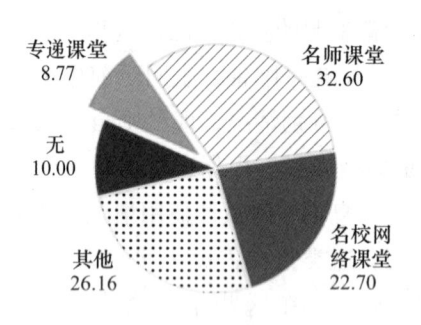

图10-32 被调查教师所在学校优质资源的来源（%）

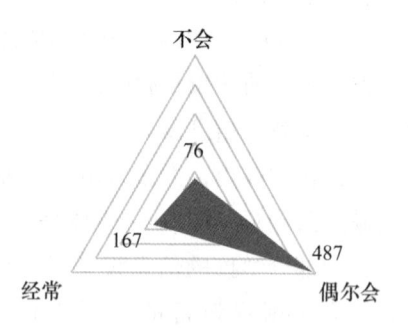

图10-33 被调查教师所在学校是否会借助他人他校的优质资源进行授课（人）

由图10-33可知，一些教师发现自己的学校存在对资源运用的闭塞现象，这一小部分学校并不会借助他人他校的优质资源进行授课，还有一部分学校经常借助他人他校的优质资源，充分利用了校际合作，但这类学校占比并不大，而更多的学校则偶尔会借助他人他校的优质资源，其占比达到66.7%。

（2）不同学段优质资源来源差异

将被调查教师所在学校学段与优质资源的来源进行卡方检验呈现出0.01水平的显著性（$\chi^2=22.36$，$P=0.004<0.01$），也就是说二者存在差异关系。将被调查教师所在学校学段与优质资源来源差异关系绘制成弦图，结果如图10-34所示。

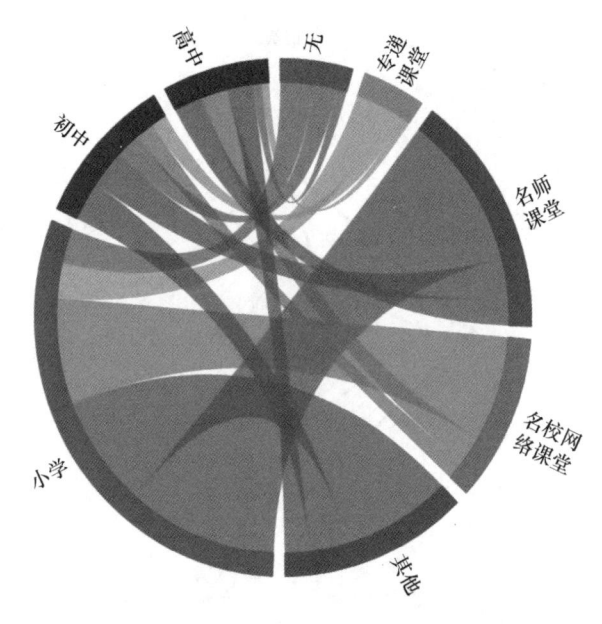

第十章 信息化环境下中小学要素驱动式课堂变革调查结果量化分析

图 10-34 被调查教师所在学校不同学段与优质资源来源差异

从图 10-34 可以看出,小学名师课堂占比最多;名校网络课堂和其他来源占比其次;专递课堂和无来源占比最少。初中其他来源和名师课堂占比最大;无来源、名校网络课堂和专递课堂占比较小。高中名师课堂、名校网络课堂和其他来源占比较大;专题课堂和无来源占比较小。这说明被调查教师所在学校不同学段优质资源来源差异非常明显,专递课堂在不同学段的占比均较少,名师课堂和名校网络课堂占比较多。

(3) 不同地区学校优质资源来源差异

将被调查教师所在学校所在地与优质资源来源进行卡方检验呈现出 0.05 水平的显著性($\chi^2 = 23.67$,$P = 0.02 < 0.05$),也就是说二者存在差异关系。将被调查教师优质资源来源占学校所在地比例绘制成雷达图,结果如图 10-35 所示。

从图 10-35 可以看出,在被调查教师所在学校优质资源来源中,名师课堂在不同级别学校间的分布比较均衡,只有乡镇学校相对较少;其他资源来源也比较均衡,只有市级学校相对较少;名校网络课堂分布非常不均衡,市级学校最多,乡镇和县城学校其次,村级学校最少;无来

实践篇

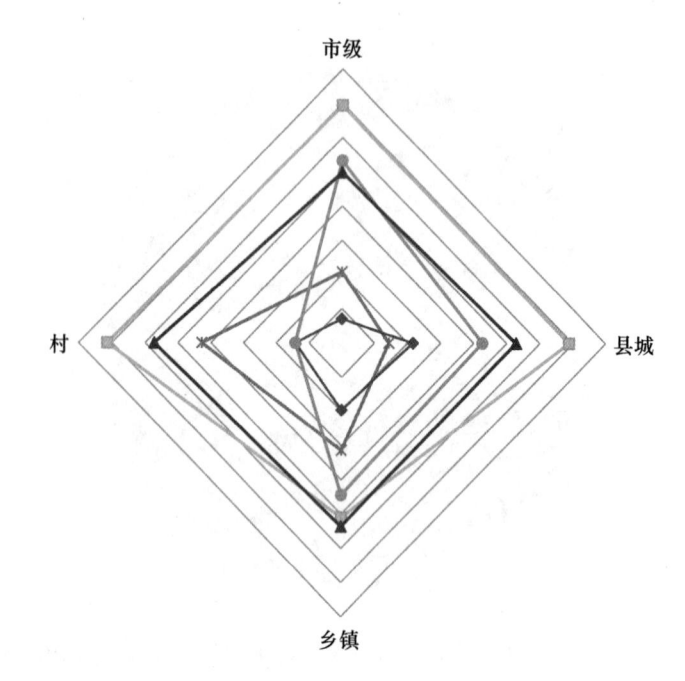

```
                           市级
                            ◆
                           ■
                          ●
                         ✳
                        ▲

    村 ■━━━━━━━━━━━━━━━━━━━━━■ 县城

                        ▲
                         ✳
                          ●
                           ■
                            ◆
                           乡镇
```

─✳─ 无　─◆─ 专递课堂　─■─ 名师课堂　─●─ 名校网络课堂　─▲─ 其他

图 10-35　被调查教师优质资源来源与学校所在地的差异

源情况分布不均衡，村级学校最多，乡镇学校其次，县城和市级学校最少；专递课堂分布不均衡，乡镇和县城学校最多，村级学校其次，市级学校最少。在所有优质资源来源中，名师课堂在不同级别学校间的占比均非常高；专递课堂在不同级别学校间的占比均比较低。这说明被调查教师所在学校优质资源来源在不同学校级别间的差异非常明显，名师课堂普遍占比较高，专递课堂普遍占比较低，村级优质资源无来源占比较大，且比较单一。

（4）常用网络学习平台的用途

由图10-36可知，参与调查学校常用的网络学习空间支持平台较多，从校级到国家级均有涉及，校本平台常用率占54.66%，县级平台占44.38%，市级平台占47.53%，省级平台占49.86%，国家级平台占45.48%。从各平台所占比例来看，学校常用的支持平台不仅来源多，而且各平台的使用率相差不大，均在50%左右。

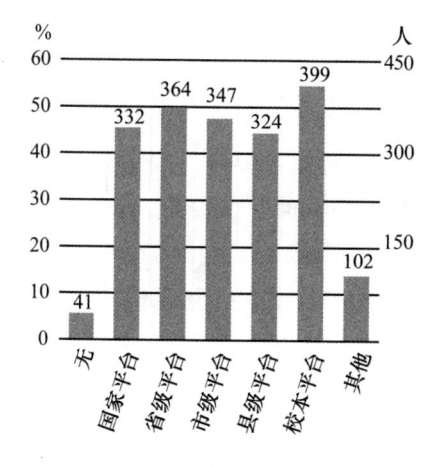

第十章 信息化环境下中小学要素驱动式课堂变革调查结果量化分析

图 10-36 被调查教师所在学校最常用的网络学习空间支持平台

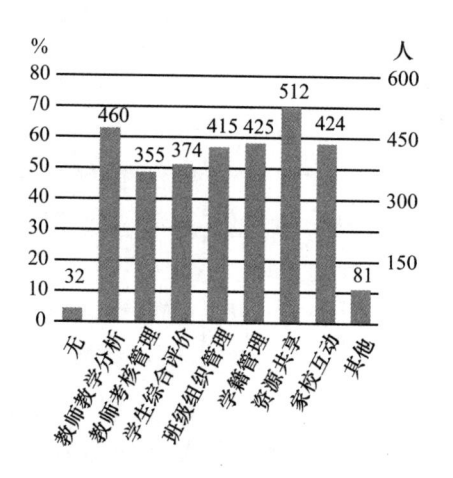

图 10-37 被调查教师所在学校网络学习空间的用途

由图 10-37 可知，参与调查的学校使用网络学习空间的用途十分多样化，较多地体现在教师教学分析、教师考核管理、学生综合评价、班级组织管理、学籍管理、资源共享、家校互动七大方面，其中，突出的用途是教师教学分析与资源共享，其占比分别达到 63.01%、70.14%，大大高于其他几项用途。综上分析，参与调查学校的网络学校空间支持平台较为丰富，得到了多层级支持，其利用也较为充分。

（5）信息化教学系统的用途

将被调查教师所在学校常用的网络学习空间支持平台与网络学习空间用途进行差异性分析，其结果没有呈现出显著性。即网络学习空间支持平台与网络学习空间用途的差异不明显。

由图 10-38 可知，被调查教师所在学校信息化教学系统的用途十分宽泛，其用途主要包含以下几个部分：网络教学、网络教研、网络考试、网络阅卷、教学资源制作、教学资源管理、学生学习指导。被调查教师使用较多的是网络阅卷与网络教学，其占比分别达到 67.67%、66.58%，均高于其他几项用途，与图 10-37 中教师教学分析和资源共享同属一类，显示出一致性。综上分析，参与调查学校的信息化教学系

实践篇

统用途较多，发挥了教学系统的多样化功能。

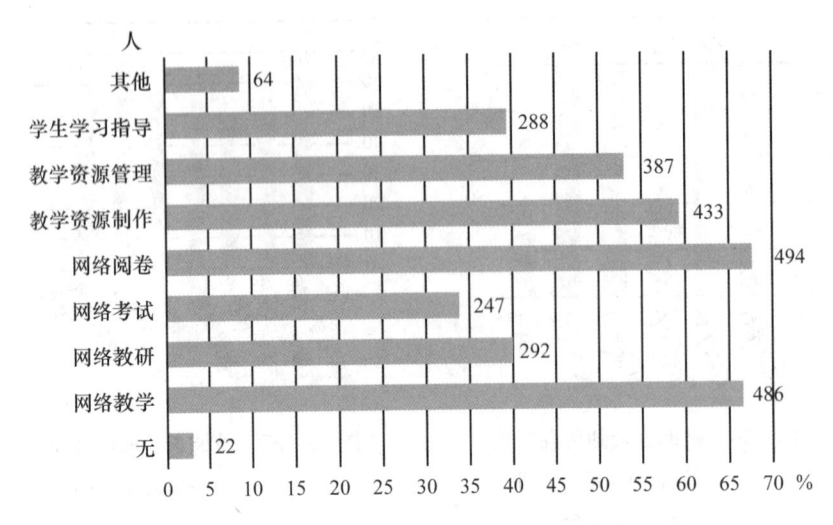

图 10-38　被调查教师所在学校信息化教学系统的用途

条形图数据：
- 其他：64
- 学生学习指导：288
- 教学资源管理：387
- 教学资源制作：433
- 网络阅卷：494
- 网络考试：247
- 网络教研：292
- 网络教学：486
- 无：22

将被调查教师所在学校信息化教学系统的用途与学校所在地和学段进行差异性分析，其结果没有呈现出显著性。也就是说，不同学段、不同地方学校信息化教学系统用途的差异性不明显。

3. G省中小学信息设备和使用信息化平台管理情况

（1）信息设备和平台管理情况

由图 10-39 可知，大部分学校的网络运行都不错，有 90.27% 的学校网络运行都处于通畅状态，但也存在一部分学校网络不通畅的情况，这一部分学校也许还需究其原因，进行改进。当然拥有良好的运行网络一般需要有良好的后勤部队，图 10-40 正是原因体现，在调查中，在 88.63% 的学校中，其软硬件设施维修管理由专门的技术人员承担，这也保证了学校各方面信息教学与设备的正常运转。

否 9.73　　　是 90.27

图 10-39　被调查教师所在学校的网络运行是否常处于通畅状态（%）

第十章 信息化环境下中小学要素驱动式课堂变革调查结果量化分析

```
否  11.37          88.63          是
```

图 10-40　被调查教师所在学校的软硬件设施是否由专门的技术人员承担维修管理（%）

（2）信息化制度建设情况

```
配备了专职电教工作人员  61
其他  11
无  9
组建有信息化教学督察小组  19
```

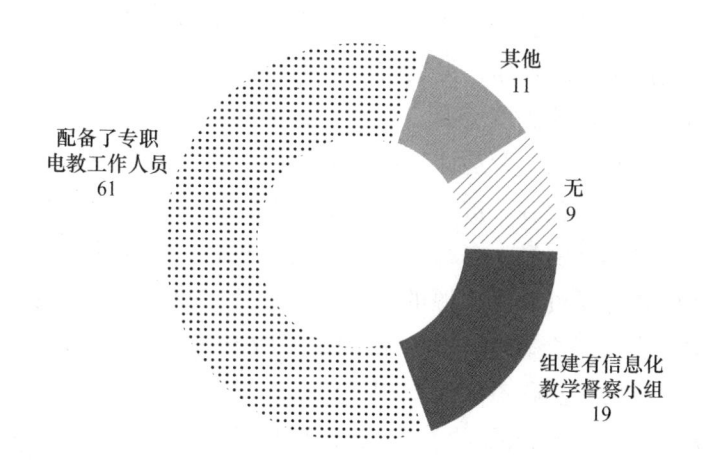

图 10-41　被调查教师所在学校的信息化制度建设情况（%）

由图 10-41 可知，在学校信息化制度建设这个问题上，有 61% 的学校配备了专职电教工作人员，有 19% 的学校组建了信息化教学督察小组，这说明大部分参与调查的学校，已经有信息化制度建设，大部分学校对信息化建设比较重视。

将被调查教师所在学校信息化教学系统的用途与学校所在地和学段进行差异性分析，其结果没有呈现出显著性。也就是说，不同学段、不同地方学校信息化教学系统用途的差异性不明显。

总体而言，虽然有很小一部分学校还存在未部署无线网络的情况，但大部分学校的信息化环境都不错，能保证基本的无线网络的使用，且信息设备较为齐全，拥有课堂教学变革的条件。在被调查教师所在学校中，不同级别学校信息设备分布比例差异明显，且乡镇和村级学校信息设备分布比例普遍偏低。在所有学段中，小学无线网络部署情况最好，初中其次，高中部署的范围最小或未部署。在被调查教师所在学校中，不同级别学校的无线网络覆盖差异明显，市级和县城无线网络覆盖情况较好，乡镇和村级学校无线网络覆盖情况较差，多为小范围部署和覆盖全部办公区。当前中小学信息设备的利用率较高，信息设备在学校中基本得到了使用，对于一些设备做到了专岗专用。参与调查学校的优质资源的主要来源有名师课堂和名校网络课堂两大部分。一些教师发现自己的学校体现出对资源运用的闭塞现象，这一小部分学校并不会借助他人他校的优质资源进行授课，还有一部分学校经常借助他人他校的优质资源，充分利用了校际合作，但这类学校的占比并不大，更多的学校是偶尔会借助他人他校的优质资源。被调查教师所在学校不同学段优质资源的来源差异非常明显，专递课堂在不同学段的占比均较少，名师课堂和名校网络课堂占比较多。被调查教师所在学校优质资源来源在不同级别学校间的差异非常明显，名师课堂普遍占比较高，专递课堂普遍占比较低，村级学校优质资源无来源的占比较大，且比较单一。参与调查学校的网络空间支持平台较为丰富，得到了多级支持，其利用也较为充分。参与调查学校的信息化教学系统用途较多，发挥了教学系统的多样化功能。在大部分参与调查的学校中，已经有信息化制度建设，大部分学校对信息化建设比较重视。

（三）信息化环境引起 G 省中小学课堂教学变革的着力点分析

1. 在信息化环境下适合教师课堂教学变革的角度

变革角度	百分比
从某几个方面开始变革课堂	27.81
从某一个方面开始变革课堂	36.03
从局部开始变革课堂	25.75
全部都想好了才开始变革课堂	10.41

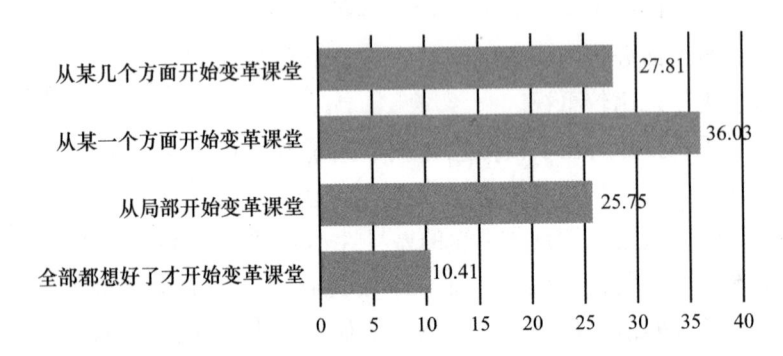

图 10-42　被调查教师认为信息化环境下适合课堂教学变革的角度（%）

第十章 信息化环境下中小学要素驱动式课堂变革调查结果量化分析

由图 10 - 42 可知，在课堂变革这个问题上，在信息化环境下，有 36.03% 的教师认为自己更适合从某一个方面开始变革课堂，有 27.81% 的教师觉得自己适合从某几个方面开始变革课堂，有 25.75% 的教师认为自己适合从局部开始变革课堂，有 10.41% 的教师认为只有全部都想好了才开始变革课堂。这说明被调查教师对课堂变革的驱动要素有着不同的见解，大部分教师对于课堂变革具有较好的执行力，都认为自己适合在实践中摸索变革，只有少部分教师认为课堂变革需要全部统一规划好之后再进行。

2. 不同职位教师变革角度的差异

将信息化环境下适合被调查教师课堂教学变革的维度与被调查教师基本情况进行差异性分析。其中，不同职位教师与信息化环境下适合教师变革的维度交叉（卡方）分析结果呈现出显著的差异性，结果如表 10 - 11 所示。

表 10 - 11　　不同职位教师与信息化环境下适合教师变革的维度交叉（卡方）分析结果*

信息化环境下适合教师变革的维度	被调查教师职位（%）				总计（%）	χ^2	P
	校长	主任	教师	其他			
全都想好了才开始变革课堂	0	0	74 (11.30)	2 (11.76)	76 (10.41)	22.26	0**
从局部开始变革课堂	13 (61.90)	8 (21.62)	161 (24.58)	6 (35.29)	188 (25.75)		
从某一个方面开始变革课堂	4 (19.05)	16 (43.24)	238 (36.34)	5 (29.41)	263 (36.03)		
从某几个方面开始变革课堂	4 (19.05)	13 (35.14)	182 (27.79)	4 (23.53)	203 (27.81)		
总计	21	37	655	17	730		

说明：括号内为数据占比。

* 基于 SPSS 的分析结果，其中，** 表示 $p < 0.01$。

从表 10 - 11 可以看出：适合被调查教师课堂变革的维度对于不同职

位呈现出 0.01 水平的显著性（$\chi^2 = 22.26$，$p = 0.008 < 0.01$），也就是说，适合被调查教师课堂变革的维度与被调查教师不同职位的差异非常明显。通过具体人数和所占百分比可知，相对而言，在被调查教师中，校长更赞成从局部开始变革课堂的比例高于平均值，不赞成全部都想好了才开始变革课堂；主任更赞成从某一个方面开始变革课堂的比例高于平均值，不赞成全部都想好了才开始变革课堂；教师更赞成从某几个方面开始变革课堂；其他职位教师更赞成从局部开始变革课堂。总结可知：不同职位教师对于适合教师课堂变革的维度差异非常明显，校长和主任都不赞成全部都想好了才开始变革课堂，只有少部分教师或其他职位的教师表示赞成；校长和其他职位教师更赞成从局部开始变革课堂；主任和教师赞成从某一个方面开始变革课堂。

3. 信息化环境下教师着手课堂教学变革的着力点

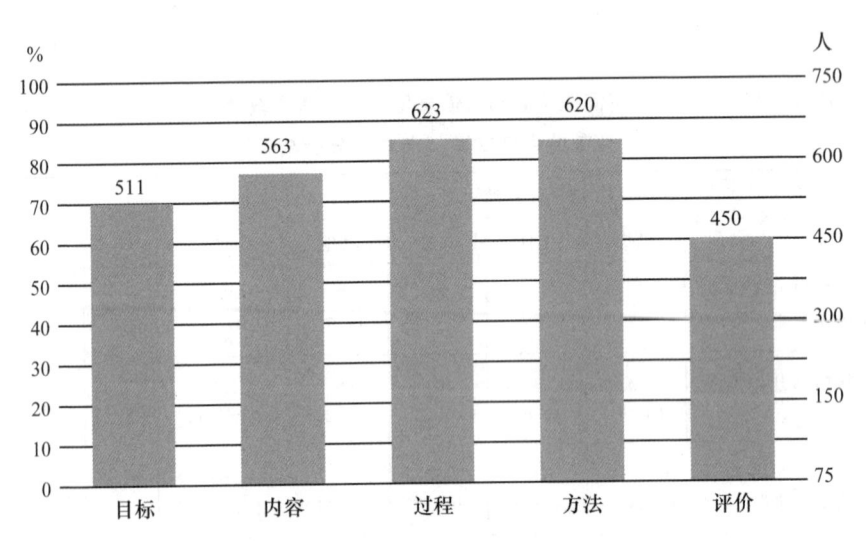

图 10-43　信息化环境下被调查教师着手课堂教学变革的着力点

图 10-43 表明，在信息化环境下进行课堂教学变革的着力点中，有 70% 的被调查教师通常以目标为着力点进行课堂教学变革，有 77.12% 的教师通常以内容为着力点进行课堂教学变革，有 85.34% 的教师通常以过程为着力点进行课堂教学变革，有 84.93% 的教师通常以方法为着力点进行课堂教学变革，有 61.64% 的教师通常以评价为着力点进行课

堂教学变革。由此可见，被调查教师对各课堂教学变革的着力点都有尝试，其中尝试从过程着手课堂变革的教师最多，尝试从评价着手课堂变革的教师相对较少，但各方向均有50%以上的选择。

4. 除信息技术手段外教师课堂教学变革的着力点

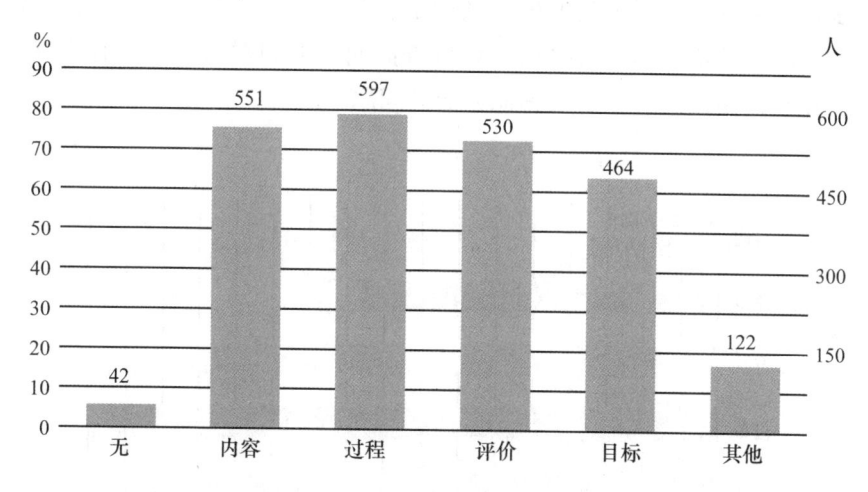

图10-44　信息化环境下被调查教师除信息技术手段外课堂教学变革的着力点

由图10-44可知，被调查教师除了从信息技术手段的角度着手课堂变革外，课堂教学变革的着力点主要有目标、内容、过程、评价。其中，有75.48%的被调查教师选择以内容为着力点进行课堂教学变革，有81.78%的被调查教师以过程为着力点进行课堂教学变革，有72.6%的被调查教师以评价为着力点进行课堂教学变革，有63.56%的被调查教师以目标为着力点进行课堂教学变革。此外，还有16.71%的教师会选择一些其他的着力点进行变革。由此可见，被调查教师对于各课堂教学变革的着力点在各方面都有选择，与图10-44相同的是，选择从过程着手课堂变革的最多，不同的是，选择从评价切入课堂变革的要多一些。

5. 第一次使用信息技术解决哪方面的问题

图10-45反映了被调查教师在信息化环境下进行课堂变革时第一次使用信息技术解决了哪些方面的问题。在被调查教师中，最先使用信息技术解决教学目标方面问题的有398人，占54.52%；最先使用信息技

术解决教学内容方面问题的有526人，占72.05%；最先使用信息技术解决教学过程方面问题的有565人，占77.4%；最先使用信息技术解决教学方法方面问题的有523人，占71.64%；最先使用信息技术解决教学评价方面问题的有350人，占47.95%。这其中，被调查教师第一次大多选择解决一个以上的问题，其中解决教学方法、教学过程、教学内容方面问题的比较多，解决教学评价方面问题的相对较少，还有少部分被调查教师用信息技术解决其他方面的问题。

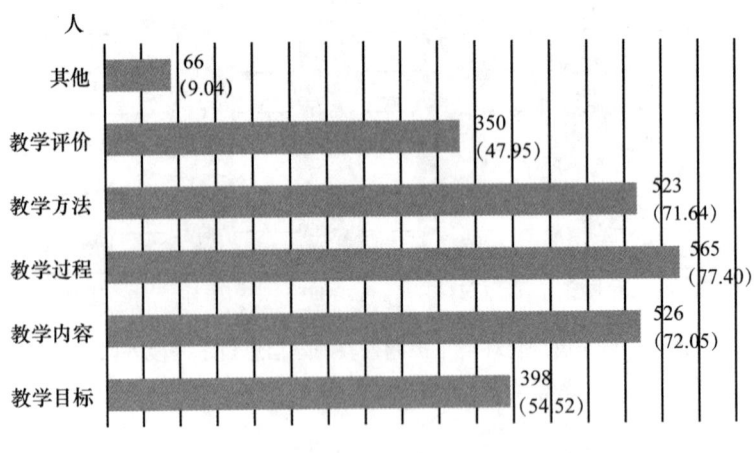

图10-45 被调查教师第一次使用信息技术解决哪方面问题

6. 不同着力点结合信息技术变革课堂的难易度

由图10-46可知，采用加权平均法进行计算之后发现，在教学目标、教学内容、教学过程、教学方法、教学评价五个方面，大部分教师认为信息技术最易与教学过程相结合以解决教学问题，其次分别为教学方法、教学内容、教学目标，最后是教学评价，与教学评价的结合低于其他四个方面，反映出教师在把教学评价与信息技术结合起来的难度较大，这方面还需不断探索。

7. 教师对要素驱动式课堂教学变革的意见和建议的关键词聚类

将被调查教师对要素驱动式课堂教学变革所提出的意见和建议进行关键词聚类分析，去掉与问题不相关的关键词后结果如图10-47所示。

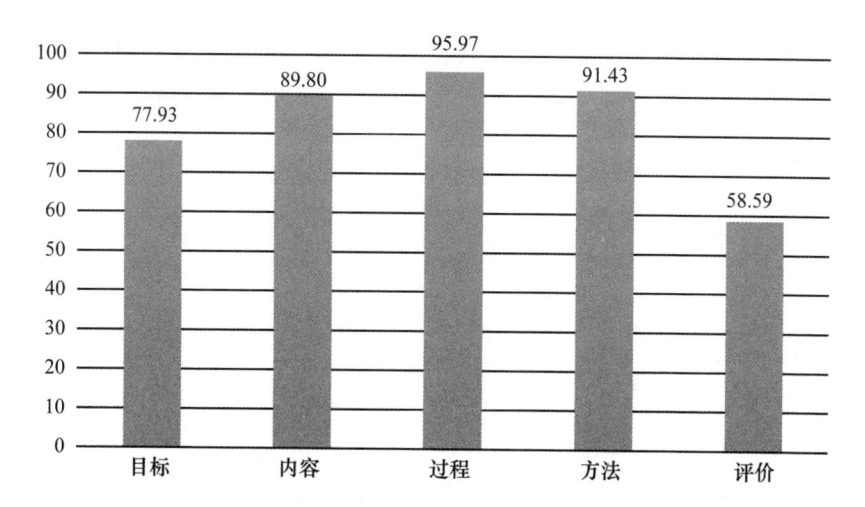

第十章 信息化环境下中小学要素驱动式课堂变革调查结果量化分析

图 10-46 被调查教师认为容易与信息技术结合起来变革教学的要素排序结果＊

＊本题为排序题，采用"加权平均法"进行统计。统计的结果为选项综合平均得分，反映的是选项的综合排名情况，得分越高表示综合排序越靠前。计算方法为：选项综合平均得分 = $\sum$ 频数×权数，其中，权数 = 选项被选次数/总被选次数。

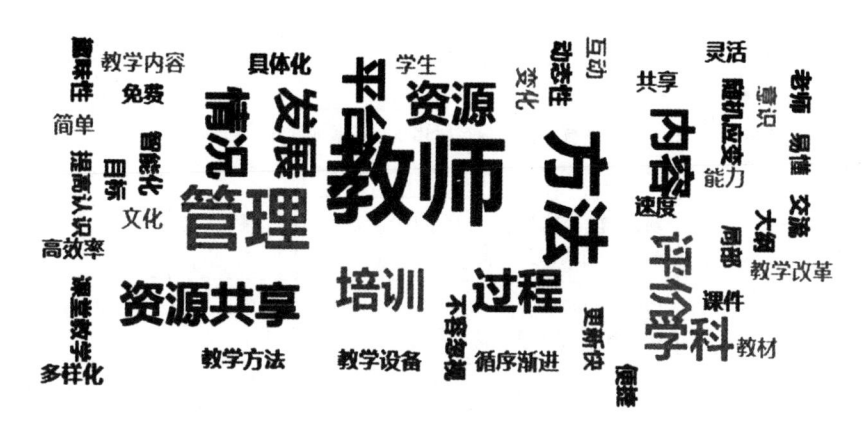

图 10-47 被调查教师对要素驱动式课堂教学变革的意见和建议关键词聚类

从图 10-47 可以看出，在被调查教师提出的意见和建议中关键词出现最多的是教师；其次是管理、方法；然后是资源共享、培训、发展、情况、平台、内容、过程、学科、评价、资源；最后是能力、交流等。这说明被调查教师认为要素驱动式课堂教学变革的关键在教师，对教师的管理和培训、教师的发展、教师教学所采用的方法等也起着重要作用，资源共享、教学平台的使用等也不容忽视。

8. 教师对要素驱动式课堂教学变革意见和建议的扎根理论分析

从扎根理论的研究方法来分析被调查教师的意见和建议，首先对被调查教师所提出的意见和建议资料进行一级开放编码，将原始材料进行比较、辨析，提取被调查教师对要素式驱动课堂变革意见和建议的初始概念，发现其包括学习、培训、教学、途径、手段、多样、共享、更新、使用、操作、性能、对象等方面（如表10-12所示）。

表10-12　　　　　　一级开放编码形成的概念

概念	原始材料
网络学习	多参加网络文化学习；加强网络学习；教师提高认识等
实践学习	多交流、多学习；多动手实践
平台学习	多提供一些平台让教师学习和运用
资源学习	建议每个教师都学习用信息化资源备课、上课
教师培训	建议多培训教师；建议多培训信息技术内容等
教学机智	课堂的随机应变能力；由易到难；多增加课件的动态性
教学活动	多开展趣味性活动；增强互动
教学内容	多用网络教学；加强智能化教学；增加课件的动态性
教学方法	结合当地实际；要改变教学方式方法
采取适合方法	结合班级实际情况，以教材大纲要求为准，采用适合的教学方法进行要素驱动式课堂变革
统筹兼顾	应注重过程和方法，结果不容忽视；课堂教学评价的操作要有利于学生和教师的共同发展
运用信息化	信息化高度运用，促进课堂改革，提高教学效率
改变评价体系	评价体系不变，那就没有意义了；改变评价体系
树立意识	要灵活多变，不可制式化；树立意识，循序渐进等
教学平台、内容、资源多样	信息化支撑课堂变革，教学平台需要便捷化，内容需要学科化，学科资源需要丰富多样化等

第十章 信息化环境下中小学要素驱动式课堂变革调查结果量化分析

续表

概念	原始材料
资源共享	教学资源共享；课堂资源共享；免费开放等
速度与效率	更新快，速度快；希望变革后多方联合，提高效率等
使用频率	经常使用等
简单方便	功能全，简单易懂，易操作；方便教学等
信息设备	希望电脑配置能跟上；希望有更多的教学设备；硬件必须到位等
教学管理、网络管理	加强教学改革管理；加强网络资源畅通管理等

得到由一级开放编码形成的概念后，二级主轴编码根据开放编码得到的概念进行归纳，合并整理重复的概念因素，形成类属和属性、维度，提炼出主轴范畴。寻找一级编码之间所存在的某种关系是其主要的方法，它们之间的关系包括因果、时间、类型、结构、功能、差异、过程、策略等，而将一级编码中的概念相互关联起来，便形成了二级编码中的主要范畴。如一级编码中的"网络学习""实践学习""平台学习""资源学习"等概念，从所涉及的活动中仔细分析可以发现，它们都指向了学习，涉及学习策略在要素驱动式课堂教师变革中的重要作用，因而在主轴编码中，将其设置为"教师"的属性。依照这样的方法，归纳出要素驱动式课堂教学变革相关概念与范畴，形成了12个二级主轴编码（如表10-13所示）。

表10-13　　　　　　　　　二级主轴编码

范畴	概念
学习	网络学习、实践学习、提供平台学习、资源学习
培训	教师培训
教学	教学机智、教学活动、教学内容、教学方法
途径	采取适合的方法、统筹兼顾
手段	运用信息化、改变评价体系、树立意识
多样	教学平台、内容、资源
共享	资源共享

续表

范畴	概念
更新	速度与效率
使用	使用频率
操作	简单方便
性能	信息设备
对象	教学管理、网络管理

三级编码是选择编码也是核心编码,是对二级编码中所涉及的概念范畴做出系统的分析,其选择的类属具有高度的概括性与统整性,能将其他的概念类属囊括其中,同时,根据核心类属的含义或者属性,补充不完整的成分。因此,在分析二级主轴编码的基础上,提炼出五个核心类属,分别是"教师""方法""资源""硬件""管理"。其核心类属与关联情况如表10-14所示。

表10-14 被调查教师对要素驱动式课堂教学变革的观点

核心类属	关联范畴	概念类属范例
教师	学习	网络学习、实践学习、提供平台学习、资源学习
	培训	教师培训
	教学	教学机智、教学活动、教学内容、教学方法
方法	途径	采取适合的方法、统筹兼顾
	手段	运用信息化、改变评价体系、树立意识
资源	多样	教学平台、内容、资源
	共享	资源共享
	更新	速度与效率
	使用	使用频率
硬件	操作	简单方便
	性能	信息设备
管理	对象	教学管理、网络管理

第十章　信息化环境下中小学要素驱动式课堂变革调查结果量化分析

综上所述，被调查教师认为，信息化环境下要素驱动式课堂变革主要在于教师、方法、资源、硬件和管理。除了教师自身学习外，还应多为教师提供学习资源和机会，从而增强教师信息化能力，提高教师的认识；应多培训教师，特别是有关信息技术内容的培训；教师在课堂上应随机应变，教学由易到难，多开展趣味性活动，增加课件的动态性，增强互动，多用网络教学，加强智能化教学，结合当地实际，改变教学方式方法。变革方法应结合班级实际，以教材大纲（课程标准）为准，采用适合的教学方法进行要素驱动式课堂变革；应注重过程和方法，有利于学生和教师的共同发展；高度运用信息化，促进课堂改革，提高教学效率；要灵活多变，不可制式化；树立意识，循序渐进。教学平台需要便捷化，内容需要学科化，学科资源需要丰富多样化；实现资源共享，课堂共享，免费开放；资源的更新速度要快，使用频率要高。硬件功能要全面、性能高，操作简单、方便教学。在管理方面，应加强教学改革管理，加强网络资源管理。

总体而言，被调查教师对课堂变革的驱动要素有着不同的见解，大部分教师对于课堂变革具有较好的执行力，也都愿意认为自己适合在实践中摸索变革，只有少部分教师认为，课堂变革需要全部统一规划好之后再进行。不同职位教师对于适合教师课堂变革的维度差异非常明显，校长和主任都不赞成全部想好后再变革课堂，只有少部分教师或其他职位的教师表示赞成；校长和其他职位教师更赞成从局部开始变革课堂；主任和教师赞成从某一个方面开始变革课堂。教师们对于各课堂教学变革的方向选择体现在各方面，其中选择从过程着手进行课堂变革的最多，选择从评价着手进行课堂变革的教师相对较少。教师第一次大多选择解决一个以上的问题，其中选择解决教学方法、教学过程、教学内容方面问题的最多，选择解决教学评价问题方面的相对较少。大部分教师认为信息技术最易与教学过程相结合用以解决教学问题，其次是将信息技术用于解决教学方法、教学内容、教学目标方面的问题，最后是与教学评价相结合，与教学评价的结合使用低于其他四个方面，反映出教师在把教学评价与信息技术结合起来使用方面的难度较大，还需不断探索。

实 践 篇

（四）信息化环境下 G 省中小学课堂变革的具体情况分析

1. 信息技术与教学目标相结合的具体情况

（1）信息技术与教学目标相结合的基本情况

由图 10-48 可知，对于是否将信息素养作为一个独立的目标来培养这个问题，近一半的教师表示同意（47.95%），还有较多的教师表示比较同意（45.07%），但也有一小部分教师对此表示不同意（6.99%）。由图 10-49 可知，大部分教师偶尔会将学生信息素养考虑进教学目标中，这部分教师的比例为 58.49%，经常会将学生信息素养考虑进教学目标中的教师占 37.12%，还有 4.38% 的教师表示不会考虑将学生信息素养的培养放入教学目标中。总的来说，被调查教师极大部分较为认同将信息素养作为独立目标，但在具体实施时，仍有很多教师只是偶尔将之考虑进教学目标。

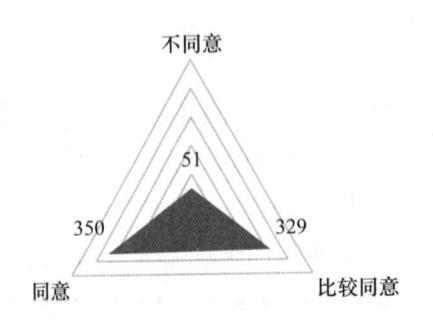

图 10-48 被调查教师对将信息素养作为一个独立目标培养的赞同度（人）

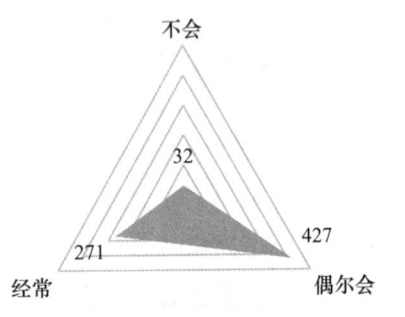

图 10-49 被调查教师将学生信息素养考虑进教学目标的情况（人）

（2）信息素养所包含的内容

图 10-50 反映了教师对学生信息素养组成的认知情况，有 85.75% 的教师认为学生信息素养应该包括信息意识，有 76.3% 的教师认为学生信息素养应该包括计算机思维，有 85.62% 的教师认为学生信息素养应该包括数字化学习与创新，有 77.81% 的教师认为学生信息素养应该包括信息社会责任。信息素养是多样化的，教师对此也有同样的感知。

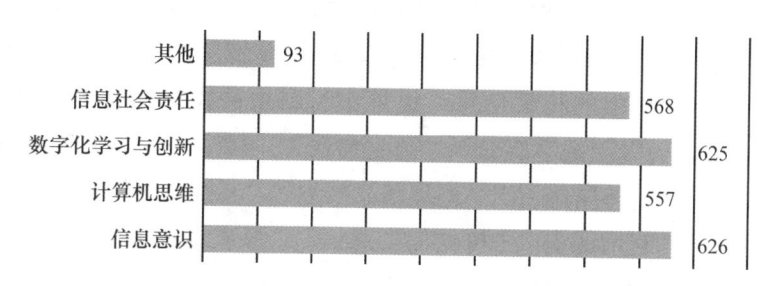

第十章 信息化环境下中小学要素驱动式课堂变革调查结果量化分析

图 10-50 被调查教师认为学生的信息素养所包含的内容（人）

- 其他：93
- 信息社会责任：568
- 数字化学习与创新：625
- 计算机思维：557
- 信息意识：626

（3）关于培养学生信息素养的意见和建议

将被调查教师在课堂上培养学生信息素养的关键词进行聚类分析，去掉与问题不相关的关键词后结果如图 10-51 所示。

图 10-51 被调查教师在课堂上培养学生信息素养的关键词聚类

从图 10-51 可以看出，被调查教师在课堂上培养学生信息素养的关键词出现最多的是意识；其次是资料和兴趣；然后是信息技术、网络和思维；最后是创新、分析、课堂、课件和讲解等。这说明被调查教师在课堂上培养学生信息素养的关键是对学生意识的培养，如兴趣意识、思维意识、创新意识、分析意识、信息意识、自我意识、学习意识等。教师和学生对网络资料的查阅、搜集和整理等也起着重要作用。同时，硬件配置、课堂教学、社会生活的结合等也不容忽视。

同样地，运用扎根理论中资料分析的方法，对被调查教师在课堂上培养学生信息素养所收集到的原始资料进行分解、检视、比较，整理、归纳出原始资料中的相关信息，提炼出材料中的概念，得出"教学讲解""教学内容""教学媒介""师生沟通""教学评价""激发兴趣""多样化学习""持续练习""整理信息资料""实践操作""培养思维""引导创新""利用课程""树立信息意识""形成信息素养"和"运用资源"共16个概念（如表10-15所示）。

表10-15　　　　　　　　　一级开放编码

概念	原始资料
教学讲解	进行教学的传授；言传身教；通过微课教学；讲解信息知识；演示、强调；引导；诱发式教学；老师讲解；欣赏图片和语言引导；循序渐进；严爱结合；进行教学传递；示范应用信息化教学，言语引导；积极用信息化手段教学；课前几分钟培养；贯穿于课堂教学之中；讲解信息技术的作用；掌握信息技术基础知识；在任务布置后进行检查；向学生讲述信息在教学中的作用与用途；信息素养与其他学科融合；渗透在课堂教学中；渗透在教学中；在教学中渗透给学生；教育渗透
教学内容	结合课堂内容；结合教学实际与学科内容；结合内容及实际进行培养；借助教学中所遇到的素材；在课堂上加入生活信息；抓住教学中的内容有机进行；理论与实践相结合；在教学过程中传授给学生；结合教学内容加以培养
教学媒介	利用PPT激发学生兴趣；课件；自己动手做课件；利用网络平台进行教育；使用多媒体；让学生会操作班班通，会利用网络平台进行互动和作业练习；课件，直观化；通过电子白板和信息教学；用电脑教学；利用多媒体教学；网络传播；微信；运用班班通；网络；多媒体；利用网络培训
师生沟通	师生互动；多和学生沟通；与学生互动；要求学生上网搜寻，由老师提供
教学评价	评价为主，鼓励；鼓励学生查资料
激发兴趣	尽量激发学生兴趣；兴趣意识；主要从兴趣着手；从兴趣开始；加强对学生信息技术的兴趣培养；引导学生对信息素养产生兴奋
多样化学习	集中学习；数字化学习；观察学习；知识联系信息化；自己在网上学；培养学生的自主能力；学生形成自我学习意识，积累学习经验；自主学习；培养学生的自主学习观；充分调动学生的主观能动性；让学生自主学习，自主探究

第十章　信息化环境下中小学要素驱动式课堂变革调查结果量化分析

续表

概念	原始资料
持续练习	课前收集信息；课中练习；学生课后练习；探究、互动；通过练习掌握方法；网上作业
整理信息资料	查阅资料、信息、新闻；让学生通过网络收集资料；多利用网络资源查询信息；分析所搜集到的信息；观看相关视频；上网查询；网络信息提取；安排学生查阅资料，注重指导学生对信息资料的收集，让学生通过课件展示探究成果；阅读、看新闻；培养搜集和处理信息的能力；结合所学，搜索最新信息；不懂的知识在网上查；在网上查找资料；课前搜集信息，课中表达和提取信息；培养学生获取信息，分析信息，抽象数据，联系当前实际等能力；让学生查资料；语文教学中教学生收集作文素材；通过上网查资料；利用信息手段查阅资料，制作个人学习计划
实践操作	培养操作能力；让学生多操作；让学生亲自操作；多实践；多读多做；实操、运用；实际操作；让学生自己动手，搜集资料，处理资料，偶尔自己制作PPT，自己操作，在作业完成后，拍照上传微信或QQ，进行检查，有时用手机批改备注；多让学生熟悉电脑；让学生多多接触使用多媒体技术；鼓励学生动手；多让学生积极参与；带领学生一起操作；学生实操、现场讲解；意识—思维—实践
培养思维	开动思维；以爱好为核心；学生作为课堂主体，发散创新思维；培养信息思维；独立思考；多思考；创新思维；认真听，多动脑筋；培养思维拓展能力；从不同的方面引导学生的思维；培养计算机思维
引导创新	学习与创新；培养创新意识；社会在发展，要学会学习；增强数字化学习与创新；引导创新
利用课程	利用信息课；用好信息技术课；信息课程；计算机课程；专业课程；开设计算机信息课；让学生感受其高效性
树立信息意识	培养大数据观念；培养信息素养意识；让学生在充分了解信息意识含义的基础上，培养自己的信息意识，注意知识的积累和知识结构的完善，把对信息的认识水平、价值发现、开发利用变成自觉的行动，久而久之，在潜意识里就会逐渐树立起信息意识；提高学生对信息技术教育的认识，思考怎样做一个现代化的人；结合生活实际、学习环境等联系信息技术的方便性，让学生自觉意识到信息技术是现在人们实现生活、学习更有效的手段
形成信息素养	通过多媒体等方法培养学生信息素养；从学科素养入手；多介绍信息知识，从而培养他们的信息素养；按照教学目标要求来培养学生的信息素养；培养兴趣、通过读报纸杂志、看电视、听广播、播放图片、视频等资料，让学生的信息素养得以养成
运用资源	资源共享，多学习；正确利用网络上好的学习资源；搜索学习资源，关注网络舆论；多应用网络资源

实践篇

初步了解教师在课堂教学中为培养学生信息素养而采取的措施,并根据16个一级开放编码所得到的概念,再次对概念进行类属、属性、维度等方面的归纳、整合,发展并且检验类属之间的关系,进一步挖掘、比较分析一级编码中所形成的概念,将16个开放性编码关联起来,形成8个范畴,得出二级主轴编码。如"教学讲解""教学内容""教学媒介""教学评价"等概念从其活动本质上说,都指向课堂教学,因此将其整理为"课堂教学"的范畴,其主要情况如表10-16所示。

表10-16　　　　　　　二级主轴编码

关联范畴	概念
课堂教学	教学讲解;教学内容;教学媒介;教学评价
沟通	师生沟通
兴趣	激发兴趣
学练	多样化学习、持续练习
实操	查阅、获取、分析信息;操作、实践
素养	培养思维;树立信息意识;形成信息素养
创新	引导创新
资源	利用课程;运用资源

三级选择编码则是从组成结构上再做进一步的归纳处理,探索发现组成主轴编码范畴的核心维度,从而形成关系结构(如表10-17所示)。

表10-17　　　　　　　三级选择编码

维度	关联范畴	概念类属范例
教师教学	课堂教学	教学讲解;教学内容;教学媒介;教学评价
	沟通	师生沟通
	兴趣	激发兴趣
	创新	引导创新
	资源	利用课程;运用资源
	素养	培养思维;树立信息意识;形成信息素养
学生学习	学练	多样化学习;持续练习
	实操	查阅、获取、分析信息;操作、实践

第十章　信息化环境下中小学要素驱动式课堂变革调查结果量化分析

课堂教学会受到多种因素的影响，但在构成课堂教学的基本要素中有教师、学生等。故而在三级选择编码中，将被调查教师的意见与建议分为教师教学与学生学习。在课堂教学、沟通、兴趣、创新、资源以及素养等二级主轴编码中都涉及了教师层面，因此将其整合为教师教学的维度。而学练、实操等涉及了学生学习的层面，于是将其归纳为学生学习的维度。从教师教学的维度来看，被调查教师认为，在教学过程中将信息知识、信息素养融合渗透到教学内容中进行讲解，并借助 PPT、电子白板、网络平台等信息化教学媒介来进行教学，重视教学评价，鼓励学生动手实践。同时也强调师生沟通，了解学生学习情况，及时查缺补漏教学知识。在教学过程中，需激发学生的学习兴趣，引导学生运用信息化知识进行创新。此外，要利用好信息课程，运用好网络学习资源，引导学生学会运用信息化资源进行共享、学习。培养信息化素养的关键在于培养学生的思维、意识，以形成信息素养。被调查的多数教师指出，在教学中以学生为主体，培养其发散思维、信息思维，树立大数据观念，信息化意识。而从学生学习的角度来看，则要组织学生开展集中学习、自主学习、观察学习等丰富多样的学习活动，并且在课前、课中、课后辅助相应的练习，通过练习掌握方法。与此同时，培养学生的信息素养需注重学生的动手能力，主张学生通过查阅、筛选、分析资料、实践操作等活动来培养信息素养。

（4）关于信息技术与教学目标结合起来变革课堂的意见和建议

将被调查教师对信息技术如何与教学目标结合起来变革课堂所提出的意见和建议进行关键词聚类分析，去掉与问题不相关的关键词后结果如图 10-52 所示。

从图 10-52 可以看出，在被调查教师提出的意见和建议中关键词出现最多的是教师和学生；其次是培训和手段；然后是多媒体、资源、学科和信息；最后是教学设备、资源共享、融合、备课和直观等。这说明被调查教师认为，将信息技术与教学目标相结合来变革课堂的关键在教师和学生；对教师的培训、教师教学的手段、教师对多媒体的使用、学生信息和学习资源的获取等也起着重要作用；资源共享、教学设备的合理使用等亦不容忽视。

根据扎根理论中资料分析的方法，对所收集到的资料进行三级编码。首先对原始材料进行一级开放编码。根据逐字逐句、逐行逐段的编码技

实践篇

图 10-52 变革课堂的意见和建议关键词聚类

法，尽量提取同一意义单位的初始概念，得出 12 个概念，其具体情况如表 10-18 所示。

表 10-18 一级开放编码

概念	原始材料
结合课标	结合课标与信息技术
结合现实	切合当代实际信息发展和变化情况，与大数据同步；根据实际情况适当运用信息技术；结合本校实际情况，整合学科
结合内容方法	教学内容与方法相结合
整合资源	整合资源共享；整合资源；合理利用信息技术资源
融合课堂	多思考融合，方便问题解决；加强融合；目标与手段，相互支持；有机整合；教学目标和多媒体相结合；信息与课堂相结合；与学科整合；信息与课堂相结合
利用工具设备	多媒体；设备要先进；提高班班通的使用率；硬件配备齐全；多点教学设备

第十章 信息化环境下中小学要素驱动式课堂变革调查结果量化分析

续表

概念	原始材料
改变教学理念	改变教学理念；从培养教师的变革意识和方法入手
改变教学模式	适当变化教学模式；实施丰富多彩的多媒体教学
个性化教学	针对性，个性化；教师要多学习，用新的教学形式面对新时代的学生
教师培训	加大培训力度；对教师进行培训；加大对教师的信息技术培训和考核；让专业教师进行培训；加强信息培养
利用信息技术	利用信息技术便捷、直观、集成性强的特点，促进目标高效实现；利用信息技术出示学习目标，使学生一目了然；积极用信息化手段进行教学；用信息技术给予学生正确引导
实践操作	多实践多操作；合理运用；理论联系实际，与实际相结合；加强应用

得到一级开放编码后，再次进行归纳整理，对其加以筛选、合并、分类，最后合成6个二级主轴编码，其具体情况如表10-19所示。

表10-19　　　　　　　　二级主轴编码

关联范畴	概念
统整内容	结合课标；结合实际；结合内容方法；整合资源；融合课堂
工具设备	利用工具设备
转变教学	改变教学模式；改变教学理念；个性化教学
培训	教师培训
信息技术	利用信息技术
实践	实践操作

最后，根据二级主轴编码系统分析、总结出关联范畴的联系，验证它们之间的关系，确保各核心范畴具有一定的统领性，从而使其结果囊括在合理的范围之内。因此，在三级选择编码中，总结出"资源""手段""教师"以及"运用"四个核心范畴。总结出被调查教师在将信息技术结合教学目标来变革课堂时所提出的意见和建议，其具体情况如表10-20所示。

表 10–20　　　　　　　　　　三级选择编码

核心范畴	关联范畴	概念
资源	统整内容	结合课标；结合现实；结合内容方法；整合资源；融合课堂
手段	工具设备	利用工具设备
	信息技术	利用信息技术
教师	转变教学	改变教学理念；改变教学模式；个性化教学
	培训	教师培训
运用	实践	实践操作

对被调查教师的意见与建议运用扎根理论进行分析，通过开放编码、选择编码后，得出了关联范畴，在六个关联范畴中，分别将统整内容归纳为"资源"的核心范畴，将工具设备、信息技术等归纳为"媒介"。"资源""媒介"等都是作为客观因素，表示在被调查教师将信息技术与教学目标相结合来变革课堂的意见和建议中，多数教师同意从这两个维度开展课堂教学的变革。除此之外，将转变教学、培训等作为"教师"的维度，从课堂教学的主体之一出发，分析信息技术与教学目标相结合来变革课堂教学的意见及建议。最后，在实践的环节注重实操运用，因此将其归纳为运用的维度。

从资源的视角来看，被调查教师认为需结合课标、结合现实、结合教学的内容与方法、整合相应的资源等措施，从而达到信息技术与教学目标相互融合、相互支持，信息技术与教学目标相结合的目的。从媒介来看，教师需利用好现代化的信息技术与设备，利用信息技术的便捷、直观特性，使教学目标高效实现。从教师的维度来看，教师可参加信息技术的相关培训与考核，增加教师自身的信息素养。同时，从教师教学的意识和方法入手，转变传统的教学理念与模式，将信息技术与课堂教学相结合，开展丰富多彩的多媒体教学，运用新的教学形式激发学生的学习兴趣，用个性化的教学形式来面对新时代的学生。从运用的角度来看，为了达成信息技术与教学目标相结合的目的，教师还需将信息技术运用到实际教学中，做到理论与实践相结合，增加运用信息技术的频率。

2. 信息技术与教学内容相结合的具体情况

（1）信息技术与教学内容的结合程度

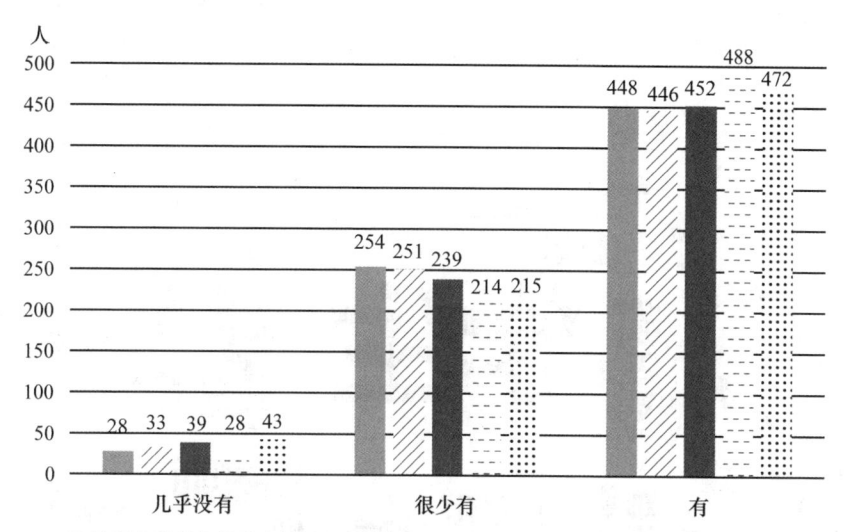

```
[柱状图]
纵轴：人，0—500
横轴分类：几乎没有、很少有、有

几乎没有：28、33、39、28、43
很少有：254、251、239、214、215
有：448、446、452、488、472
```

图例：
- ■ 被调查教师在教学中教授思考问题的过程与方法时与信息技术结合的程度
- ╱ 被调查教师在教学中处理事实性、概念性知识时与信息技术结合的程度
- ■ 被调查教师在教学中处理程序性、策略性知识时与信息技术结合的程度
- ╌ 被调查教师在教学中讲解与某种技能相关内容时与信息技术结合的程度
- ⋮ 被调查教师在教学中讲解与学生情感态度价值观相关内容时与信息技术结合的程度

图 10-53　被调查教师信息技术与教学内容的结合程度

图 10-53 总体上反映了信息技术与教学内容相结合程度的基本情况。我们将其中被调查教师在教学中结合信息技术的内容涵盖范围分为五个方面，这些基本上涵盖了通常所涉及的教学内容。第一，教授思考问题的过程与方法；第二，处理事实性、概念性知识；第三，处理程序性、策略性知识；第四，讲解与某种技能相关的内容；第五，讲解与学生情感态度价值观相关的内容。由图 10-53 可知，在所涉及的五个方面的教学内容中，被调查教师中的很大一部分人在各方面都时常与信息技术相结合，其比例达到 61% 以上；较少一部分人在各方面都很少与信息技术相结合，其比例在 34.79% 以下；很少一部分人在各方面几乎都不与信息技术相结合，其比例在 5.89% 以下。综合而言，在五个方面的调查中，每一方面与信息技术的结合程度都较为一致，差别不大，但是从

实 践 篇

比例上而言，还有一些教师在教学内容与信息技术的结合程度上不深入。

（2）对信息技术与教学内容相结合变革课堂的意见与建议

将被调查教师对信息技术与教学内容相结合变革课堂的意见和建议进行关键词聚类分析，去掉与问题不相关的关键词后结果如图 10 – 54 所示。

图 10 – 54　被调查教师对信息技术与教学内容相结合
变革课堂的意见和建议关键词聚类

从图 10 – 54 可以看出，被调查教师对信息技术与教学内容相结合变革课堂的意见和建议关键词出现最多的是学生；其次是培训；然后是教师、辅助和课堂；最后是目标、融合、设施、灵活、硬件和效率等。这说明被调查教师认为将信息技术与课堂内容相结合变革课堂的关键是学生，其次是对教师的培训和培训的效率、信息技术辅助课堂教学等，同时，硬件设施、新课标、新教材和教学方法等也不容忽视。

在调查结果收集好后，采用扎根理论资料分析方法，对材料进行三级编码，了解被调查教师对信息技术与教学内容结合起来变革课堂的意见和建议。首先是对原始材料进行一级编码，归纳、整理出 12 个相关的初级范畴（如表 10 – 21 所示）。

第十章 信息化环境下中小学要素驱动式课堂变革调查结果量化分析

表10-21 　　　　　　　　　　一级开放编码

概念	原始材料
筛选内容	充分学习，运用、筛选出有用的信息与符合当代要求的学习内容
展示内容	应用信息化，便于讲解，学生才会理解透彻；积极使用信息化教学；展示中心内容
了解科技	让学生了解科学技术的进步情况
结合学科特点	根据学科特点和学情加以灵活变化
知识可视化	让生硬的知识可视化；图文结合；设备先进，能显示出一些抽象的事物
收集资料	加强网络学习；搜索相关内容，大量阅读；搜集、多维度呈现教学内容
整合资料	整合资料；应很好地加以融合；丰富资源，方便教学；融会贯通；加大力度融入引导；深度融合
明确目标	明确目标，再结合
联系生活	运用于实际生活；与实际生活相联系
培训教师	多培训老教师；加强培训指导；多提供培训机会；先参加教师培训，学习新课标，新教材，新教法
信息平台	希望免费开放更多的数字信息平台
硬件设施	软件要便于操作；穿透渗入，技术辅助；硬件设施齐全；使信息技术为教学服务；硬件设施的配备；教学中充分利用信息技术；信息技术辅助教学；信息技术让教学内容展现得更快捷更完整；让信息技术成为教学内容必需的辅助手段

其次，根据12个初始概念再次进行二级主轴编码，形成6个主轴编码。如将"收集资料""整合资料"归纳在"资料"的核心范畴内。

表10-22 　　　　　　　　　　二级主轴编码

关联范畴	概念
内容	筛选内容；展示内容；了解科技；知识可视化；结合学科特点
资料	收集资料；整合资料
目标	明确目标
生活	联系生活
培训	培训教师
手段	信息平台
	硬件设施

实践篇

最后根据三级选择编码的要求，对各关联范畴进行分析、集中，形成相关的核心范畴，将调查结果囊括在三个范畴之内，即从材料、师资、方法三个维度对被调查教师所提供的意见和建议进行分析（如表10-23所示）。

表10-23　　　　　　　　　　　三级选择编码

核心范畴	关联范畴	概念
材料	内容	筛选内容；展示内容；了解科技；知识可视化；结合学科特点
	资料	收集资料；整合资料
	目标	明确目标
	生活	联系生活
师资	培训	培训老师
方法	手段	信息平台；硬件设施

经过一级编码与二级编码后，得出六个关联范畴。在最后的选择编码中，将核心范畴分为材料、师资、方法三个维度，被调查教师认为，将信息技术与教学内容相结合来变革课堂教学，首先，信息技术必须与教学材料相结合，信息技术要想与教学内容相结合，就需将其融合到教学材料中的各个方面，以内容、资料、目标、生活等为切入点进行融合。其次，将信息技术与教学内容相结合来变革课堂教学，离不开教师的实施，因此与教学材料融合后，需要师资作为教学实施的保障。最后，如何实施，则需要用相应的方法将信息技术与教学内容结合在一起，促进课堂教学的变革。

从材料的维度入手，精心筛选有用的信息与符合现当代需要的学习内容，并利用信息技术展示学习的中心内容，积极使用信息化教学，了解科学技术的发展状态，激发学生的学习兴趣，有利于学生透彻理解教学内容。同时，信息技术与教学内容结合需将知识可视化，图文结合，将生硬、抽象的教学知识形象地展示出来。此外，结合学科特点、结合学生具体学情，灵活采用教学方法。从资源的维度来看，可利用信息技术收集资料、整合资料，丰富学生的学习资源。同时也需明确教学目标，以教学目标为指导，使教学内容更具有科学性。同样地，教学内容还需运用信息技术紧密联系生活，引导学生将信息技术运用于实际生活。从师资来看，信息技术与教学内容的结合需开展多样的培训活动，提高教师专业水平。而从方法上看，被调查教师表示，信息技术与教学内容相结合也需要信息平台与硬件设施的支持，开放免费、便捷的信息平台，以有利于教师在教学过程中充分利用信息技术，从而达到信息技术与教学内容相结合的目的。

3. 信息技术与教学过程相结合的具体情况

（1）信息技术与教学过程的结合程度

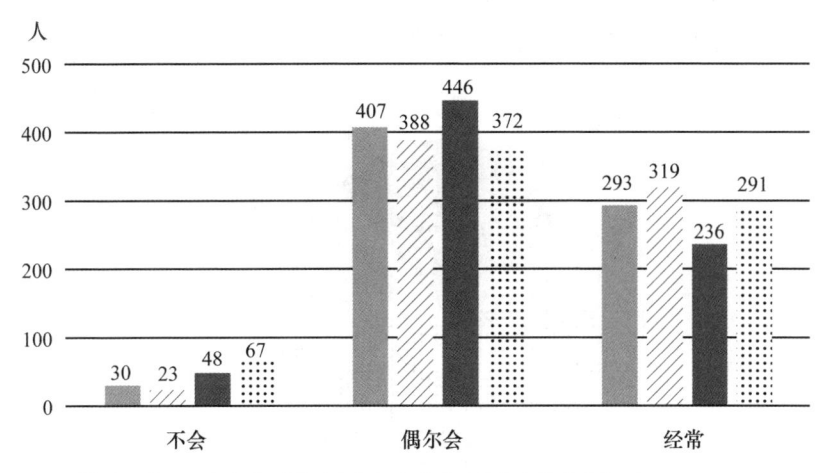

图 10-55 被调查教师信息技术与教学过程的结合程度

图 10-55 反映了被调查教师在教学中将信息技术与教学过程相结合的基本情况。教学过程包含了制作教学设计、呈现教学内容、课堂评价以及布置作业及反馈四个步骤。在制作教学设计时，有 55.75% 的教师表示偶尔会与信息技术结合，有 40.14% 的教师表示经常会与信息技术

结合，只有很少的教师表示不会与信息技术结合；在呈现教学内容时，有53.15%的教师表示偶尔会与信息技术结合，有43.7%的教师表示经常会与信息技术结合，只有很少的教师表示不会与信息技术结合；在课堂评价方面，有61.1%的教师表示偶尔会与信息技术结合，有32.32%的教师表示经常会与信息技术结合，只有很少的教师表示不会与信息技术结合；在布置作业并及时反馈方面，有50.96%的教师表示偶尔会与信息技术结合，有39.86%的教师表示经常会与信息技术结合，只有较少的教师表示不会与信息技术结合。由此可见，相比教学内容，将教学过程与信息技术结合的教师要少很多，很多教师表示只是偶尔会与信息技术结合。此外，教学过程中的各步骤，相比而言，课堂评价与其他三步骤的落差稍大，其他三者之间差别并不大。

（2）通过信息技术互动的注重程度

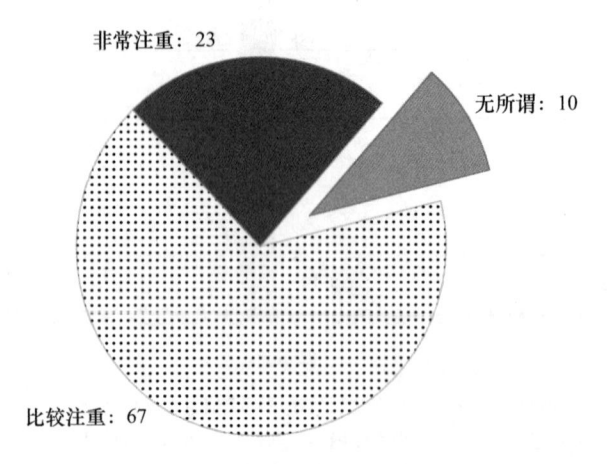

图10-56　被调查教师在教学中通过信息技术与学生或生生之间进行互动的注重程度（%）

图10-56反映了被调查教师在教学中通过信息技术注重与学生或生生之间进行互动的基本态度。由图10-56可知，非常注重在教学中运用信息技术与学生互动的教师并不多，占比为23%，对此表示无所谓的教师也较少，占10%，形成鲜明对比的是保持中立的比较注重这一态度，有67%的教师在教学中比较注重运用信息技术与学生进行互动。总而言

第十章　信息化环境下中小学要素驱动式课堂变革调查结果量化分析

之，多数教师对信息技术与学生互动的认可度较高。

对被调查教师在教学中通过信息技术注重与学生或生生进行互动的程度与基本情况的分析结果没有呈现出差异性。

（3）对将信息技术与教学过程结合来变革课堂的意见和建议

将被调查教师对信息技术与教学过程结合来变革课堂所提出的意见和建议进行关键词聚类分析，在去掉与问题不相关的关键词后结果如图10-57所示。

图10-57　被调查教师对信息技术与教学过程结合来变革
课堂意见和建议的关键词聚类

从图10-57可以看出，被调查教师对信息技术与教学过程结合来变革课堂所提出的意见和建议中关键词出现最多的是学生，其次是设施、辅助、高效、图片、老师、硬件、资源和手段；最后是转变观念、图文并茂、正确引导、专业人士、趣味性和实际性等。这说明被调查教师认为将信息技术与教学过程结合来变革课堂的关键在学生；同时，教师对硬件、设施和资源的合理应用，课堂的高效、直观和趣味性等这些因素也不容忽视。

同样采取扎根理论中资料分析方法对原始材料进行编码分析。首先进行的是一级开放编码，录入调查资料进行逐字逐句逐段编码，对其内容进行比较、辨析，从原始材料中发现初始概念。当然，为减少资料整理过程中个人主观性对结果的影响，尽量保持所选取材料的原始性。因此，在一级开放编码中，提取被调查教师对信息技术与教学过程结合所提出的意见与建议中的重要语句，将其概念化，其具体情况如表 10-24 所示。

表 10-24　　　　　　　　　　一级开放编码

概念	原始材料
丰富教学内容	加强了解；增加信息内容；注重实际性，不搞形式主义；运用信息技术，课堂的知识容量更大
利用信息化讲解	在教学过程中利用信息化，方便讲解和学生理解
图文结合	图文并茂；在教学过程中利用信息技术来帮助教学；有趣味性；利用图片、音频、视频复习旧知、创设情景引入新知，辅助概念理解
实践操作	理论与实践相结合；多运用；多进行操作性学习；应用于教学
运用好信息平台	作业可以用手机或电脑布置；多借助信息平台；用好多媒体；提高硬件设施；设备好用；信息技术方便、快捷、卫生；信息技术可以让教学高效，节约更多时间
增加培训	加强培训；正确引导
专业辅导	在变革中希望得到专业人士的指导
积极倡导	积极倡导运用信息技术教学
过程渗透	在教学过程中渗透；备课时有意识加入
新旧教学相结合	传统教学与网络教学相结合
转变教学观念	教师要转变观念，把教学过程与信息技术相结合
家长配合	家长是否配合很关键

其次，对一级开放编码中所形成的概念进行归类、综合以及提升从而形成关联范畴，其主要分布情况如表 10-25 所示。

表 10-25　　　　　　　　　　二级主轴编码

关联范畴	概念
教学内容	丰富教学内容；图文结合
信息平台	实践操作；利用信息化讲解；运用好信息平台
培训辅导	增加培训；专业辅导；积极倡导

第十章 信息化环境下中小学要素驱动式课堂变革调查结果量化分析

续表

关联范畴	概念
教学渗透	过程渗透
转变观念	新旧教学相结合；转变教学观念
家长支持	家长配合

最后，根据"教学内容""信息平台""培训指导""教学渗透""转变观念""家长支持"六个关联范畴进行归纳总结，使得核心范畴具有一定的概括性与统整性。因此，在二级主轴编码的基础上提炼出"内容""手段""教师"以及"家长"四个核心范畴，将被调查教师的意见与建议分为四个维度来分析。

表 10-26 三级选择编码

核心范畴	关联范畴	概念
内容	教学内容	丰富教学内容；简化程序；图文结合
	教学渗透	过程渗透
手段	信息平台	实践操作；利用信息化讲解；运用好信息平台
教师	培训辅导	增加培训；专业辅导；积极倡导
	转变观念	新旧教学相结合；转变教学观念
家长	家长支持	家长配合

三级选择编码得出的核心范畴分别为内容、手段、教师以及家长。首先，内容是信息技术与教学过程相结合进行课堂教学变革的基础，在课堂教学中，只有以内容为基础才能将信息技术贯穿于整个教学过程中。其次，手段作为信息技术与教学过程相结合的媒介，是其中不可缺少的要素。再次，教师在教学过程中充当主导者的角色，因此教师需通过转变观念、开展培训辅导等途径来提高师资水平。最后，家长的支持也是必不可少的一环，家长的配合促进家校形成巨大合力，从而推进信息技术与教学过程的融合，改革课堂教学。

从内容上看，需增加信息内容，注重教学内容的实际性，使教学知识更加丰富多样，并且在教学过程中利用信息技术来帮助教学，利用图文、音频、视频等信息技术复习旧知识、创设情景引入新知识，方便教师讲解内容，使学生容易理解知识，注重将信息技术渗透在整个教学过程中。从手段上看，运用好信息技术工具，利用好信息平台，方便教师讲解、学生理解。从教师本身来讲，可增加培训的次数，聘请专业人士进行辅导，转变传统的教学观念，将传统教学与网络教学结合起来变革课堂教学。从家长的角度来看，信息技术与教学过程相结合变革课堂教学，还需得到家长的支持，只有通过家长的配合，信息技术与教学过程相结合才能形成巨大的教育合力，促进课堂教学的变革。

4. 信息技术与教学方法结合的具体情况

（1）主要采用的教学模式

教学模式	人数
其他	78
基于网络课程的教学模式	284
基于APP移动终端的教学模式	257
基于翻转课堂的教学模式	206
基于微视频资源的教学模式	344
基于微课的教学模式	336
基于多媒体(PPT)的常规教学模式	625

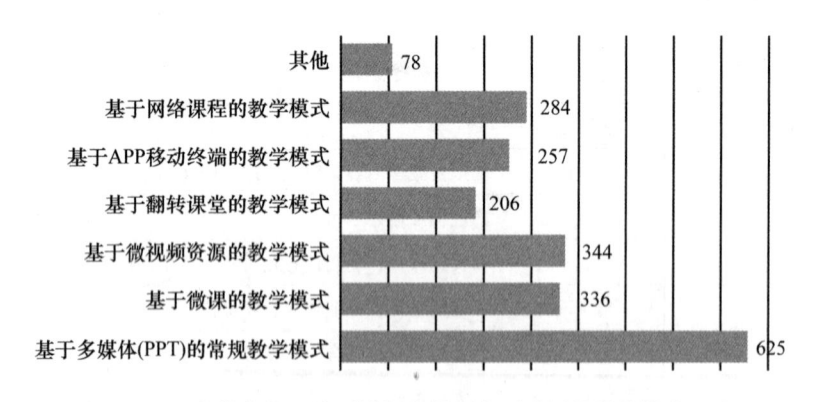

图 10-58 在信息化环境下被调查教师主要采用的教学模式（人）

由图 10-58 可知，在信息化环境下，被调查教师采用的教学模式是多样化的。在所调查的教学模式中，基于多媒体（PPT）的常规教学模式是教师们使用得最多的，有 85.62% 的教师使用了这个模式；基于微视频资源的教学模式排第二位，选择这一教学模式的教师比例达到了 47.12%，接下来分别是基于微课的教学模式、基于网络课程的教学模式、基于 APP 移动终端的教学模式和基于翻转课堂的教学模式。从图 10-58 中可以明显地看到教师对使用基于多媒体（PPT）的常规教学模式的选择远多于其他教学模式，说明了多媒体（PPT）使用的普适性，当然也在一定程度上反映出一些教师教学模式比较单一。

第十章 信息化环境下中小学要素驱动式课堂变革调查结果量化分析

（2）信息技术与教学策略的结合情况

```
没有与信息技术相结合                    6.58
利用APP教学平台数据进行教学策略的调整    33.84
通过QQ、微信等通信手段与学生进行
交流了解，从而改进教学策略              52.33
其他                                    7.26
```

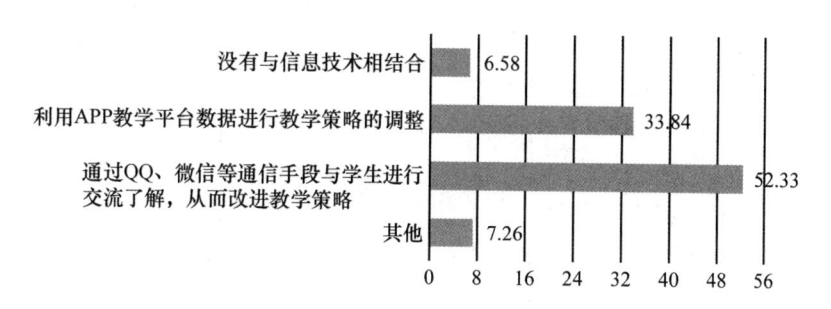

图 10-59　被调查教师在教学策略上与信息技术结合的情况（%）

图 10-59 反映了被调查教师在教学策略上与信息技术相结合的基本情况，我们对教师在教学策略上与信息技术结合最新、最常用的形式进行了区别，分别为利用 APP 教学平台数据进行教学策略的调整，以及通过 QQ、微信等通信手段与学生进行交流了解，从而改进教学策略。图 10-59 中的数据显示，有 52.33% 的教师通常运用 QQ、微信等通信手段与学生进行交流，从而改进教学策略，还有 33.84% 的教师利用 APP 教学平台数据进行教学策略的调整，还有很少的教师在教学策略上是没有与信息技术结合的。我们可以看出，教师在教学策略上与信息技术的结合略显单一，但是与信息技术结合起来教学很容易进行，比较方便。

（3）信息技术与教学手段的结合情况

图 10-60 反映了被调查教师在教学手段上与信息技术相结合的基本情况。我们将教学手段与信息技术结合分为常见的四种：第一种，通常用 PPT 来呈现教学内容；第二种，通常用动画、视频来激发学生的学习兴趣；第三种，通常用播放音频来渲染营造环境气氛；第四种，通常用虚拟现实的方式来营造真实情境以增强现实感。由图 10-60 可知，有 55.89% 的教师常用 PPT 来呈现教学内容，远高于其他教学手段，有 24.38% 的教师通常用动画、视频来激发学生的学习兴趣，有很少的教师选择使用余下的教学方式，没有与信息技术结合进行教学的教师特别少。综合而言，相比其他模式，被调查教师更喜欢使用 PPT 这种教学手段。

实 践 篇

其他 4.38
通常用虚拟现实的方式来营造真实情境以增强现实感 3.97
通常用播放音频来渲染营造环境气氛 7.95
通常用动画、视频来激发学生的学习兴趣 24.38
通常用PPT来呈现教学内容 55.89
没有与信息技术相结合 3.42

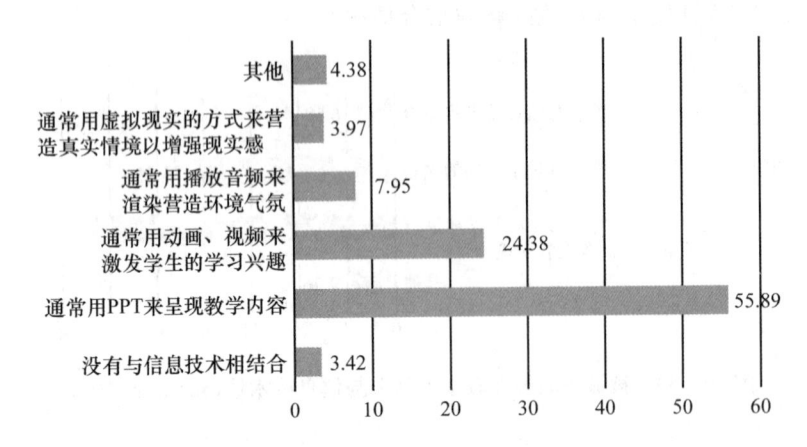

图 10 - 60　被调查教师在教学手段上与信息技术相结合的情况（%）

（4）教学方法体现信息技术的情况

其他 4.79
通常用视听综合型的教学方法，如影视、曲艺导入、动画展播来进行教学 16.58
通常用听觉型的教学方法，如音乐法、故事法、吟诵法来进行教学 17.12
通常用视觉型的教学方法，如思维导图、图片展示、实物观赏来进行教学 57.40
没有与信息技术相结合 4.11

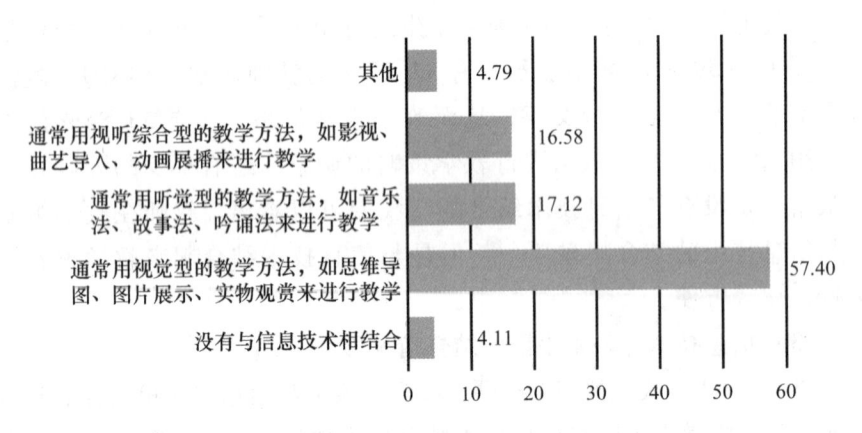

图 10 - 61　被调查教师在教学方法上体现信息技术的情况（%）

图 10 - 61 反映了被调查教师在教学方法上与信息技术相结合的基本情况。我们将教学方法与信息技术的结合分为三种常见的形式：第一种，通常用视觉型的教学方法，如思维导图、图片展示、实物观赏来进行教学；第二种，通常用听觉型的教学方法，如音乐法、故事法、吟诵法来进行教学；第三种，通常用视听综合型的教学方法，如影视、曲艺导入、动画展播来进行教学。由图 10 - 61 可知，通过将第一种视觉型的教学方法与信息技术结合的教师最多，占比达到 57.4%。而采用余下两种方法

第十章 信息化环境下中小学要素驱动式课堂变革调查结果量化分析

的教师相差不多，占比差别不超过1%，也都不算高，只在17%左右。由此可见，教师们在教学方法与信息技术结合的选择上更偏向于直观简单的视觉型。

（5）教学方式体现信息技术的情况

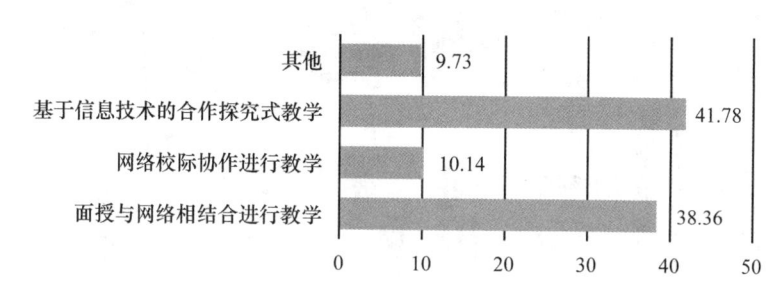

图10-62 被调查教师在教学方式上体现信息技术的情况（%）

图10-62反映了被调查教师在教学方式上所体现出的信息技术的基本情况。我们将教学方式与信息技术的结合分为三种常见的情况：第一种，将面授与网络相结合进行教学；第二种，采用网络校际协作进行教学；第三种，基于信息技术的合作探究式教学。由图10-62可知，选择基于信息技术的合作探究式教学的教师最多，占比为41.78%，其次是采用面授与网络相结合进行教学，占比为38.36%，选择采用网络校际协作进行教学的占比较低。

（6）关于信息技术与教学方法相结合的意见与建议

将被调查教师对信息技术与教学模式、教学策略、教学手段、教学方法、教学方式相结合来变革课堂所提出的意见和建议进行关键词聚类分析，去掉与问题不相关的关键词后结果如图10-63所示。

从图10-63可以看出，被调查教师对信息技术与教学模式、教学策略、教学手段、教学方法、教学方式相结合来变革课堂的意见和建议关键词出现最多的是内容；其次是手段、业务、学生、效果、网络、课件以及课堂教学；最后是多样化、资源整合、可操作性、有意识、免费和高效等。这说明被调查教师认为信息技术与教学模式、教学策略、教学手段、教学方法、教学方式相结合来变革课堂的关键是内容，如课堂教学的内容、网络内容、内容的关联性，使用内容的手段、课件内容的效

实践篇

图10-63 被调查教师对信息技术如何与教学模式、教学策略、教学手段、教学方法、教学方式相结合来变革课堂的意见和建议关键词聚类

果等；其次是教师信息技术业务能力、充分利用信息技术手段等；同时，教学资源和课堂内容多样化、覆盖面要广、可操作性要强，课堂教学轻松、高效等因素也不容忽视。

对这一问题同样采用扎根理论资料分析的方法，对被调查教师所提出的意见与建议进行一级开放编码，总结、归纳出15个概念，其具体情况如表10-27所示。

表10-27　　　　　　　　　一级开放编码

概念	原始材料
结合使用	希望这几者有机结合起来，更好地为教学服务；必须将它们统一在一起；使其覆盖面更广；只有充分利用，效果才会更好；根据需要将其有机结合起来，进行集合使用；利用课件制作展现内容，根据学生思维特点调整内容呈现顺序，采用易于接受的图文、音频、视频授课；整合教学
综合运用	能综合应用最佳；多使用；尝试应用；多开展活动；教学模式不拘一格
结合实际	尽量与时俱进

第十章 信息化环境下中小学要素驱动式课堂变革调查结果量化分析

续表

概念	原始材料
多样操作	实现多样化和可操作性
加强学习	加强信息技术的学习；多学习
提升能力	多开展培训学习；提升业务能力；提高教师信息技术业务
整合资源	资源整合；建议多一些免费的好的教学资源提供
融合学科	能够多融入不同的学科
图文结合	理论与实践结合，图文并茂；怎么具体方便，就怎么使用
结合学情	结合学生实际情况，因材施教；符合小学生特点
渗透教学	一步一步渗透；多用网络教学；把信息技术贯穿于整个教育教学活动中
结合教学目标	以教学目的为准，精简为要
结合信息技术	积极采用多种现代技术来支撑课堂教学；教学与信息技术相结合
合作探究	运用合作探究的方法
教学评价	从这几方面入手评价很好

随后，根据一级开放编码所得出的概念进行二级主轴编码，确认原始材料中的概念，再次进行整合，理清被调查教师对信息技术与教学模式、教学策略、教学手段、教学方法方式等结合来变革课堂的意见和建议，进一步进行比较分析，归纳总结，从而形成更大范围的关联范畴。因此，形成了六个二级主轴编码，其具体过程如表10-28所示。

表 10-28　　　　　　　　　二级主轴编码

关联范畴	概念
综合教学	结合使用；综合运用；结合实际；多样操作；结合教学目标；渗透教学
专业水平	加强学习；提升能力
整合资源	整合资源；融合学科；图文结合；结合学情
结合技术	结合信息技术
合作	合作探究
评价	教学评价

实 践 篇

最后,根据二级主轴编码所得到的关联范畴,再次进行归纳总结,形成三个核心范畴,从"内容""教师",以及"方法"维度分析被调查教师的意见和建议(如表 10-29 所示)。

表 10-29　　　　　　　　　三级选择编码

核心范畴	关联范畴	概念
内容	综合教学	结合使用;综合运用;结合实际;渗透教学;结合教学目标;多样操作
	整合资源	整合资源;融合学科;图文结合;结合学情
教师	专业水平	加强学习;提升能力
	合作	合作探究
	评价	教学评价
方法	结合技术	结合信息技术

在三级选择编码中,将综合教学、整合资源等关联范畴归纳为"内容"的核心范畴,在信息技术与教学模式、教学策略、教学手段、教学方法、教学方式相结合来变革课堂的意见和建议中,内容作为其中一个重要的要素受到被调查教师的高度关注。而教师是其重要的主导者,因此教师的专业水平、合作、评价等都受到了被调查教师的关注。最后,在方法维度上,结合信息技术,将其融合到教学模式、策略、手段、方式方法中去。由此,可从内容、教师、方法三个维度进行分析。

从内容的维度来看,被调查教师认为教学模式、教学策略、教学手段、教学方法、教学方式都需结合使用,以更好地为教学服务,并且信息技术不拘泥于单一的教学模式,结合教学目标、实际生活、学生具体情况,将信息技术融入教学内容中,实现课堂教学的多样化与可操作。同时,整合资源,将信息技术融合在学科知识中,将图文结合在一起,使抽象的知识变得具体化,在实施过程中实现课堂教学的变革。而从教师的角度来看,教师可通过加强自身的学习,提升教师的专业水平,紧密联系各教师之间的合作探究,使得信息技术能够真正融入教学模式、教学手段、教学方式方法中。同时,可从教学模式、手段、方式方法等方面入手，评价信息技术所带来的课堂变革情况。最后，从方法的维度来看，应利用信息技术支撑课堂教学，从而使信息技术渗透于整个教学活动中。

5. 信息技术与教学评价相结合的具体情况

（1）课前运用信息技术手段进行评价的情况

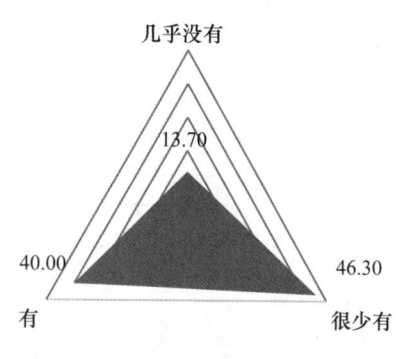

图 10-64　被调查教师在课前应用现代信息技术手段对学生进行诊断性评价的程度（%）

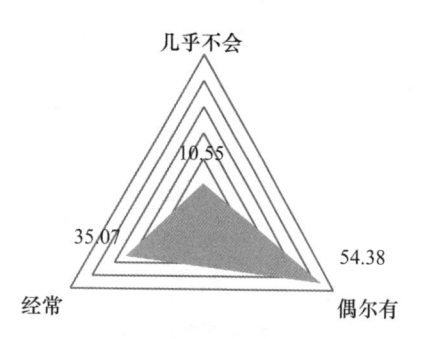

图 10-65　被调查教师在课前应用现代信息技术手段对教学内容进行选择或评价的情况（%）

图 10-64 与图 10-65 反映了被调查教师在课前运用信息技术对学生进行评价的基本情况。由图 10-64 可知，在课前使用现代信息技术手段对学生进行诊断性评价的教师并不是很多，占比为 40%，不足一半，相比较而言，很少进行诊断性评价或几乎没有进行诊断性评价的教师达到 60%，当然几乎没有进行诊断性评价的教师还是比较少的。这说明很多教师意识到需要在课前对学生进行诊断性评价，但在实际操作的过程中却很少运用。由图 10-65 可知，与课前诊断性评价趋势相同，偶尔在课前应用现代信息技术手段对教学内容进行选择或评价的教师最多，占比达到 54.38%，经常运用的教师相比要少很多，占比为 35.07%。综合两者而言，在课前使用信息技术的情况并不是很普遍，还有很多教师只是偶尔使用。

（2）课中运用信息技术手段进行评价的情况

由图 10-66 可知，有 44.11% 的教师在课中运用现代信息技术手段对学生进行诊断性评价，占比将近一半，但还有45.21%的教师很少使用信息技术手段对学生进行诊断性评价。在对学生进行诊断性评价中，教师运用现代信息技术手段的状况与课前的诊断性评价保持一致性。由图10-67可知，在课中对学生进行诊断性评价的方式常见的有四种：第一种，纸质版随机评价；第二种，线下表格评价；第三种，在线评价（有专用的平台）；第四种，电子版随机评价，这四种评价方式呈递减趋势。可以明显地看出，运用信息技术对学生进行诊断性评价的教师确实比较少。

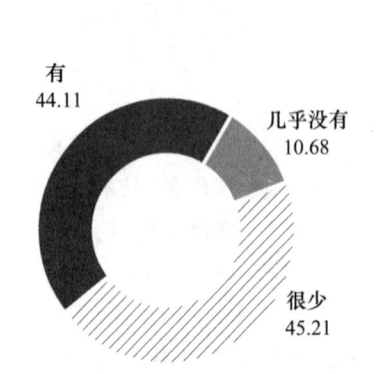

图10-66 被调查教师在课中应用现代信息技术手段对学生进行诊断性评价的程度（%）

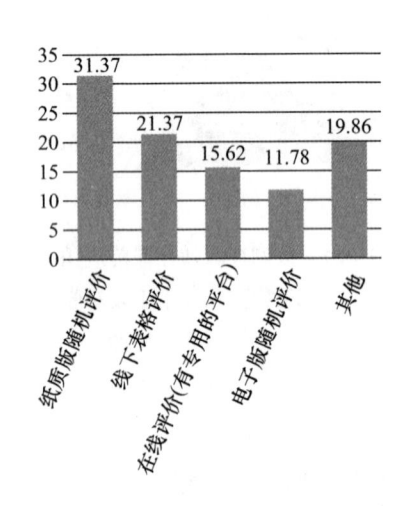

图10-67 被调查教师在课中应用现代信息技术手段对学生进行诊断性评价的方式（%）

（3）课后运用信息技术手段进行评价的情况

由图10-68可知，有43.56%的教师在课后运用信息技术手段对学生进行结果性评价，占比将近一半，还有43.97%的教师很少使用信息技术对学生进行结果性或启发性评价，这两者的占比不相上下。在对学生进行结果性或启发性评价中，教师运用现代信息技术手段的状况与课前以及课中的诊断性评价保持一致。由图10-69可知，有一半多的教师在课后会应用现代信息技术手段进行教学总结、教学反思，有38.49%

第十章　信息化环境下中小学要素驱动式课堂变革调查结果量化分析

的教师很少在课后进行教学总结、教学反思，还有 8.63% 的教师几乎没有进行教学总结、教学反思。综合图 10-64 至图 10-69 可以看出，在学生评价方面运用现代信息技术手段的教师并不是很多，在课前、课中、课后都体现出一致性。

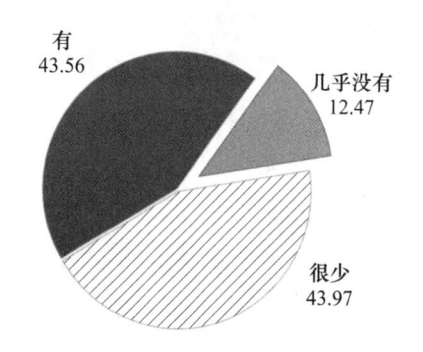

图 10-68　被调查教师在课后应用现代信息技术手段对学生进行结果性评价或启发性评价的情况（%）

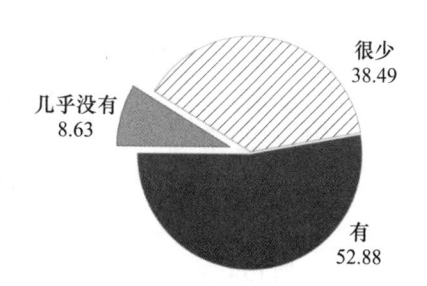

图 10-69　被调查教师在课后应用现代信息技术手段进行教学总结、教学反思的情况（%）

（4）对信息技术与教学评价结合起来变革课堂的意见与建议

将被调查教师对信息技术与教学评价结合起来变革课堂提出的意见和建议进行关键词聚类分析，去掉与问题不相关的关键词后结果如图 10-70 所示。

从图 10-70 可以看出，被调查教师对信息技术与教学评价结合起来变革课堂的意见和建议关键词出现最多的是学生和教师；其次是培训、利用和多用；然后是教学资源、优质、发展、教学内容、直观、形象和能力等；最后是一步一个脚印、努力学习、与时俱进、网络资源、熟能生巧、资源共享和逐步完善等。这说明被调查教师认为信息技术与教学评价结合起来变革课堂的关键是学生和教师，学生学习的方法和能力、信息技术和优质资源的使用频率、对教师的培训、教师的形象；其次是优质精准的教学资源和内容；同时，教学资源的智能化、多样化、系统化、资源共享等因素也不容忽视。

在收集到被调查教师的意见与建议后，本书对材料进行了一级开放

实践篇

图 10-70 被调查教师对信息技术与教学评价结合起来变革课堂意见和建议关键词聚类

编码，即对原始材料进行分析、概念化，通过整理归纳，得出 10 个概念（如表 10-30 所示）。

表 10-30　　　　　　　　　一级开放编码

概念	原始材料
技术服务评价	将信息技术与教学评价相结合；希望信息技术更好地为教学评价服务；采用信息技术与教学评价相结合的方法学生易懂；利用数据信息技术进行分析评价
结合技术平台	有的评价 APP 很好用；需要合适的技术平台来支持；在以后的教学中多用网络平台；把信息技术带到课堂上来；希望信息技术越来越好，能够很好地辅助教师进行合理的教学评价
结合生活实际	以后尽量与时俱进
加强培训	加强培训力度，提高综合能力；加强培训；多进行信息化使用培训，只有让教师能完全操控使用，才能谈改进；信息技术教师应经常对其他教师进行信息技术知识培训；多学习
形式多样化	形式应多样化；方便评价；不要局限于程序化或固有模式而形成刻板印象
激发学生兴趣	让教学评价更加注重引起学生的注意，增强刺激；合理应用信息技术，提高学生的学习兴趣

第十章　信息化环境下中小学要素驱动式课堂变革调查结果量化分析

续表

概念	原始材料
教学资源	多一些免费、优质的教学资源给我们偏远乡村学校；网络资源能实时共享
结合课程	信息技术要多与不同的课程结合
形象具体	怎么形象具体方便，就怎么用；直观、便捷；运用信息技术使教学评价更直观、形象、精准
评价记录	建立学生个人评价和折线统计图；希望能细化到每一位学生的各个方面

二级主轴编码则继续对之进行分析概括，在一级编码所形成的概念基础上发展、建立概念或类属之间的联系，找出资料中各部分之间的关系，根据相似关系、类型关系等方式建立联系，形成关联范畴，从而形成7个关联编码，具体情况如表10-31所示。

表10-31　　　　　　　　　二级主轴编码

关联范畴	概念
结合技术	技术服务评价；结合技术平台
教师培训	加强培训
评价形式	评价形式多样化；形象具体
学生兴趣	激发学生兴趣
结合内容	教学资源；根据内容选择；结合课程
联系生活	结合生活实际
学生记录	评价记录

最后，根据所得到的关联范畴再次进行归纳整理，合并同类项，最终形成了评价条件、评价内容、评价主体三个维度，其具体过程如表10-32所示。

表 10-32　　　　　　　　　三级选择编码

核心范畴	关联范畴	概念
评价条件	结合技术	技术服务评价；结合技术平台
评价内容	评价形式	形式多样化；形象具体
	结合内容	教学资源；结合课程；根据内容选择
	联系生活	结合生活实际
评价主体	学生记录	评价记录
	学生兴趣	激发学生兴趣
	教师培训	加强培训

　　课堂教学评价的导向是育人，它以课堂教学为载体，以课堂教学实施过程中的师生交往活动为对象，旨在通过对师生间的认知交往与情感交流所实现的文化传承以及育人目标进行价值判断，从而对教学活动进行反思和改进，促进教学质量的提升。因此，通过三级编码后发现，在信息技术与教学评价相结合的意见与建议中，多数教师将观点聚焦在评价条件、评价内容与评价主体上。

　　首先，从评价条件来看，在将信息技术与教学评价结合起来变革课堂教学时，需注意信息技术平台的配合，利用信息技术分析教学评价，从而获得比较科学、客观的结果。其次，从评价内容来看，信息技术需结合具体的教学内容、教学资源、结合各课程，选择合适的评价方式，评价的形式也可通过信息技术的运用而变得形象具体，使教学评价在信息技术的支撑下变得更直观、形象、精准。同时，评价形式可多样化，摆脱传统教学评价的刻板印象。此外，需结合现实生活，与时俱进，增强教学评价的生动性。最后，从评价的主体来看，可借助信息技术设立学生评价记录表，准确了解每位学生的变化，使教学评价更加直观明了。与此同时，在信息技术的支持下，利用教学评价提高学生的学习兴趣。而从教师主体来看，需增加教师的培训机会，提高教师的专业水平，使教师能娴熟地运用信息技术进行教学评价，推动课堂教学的变革。

　　总的来讲，经过利用扎根理论分析教师对要素驱动式课堂教学变革的意见和建议，可以发现教师针对信息技术变革课堂所提出的意见与建

第十章 信息化环境下中小学要素驱动式课堂变革调查结果量化分析

议都离不开教师与学生、教学内容、技术平台等要素。在运用扎根理论分析的过程中，在信息技术与教学目标、内容、过程、方法以及评价相结合的过程中都离不开教师与学生的配合。从教师的角度来看，多数被调查教师认为，增加与专业相关的信息化培训可提高教师自身的专业水平，有利于教师将信息技术融于课堂教学，从而培养学生的信息素养。而在学生方面，则可增加学生的实践操作机会，使学生拥有较多的动手机会，锻炼学生运用信息技术的能力，从而使学生在操作过程中增强信息素养，达到变革中小学课堂教学的目的。从内容要素来看，多数被调查的教师认为，信息技术需与教学内容紧密联系在一起，通过信息技术统整课堂内外的教学资源与课程资源，整合系统的教学材料，充实课堂教学内容，利用信息技术将图文相结合，丰富教学内容，激发学生的学习兴趣，使信息技术能与教学目标、内容、过程、方法与评价结合起来，从而培养学生的信息意识与信息素养。除此之外，信息技术与教学相结合，同样离不开技术与平台的支持。信息技术与信息化平台为教学提供了物质基础，被调查教师认为，用信息技术变革课堂教学，应将教学目标、内容、过程、方法以及教学评价与信息技术结合起来，只有提供相应的信息化条件，教学才能与信息化相结合，进一步加强对学生信息素养的培养。

第十一章 信息化环境下中小学要素驱动式课堂变革调查结果质性分析

为了深入、具体地把握信息化环境下中小学要素驱动式课堂变革的现实状况,除了运用量化分析的方式对官方统计数据和以问卷调查所获取的数据信息进行统计分析外,我们还运用质性分析的方式对访谈数据和现场采集的课堂实例进行分析和阐释,由此形成相互依赖、相互佐证的论证框架。

第一节 基于访谈的数据处理与分析

该部分主要通过访谈的方式,对 G 省中小学教师和学生进行深度调查,由此进一步把握教师和学生在信息化环境下中小学要素驱动式课堂变革中的具体表现情况,由此获取的数据信息能对问卷调查中难以预设的问题形式加以有效补充。

一 对教师访谈数据的处理与分析

本次访谈了包括 g 市、t 市、a 市、b 市在内的城市学校和乡镇学校的 15 位教师。为了方便访谈结果的整理与分析,笔者把访谈教师依次编号为 J1、J2……J14、J15。访谈数据的整理与呈现方式多种多样,本书主要以问题为主线来整理和呈现访谈结果,这种整理形式的优势在于简洁、明了、方便进行整理、学者可以快速了解访谈问题的结果。对访谈数据的处理与分析,一是呈现了这 15 位教师的基本信息,以对他们的性别、教龄、学科、学段、区域有一个大致的把握,这也更容易发现不同

第十一章 信息化环境下中小学要素驱动式课堂变革调查结果质性分析

教师之间因基本信息不同而导致的差异。二是划分了分析维度（主要是从信息化背景下课堂教学要素变革的选择情况、融合情况，具备条件三个方面进行整理与分析），这能让主线脉络清晰，以排除旁支末节的干扰。经过这样处理与分析，能更好地了解信息化环境下课堂教学变革的现实情况。

（一）访谈教师的个人基本信息

访谈教师的个人基本信息主要是从教师的性别、教龄、学科、学段和区域五个方面展开描述，详细数据如表 11-1 所示。

表 11-1　　　　　　访谈教师的个人基本信息

名称	性别	教龄（年）	学科	学段	区域
J1	女	11	数学	小学	城市
J2	女	0.5	美术	小学	乡镇
J3	女	7	英语	小学	城市
J4	男	21	地理	初中	乡镇
J5	女	3	语文	小学	城市
J6	男	12	英语	初中	乡镇
J7	女	0.5	语文	小学	城市
J8	女	22	数学	小学	城市
J9	女	9	语文	小学	城市
J10	男	7	化学	初中	乡镇
J11	男	5	信息技术	小学	乡镇
J12	男	31	物理	初中	乡镇
J13	男	19	语文	小学	乡镇
J14	男	36	语文	小学	乡镇
J15	女	2	语文	高中	乡镇

从表 11-1 中可以看出，本次访谈的教师在年龄、性别、学科、学段以及区域上都存在着不同程度的差异。正是这些差异导致了四个方面的不同。

(二) 城市学校和乡镇学校所具有的信息技术设备情况

上文已叙述,被调查教师所在学校的基本信息设备较为齐全,且大部分无较大差异,主要有计算机、多媒体教室、校园网、交互式电子白板以及投影仪,其中计算机与多媒体教室设备的配置率达到94%以上,配置校园网、交互式电子白板以及投影仪的学校分别达到59.45%、64.25%、76.58%,这与我们通过教师访谈得出的数据基本一致,即无论是城市学校还是乡镇学校都普遍配置了信息技术设备。J11教师说道:"我们县是从2014年开始要求将信息技术设备投放到每个学校的,包括一些乡村小规模学校。在2014年里,信息技术设备就普及每个学校了。而且设备的价格还有点昂贵,大概每套6万元左右。"从J11教师的话中我们能看出两个方面的信息:第一,各级学校都有了信息技术设备,信息技术设备的投放基本覆盖了所有学校;第二,政府在信息技术与课堂教学的融合上决心坚定,即使投放设备的造价和数量不菲,也仍坚持落实到每个学校。对城市学校和乡镇学校之间信息技术设备的配备情况,上文的问卷中已有涉及,我们在访谈部分之所以再次提及是因为得到了不同于问卷的内容,也是这一节要重点阐释的内容:乡镇学校的信息技术设备未成系统性和学生自我的信息技术设备落后。

乡镇学校的信息技术设备未成系统性是指各个乡镇学校之间所使用的信息技术设备软件不同,即A学校使用A类软件,B学校使用的却是B类软件。J11教师说:"目前在我们县做得最好的那个学校的软件是某个公司具体承包的,它涉及课堂教学要素的各个方面,学生查询成绩也只需要在这个软件上输入姓名和学号,就会自动显示出来。而其他学校都是自己用自己的,县里把设备发下来就不管了,也没想到要外包给软件公司,所以只能自己尝试去摸索。和其他学校一起交流经验的情况也很少,毕竟隔得还是有点远,而且软件不同嘛。"

从对J11教师的访谈中我们能够看出,乡镇学校的信息技术设备未成系统性的主要原因是:第一,政府在设备发放以后缺乏对教师的后续培训;第二,乡镇学校由于地域性原因,不能与周边其他乡镇学校建立长期的联系;第二,由于校领导的决策层缺乏与外包公司交流及沟通,因此缺乏系统规范的软件,最终只能依靠校内教师的自我摸索。

学生自我的信息技术设备落后是指,由于乡镇学校的学生有一部分

第十一章　信息化环境下中小学要素驱动式课堂变革调查结果质性分析

为留守儿童,由祖父母辈对其进行赡养与教育,乡镇祖父母辈在电脑、手机等的配备情况上要低于城市祖父母辈,而且部分乡镇祖父母辈即使拥有智能手机,其使用也较为困难。这使得第一,学生的信息技术设备落后影响了他们早期信息素养的形成;第二,让学生课前查找资料变得困难;第三,某些学习模式无法展开,如自主研究型学习、合作学习等。对于这个方面,J10教师谈道:"这个也是没有办法的事情,我们每次只能在课上把作业布置下去以后,让这部分学生到讲台上,用教室的电脑搜集资料。而且你还要在旁边看着,不让他们弄其他的。"J6教师还说:"一般在这种情况下,低年级的学生往往表现得比高年级的学生更好,可能是由于低年级的学生心思纯粹一些,让他们怎么查资料就会照着做,而且表现得很积极和开心,高年级的有些学生就会有自己的心思了,经常趁你不注意就弄其他的去了。"

从这两位教师的访谈内容来看,首先,教师都在想方设法地帮助学生接触信息技术设备,从而提升他们的信息素养。虽然,此种做法的效率较低,也耽误了课堂教学时间,但这是受限于客观条件不得已而为之的。其次,对乡镇学校学生信息素养的培养和提升,由于他们从小缺少信息技术环境的熏陶和感染,因此要比城市学校学生有着更多的困难。

(三) 关于信息化背景下课堂教学要素变革的选择情况

信息化背景下课堂教学要素变革选择情况是指教师在信息化背景下对课堂教学目标、教学内容、教学过程、教学方法、教学评价这五个要素的变革选择。变革选择又可以分为单一选择和多种选择以及完全选择三个方面,单一选择即教师在信息化背景下可能会对教学目标这一个要素进行变革;多种选择即教师可能会对教学内容、教学方法、教学目标这三个方面进行变革;完全选择即可能对五个要素均展开变革。

1. 单一选择方式

在访谈中,很大一部分教师都是先采取单一选择方式。例如访谈教师J2说道:"对于这个信息化,我自己也不太懂,反正是学校要求上课用PPT和投影仪,我就用了,光是用PPT的教学方法我还没有弄懂,其他的那些我就更不会考虑了。"J5教师也谈道:"目前我们学校大多数教师基本上只是懂得了一点信息化的皮毛,我们也外出学习过,到江苏上海这些地方学习交流过,人家那边信息化教学做得就很好。所以我觉得

实践篇

我们和真正所要提倡的信息化还有很大一段距离，目前只是处于摸索中，当前这个阶段就是用PPT进行教学，其他的就算是我们懂了要去进行变革，学生也不一定能弄懂。"从对这两位教师的访谈中得知，这两位教师对信息化的理解仅仅停留在技术这一层面，即将信息化直接与PPT、投影仪等技术手段相挂钩，对信息化还缺乏一定的认知。

2. 多种选择方式

在访谈中也有部分教师采取多种选择方式，其中有些教师是明确地知道自己在某几个教学要素方面正在实施变革；有的教师其实在对某一个教学要素进行变革的同时还在对另一个教学要素进行变革，只是自身没有认知到而已。对于前者，J9教师说道："PPT在教学的时候给予我很大的帮助，我是语文老师，学生对于语文课本中的许多内容是没有概念的，我在备课时就会多找一些图片，有意识地增加这部分教学内容，这样，图片融合文字就能更好地讲解这篇文章。而且，我不光自己去找，还会在上课之前让学生去找，现在的学生对于电脑啊、网络啊这些的理解能力，有的比我们都高，有时候他们找的素材比我找得要好。毕竟，现在是信息时代嘛，他们从小生活在各种信息中，只有从小就培养他们信息方面的能力，他们才能跟得上时代的发展。"在信息化环境下，J9老师首先通过让学生在课后搜集相关内容信息以此有意识地培养学生的信息素养，这样做，一是增加了学生的信息储备；二是培养了学生的信息获取能力。其次在教学方法上采取了变革，用PPT进行教学，最后有意识地加入图片对教学内容进行补充，以此促进学生的直观认知，提高了教学效率。由此J9教师在教学目标、教学内容、教学方法上均展开了变革。对于后者，具体访谈经过如下。

笔者：老师，请问你在教学时会注重对学生信息素养的培养吗？

J1老师：你让我想一下哈……我应该是没有培养过他们的信息素养吧。

笔者：那你平时会用PPT上课吗？

J1老师：会的啊，而且还经常使用。

笔者：那你会在课前让学生自己去搜集一些相关资料吗？

J1老师：会啊，有些学生收集到的资料有时候比我弄得还好咧。

第十一章 信息化环境下中小学要素驱动式课堂变革调查结果质性分析

笔者：那么你是出于什么样的目的让学生搜集这些资料的呢？

J1 老师：首先就是为了让他们能自主学习嘛，让他们去搜集有关信息，既可以培养他们找资料的能力，又能在找资料的过程中熟悉课程内容。然后就是现在的这些小孩儿很聪明，他们找的资料有时候比我都好，这样，万一我的资料没有他们的好，就可以直接用他们的。

J1 老师让学生找资料的目的之一是培养他们找资料的能力，其实，这就是对学生信息素养的培养。J1 老师在教学之前把搜集资料的作业布置给学生，其实质就是信息化背景下教学目标的变革。

3. 结论

无论是从单一要素变革选择还是从多个要素变革选择中，我们看出教师几乎都是从教学方法上进行变革的。信息化环境下的课堂教学主要是由多媒体、PPT、视频、音频以及动画等信息手段来驱动教学方法的变革。这说明：第一，在当前信息化环境下，教师或是自主为之也好，或是被迫为之也好，都在对自身课堂教学中的诸多要素进行着变革；第二，教师往往先通过对某一要素进行变革从而逐渐发展到诸多要素的变革上，完全对五种教学要素同时开展变革的情况较为稀少；第三，教师的课堂教学变革几乎都是从教学方法上的变革展开的，而后逐步拓展到教学目标、教学方法等要素上。

（四）关于信息化环境下课堂教学要素变革的融合情况

信息化环境下课堂教学要素变革的融合情况是指教师将信息化理念融合到课堂教学各要素（目标、内容、过程、方法、评价）中的具体程度。其中对课堂教学要素的融合程度又可以分为尚未融合、初步融合、中等融合、完全融合。

1. 尚未融合

尚未融合包括两个方面。第一是教师自身还没有将信息化的理念融合到任一课堂教学各要素中；第二是迫于学校行政人员的压力被动与之融合。从这两点中可以看出，无论教师是自身没有融合还是迫于压力融合，都是教师本人缺乏主动将信息化融合到课堂教学诸要素中的意愿。前者自不必说，对于后者我们认为，教师在学校压力下做出的信息化融合行为，不能看作实际上的融合行为。从教师自身来看，教师如果缺乏自主学习信息技术的动力，就丧失了独立思考的能力，对于信息化与课堂教学要素融合的关键就在于教师自身对教学和信息化的感悟及思考。在教学层面，教师对不同的教学目标、教学内容、教学过程、教学方法以及教学评价都是基于自身的知识储备、教学经验、思维方式等做出的创设性行为，即课堂教学诸要素中都融入了教师的思考；在信息化层面，大多数教师目前都停留在PPT教学、音频、视频等技术手段层面，正如上文所说的，教师往往先通过对某一要素的变革而逐渐发展到诸多要素上，而这只有教师自身进行独立思考才能逐渐将信息化教学由一到多地展开。教师若缺乏自身的独立思考，既不能有效地完成教学，也不能合理地将信息化纳入课堂中。教师将教学内容照搬到PPT上，跟着PPT上所呈现的内容照本宣科地念，这一现象就是尚未融合的最好写照。上文所提及的J2教师就处于这一阶段。J12老师也说道："现在我们学校的有些老师都是把其他老师用过的PPT课件拿来用到他们的课堂上，甚至拿过来以后看都没有看，有些时候PPT上字小了，后面的学生看不看得清楚，他们也不管。有时候讲完了一张也不知道下一张的内容是什么，还要在课堂上看了才讲，耽误了大量的时间。"J12教师描述的这部分教师虽然懂得使用信息技术设备，但是缺乏自己的独立思考，因此也属于尚未融合的教师。

2. 初步融合

初步融合是指教师自身有着将信息化融合到课堂教学诸要素中的意愿，但是受限于种种条件，只能做到对教学要素进行最基本的变革。如访谈的J7老师所说。

笔者：请问你在平时的课堂上会运用技术手段吗？诸如PPT教学、在课堂播放视频和音频等？

J7老师：我会啊，我是教语文的嘛，有很多课文学生是不能理解的，往往我放一张图，他们一下子就明白了。现在的信息化技术真的帮了我们教师很多，尤其是在直观上。

笔者：那么在信息化环境下，你是如何与课堂教学各要素相融合来实现课堂变革的？

第十一章 信息化环境下中小学要素驱动式课堂变革调查结果质性分析

J7 老师：我是半年前刚刚考到这所小学来的嘛，没有上很长时间的课，有很多信息化技术我都是问的其他的老教师，所以目前暂时在做的就是用 PPT 上课。其他方面还没有考虑过。

J7 老师由于自身教龄的限制，只能将最基本的技术手段运用到教学方法的变革上。同时受限于教龄的还有 J15 老师。她在本次访谈中也说道："我现在考虑的就是用 PPT 上课，其他的暂时还没想那么多，尤其是目标和评价，我觉得这个也是最难的。"

J12 老师则是对自我评价说："PPT 讲课好是好，但是太容易依赖了，有时候讲到重要内容时本来应该用板书重点讲解一下，可往往不知不觉地就滑到下一张去了。我现在还没有改正过来。"

J12 老师由于长期使用 PPT，对 PPT 教学产生了依赖，固化了教学过程，并且长期未能加以改正，反而降低了教学效率，这也是属于初步融合的教师。

J14 老师则刚刚与 J12 老师相反，他说道："我上了几十年的课，思维早就固化了，我承认信息技术确实为我们的教学带来了许多便利，但我还是坚持传统教学，只把信息技术当作辅助工具，很少使用。"

J14 老师由于受到自身思维固化的影响，较少使用信息技术进行教学，对信息技术与课堂教学的融合并未进行研究，但是他大方地承认了信息技术的优点，因此我们认为，他也有自身思考的成分存在，故也属于初等结合教师。

3. 中等融合

中等融合是指教师已经能对多个教学要素采取变革措施，而且能对自己不能实现变革的教学要素进行主动的思考，这部分教师已将信息化理念融入自身认知之中，同时还在课堂教学中不断地进行自主探索。如我们访谈的 J4 老师，该教师的任教年龄已有 21 年，担任某一中学的副校长。他对于信息化的看法既有着自己的思考，又对自己尚未掌握的内容充满着求知欲。

笔者：您是怎么将信息化和课堂教学相融合的？

J4 老师：我认为要做好信息化，最重要的是教师自己会用，并

实 践 篇

且有主动钻研的精神。就拿 PPT 来说，有一些老师甚至连文字的颜色都不加修饰，看上去非常单调，做的课件不新颖、不形象。学生听课的动机也不强，就算是我给他最好的设备，也无济于事；PPT 教学的最大好处就是直观性，我们常说的一图胜万言就是说的直观性。在用 PPT 讲课时，你的图像生动、丰富一点，那么学生的学习动机自然也就产生了，我在我的课上就是这样做的，穿插着大量的图片形象和生动的文字。

笔者：您认为当前信息化与哪一个课堂教学要素最难融合？

J4 老师：我觉得最难的应该是在教学评价上。有的课的内容在讲完以后没有时间去进行教学评价，也有的课不适合在课堂上进行评价。我在上自然资源课的时候，涉及水资源的调查，这个大部分还是要靠实地调查，最简单的也就是对自己家庭用水情况的调查，要对这个运用信息化就没法完全包含在我的课堂环节里，关于知识与技能我在上课时用到了信息化，但是关于过程与方法这一块儿就没有完全用到，比如说我让他们去调查，调查以后发个视频给我，但是却不能及时反馈，可能要过几天才能把所有的视频看完。这样，评价就失去了意义。这也是我一直在思考的，到底教学评价要怎么和信息化相融合。

在课堂教学要素变革方面，J4 老师在教学方法、教学内容上运用信息化已比较娴熟，而且能对新教师的使用情况给予建议，这是其信息化融入课堂教学要素的写照；在课堂教学要素变革思考方面，虽然由于某些教学内容本身的局限性以及该教师对信息化使用未能达到最高水平，因此，尚未能取得较好的效果，但是该教师仍尝试着摸索教学评价与信息化的融合，并且取得了一定的成效。即使目前处在中等融合范围，其不断思考和学习的精神也正向着完全融合靠近。

4. 完全融合

完全融合是指教师能够将信息化融合到任意的教学要素中，并且在课堂上显露出自身对于信息化与课堂教学要素相融合的个性化魅力教学；看待信息化有着自身独特的认识和观点。这里的完全融合也可替换为融合，即课堂教学任一环节都充满着信息化，信息化的具体实施过程皆为

第十一章 信息化环境下中小学要素驱动式课堂变革调查结果质性分析

课堂教学服务。

笔者：您认为应当如何将信息化与课堂教学诸多要素相融合？

J6 老师：首先，信息技术本身就是一个不断更新、不断发展的过程，信息化环境下的课堂变革也应该是信息技术在教学应用中逐步渗透、发展、完善的一个过程。比如从黑板到计算机投影，更多的是教学媒介、教学载体的变革，增加了课堂容量，促进了教师教学手段的改变，使课堂更为生动；而近年来微课、电子书包的发展，直接影响了学生的学习方式，进而也有了"翻转课堂"这种全新的教学模式和理念；随着大数据的发展，学生学习效果的评价方式也发生着改变，一对一、精准的测试评价分析，以及针对不同学生学情的个性化练习题目和教学内容的推送，将使得教学与评价更为精确和全面。

其次，在将信息素养作为目标方面，随着智能手机、电脑等数字媒体的普及，信息素养作为信息时代人们自主学习和社会交流的基本素养，是每个公民都应具备的基本素质。学生的信息技术能力可以通过专门的信息技术课程去培养，而学生的信息素养则会受到教师、家人和社会环境等多方面因素的影响。我认为，各学科教师在教学中更应注重信息素养的渗透，对学生进行引领和示范。比如教师可以分享一些常用的检索工具、好的学习网站，自己制作原创的视频和课件，在引用或选用他人素材时注明作者和出处，在展示学生作品前征求学生同意以及主动下载和尝试一些新的应用或功能等，教师应该通过自身信息素养的提升来影响和培养学生的信息素养。

笔者：您认为信息化环境下最理想的教学状态是什么？

J6 老师：我认为任何技术的使用，都应该服务于教学，其最终目的都是追求理想的教学效果。信息化环境下最理想的教学状态应该是："需求为先，教育为本，技术为用。"

J6 老师对教学目标、教学过程、教学方法、教学内容、教学评价这五个教学要素都能融合当前时代背景给出自身充分的认识，而且在教学过程中也在不断施行，因此将其归为完全融合教师。

5. 各个融合程度中所存在的问题

通过上文的描述知晓了本次访谈的教师所处的融合层次多样，四个程度的融合都有分布。不管是尚未融合还是完全融合，都让我们发现教师自身对于信息技术尚存在着疑惑，同时在信息技术与课堂教学的融合过程中都暴露出一些问题，下面将对这些问题进行梳理。

（1）教师对于信息技术使用的疑惑

教师对于信息技术使用的疑惑主要是指两个方面：一方面是教师由于自身对信息技术设备的理解不充分，认识不足够，导致在运用信息技术时出现了不会使用设备的问题；另一方面是教师不知道该怎么具体地将信息技术融入课堂教学各个要素中。

前者又可分为基础信息技术设备不会使用和信息技术设备使用不完全两类。基础信息技术设备不会使用主要针对部分尚未融合的教师，他们自身没有变革的意愿，即使是在外力的作用下被迫改变也只是流于形式，因此这部分教师不会钻研信息技术设备的使用方法，即出现用PPT做个课件还要其他教师来教的情况。对于后者我们发现，主要是教学目标和教学评价不能与信息技术相互融入。信息技术设备使用不完全则主要是指教师对信息技术设备使用不够深入，在涉及一些较为复杂的功能时不懂得如何使用。如J10老师说道："我觉得PPT的功能是很强大的，我目前也只懂得在投影仪上进行展示，但对一些深层次的使用就不太会了，所以我十分希望能有上面的人专门下来指导我们，给我们做一个培训。我以前在学校用的软件和现在这所学校用的不一样，有时候就算是想问一下以前的同事也不可能做到。"J4老师也有这样的需求，他说道："学校的一些新老师使用信息技术有时候都是靠我们去教他们，我们自己有很多都不会用，想要有专业的专家来指导。"

后者主要是指在访谈中发现的，不少教师都表示教学目标很难与信息技术相融合，如J10老师说道："教学目标这一块儿我认为并没有什么改变，你用书本教也还是那些目标，换成用信息技术上课也还是那些，它们都是固定的，只是最终看你用什么方法去完成。"J4老师则说道："对于教学评价如何与微课融合起来我们一直都感到十分迷惑，有时候让学生观看微课，但是这个效果到底怎么样我们却不知道。"J8老师也说道："如果我们可以把学生所做的作业永久保存，将一些学生做得很

第十一章 信息化环境下中小学要素驱动式课堂变革调查结果质性分析

好的作业精心挑选出来，让这些作业跟随学生的一生，这样他们在回忆起学生生活的时候还能有这些美好的记忆留下来该多好，但是我们现在的信息技术还达不到这样的程度，要是能有一个软件让我一扫就知道学生做得是对的还是错的就好了。"

（2）教师在信息技术与课堂教学融合过程中的问题

这方面可以分为在融合过程中出现的问题和有心融合但是由于受到诸多方面的限制而不得不放弃的问题。对于前者可以分为主观因素影响和客观因素影响两个方面。主观因素是指教师自身的教学经验、思维习惯以及对信息技术的理解程度不高。如上文中 J7 老师由于教龄较短，教学经验和对信息技术的理解程度较低，因此只能变革教学方法，而且在使用信息技术时较为粗糙。客观因素则是指信息技术本身给融合带来的问题。如 J4 老师说："有堂课因为信息技术设备出现了问题而一直打不开，浪费了一些时间，本来要求读三遍的内容因为弥补因设备出问题而耽误的时间，最后只让学生读了一遍。" J8 老师也说，由于长期使用信息技术而对自己和学生的视力都带来了影响。

对于后者主要指教师受到学生因素的干扰而出现的问题。如 J6 老师说："有些课是希望学生自己找到答案，培养他们的信息素养以及自己解决问题的能力，因此在课前布置了许多作业让他们在课下搜集资料讨论完成，但是由于学生的年龄较小，缺乏逻辑思维和批判性思维，有时候往往找了许多与作业无关的答案，之前学校还想广泛地推广这样的教学模式，但最后由于效果不太理想而放弃了。" J8 老师也说："有时候让学生在软件上答题，但是学生的自制力不足，做着做着就玩别样去了，最后还是要教师自己去布置和修改。"这两位老师都有着主动依靠信息技术来开展变革的想法，但最终受限于学生的各项不稳定因素而无奈放弃。

6. 结论

第一，在信息化环境下课堂教学要素变革中，处于四类融合情况中任意一种的教师都有。但是从数量上看，处于尚未融合和初步融合的教师较多，处于中等融合以及完全融合的教师较少。这一是因为本次访谈的对象教龄超过 10 年的教师较少，大多数都是刚进学校没多久的新教师，在教学方面的经验不足；二是具备了一定教龄的教师由于年龄较大，思维逐渐固化，对于新鲜事物的接受能力以及学习能力有所下降，并由于以往教学经验的左右而不愿转变自身的教学习惯。

第二，处于各个融合程度的教师虽然都存在一系列问题，这些问题有的是教师自身因素和学生因素所导致，有的是由于信息技术本身因素所导致，但是我们可以看出，大部分教师对于信息技术与课堂教学的融合仍抱着积极的态度和学习的渴望，只有少部分教师不愿意采取变革。

（五）关于信息化环境下课堂教学要素变革具备的条件

信息化环境下课堂教学要素变革所应具备的条件是指要达成信息化环境下理想的教学状态所需要的诸多因素。通过对访谈数据的整理，我们得出三个方面的因素。

1. 政府支持

当我们问到信息技术的使用有没有考虑到学生学习环境的创设时，J5老师说道："环境的创设与信息技术本身存在很大关系，如北京、上海的学校已经采用3D、5D进行教学了，而我们仅仅是使用PPT教学。这与政府投入的资金和对信息化的重视程度有关，只要资金足够，设备先进，学生学习的这个环境自然就更加立体了。"因此我们可以认为，理想的信息技术教学环境离不开政府层面的支持。

2. 现代信息技术设备

有教师认为最能体现信息化的是现代信息技术设备，如J3老师说道：信息化涌入课堂教学已是大势所趋，因此需要相关利益者积极准备应对。我认为，要想使信息化完整地融入课堂教学需要具备以下要素：一是教师运用多媒体的技能；二是学校的硬件设施设备，不仅要有，而且得不断更新维修；三是学生的接受能力，要适合学生的程度。J6老师认为：我们教师平时用的多媒体技术手段，其实，都是自己摸索的，所以大多数教师只是会用一些很简单的功能，但是，其实多媒体还有很多强大的功能，我们还没有能完全掌握。所以如果有专业的人员来培训、指导我们，让我们能把全部功能恰当地运用于教学中的话，应该会更好。无独有偶，J10老师也提到：要想让信息化有效地进入课堂中，其一是在硬件设备上要有保证，这是前提。其二是教师的技能培训要加强，因为如果教师不会使用信息化设备的话，课堂也很难实施变革。其三是学生要参与，要

第十一章 信息化环境下中小学要素驱动式课堂变革调查结果质性分析

会操作一些设备。其四是资源共享,比如说团队协作也很重要,因为靠一个人的力量真的是很微弱的。其五是制度方面要跟进,这是保障。

3. 信息素养

受访谈教师也有从信息素养角度出发,认为只有自身具备信息素养,才能真正立足于信息化时代,跟上时代的步伐。如 J8 老师说道:"未来的时代一定是信息化的时代,我们只有自己不断进步,多交流多学习,才能跟上时代的步伐。而且最主要的是,一定要让学生也明白未来是信息化时代,教师要从小就培养他们的信息素养。我认为,未来的社会所需要的人才只有两类:一类是创造性人才,另一类是服务性人才。前者需要具备广阔的思维和专业的知识,而社会的发展需要的也正是这部分人才,所以我会在教学中注重培养学生的这方面能力,将我的教学水平拔高,这其中就包括对他们信息素养的培养。"

4. 结论

从以上的访谈中我们能够看出,信息化环境下课堂教学要素变革所应具备的条件有以下四个方面。第一是政府方面,政府应当给予学校相应的资金和设备,给学生创设出新型的信息技术课堂教学环境,信息技术环境的作用一是可以使得学生在校时无形中受到信息化的熏陶,从小便沉浸于信息化的环境中;二是能够不断强化学生使用信息技术的能力,使用信息技术的经验不断积累,才能为学生信息素养的形成打下坚实的基础。第二是教师方面,教师要有变革意愿,自身能积极投入信息化教学的浪潮中,具备一定的信息素养;能掌握教师多媒体教学技能,具备教学设计能力、研究能力。第三是学生方面,在学生的认知中应当纳入信息时代的缩影,以便其能感知到当前的信息化生活;在教学中学生要提前做好准备,并积极参与准备工作,学习多媒体设备的运用,并发挥榜样示范作用。第四是硬件设备方面,硬件设备设施建设应得到保证,而且在具备硬件设施的基础上,其设计还要考虑是否易于师生的操作使用。

(六)访谈述评

从访谈中我们可以看出四个方面的内容。第一,从信息设备的拥有量上看,城市学校和乡镇学校的区别不大,都拥有一定的信息技术设备,但是乡镇学校在使用信息技术设备上的系统性和规范性要低于城市学校。第二,一方面,即使现今信息化环境下课堂教学变革的呼声越来越强烈,但仍有部分教师不愿意进行变革。另一方面，绝大部分自愿变革的教师往往都是从某一个要素展开变革后逐渐衍生到其他要素上的。新教师往往把教学方法视为首要变革要素，且无暇兼顾其他要素；但对于老教师而言，教学方法是不是首次展开变革的要素已不再重要，重要的是他们有能力在变革教学方法的同时还兼顾对其他要素的变革，甚至部分老教师已经能对变革最为困难的教学目标、教学评价进行融合。第三，信息技术与课堂教学的融合毕竟是一个较长的过程，在融合过程中教师有做得好的方面，但也存在许多颇感困惑和不能解决的问题。这些问题产生的原因是多种多样的，既有政府层面的，也有信息化环境建设层面的；既有教师层面的，也有学生层面的。但值得欣慰的是大部分一线教师在面对这些问题时都迫切地表达了想要学习和参透其奥秘的需求。从中能看出信息技术的来临确确实实地颠覆了传统的课堂教学模式，为师生提供了新的教学范式；它不仅为教师提供了很大的帮助与便利，使得教师不再像传统教学那般一味地以粉笔＋黑板的方式进行教学，解放了教师的双手，而且以图片代替文字教学方法的变革既节约了教学时间，又成功地提高了学生的学习兴趣，从而提高了教学效率。第四，广大教师都对理想中的信息技术与课堂教学融合有着期待和憧憬，他们针对理想与现实间的差距提出了一些意见。概而言之，有政府支持、信息素养和充足的现代信息技术设备支撑三个方面。对于这三个方面教师完全依靠自我能解决的只有信息素养这一点，政府支持只能依靠政府层的决策，而现代信息技术设备的解决则要依靠教师和政府二者，且缺一不可。

基于此，我们认为，一方面愿意对课堂教学进行变革的教师广泛存在，但是往往受限于信息技术设备的使用或是这方面教学经验的缺乏，大部分教师都是摸着石头过河，即使是一些能融合得较好的教师，也仍然存在程度不同的困惑；另一方面教师长期运用信息技术教学又容易滋生对信息技术的依赖心理，逐渐疏远传统教学，但传统教学并不应该一味地为信息技术教学让步而退出教学舞台，在涉及重点难点知识的讲解时传统教学比信息技术教学更具有优势。因此，尽管当前信息技术教学是大势所趋，教师应当学习和掌握这方面的知识，但是却不应该将传统教学模式视若敝屣，应当客观公正地对待这两种教学模式，在教学时游刃有余地转换这两种教学模式，以一方之长，补另一方之短。

第十一章 信息化环境下中小学要素驱动式课堂变革调查结果质性分析

二 对学生访谈数据的处理与分析

本次访谈了包括 g 市、t 市、a 市、b 市在内的小学和中学总共 21 名学生。首先将这 21 名学生的个人基本信息按照性别、年级、区域这三个方面进行呈现；其次，将访谈内容按照信息技术教学对比传统教学和信息技术与课堂诸要素的融合效果这两点进行归纳；最后进行述评和分析。现将这 21 名学生按照 X1—X21 的序号进行排序陈述。

（一）访谈学生个人基本信息

访谈学生的个人基本信息主要是从学生的性别、学段以及区域这三个方面展开叙述，详细数据如表 11-2 所示。

表 11-2　　　　　　　　访谈学生的个人基本信息

名称	性别	学段	区域
X1	男	二年级	城市
X2	女	四年级	城市
X3	男	四年级	乡镇
X4	女	四年级	乡镇
X5	女	六年级	城市
X6	男	六年级	乡镇
X7	男	三年级	城市
X8	女	四年级	乡镇
X9	女	六年级	城市
X10	男	六年级	城市
X11	女	六年级	乡镇
X12	男	六年级	城市
X13	男	七年级	乡镇
X14	女	七年级	乡镇
X15	女	八年级	城市
X16	男	八年级	乡镇
X17	女	九年级	城市
X18	男	九年级	城市
X19	女	三年级	乡镇
X20	男	七年级	乡镇
X21	女	十一年级	城市

从表 11-2 中可以看出，本次访谈的学生在性别、学段、区域上分布均匀，这使得本次访谈的科学性真实、可靠。但是由于学生身心发展差异，对于信息技术的认识也存在不同（具体表现在不同年级上）。下面将对其差异进行归纳和分析。

首先，在学生访谈中我们之所以不再谈及城市学校与乡镇学校之间信息技术与课堂教学融合的差异，是因为各个学校都具备相应的信息技术设备，每个学生都享受着信息技术教学所带来的便利，不存在较大的差别。其次，虽然不管是在城市学校还是在乡镇学校，都有对待信息技术教学不认真，流于形式的教师，但是这部分教师的数量与城乡学校区域差异并不呈正相关，即不存在乡镇学校用信息技术教学的教师就少，而城市学校用信息技术教学的教师就多的现象，学生是教师信息技术教学的感受者。从教师使用信息技术平均水平上看，城乡学生的实际感受相差不大。乡镇学校的学生虽然自我拥有的信息技术设备较为缺乏，但课堂教学毕竟不是只由学生的课前学习来完成的，更多地包含着教师的教，尤其是在低年级阶段。因此，学生自我信息设备的匮乏对教师使用信息技术设备教学的影响并不是很大，故我们对访谈内容主要从两个方面进行归纳。

（二）信息技术教学对比传统教学

1. 信息技术教学与传统教学在学生层面的对比

从对 21 名学生的访谈中可以看出，大部分学生更加倾向于信息技术教学，也愿意接受信息技术教学方式。相比于传统教学，首先，他们普遍认为，信息技术教学能激发他们听课的兴趣，如学生 X10 说道："信息技术教学更有画面感，感觉很真实。"学生 X15 也说道："如果是单方面的老师讲，我很有可能不在状态，但是，如果能够用信息技术的话，有时候有好的音效，有时候有好看的图片，这就能让我打起精神听课。"学生 X21 说道："我们在学习数学时，对于函数的图像以前只能自己想象，后面老师用了几何画板，函数的变化图像一下子就能看清了，也理解了，这比以前更好理解。"学生 X18 也认为现代的教学方式比传统的教学方式有趣。其次从教学效率来看，他们都认为信息技术教学好于传统教学，如学生 X14 认为，前者比后者更加好学一点，学生 X13 也认为，前者比后者在课堂上听得更加清晰，学生 X9 认为，前者更能让他

第十一章 信息化环境下中小学要素驱动式课堂变革调查结果质性分析

理解教学内容。

无独有偶，也有学生喜欢传统教学方式的，如学生 X7 说道："我喜欢老师真正给我们上课（传统教学方式），我不太喜欢老师用 PPT 来给我们上课，因为用 PPT 上课我们不懂的又不能问。"学生 X19 也说："我比较喜欢传统的，因为老师用 PPT 时讲得很快，有时候没看到，举手和老师说，老师也不理我。"

从以上两点我们能够看出，第一，信息技术教学和传统教学相比，学生更加喜欢前者，并且学生的自身感受证明信息技术教学相比传统教学更具有效率；第二，学生不喜欢信息技术教学的原因，并不在于信息技术本身，而在于教师对待课堂教学的管理方式（教师对待课堂教学是采用专制型管理还是民主型管理）。

2. 信息技术教学与传统教学在教师层面的对比

首先是在教师对于二者的运用方面，从学生的访谈中可以看出，既有采用信息技术教学模式的教师，也有仍保持着传统教学模式的教师。而且这两种模式之间往往是不可调和的，即采用信息技术教学模式的教师不会再用传统教学方式，后者则反之。如学生 X2、X3 说道："数学老师和音乐老师不会用信息技术教学，其他的老师都用。"学生 X4 也说道："除了数学老师外，其他的老师都用信息技术教学。"此外，从对学生 X7 到 X10 的访谈中也能看出。对于教师为什么不采用信息技术的模式教学，学生 X15 说道："有些老师认为用信息技术万一有时候停电了，这堂课就上不成了，所以他们还是运用传统教学方式。"学生 X13 说："不采用信息技术模式教学的教师即使偶尔会使用几次，但都是些不太重要的内容，如果在讲授重要内容时是不会用它的。"

其次是在采用了信息技术教学的教师对待信息技术的态度方面。信息技术与课堂教学的融合不是一朝一夕的，而是一个螺旋式上升的迂回过程。在信息技术与课堂教学的融合中注定会有困难与曲折，而教师对待信息技术的淡漠态度正是造成这种曲折的原因之一。在访谈中我们发现，不少教师对待信息技术仅仅是追求形式，甚至以信息技术的名义浪费课堂教学时间。如学生 X2 和 X4 说："信息与法治课的老师会在课上放电影给我们看，只要课一上完，还有时间就放。"教师对信息技术的误用导致部分学生依赖于信息技术。如学生 X12 说道："我喜欢信息技术教学是因为它好玩,可以在课上看许多视频和图片。"学生 X1 也说:"老师用信息技术最好的地方在于可以在课上玩游戏(采用教学软件,让学生上台用游戏形式进行算式比赛)。"

尽管态度淡漠的教师造就了信息技术与课堂教学融合的曲折,但是融合过程最终呈现出上升趋势得益于还存在着对待信息技术态度积极的广大教师。在本次访谈中发现,许多对待信息技术积极的教师,在对信息技术与课堂教学的融合过程中所做的努力被学生清晰地感觉到了。如学生 X3 认为,语文老师在用信息技术讲解作文时非常有趣,学生 X4 认为,老师利用信息技术呈现同学们手写的笔记,能让他们在记录笔记时更加认真,学生 X16 说:"教师利用信息技术订正他们的作业,融合视频和电子课件进行授课的方式能更加方便他们的理解。"学生 X20 说:"语文老师在用 PPT 给我们上课以后,我们的精力更加集中了,而且学习效果和以前相比也变得更好。"

从教师对信息技术的运用和态度中可以看出以下两个方面的内容。第一,部分运用信息技术教学的教师信息化教学意识薄弱,相关教学知识经验缺乏,导致对信息技术教学过程把控不到位。这部分教师只是将信息技术当作最简单的工具来使用,甚至可以说与课堂教学没有任何联系,信息技术的唯一用处是度过一堂课上教学内容讲授结束后剩余的真空时间带。他们本可以利用这部分时间对所教授的内容进行总结,或者将这部分时间分配到对信息技术的探索上。第二,大部分教师都在使用信息技术进行教学,且颇具成效,少部分采取传统教学模式教学的教师也只是担心客观因素的干扰,而非信息技术本身存在的问题。第三,信息技术的使用虽然提升了学生的学习兴趣,但是不科学地使用和误用则会导致部分学生过度依赖信息技术,反而取得了适得其反的效果。

(三)信息技术与课堂诸要素的融合效果

当询问学生教师在课堂五个教学要素中哪个方面做得最好时,教学内容出现 8 次,教学过程出现 3 次,教学方法出现 3 次,教学目标出现 1 次,教学评价则没有出现。虽然本次访谈的学生的学段主要是小学和初中,他们对课堂教学要素还缺乏相应的认知,对感知到的要素变革存在着判断失误的现象,但是学生作为课堂教学的主体之一,是课堂教学实实在在的参与者,是教师教的落实者,因此也能从他们自身对信息技术

第十一章 信息化环境下中小学要素驱动式课堂变革调查结果质性分析

教学的实际感受中辨别出信息技术与课堂诸要素的融合效果。

教学内容之所以成为学生最为满意的课堂变革要素，我们认为并不是因为教师在教学内容变革方面做得最好，即使教师的变革是除教学内容以外其他方面的要素，学生也会将其归结为教学内容的变革。这是因为学生对教学内容的感受和领悟最为敏锐。如学生 X2 认为，教师在使用这些 PPT 的时候主要是呈现教学内容，当问及哪方面做得最好时，该学生回答说，PPT 内容很清晰。其他学生认为教学内容做得最好的也是 PPT 呈现的内容清晰有趣，视频有趣。其实，教师的 PPT 和音视频做得灵活生动应当是教学方法变革的成效，而且音视频是对教学内容的生动呈现，教师并不一定会自行增补其他的课外内容，对教学内容不一定开展了变革。

通过分析发现，最为满意教学过程变革的学生往往对整堂课的所有环节的印象都十分深刻，并且积极参与到课堂教学中。如学生 X11 说道："语文老师，会用手机登录微信投屏教我们写毛笔字，整堂课都感觉十分愉快。"学生 X13 认为，他在语文课上能感觉到老师讲得非常详细，整个过程非常清晰。

满意教学方法的原因在教学内容方面已有涉及，此处不再谈及，满意教学目标的学生由于数量仅为 1 个，且在访谈中该学生并未多加叙述，因此尚不能看出具体成效。值得关注的反而是教学评价。虽然受访谈的学生都没有提及教学评价，但是我们发现还是有部分教师尝试着将信息技术与课堂评价相融合。如学生 X16、X17、X18 说："老师在订正作业时会将部分同学做的作业投屏到电脑上。"我们认为，教师这种行为是将教学评价与信息技术融合的最简单的方式。虽然他们只是简单地将学生所做的作业呈现在屏幕上，但是由于教学评价与信息技术融合的困难性和复杂性，可以把此行为归结为教师对这一融合过程的自主探索。这也表明了教师自身进行着信息技术与课堂教学融合的思考，体现了信息技术与课堂教学要素正在逐步融合的良好趋势。

从上述学生的访谈内容中能看出，目前教师在信息技术与课堂教学各个要素的融合方面，取得成效较多的三个要素分别为教学内容、教学方法、教学过程，在教学目标和教学评价上所取得的效果较少。

★ 实 践 篇

（四）学生访谈述评

对学生的访谈其实是从侧面获取教师对于信息技术与课堂教学融合的信息。学生的访谈内容虽然是从学生的角度了解信息技术与课堂教学要素的变革，但是最终想要获得的信息更多的还是在教师方面，因此本次访谈述评主要以教师为主，学生为辅。

从教师方面来看可以将信息技术与课堂教学融合的教师分为支持者与不支持者两类，前者又可分为实质者和形式者。对于实质者来说，他们在融合过程中积极主动地迎接此次信息技术变革，并发挥出教师的智慧与创造力，使信息化环境下的课堂教学与传统教学相比更加焕发出活力与生气，甚至连师生之间的矛盾也趋向于缓解，尽管他们仍有许多盲区尚未触及和开发，但是他们对于信息技术变革高涨的热情却能让我们看到未来信息化教学的希望与曙光；相反，对于形式者，他们只是将信息技术与课堂教学做了最为简单的嫁接，二者之间甚至连最为基本的联系都未尝一见，一方面的原因可以归结为信息化教学的经验和知识储备不足，缺乏必要的培训，但另一方面原因我们认为才是主要的，即教师自身变革动力不足，且缺乏相应的信息素养。对于不支持者而言，他们出于两方面考虑。第一是学科自身的特质性，即某些学科确实不适合采用信息化教学，如数学学科；第二是无法避免的客观因素，如遇到停电等情况。

从学生方面看，大部分学生更加喜欢采用信息技术的教学模式，这在很大程度上应归功于教学方法的变革。但学生在享受信息技术教学的活力时，也面临着一些问题，如过于依赖教学方法所带来的直观冲击性，只对音视频和多媒体的图片感兴趣，相反，对于教学内容却丢失了本该有的关注。这也要求教师把握好非课程资源与课程内容融合时的"度"。

第二节　基于课例的数据处理与分析

为了更好地了解在信息化环境下 G 省中小学课堂变革的实际情况，课题组成员对 G 省多所中小学进行了课堂教学实地观察。根据本书的主要研究内容，观察信息化环境下中小学"要素驱动式"课堂变革的五种基本类型在课堂上是以何种方式表现出来，从而达到课堂教学变革这一

第十一章 信息化环境下中小学要素驱动式课堂变革调查结果质性分析

目标的。

一 数据收集

课题组成员于2019年下半年至2020年上半年分别在G省各中小学观摩其常态课堂。采用摄影机等设备对不同学校、不同年级、不同学科的14节课堂进行跟班拍摄并记录，以收集详细数据。

为更好地聚焦问题，从众多的教学案例中选择出五节具有代表性的课堂实例进行课例分析，课堂案例来源见表11-3所示。

表11-3　　　　　　　　课堂案例来源

编码	授课日期	学校	课题	授课教师	时长	学生来源	着力点
课例1	2019-11-04	H小学	《7的乘法口诀》	A老师	45′35″	H小学二年级学生45名	目标
课例2	2019-11-20	D中学	《燃烧与灭火》	B老师	45′04″	D中学初三年级学生50名	内容
课例3	2020-04-01	H小学	《时间》	C老师	30′19″	H小学五年级学生	过程
课例4	2019-11-04	H小学	《爬天都峰》	D老师	42′10″	H小学四年级学生45名	方法
课例5	2020-04-20	Y小学	《小小讲解员》	E老师	30′19″	Y小学五年级学生	评价

二 数据处理

根据所收集到的教学视频资料，在反复观看后，按照研究的需要，从14节课程中挑选出5节——课例1—课例5——极具代表性的常态课堂进行分析、总结其在信息化环境下课堂变革着力点的具体情况。

（一）课例1：《7的乘法口诀》

1. 课例基本信息

《7的乘法口诀》这一课例的基本信息如表11-4所示，教学内容选自人教版小学数学教材二年级上册第6章表内乘法（二）中的第一节，

★★ 实 践 篇

本章共三节。主要教学目标是：（1）知识与技能：通过学生自主编写7的乘法口诀，理解7的乘法口诀的含义以及掌握7的乘法口诀，并能进行简单的运算；（2）过程与方法：在课堂活动与游戏过程中，熟记口诀，提高学习兴趣和合作交流能力；（3）情感态度与价值观：通过多角度的练习，培养学生学习迁移能力以及归纳总结能力，提高学生数学素养。

表 11-4　　　　　　　　　　课例基本信息

教学对象	H 小学二年级学生 45 名
教学内容	人教版小学数学教材二年级上册第 6 章表内乘法（二）中的第一节
教学重点	让学生理解 7 的乘法口诀的含义以及熟练背诵 7 的乘法口诀
教学难点	让学生自主编写 7 的乘法口诀并灵活运用其进行简单的计算
信息化环境	硬件：多媒体实训室、教学区域网、笔记本电脑、电子白板 软件：PPT 课件、视频、教育资源库
视频长度	45′35″
主要教学内容	编写 7 的乘法口诀、理解并熟练背诵 7 的乘法口诀

2. 课例教学过程

本节课教学过程分为课前准备、游戏导入、引入题目、编写口诀、熟记口诀、运用口诀六个大的教学部分，在这个过程中逐步完成本节课的教学目标。在课前准备阶段，教师提前收集好该节课所需的多媒体资料，检查、调控多媒体实训室的软硬件是否能正常使用以及为学生提前分好学习小组等预备工作；在游戏导入阶段，教师利用希沃白板，其中希沃白板所呈现的跑步比赛游戏为学生营造出一种愉快且紧张的学习氛围，创设情景，让原本沉浸在下课休息状态的学生逐渐恢复到上课的集中状态，该过程也很好地培养了学生自主操作多媒体的实践能力；在引入题目阶段，教师利用经典著作里的人物形象与学生已有的认知之间架构起一座互动的"桥梁"，与其"共情"从而引入所要学习的新课程题目内容，并用精美的 PPT 呈现了一艘由 7 个小三角形组合而成的多彩小船，鲜艳的色彩极大地吸引了学生的注意力，并由此展开课程的讲解。

第十一章　信息化环境下中小学要素驱动式课堂变革调查结果质性分析

PPT 上所展示的问题表格也更为醒目突出，教师较为方便地使用红外翻页笔改变 PPT 页数，即使在最后一排也能依次推进教学进程，将教师活动范围从"三尺讲台"扩展到了教室各处，方便了师生之间的互动；在编写口诀阶段，学生根据"7 个小三角形组成一艘小船"，依次算出 2—7 艘小船分别需要多少个小三角形，在老师的引导下列出相应的乘法算式，并复习乘法算式中的乘数、积，再回顾已学过的 1—6 的乘法口诀，对此进行学习迁移，编写出相对应的 7 的乘法口诀；在熟记口诀阶段，教师带领学生多次朗读 7 的乘法口诀，并通过找出口诀之间的规律来加深记忆，利用艾宾浩斯遗忘曲线，在短时记忆后，为加深记忆进行及时复习和练习，由此进入下一阶段；在运用口诀阶段，在已有的习题基础上，教师通过 PPT 展示"额外"的各种类型的习题让学生多次练习，在练习中找到错误，为巩固口诀知识，还利用 PPT 模拟计时器，倒计时 1 分钟，在规定时间内计算算式，得出答案，充分调动学生内在的学习潜力。由此可见，课堂教学在信息化的驱动下正发生着极大的变革。

3. 课例的深入分析

通过这节课，我们不难发现，本节课更多的是在信息素养的目标驱动下和信息重组的过程驱动下的信息化课堂展示。

首先，学生的学习方式更为丰富。由最初的学习书本知识以及通过书写完成课后作业，到逐渐感知并接受信息化所带来的授课方式的改变。在本节课上，学生在教师的引导下，通过"PK 赛"，学会如何操作多媒体设备并了解其操作目的，在此大环境下很好地培养了学生信息化素养——了解并学会简单使用多媒体等相关设备。在整节课中，教师较多地运用多媒体触屏笔在白板上"圈圈画画"或是开启、关闭应用程序，学生在教师课堂操作行为下耳濡目染或多或少地学习到了相关的应用操作方法。学生在学习本节课本应达到的教学目标知识外，还学习到了一项多媒体操作技能，为课堂教学增添了不可或缺的实践基础。

其次，基于本节课教师运用多媒体的行为，发现该教师具备基本的信息意识以及通过多媒体收集、整理、转化、传播知识的能力。教师熟练地运用多媒体程序，对学生已结束的游戏进行回顾并带领学生一同纠正其所犯的知识错误。在例题部分，教师课前通过网络知识库收集到了同一主题的各种类型的数学计算题，使其课堂练习不再单一乏味，给学生较好地呈现了不同的视觉和思维转换。教师将之前手拿书本和粉笔，变为现在手拿翻页笔和触屏笔，其自身也随着时代的发展相应地改进了教学习惯。教师为达到最佳的教学目标以及教学效果，充分整合和利用各种教学资源，以适应学生认知发展进行课堂教学。

再次，与传统的课堂相比，教师的教不再成为教学中"教师中心"的课堂设计，更多的是以"教师主导""学生中心"规划课堂教学。随着教学手段的不断丰富，教师逐渐意识到学生才是课堂教学的主体，教师更多的只是起到了"催化剂"的作用，只是主导者。例如，教师时常指着白板上所呈现的内容问学生："老师所呈现的题目是什么意思呢？哪个小朋友来解释解释？""大家一起看着PPT朗读一遍""谁来回答一下白板上的这个问题？"不再只是单调地让学生"看黑板""看教材XX页"。教师的语言也多以学生为主，在课堂时间分配上教师单纯地讲解内容仅占四分之一，大部分时间则更为注重学生对问题的探究以及学生自行提取和获取知识的过程性教学。

最后，多媒体技术的使用时刻贯穿着整个教学过程。在学生操作技术时，教师只是在刚开始时讲解规则，后面完全由学生动手操作并思考问题，为学生提供更多的学习机会，使其学习内容不仅仅限于教材中的静态知识，还有非教材中的动态知识；在学生回答问题时，PPT上答案的呈现与学生回答同步，教师再对其内容加以补充讲解，对学生的问题做出及时反馈，做到信息技术与师生交流整合；在学生自主学习时，教师利用多媒体音频为学生营造出一种高度集中的环境氛围，使学生的多种感官共同"工作学习"，外加教师鼓励式、表扬式的语言，使学生对学习充满斗志，自主思考算式答案。从传统的"教师为中心"的教学课堂转变为既充分发挥教师主导作用，又能突出体现学生主体地位的主导—主体相结合的教学结构。除此之外，在信息化的课堂教学中，教师再也不用单调地使用粉笔在黑板上花大量时间逐一罗列知识要点，主要内容可由多媒体直观形象地展示出来，并且展现形式多样、内容丰富。为教学节约了大量的时间，提高了教学效率，使师生之间教学效果显著，信息化的课堂教学很好地使其效率、效果与效益"三效统一"、平衡发展，并发挥出各自的重要作用。

(二) 课例2：《燃烧与灭火》

1. 课例基本信息

《燃烧与灭火》课例的基本信息如表11-5所示，教学内容选自人教版初中化学教材九年级上册第7单元"燃烧及其利用"中的第一节，本章共三节。主要教学目标是：（1）知识与技能：学生知道物质燃烧的条件、灭火的原理；（2）过程与方法：通过探究性实验，形成实际操作的能力和分析问题的能力；（3）情感态度与价值观：知道防火和自救知识，培养自我安全意识。

表 11-5　　　　　　　　　　课例基本信息

类别	信息内容
教学对象	D中学初三年级学生50名
教学内容	人教版初中化学教材九年级上册第7单元"燃烧及其利用"第一节
教学重点	学生知道物质燃烧的条件、灭火的原理
教学难点	通过探究性实验，形成实际操作的能力和分析问题的能力
信息化环境	硬件：多媒体实验室、教学区域网、笔记本电脑 软件：PPT课件、视频、教育资源库
视频长度	45′04″
主要教学内容	让学生知道物质燃烧的条件、灭火的原理；通过探究性实验，培养学生实际操作能力和分析问题的能力

2. 课例教学过程

本节课总共分六个环节进行讲解：一是视频导入，引出问题。在该环节里教师借助一小段视频，由此引出新课内容，增加了课堂的趣味性、新颖性以及所播放的内容对学生了解新课具有启发性和针对性。学生都是目不转睛地盯着屏幕，迅速就将学生的注意力转移到了课堂上。二是温故知新，提出假设。在该环节里教师根据学生粗略地学过的与燃烧相关的知识以及生活经验，进一步引导学生探索燃烧所需条件，共同提出几条假设，此阶段为实验探究开启了第一步——提出假设。三是教师演示，学生观察。此阶段共做了四个实验，分别是实验一"石头和木块燃烧的对比实验",实验二"蜡烛燃烧的对比实验",实验三"纸条和木块燃烧的对比实验",实验四"红磷白磷燃烧对比实验",全程在于教师借助多媒体进行演示,或是学生仔细观察其产生的现象,最终得出"燃烧需要具备的三个缺一不可的条件"这一结论。此阶段为实验探究的第二步——实验操作。四是温故知新,归纳总结。本环节在已知燃烧所具备的条件后,结合导入视频,让学生分析视频内容,解决相关问题,由此归纳总结出燃烧的定义。此阶段为实验探究的第三步——得出结论。五是游戏比赛,自主探究。该环节全程由学生自主动手去探究一个全新的问题,小组合作,仔细思考,找出答案。结合生活实例,展开"灭火大比拼"。在小组竞争比赛阶段,可谓是热火朝天,每位学生都积极思考灭火的办法,此环节很好地让学生成为信息加工者,成为知识的构建者。六是知识延伸,收获感悟。在课堂快结束的时候,教师升华了本节课的教学目标,让学生在面对灾害时,学会珍爱生命,学会进行科学自救,并要将所学知识灵活地运用到生活实践中去。

3. 课例的深入分析

通过案例,我们不难发现,该节课凸显更多的是在信息甄别的内容驱动下所进行的课堂教学。

首先是同一学科中新旧知识间的关联(知识间的纵向关联)。一是在导入播放完视频后,教师根据学生之前学习过的氧气的性质,观察过的木炭、硫、红磷、铁丝的燃烧实验,让学生结合生活经验提出关于燃烧所应具备条件的假设或猜想。在此教师很好地对旧知识进行补充和完善,并且对于学习新的知识起到了铺垫作用,再不断回顾旧知识。就此教师为学生搭建了知识支架来促进部分知识的学习,锻炼学生思维水平,推动活动的进一步展开。对于物质燃烧所应具备的三个条件,学生一时是回答不上来的,这时教师就要引导学生从学过的知识经验中"生长"出新的知识经验。对于学生未知的一些物质燃烧规律,教师在课堂上就可重现某些物质燃烧的现象,让学生经历燃烧过程,找出共同的规律。二是在做完实验后,总结归纳出燃烧的定义。教师利用多媒体展示了之前所做过的镁、木炭、红磷、铁丝燃烧实验的现象,外加课堂上做过的四组对比实验,引导学生归纳出燃烧的定义。教师在此并未强行向学生灌输新知识,而是从已有的旧知识入手,让学生对老师所提出的新问题

第十一章　信息化环境下中小学要素驱动式课堂变革调查结果质性分析

既不会有陌生感，又能十分轻松地接受新知识，将其纳入学生原有的认知结构中去，让学生内心不再害怕接受新知识，而是慢慢地感受到成就感。由此感受到新知识是在自己的思维活动下产生的，也能提高其学习的积极性。在新旧知识联结上，信息化的教学则在其中承担着挖掘"旧知识"并将其立刻展现在学生眼前的"搬运工"作用。

其次，不同学科的异质知识间的关联（知识间的横向关联）。教师在导入环节就引用了小学五年级的语文课文《草船借箭》，将大家学习过的语文知识当作本节化学课的开端。学生最初学习这篇课文时的教学目标是学习作者的叙事手法以及学习人物的性格和精神，却不知草船遇火便会燃烧的原因。这节化学课就很好地利用多媒体"穿越"到小学的语文课本中再次深刻体会、分析文章所叙述的故事，从一个崭新的视角看待故事成因与结果。可见，教师利用"语文＋化学"知识来共同解决本节课的教学目标，实现了多学科相互联系、整合。一是成为知识生产的新途径。随着课程内容的增多，教师就不得不在一些教学内容上融合不同学科的知识点来促进学生的理解和接受。这不仅有利于学生对知识全方位的理解和认识，也有利于学生学科知识的不断完善和创新。二是及时应对社会发展的复杂性。对在信息大爆炸时代不断涌现出来的差异化、复杂的新问题，传统的单科知识是很难解决的，亟待从不同的学科视角出发应对复杂问题，对不同学科之间的"空白区"进行互补，形成更为完善的解决问题的体系。最终让学生明白知识是在各学科中任意遨游的，知识的横向联系是存在于各个不同学科之间的，串联着各类知识，每个学科都可以看到其他学科的影子，为此在学习知识时，不能孤立地进行单科学习，而是应将其加以整合利用。

最后，教师灵活运用课程知识与相关知识的融合。该课例中的教师，将新知识通过通俗易懂的方式传递给学生，让学生对学习新知识不会产生抵触情绪。在本节课上，学生深刻体会到了生活中的化学以及语文中的化学，极好地印证了"生活处处有化学"，也有机地融合了语文、化学知识，使知识之间更能彼此促进，协调发展。化学学科所体现的多为理性之美，而语文知识的融合为本课程提供了感性之美，本节课在理性与感性之间相互碰撞，彰显出知识的内在魅力。为此，在教学中，教师应该在认真钻研教材、尊重教材的基础上大胆创新并结合信息化教学，

★ 实 践 篇

实施有效、有趣的知识融合，从而促进学生的全面发展。

（三）课例3：《时间》

1. 课例基本信息

《时间》课例的基本信息如表11－6所示，教学内容选自教科版小学科学教材五年级下册第三单元"时间的测量"中的第一节《时间在流逝》的第1课时。主要教学目标是：（1）知识与技能：学会根据日常规律合理估计时间的长短；（2）过程与方法：通过不同的社会活动，自我感知一分钟的时间能做些什么，从而延伸至一小时到底有多长，到底能做些什么事这类问题上；（3）情感态度与价值观：通过对时间的了解，学生能够正确应用时间，体会时间带给人们的价值以及懂得如何珍惜时间。

表11－6 　　　　　　　　　课例基本信息

类别	信息内容
教学对象	H小学五年级学生
教学内容	教科版小学科学教材五年级下册第三单元"时间的测量"中的第一节《时间在流逝》的第1课时
教学重点	学会自制日影观测仪并知道其使用方法
教学难点	学会客观合理估计时间
信息化环境	硬件：液晶显示屏、教学区域网、笔记本电脑 软件：PPT课件、教育资源库
视频长度	30′19″
主要教学内容	学会自制日影观测仪并知道其使用方法；学会客观合理估计时间

2. 课例教学过程

本节课共分为五个教学过程：第一是诗词导入，引出新课阶段。教师在液晶显示屏上显示诗歌"读书不知已春生，一寸光阴一寸金"，利用其中的"光阴"引入"时间"这一概念。第二是视频衔接，学生分享阶段。教师通过视频展示各行各业的工作人员，他们在一分钟里都做了哪些事，让学生体会一分钟时间的长短；在学生已有经验的基础上进行

第十一章　信息化环境下中小学要素驱动式课堂变革调查结果质性分析

一分钟活动的时间估计以及对比活动，进而得出"根据自己的感觉估计时间是不准确的，时间是不会随着我们的感觉走的，它总是以不变的速度在流逝"。第三是实验操作，灵活计时阶段。观看有关古人计时的相关视频，模仿古人计时法，学习并探究其计时原理。第四是古人计时，深析发明阶段。教师播放关于光影方向以及长短变化规律的相关科普视频，让学生认识古人发明的"圭表"和"日晷"的相关知识。第五是知识总结，课后活动阶段。教师根据本节课所学知识，对学生进行了一个线上课堂小测试，考查学生对知识的掌握程度并布置课后实践活动。

3. 课例的深入分析

纵观整节远程教学课堂，发现其侧重的是在信息重组的过程中驱动式中小学课堂变革教学展示：

一是"三段一体"得到充分体现。课前，教师事先在网上收集相关课题的视频资料，并根据实验需要，用录像机事先录制实验操作步骤，使过程呈现得清楚明了，便于学生动手操作。加之教师充分利用学习资源，在学校操场上进行"铅笔影子的实验"，实验所用材料也是生活中极易获取的。课前准备好的各个影视录像，都是为了在课中能有一个较为形象具体的教学展示，方便学生学习理解。课中，学生与教师进行视频互动连线，共同探究实践活动，多与学生谈方法、谈感受、谈结论，联系生活实际，让学生自主探究、独立思考。通过网络，便捷式的教学模式将学生自主活动的全过程外显出来，将学生实践活动的全过程及时记录下来，全班学生跨越时间、地点，就其详细的过程找出优劣，提出建议，避免了传统式教学中课堂时间和场地的限制。课后，教师组织学生家长与学生一起使用简易日影观测仪进行实地考察，录制相关视频，并让学生利用网络资源查阅实验中的相关疑惑与信息，下节课再进行分享交流，从而使课前、课中、课后的教学工作完整地贯穿于信息化这个多彩的环境中。

二是"二式结合"表现得尤为显著。教师主导和学生主体两者相辅相成、共同进退，在教学过程中"你来我往"，共助教学效果达到最佳。在这样的课堂上，当老师问起"你的一分钟能做些什么事"时，学生们各抒己见，并积极展示自己的活动成果以及详细叙述活动经过，很好地达成了知识与技能、过程与方法、情感态度与价值观的目标。教师在此过程中扮演顾问、引导者、评价者的角色，基于学生同等地位，形成和谐的师生关系和学习氛围。教师充分利用网络，依托数字化的网络平台进行学习交流。在此基础上师生互动交流频率远比传统课堂上的老师讲学生听、老师问学生答的频率要高，课堂上更多的是学生的语言叙述、成果展示。

（四）课例4：《爬天都峰》

1. 课例基本信息

《爬天都峰》课例的基本信息如表11-7所示，教学内容选自教育部编小学语文教材四年级上册第5单元第17课（第2课时）。主要教学目标是：（1）知识与技能：学会有感情地朗读课文，体会作者的用词深意；（2）过程与方法：在学习课文内容的过程中，思考主人公的性格特征以及精神体现；（3）情感态度与价值观：通过对人物的剖析和理解，培养学生在面对困难时知难而上、坚持到底，直至取得成功的锲而不舍精神。

表11-7　　　　　　　　　　课例基本信息

类别	信息内容
教学内容	教育部编小学语文教材四年级上册第5单元第17课（第2课时）
教学重点	学会有感情地朗读课文，体会作者的用词深意
教学难点	在学习课文内容的过程中，思考主人公的性格特征以及精神体现
信息化环境	硬件：白板、教学区域网、笔记本电脑 软件：PPT课件、教育资源库
视频长度	42′10″
主要教学内容	学会有感情地朗读课文，体会作者的用词深意；在学习课文内容的过程中，学习主人公的优秀精神

2. 课例教学过程

本节课大体分为三个教学过程：过程一是回顾知识，引入新课。在这一过程中学生在前一节课掌握作者信息、课文基本内容与生字生词的基础上，根据白板上展示的PPT图片，回顾课文想要表达的思想情感，为更深入、全面地理解课文结构和内容做好铺垫，便于学生抓住主要知

第十一章 信息化环境下中小学要素驱动式课堂变革调查结果质性分析

识点,更有利于新知识的学习。过程二是深入议读,领悟课文。在这一过程中教师在课件上呈现课文内容,以便于学生深入理解全文并把握各段落所表达的意思,详细分析个别字、词在文中的意义,锻炼学生的阅读思考能力和语言表达能力。过程三是角色扮演,总结课文。在这一过程中,学生熟悉课文整体内容并获得最后的领悟升华,教师在白板上呈现出人物角色和对话内容,学生在教师的带领下进行角色扮演,体会不同人物之间的语言表达、角色处境、思想情感等,让学生最终将本课外显的知识内化为面对困难时永不放弃的精神力量。

3. 课例的深入分析

我们不难发现,该课例大多侧重于信息手段方法驱动式的课堂形式,利用了多种不同的策略、方法与手段等,并将其灵活运用于课堂教学,使课堂教学能更好地为培养学生的核心素养服务。

首先是"方法型+内容型+任务型"教学策略相结合。一是方法型教学策略,多以各种教学方法所构成。本节课最为突出的则是多媒体演示及解说,在开始上课时教师在多媒体显示屏上呈现出一幅被云雾笼罩的陡峭山峰,山顶直插云霄的图片,如此陡峭、高耸的山峰瞬间就吸引了学生们的眼球。学生很少有机会亲眼看到如此壮观的山水风光,在借助网络资源的开放共享中将远处的山水"迁移"到教室中,跨越了空间的限制,使其近在咫尺,也使课堂教学充满着生机和多元性。二是教师内容型教学策略,以教学内容为重点构成其策略框架。本节课在介绍了天都峰的整体形貌后,又详细介绍了"鲫鱼背",最后深入体会人物性格及精神,在这一知识体系的构建中采用多媒体设备加以渲染和突出。在这一螺旋式的深入学习中,教师以信息化思维构建整个课堂教学,在教师的带领下,学生跨入信息化的大门去感受作者所要传递的思想情感。多彩的文字、精致的图片、优美的声音、形象的符号等,将静态教材变为动态,使学生思维涌动。三是任务型教学策略,以教学任务为中心,在教师创设学习条件的基础上形成策略框架。教师为让学生充分体会到天都峰的险、陡、高等特点,收集了大量生动形象的图片,并对游客爬天都峰的神态进行呈现,这就不是仅限于教材中那一点背景图介绍了,而是通过扩充课外知识,让学生对课文有更深刻的感受。在与课堂内容的深度融合下,多媒体信息化设备不仅起着"辅助"的作用,而且作为课堂教学的"主要线索"贯穿于整节课中,使各种策略平衡组合以发挥其最主要的作用。

其次是将"讨论法+谈话法+角色扮演法"教学方法相结合。一是讨论法。教师展示天都峰的壮美图片信息,让学生边读课文边在脑海中想象,将教材中的文字结合图片在脑海中构成一幅画。学生对此也是特别期待和感兴趣,这些精美的图片让学生对课文所描写的内容感受更深。老师在展示相关图片后组织学生展开讨论,结合相关文本内容,说出天都峰的特征。学生发表各自的意见和看法,共同研讨,相互启发。有学生说天都峰真的是太陡峭了,比书上的图片看着还要"可怕";有学生说天都峰好高,从图片上看,山顶都在云朵上面了;还有学生窃窃私语地说,好想去天都峰旅游,去亲眼看看。教师利用信息技术调动学生参与点评和感受,不仅可以增强学生的交流能力,还给课堂带来勃勃生机。二是谈话法。教师根据学生已有的认知结构设疑、启发学生从而提出问题,通过教师与学生交谈以得出新的启示或结论。在本课例中,教师在多媒体上抛出显眼的问题(文中哪些词语或句子表达了"我"的感受?)请学生回答时,学生回答说"发颤",教师要求:"请你再表述完整一点,除此之外,你还找到了哪些句子?"……学生在与教师的交谈中,一步步朝着正确的方向前进。教师在利用多媒体展示问题或课文内容时,不仅可以对问题的题型展开个性化设计,还可以提升其立体性、趣味性,有效调动学生参与思考的积极性、主动性,为师生提供了更多的交谈契机。三是角色扮演法。本节课中有一环节是角色扮演,该环节在教师的指导下,学生自主扮演起了书中的人物角色,老师扮演小记者,另外两位学生扮演老爷爷和小姑娘,由此展开了三分钟的人物演绎。多媒体则充当了提词器,在显示器的帮助下,学生圆满地完成了充满感情的角色扮演。这些方法的综合运用,使多媒体教学的优势更为明显,不仅让学生加深了对文本中人物形象的解读,也延伸了学习的空间,使课堂教学更为开放、灵活。

最后是现代化的教学手段。该课例结合图片、音频、视频、文字、多媒体等呈现教学内容,创设教学情景,从而调动学生的学习兴趣,提高教学水平,达到教学目标。一是教学效率有所提升。采用信息化的教学方式,教师可在屏幕上随意切换所需内容,节省了擦黑板以及板书的

第十一章 信息化环境下中小学要素驱动式课堂变革调查结果质性分析

时间并在已有书本知识的基础上让学生获得更多的学习信息。在本课中,教师额外补充了关于"鲫鱼背"的故事,仅在两分钟内便带领全班学生在科学的阅读模式下,增加了学习的信息量,可见其多媒体的优点所在。二是教师讲课也更为灵活。在无多媒体的情况下,教师多从文章开始讲到文章结束,最后总结评价。在加入多媒体后,教师可以灵活地按照学生的认知发展变换教学流程,在讲解过程中可随时穿插案例或是图画说明,若是突发灵感,也能及时找到对应资料展开讲解。在教师思绪混乱之时,当他看到所对应的图片或文字便可脱稿讲授。三是更好地突出教学重难点。在设计课件的时候教师在 PPT 上往往会突出教学重难点或是解释内容。学生只要掌握老师所呈现的问题,就能较好地把握本节课所要学习的内容。由多媒体呈现的问题更易被学生记住,相比传统的滔滔不绝的讲授或是口头提问更易引起学生的注意。

(五) 课例5:《小小讲解员》

1. 课例基本信息

《小小讲解员》课例的基本信息如表 11 - 8 可见,教学内容选自教育部编小学五年级语文下册第 7 单元口语交际。主要教学目标是:(1) 知识与技能:学会针对某一主题查阅相关资料并归纳讲述相关内容;(2) 过程与方法:在活动中根据主要内容,学会列主题提纲;(3) 情感态度与价值观:通过扮演小小讲解员,锻炼学生的口语表达能力,体会语言的魅力。

表 11 - 8 课例基本信息

类别	信息内容
教学对象	Y 小学五年级学生
教学内容	教育部编小学五年级语文下册第 7 单元口语交际
教学重点	在活动中根据主要内容,学会列主题提纲
教学难点	锻炼学生的口语表达能力,体会语言的魅力
信息化环境	硬件:液晶显示屏、教学区域网、笔记本电脑、录影机 软件:PPT 课件、教育资源库
视频长度	30′19″
主要教学内容	在活动中根据主要内容,学会列主题提纲 锻炼学生的口语表达能力,体会语言的魅力

2. 课例教学过程

本节课共由五个教学过程组成，一是视频导入，思考问题阶段。授课教师利用不同年级学生介绍不同主题的四段现场解说视频作为课堂导入，直奔主题。再根据视频让学生谈谈感受。二是发现主题，列出提纲阶段。在此阶段，学生带着上一阶段讲解视频的好奇和兴趣，开始讲解关于内容的相关学习情况，由此探索出讲解的四阶段"确定内容—收集资料—列出提纲—自己试讲"。三是学会讲解，掌握技巧阶段。在讲解稿已完成的情况下，根据学生线上讨论结果，具体掌握个人的讲解技巧，从语调、姿态等方面加以修正。四是试讲演示，学生互评阶段。教师播放了两段学生的讲解视频，引导学生分析他们的姿态、语调以及现场反应能力，从而指导全班学生学习模仿，最终内化。五是收获分享，课后互评阶段。学习完本节课的知识后，学生开始"云连线"，在线上各抒己见，抒发自己的感想与经验。

3. 课例的深入分析

纵观本节课，我们发现教师的授课方式更多的是以信息环境下的评价驱动式中小学课堂教学展示的：

一是多主体的网络评价。本节课的参与者除该学校教师和学生外，还包括学生家长和他校的个别学生，他们共同参与了该课程的实施。学生在对导入的视频内容谈感想时，对其讲解内容充满着好奇心。充分利用网络的便捷性、多元性、易得性等得出数据结果，并结合与学生的语音连线，更为具体、客观、公正地对学生当下的学习进行评价。在第二个学习阶段，学生将自己所收集到的资料及时、详细地分享给全班同学，能立刻得到对问题的建议。在第三个学习阶段，外校学生利用视频与老师和学生远程分享自己在家中向爸爸妈妈介绍《黄果树瀑布》的场景，她生动的讲解得到了家长的夸奖和其他同学的好评以及老师的鼓励，使课外活动的评价更为客观、丰富，也能更好地完善自己的不足，并激发出学习兴趣。在此过程中，评价主体不再只是教师和学生，家长也加入了孩子的学习过程，使评价主体多元化，意见观点延伸得更加具体、客观。

二是大数据下的过程性评价。在基于"空中课堂"的教学过程中，教师将书本内容、课前收集的资料呈现在显示屏上，并在显示屏上进行

第十一章 信息化环境下中小学要素驱动式课堂变革调查结果质性分析

倒计时,以掌控教学进程与节奏,待这一过程结束后,连线正在上网课的学生,分享他们的所见所感。加上教师的及时反馈和表扬,使课堂评价不仅限于某一课堂测试或纸笔考察,教师对学生在这节课上的整体表现予以评价,使评价方式更为具体形象,评价手段更为多元化,从而加大了课堂教学的有效性。在课堂最后的环节中要求学生在网上完成表格中自我讲解评价的分数填写,并将其上传至教师的电脑中,供全班同学或家长学习交流。经过数据"上传—转化—分享—介绍"的过程,较好地开展了体验活动,将上传数据的定量评价以及视频中学生的语言表达或活动行为的定性评价结合起来,定量评价具有使评价结果更为具体、精准等优势,定性评价则更为侧重学生的实践活动能力。两者相结合再加上所置身的网络环境,可以更清晰、快捷地了解学生的学习过程,使教师能及时做出评价和反馈,提出相应的建议,做到"因材施教"以及对全班学生"解答相似问题"。

三 课例总结

综合上述五节课例的整体分析可知信息化环境下课堂教学变革的大体情况。首先是教师已有信息化要素驱动的初步意识。为适应数字化变迁、课堂教学变革、学生认知发展规律等方面的需求,不同学科教师根据自己教学的学科特性有意识地在某一个或某几个信息化要素驱动下着力展开教学变革,并在目标、内容、过程、方法、评价五大要素的驱动下,从其中一个要素着手进行课程设计,从而延伸并带动其他要素共同作用于课堂教学。其次,信息化要素驱动与课程结合只是向前迈开了第一步。在信息化环境下,教师很少将三种或三种以上的课程要素结合起来共同融入课堂教学中,教师对信息化的认识还不够全面,还未认识到信息化环境下要素驱动对课堂变革的巨大潜力。最后,在五大信息化要素驱动式课堂教学变革的综合性方面还做得很不够。如何将五大要素很好地融合到课堂教学中成为理想课堂的变革目标,即在课堂上不仅仅涉及一个要素,而是要全面融合学习理念、学习目标、课程标准、学习内容、学习方式、各种媒体形式等所有要素。

第十二章 信息化环境下中小学要素驱动式课堂变革的问题及成因

通过对 G 省中小学信息化课堂变革的现实情况进行实际考察，借助问卷、访谈、课例等方式获取数据信息，利用量化和质性两种方式进行分析，我们整体把握了信息化环境下中小学要素驱动式课堂变革情况。本章将重点从教学资源的建设与使用、教学主体的动力与素养、技术与课堂融合过程、技术与课堂融合成效四个方面归纳、概括其存在的核心问题，并从政府、学校、教师、学生、家长以及相关研究等七个方面，具体分析其原因。借此，为后续解决信息化环境下中小学要素驱动式课堂变革的实际问题、推进改革与发展提供参考性策略；为进一步对有关信息化环境下中小学要素驱动式课堂变革的理论问题进行深度探索，贡献思路与方法。

第一节 信息化环境下中小学要素驱动式课堂变革的核心问题

经过对所获取的 G 省数据信息进行系统分析和处理，结合研究设计和具体的分析，我们发现在目前信息化环境下中小学要素驱动式课堂变革在教学资源的建设与使用、教学主体的动力与素养、技术与课堂融合过程、技术与课堂融合成效方面存在着一系列问题。正确把握这些现实问题，无论是对后续进一步的理论研究，还是对解决实际问题都具有重要的价值和意义。

第十二章　信息化环境下中小学要素驱动式课堂变革的问题及成因

一　信息化环境下教学资源建设与使用存在的问题

通过分析发现，信息化环境下的教学资源在建设和使用方面存在着资源建设方面分布不均衡、配置不完善、选择不合理、管理不到位和教学资源使用意愿不强、能力不足、效果不佳等问题。

（一）信息化环境下教学资源建设的问题

信息化教学资源建设是进行中小学课堂变革最为基础的硬条件，没有教学资源建设，就难以推动课堂教学变革。虽然当前信息化环境下的教学资源已有了极大的丰富，但仍然存在着诸多不足。

1. 信息化教学资源分布不均衡

信息化教学资源分布不均主要表现在城乡之间，优质学校和普通学校之间。一是城市学校的信息化教学资源明显优于乡镇、农村地区。如在乡镇、农村地区，学校的网络部署范围较小，一般只部署在办公区或教学处，而在城市地区，基本能达到全范围覆盖或网络部署范围较大；城乡之间的各种电子信息设备分布比例差异明显，乡镇、农村地区的分布明显低于城市。二是优质学校的信息化教学资源明显优于普通学校。如名校网络课堂在市级优质学校中会更多，并依次呈递减状态，除了名校网络课堂外，优质学校的优质资源也丰富多样，而普通学校则在同种课堂资源与不同类型的课堂资源上都低于优质学校。

2. 信息化教学资源配置不完善

信息化教学资源配置不完善，主要体现在三方面。一是信息化教学资源配置少，很多地区虽然已在设备上有了很大改善，但离全覆盖、全配置还有很大差距，而且很多中小学在一些教学资源的配置上还是不够的，专岗专用率不高。二是优质资源缺乏，来源差异较大。调查结果显示，优质资源在优质学校中运用得较多，在普通学校里则较少，普及性不高。在优质资源中，占比最大的是名校网络课堂以及名师课堂，两者共占据50%左右，还有近一半的优质资源来源不一。三是教学资源配备与需求不匹配。教学资源与设备虽已配备，但已有的信息化教学设备存在着约1/10的闲置情况。

3. 信息化教学资源选择不合理

信息化教学资源选择不合理，这主要表现为三点：一是未根据不同学科内容特点选择合适的信息化教学资源。在现实中，各科教师多以PPT等常规教学手段贯穿整个课堂教学过程，没有考虑到学科差异，如英语对语音设备的依赖性较高，而化学等涉及抽象概念的学科则需要电脑演示模型进行辅助教学。二是未结合不同教师个人特质选择适宜的信息化教学资源。年龄较大或者教学经验不足的教师不愿轻易尝试新的信息化教学资源，担心出现教师不会用、学生跟不上的局面。三是未根据学生的学情选择恰当的信息化教学资源。在现实中，部分教师没有照顾到学生因年龄、学习能力等不同而对信息化教学的差异性需求。

4. 信息化教学资源管理不到位

信息化教学资源管理不到位，可从前期、中期和后期三方面进行阐述。首先，在前期管理阶段，主要涉及教学资源管理平台的搭建问题。部分学校由于存在地理位置偏远、教育经费短缺等问题，使得硬件设备的配置不够完备，这给平台的搭建造成一定程度的困难。同时，由于教师的教育技术水平参差不齐，在后续教学资源的创建和共享方面也受到限制。其次，在中期管理阶段，主要是教学资源管理平台的运营。部分学校由于缺乏管理意识或是没有能力配备专业技术人员，使得资源平台流于形式，并未发挥出其应有的作用。最后，在后期管理阶段，主要是教学资源管理平台的维护。信息化教学资源更新速度较快，在一段时间后就易出现设备老化、过时等问题。但部分学校由于对其重视程度不够、资金支持不足等问题，使得资源平台疏于维护以致课堂信息化教学进展缓慢。

（二）信息化环境下教学资源使用问题

信息化教学资源建设虽是进行中小学课堂变革的基础条件，但教学资源如何使用以及使用情况如何亦是推动中小学课堂变革的关键所在。通过对相关数据和访谈的分析总结，发现信息化环境下教学资源的使用仍存在以下问题。

1. 教师使用信息化教学资源意愿不强

信息化教学资源使用的意愿不强，这体现在两个方面。一是各学科差异以及学科特点使得不同教师在使用信息化教学资源时的意愿不强。如在语文学科中，要求学生体会某一意境，而正是由于信息化教学资源的直观性，使得教师为更好地实现教学目标、给予学生良好的学习体验，

第十二章 信息化环境下中小学要素驱动式课堂变革的问题及成因

而选择使用信息化教学资源。二是教师对信息化教学资源的认识程度也影响着教师的使用意愿。部分教师片面地认为信息化教学只是在教学中使用PPT等教学手段，忽略了教学内容与教学技术的有机结合，仅考虑备课时间成本或自身PPT制作水平等因素，这不利于激发教师对信息化教学资源的使用意愿。

2. 教师使用信息化教学资源能力不足

信息化教学资源使用的能力不足，可以从两方面进行阐述。首先，缺乏对信息设备使用的相关培训。调查发现，多数教师常用的信息设备仅有计算机、投影仪等，对其他信息设备的使用和相关功能不甚了解，而相关信息设备的使用主要依靠教师自身学习，缺乏为教师提供使用的培训与学习机会。出现信息设备齐全、信息化教学资源丰富，信息化教学水平却低下的现状。其次，教师信息技术的应用脱离教材。当前的信息化课堂教学变革注重教师、学生、教学内容与信息技术运用的整体性，但在现实使用过程中往往会出现流于形式的现象。教师只为了使用信息技术而使用信息设备，忽视了信息技术手段与教材的内在关联，未能有效地增强教学内容的适切性，实现信息技术与课堂教学的紧密结合。

3. 教师使用信息化教学资源效果不佳

信息化教学资源使用效果不佳，主要表现在两点上。第一，信息化环境未被充分利用。考察结果显示，无论是市级、县城、乡镇、村级学校基本都配备了计算机和多媒体教室，其他信息设备配置得比较齐全的是市级、县城学校，但在使用上无论信息设备配备齐全与否，教师主要使用的信息设备仅是计算机和班班通，其他设备则不常使用甚至不会使用，导致信息化环境资源的浪费。第二，优质信息化教学资源短缺，一方面，教师对于信息化教学资源的获取途径较少，主要是从教材、教师参考用书等上获得电子资源信息；另一方面，优质信息化教学资源建设有待进一步完善，不完善的信息化教学资源致使其在教学过程中实施效果不佳。

二　信息化环境下教学主体的动力与素养存在的问题

随着信息化技术的深入发展，现代社会已进入大数据、云计算等信息化时代，中小学课堂教学中信息技术运用越来越普及，信息化教育受到广泛关注。与此同时，变革中小学课堂教学的机制应运而生，特别是中小学教学主体信息素养的高低直接影响着教育教学的效能，决定着改革的效果。然而，在现实中，教学主体的动力与素养方面存在如下问题，这些问题有待进一步改进。

（一）信息化环境下教学主体的动力问题

教学是教师的教和学生的学相统一的双边活动，教师和学生都是教学主体，其中，教师主导作用的发挥影响着学生主体性的实现。因此，信息化环境下教学主体的动力问题，既关涉教师主体，也涉及学生主体。当前，信息化环境下教学主体变革存在外源动力不够、内源动力不足、任务动力不强三大问题。

1. 信息化环境下教学主体外源动力不够

信息化环境下教学主体课堂变革的外源动力是指推动教学主体进行课堂信息化变革活动的外部因素或情境。如政策驱使、技术驱动、环境助推等，都是促使教学主体进行课堂变革的外源动力。首先，教师外源动力不足，主要体现在信息化教学政策支持效力弱、信息化教学制度的推动力度小以及信息化技术对教师个体带动效能低等方面。调查显示，有61%的学校设有专职电教工作人员，而仅有19%的学校建有信息化教学督察小组。这表明通过教学政策和督察制度等措施敦促教师开展课堂变革行为的强制效力仍然不高。其次，学生的外源动力不够，主要体现在政策对学生信息化发展的支持力不高、技术升级对学生的辐射作用有限、信息化发展和学习的氛围薄弱三个方面。目前仍存在很多学校基础设施落后，校园中缺乏应用信息技术的氛围，再加上对学生主体作用的重视程度不高，学生信息化需求得不到满足，久而久之，他们的思维便会受到压抑，大大消减了学生的学习热情。另外，教师和家长对学生的不当期望也是导致学生外源动力不足的重要因素。

2. 信息化环境下教学主体内源动力不足

信息化环境下教学主体变革的内源动力来自教学主体内部，促使教学主体课堂变革行为产生的内生力量有个体的观念、态度、需要、情感等。内源动力是推动教学主体进行课堂变革的核心要素，直接影响着教学主体的变革行为和变革成效。首先，教师课堂变革的内源动力不足表现为教师的信息化教学观念缺失、教师对学生信息化发展的重视程度低

第十二章 信息化环境下中小学要素驱动式课堂变革的问题及成因

下,以及教师的信息化教学个体需求水平不高等。部分教师存在将信息化教学简单地等同于教学辅助工具、技术的认知偏差,这种不合理、片面的认知使得教师在课堂变革上缺失了最为核心的内生力量。同时,面对信息化课堂变革的复杂性和困难性,即使信息化技术有再多的优势,仍令处于变革门槛外的教师望而却步。其次,学生变革的内源动力不足表现在三个方面,即信息化学习认识不足、个体信息化发展意愿不强以及信息化学习动机水平不高。由于中小学生对社会环境的敏感度和认知力有限,特别是小学生还不能充分意识到现代社会中信息化发展对个体的重要价值,也就缺乏参与课堂变革的直接内在支配力。内源动力不足直接导致学生在信息化的课堂变革中处于被动状态,缺少参与的积极主动性,以致课堂变革的功能未能得到较好地实现。

3. 信息化环境下教学主体任务动力不强

信息化环境下教学主体变革的任务动力既不同于外源动力的外在推动,也不同于内源动力的内在支配,任务动力是外源动力向内源动力转化至一定程度的特殊动力,即教学主体把课堂变革行为看作个体应当履行的责任与任务,任务完成意味着个体得到满足,任务动力的强度也随之削弱。信息化环境下教学主体变革的任务动力不强体现在没有和信息化相结合的足够任务、信息化任务难以转化为动力两方面。首先,就教师而言,一方面,他们没有完全适应信息化课堂变革之需。如有的教师认为,融合信息技术以实现课堂变革多此一举,他们需要耗费大量精力、时间收集相关资料进行备课,制作课件,设计教学过程……过程繁杂,耗费心力,但效果却不尽如人意。另一方面,教师信息化观念陈旧,与学生实际情况脱节。很多教师不愿用信息化教学资源,即使用也只是将教科书上的内容完完整整、一字不落地移到课件上,甚至将网上下载的课件直接照搬到课堂教学中,缺乏学情分析。其次,就学生而言,基于信息技术的作业没有科学合理地反映其对知识点的掌握情况及自身情感变化,学习任务与信息化结合不合理,作业量与作业难度没能得到有效调节,作业内容反而更繁杂,学习效果低。

(二)信息化环境下教学主体信息素养的问题

信息化环境下教学主体的信息素养是课堂教学变革的重要因素之一,课堂变革成败与否关键在于教学主体的信息素养。通过问卷、访谈以及案例等资料可以得出信息化环境下教学主体的信息素养主要存在如下四个方面的问题。

1. 教学主体的信息意识薄弱

教师的信息意识薄弱主要体现在三个方面：一是教师主动获取信息知识的意识薄弱。教师不会主动学习和获取信息知识，导致其信息知识贫乏，信息能力欠缺，以致其不能很好地利用信息化技术进行课堂教学。二是教师主动应用信息技术的意识薄弱。被访谈的J2老师说："对于信息化，我自己也不太懂，反正是学校要求上课用PPT和投影仪，那么我就用了，光是用PPT的教学方法我都没弄懂，其他的那些我就更不考虑了。"显然，这种被动运用信息技术进行教学的情形，反映出部分教师缺乏主动将信息化技术结合到课堂教学中的意愿，缺乏信息化应用意识。三是教师使用信息的伦理意识薄弱。中小学课堂教学中存在这样一种现象，要么不使用多媒体设备，而是用一本书、一支粉笔支撑其教学；要么完全依赖多媒体设备，形式化地、机械化地将课本知识照搬照抄到多媒体课件上，不思为何，一旦多媒体设备出现故障，其教学就无法正常进行；要么教师唱独角戏，不与学生进行积极互动等，这是中小学教师信息伦理意识薄弱的集中表现。学生的信息意识薄弱，主要是在使用信息产品设备的自觉性方面存在着问题。当前，各种电子游戏、娱乐性的APP，如抖音、微博、QQ、微信等逐渐出现并普及。学生由于受其年龄、知识水平、经验等的限制，在享受这些信息技术所带来的好处的同时不能很好地约束自己的信息使用行为，因此而带来了很多负面影响，诸如降低学习积极性，对电子产品产生依赖性，严重者甚至会成瘾，因此荒废学业等现象层出不穷。

2. 教学主体的信息知识匮乏

中小学课堂上教学主体的信息知识匮乏主要体现在四个方面：一是缺乏基础的理论知识。如有教师反映其信息化理论知识严重缺乏，亟须补充。二是缺乏综合运用信息技能的知识。如被访谈的J6老师说："我们教师平时用的多媒体技术手段，其实都是自己摸索的，所以大多数教师只会使用一些简单的功能，但听说多媒体还有很多强大的功能，但是我们没有掌握。"三是缺乏信息管理知识。教师和学生是控制信息资源、协调信息活动的主体，信息管理的目的是形成可利用的信息资源，实现

第十二章　信息化环境下中小学要素驱动式课堂变革的问题及成因

信息的效用和价值。然而，在实际的课堂上，由于教学主体缺乏信息管理知识，因此导致信息资源的价值没有发挥出最大效用。四是缺乏信息评价知识。这主要体现在师生缺乏鉴别信息知识的真实性、权威性、实用性、时效性等方面。

3. 教学主体的信息能力欠缺

信息能力是信息素养的核心内容，主要包括获取信息、运用信息以及分析评价信息的能力。调查发现，很多教师的信息运用能力不尽如人意，不能有效地运用信息技术积极变革课堂教学，也失去了信息技术的价值。首先，从教师层面来说，一是缺乏获取信息的能力。一方面由于缺乏主动获取信息的能力，不会利用信息技术获取更多、更广的知识；另一方面，由于老师缺乏信息运用的能力，不会将信息技术发挥出最大效用，从而滋生出信息技术不仅麻烦还没有用的错误观念。二是缺乏运用信息的能力。如被访谈的 J4 老师说："拿 PPT 来说，有些老师连文字的颜色都不修饰一下，看上去非常单调，做的课件不新颖、不形象，学生听课动机不强。"J5 老师也说："大多数老师基本上只懂得一点点皮毛，停留在用 PPT 进行教学的层面。"三是缺乏加工和选择信息的能力。由于信息化知识具有多元性、广泛性、传播速度快等特点，出现了信息量大且种类繁多、信息来源广泛、信息混杂等局面，很多教师在检索、鉴别、加工、重构、再创造和输出等方面存在问题，缺乏强有力的信息辨别能力，不会对获取的信息去粗取精、去伪存真、为我所用。其次，从学生层面来说，学生信息能力欠缺主要表现为三点：一是学生缺少筛选和识别信息的能力。由于缺乏筛选信息和识别有用信息的能力，不仅影响到学生学习的积极性和主动性，还导致学生的世界观、人生观、价值观受到影响。二是学生缺乏正确使用电子设备的自控力。由于学生缺乏自我约束能力，导致很多中小学生对电子设备和网络游戏出现依赖或成瘾问题。三是学生缺乏加工信息的能力。由于知识水平和能力有限，很多中小学生不能对所获取的信息进行有效筛选。

4. 教学主体的信息伦理失范

在信息泛滥的时代，信息伦理道德值得关注。李娟等认为，信息伦理可概括为两个方面（个人信息道德和社会信息道德）、三个层次（信息道德意识、信息道德关系、信息道德活动)。[①] 在信息化时代，信息的真实性和客观性，信息的可访问性、保密性和完整性，都需要信息伦理来规范。人既是信息生产者又是信息组织者、传播者，在信息生产和传播过程中不可避免会产生信息伦理失范问题。教学主体的信息伦理失范主要表现在三个方面：一是教学主体信息获取伦理失范。由于信息来源广、各种有利或有害的信息资源杂糅，教学主体缺乏相应的信息鉴别和选择能力，时常出现获取信息来源和途径不当的行为。二是教学主体信息传播伦理失范。相对来说，教师信息传播伦理失范现象较少，更多地出现学生信息传播失范行为。究其原因是，正处在青少年期的学生不会辨别信息的善恶真伪，传播一些虚假信息，由此产生不良影响。三是教学主体信息安全伦理失范。在信息化环境下，随着互联网的快速发展，信息泛滥、信息污染、信息泄露、信息犯罪等信息安全问题层出不穷。中小学课堂教学主体最常见的信息安全伦理失范问题主要是信息泛滥和信息泄露。如有教师和学生认为，只要管理好自己的信息行为和活动就行，缺乏自主维护信息安全的意识，这样不管是对教师、学生还是对他人都会产生不利影响。

三 信息化环境下技术与课堂融合过程存在的问题

信息化环境下技术与课堂融合的过程存在诸多问题，主要体现在对课堂教学变革的着力点把握不当、信息技术与课堂融合的方式单一和信息技术与课堂教学融合的过程存在类别性差异三个方面。

(一) 对课堂教学变革的着力点把握不当

调查数据显示，大部分教师认为，课堂教学各个要素与信息技术的融合都是从某一个要素（即着力点）开始变革而后逐渐延伸至其他要素上，这也说明了变革自身的层次性和渐进性。当教师在选择好着力点后，势必会根据自身的教学经验、教学习惯、思维方式、理解能力等做出一系列带有个人色彩的创设性活动。通过对教师这一创设性活动过程的分析发现，教师对着力点把握不当的现象广泛存在，既存在于新教师摸索某一教学要素与信息技术结合的初级阶段，也存在于拥有相关经验的老

[①] 李娟、迟舒文：《智能时代的信息伦理研究》，《情报科学》2018年第11期。

教师的信息化教学过程中。

1. 教学目标设置不明确

问卷调查显示，大多数教师倾向于将教学过程、教学方法和教学内容三个教学要素与信息技术展开融合，而对教学目标和教学评价则涉及较少。在倾向于将教学目标作为变革着力点的教师中，对于是否将信息素养作为一种独立的目标来培养这个问题，有47.95%的教师表示赞同，有45.07%的教师表示比较赞同，即有93.02%的教师赞同将信息素养作为课堂教学目标，而有6.98%的教师表示不赞同。当前中小学教师在教学目标与信息技术融合过程中所出现的问题可概括为对教学目标认识不清晰和教学目标方式不恰当两类。首先，教师不知道怎样将教学目标与信息技术相融合。在93.02%赞同将信息素养作为教学目标的教师中，有85.75%的教师对于信息素养的理解是较为单一的。信息技术目前在中小学还处于简单的技术应用的初级阶段，只是将其当作教学的工具在使用，因此有34.79%的教师对于信息技术缺乏正确的、清晰的认识，简单地认为信息技术并没有单独作为课程内容出现在教学中，因而无法与教学目标相联系，也就无从展开融合。其次，教师试图将教学目标与信息技术相融合，但是由于方式方法不正确，教学目标与信息技术仅达到浅表层的融合，致使教学效果未能达到理想的状态。有47.95%教师把信息素养当作一个教学目标对学生进行培养，但培养的方式仅限于让学生自己去查找资料，搜集有关信息。信息获取的能力虽然包含在信息素养内，但信息素养却不局限于此，它还包含着判断何时需要信息以及如何评价和有效利用所需信息，可以说，很多教师并不明白如何有效地培养学生的信息素养。

2. 对教学内容缺乏甄别

在如今的信息时代，师生能从多种渠道和媒介接触到海量的知识，教师能接触到更多的优质教学资源，学生的知识来源也不再限于课堂。但师生在享受信息化资源所带来的便利的同时，也遭受了信息化资源所带来的一系列问题，如教师难以对大量的教学内容进行甄别，这主要表现在三个方面。一是教学内容泛化。对课例的分析发现，在课前，部分教师会让学生自行查找资料，预习教学内容；在课中，有的教师会在课件中插入大量的图画和内容，帮助学生透彻理解；在课后，一些教师会让学生查看与本节内容相关的信息资料，拓展学生视野，提高学生对教学内容理解的深度。教师的用心无可厚非，但过多的信息常常会使学生迷失在信息的洪流中，泛化教学内容，反而加剧了学生的负担。二是针对性不足，这与泛化存在一定的关联。在课例中发现，"教师的教学内容不局限于教材中的静态知识，还有非教材中的动态知识；除了在学生回答问题时，PPT上答案的呈现与学生回答同步外，还有教师对其回答进行内容的补充讲解"，以至于当能接触到的信息资源过多时，教师为了多方面兼顾，会将更多的信息资料纳入课堂教学内容之中，"由精转多"，因而忽略了对教学内容的深入讲解，致使教学内容针对性减弱。三是教学内容碎片化，教学内容碎片化是指教师将系统性的教学内容分解为"碎片"型教学内容进行讲解。由于教师在有限的时间内既要讲解从课程上提炼的教学内容，又要兼顾自己和学生在互联网上查找的资料，因此不得不将教学内容分解成灵活度更高、吸收率更好的碎片化内容。诚然碎片化学习能让学生在有限的时间内了解更多的知识，但长期的碎片化教学既不利于学生系统知识的养成，也会降低其思维活动的逻辑性。

3. 教学过程设计不合理

调查结果显示，选择以教学过程为着力点进行课堂教学变革的教师最多，占85.34%。但教师在从教学过程出发进行变革中，普遍存在着教学过程设计不合理的问题，极大地阻碍了信息技术与课堂教学融合的进程。如出现信息技术的滥用、信息技术的误用以及信息技术的频繁转换等问题。前者是指教师将信息技术的使用充斥整个教学过程，导致教师与学生间以及学生与学生间的互动性不足，难以进行情感的沟通与交流。如问卷调查结果就显示非常注重在教学过程中运用信息技术与学生互动的教师较少（仅占23%），更多的教师对此持中立态度。中者是指教师将信息技术用在了不适合的教学环节，如在自主探究环节不断播放视频或音频等，这样做只会干扰学生的探究过程，致使其注意力分散、探究效果不佳。后者有两种表现：一是教师在较短时间内设计、运用多种信息技术，如投屏仪、多媒体课件、视频和音频的接连使用；二是教师在信息技术运用与传统教学方法的运用中不断切换，如上一分钟还在看多媒体课件，下一分钟就转到黑板板书上，再下一分钟又转回了课件。这两者都会导致教师手忙脚乱、学生眼花缭乱，使教师难以把控好教学

第十二章 信息化环境下中小学要素驱动式课堂变革的问题及成因

节奏，学生则难以集中注意力。

4. 教学方法选择不当

教学方法选择不当主要表现为教师教学方法选择的单一以及适切性不足。首先，教学方法选择单一。问卷结果显示，选择基于多媒体的常规教学模式的教师最多（占85.62%），选择其他的较少，这说明教师教学模式单一；选择通过QQ、微信等通信手段与学生进行交流了解，从而改进教学策略的教师接近90%，选择其他的较少，教学策略单一；有55.89%的教师常用PPT呈现教学内容，有24.38%的教师通常使用动画、视频来激发学生的学习兴趣，很少有教师选择其他的模式，教学手段单一。教师倾向于利用多媒体课件、音频和视频等教学手段进行教学，访谈结果也能佐证这一现象。其次，教学方法选择的适切性不足。教师在选择教学方法时更多地从方法本身或自身对教学方法的掌握程度等其他因素上进行考量，而忽略了结合各班学生的实际采取适合的教学方法。在问卷中，一些教师也对此提出了相应的建议。

5. 评价未凸显信息化教学优势

调查结果显示，在五个课堂基本要素与信息技术融合的容易度排序中，教学评价的综合排名最低，反映出教师认为将教学评价与信息技术融合起来最难，把控不到位，因此选择从评价切入的教师相对较少，教学评价未能凸显出信息技术的便捷性、及时性、透明性以及多样性优势。首先，便捷性优势未能在教学评价中反映出来。调查发现，当前教师在教学评价中除了利用网络阅卷之外很少用到信息技术，没有充分挖掘其自动生成可视化数据和永久保存数据等便捷性功能。其次，教学评价反馈及时性欠缺。根据调查，教师较少利用信息技术来进行教学评价与反馈，导致教学评价反馈不及时。再次，教学评价过程的透明性不够。调查显示，教师进行线下评价远多于线上评价。而教师在进行口头评价、书面评价等线下评价时，由于缺乏数据的支撑，容易根据自身经验进行主观判断，导致评价笼统甚至出现错误的情况，以致难以从评价中发现问题并做出及时调整。最后，教学评价方式的多样性不足。调查问卷显示，有45.21%的教师很少使用信息技术对学生进行过程性评价，以至于评价方式的过程性和多样性不足。

（二）信息技术与课堂融合的方式单一

信息技术作为一种技术手段服务于课堂教学，与课堂融合能更好地促进教学的发展，但很多教师在融合过程中仅仅是将信息技术与课堂教学简单地相加，结合方式单一，主要表现出以下三种情况。

1. 信息技术使用单一

信息技术使用单一，主要包括教师使用单一和学生使用单一两方面。就教师使用而言，教师对信息技术的运用多为在课堂上使用电子白板和多媒体课件，认为只要这样就是融合了信息技术，对其使用仅局限于一种方式，不够多元化，其多功能优势没有得到充分发挥。就学生使用而言，在教学过程中学生对信息技术的使用仅局限于课后用电脑和手机查阅、下载资料。

2. 基于信息技术进行课堂评价的普及性较低

信息技术能彻底革新传统的课堂评价方式，既能改口头评价为数据评价，使评价结果真实可信；又能将数据评价的信息完好无损地加以保存。但分析发现，教师很少利用信息技术进行课堂评价，而且这样的现象广泛存在于各类不同学校和教龄的教师之中，即利用信息技术开展课堂评价在学校和教师中不具备普遍性。大多数教师也曾憧憬信息技术与课堂评价融合的理想状态，但囿于自身的信息技术能力，难以花费大量时间和精力将二者进行融合。

3. 信息化背景下教师激励方式单一

通过课例分析发现，课堂教学中教师在对学生进行评价激励时通常采用传统的口头评价方式，而对于采用多媒体手段进行激励的教师较少，并且方式单一，主要存在以下两个方面的问题。一是激励方式缺乏与信息技术的结合。二是激励方式与信息技术的融合效果欠佳。一方面，虽然部分教师知道要结合信息化技术对学生进行鼓励和评价，但是由于没有考虑到学生心理特征和课堂氛围等因素，以至于没有达到激励效果；另一方面，部分教师过度依赖信息技术，使得教师对学生进行激励的活动变成单方面的技术操作，失去了激励学生的作用。

（三）信息技术与课堂教学融合的过程存在类别性差异

信息化环境下课堂教学变革主要通过信息技术与课堂教学融合而产生，调查发现，由于教师在学校扮演的角色不同、所教授的学科性质不

第十二章　信息化环境下中小学要素驱动式课堂变革的问题及成因

同、与信息技术融合层次的不同以及学校所在区域的不同，导致融合的形式相应也不同。

1. 角色性差异

角色性差异是指不同教龄的老师在信息技术与课堂教学融合过程中，由于教师的教学经验不同而表现出变革问题的不同。其主要体现在新老教师变革方式的选择上，教龄较短的新教师在访谈中说，他们一开始往往倾向于从教学方法这一要素展开融合，这也是新教师的优势，对新事物的接受能力以及信息技术的使用能力较老教师要好，但是新教师由于在对教学目标、内容和过程的把握上经验较为缺乏，容易形成技术依赖；数据显示，老教师一般会从教学过程开始，同时兼顾教学方法和教学内容。但是我们在前文教龄分布数据图的分析中已指出：教龄同教师性别一样存在着结构不合理的问题，老教师通常已形成了自身的教学理念与教学方法的思维定势，他们对信息化的教学环境可能存在一定的排斥反应，在课堂教学变革上会存在一定的困难。由于多年的教学经验和思维习惯，老教师难以把教学与信息技术融合起来，因此很难引发课堂教学变革。

2. 学科性差异

学科性差异是指不同学科教师受学科特点的影响，在信息技术与课堂教学融合过程中所出现的不一致。信息技术与教学内容结合需将知识可视化，图文结合，将生硬、抽象的教学知识形象地展示出来。此外，结合学科特点、结合学生具体学情，灵活采用教学方法，即教学方法的使用应当注重学科特点。如果肆意使用信息技术而不注重学科的特殊性，那么反而会带来问题。如地理类学科的教师，在课堂教学中倾向于对教学方法与信息化进行融合，插入图片和视频等能让学生对于不同的地貌、环境有更直观的了解，这与观看教科书的插图和阅读概念相比更能促进学生有效学习，教学方法与信息技术的融合在地理学科上能取得事半功倍的效果，但在数学学科上，由于其本身的逻辑性，如果在教学方法上插入图片或者视频反而拖沓了教学节奏，分散了学生的注意力。数学学科更重视的应是过程，对于教学方法的改革应当慎重而行。部分教师在变革时往往缺乏对于学科自身的理解，导致信息技术与课堂教学要素的融合浮于表面，将凡是能想到的要素都加进去，这无异于买椟还珠。

3. 层次性差异

层次性差异是指信息技术与课堂教学要素融合程度存在着差异，我们将其划分为不同层次，不同层次间在课堂教学变革中所表现出的问题也有差异。访谈结果显示，融合的层次分为尚未融合、初步融合、中等融合、完全融合，访谈内容还涉及了目前处在尚未融合以及初步融合阶段的教师所存在的问题。处在尚未融合阶段的部分教师并没有自主改革的意愿，往往是迫于学校行政压力而在形式上开展变革，教师在对待信息技术的观念以及态度上存在问题；处于初步融合的部分教师受到教学经验的限制，只能从某一个要素开始变革，变革方式不恰当，变革效率较低。

4. 区域性差异

区域性差异主要表现为城乡之间和优质学校与普通学校之间存在的差异。调查发现，从设备多寡来看，不同级别学校信息设备分布比例差异明显，且乡镇和村级学校信息设备分布比例普遍偏低；从无线网覆盖率来看，不同级别学校无线网络覆盖差异明显，市级和县城无线网络覆盖情况较好，乡镇和村级学校无线网络覆盖情况较差，多为小范围部署和覆盖全部办公区。首先，从地域上看，城市学校的教育经费与教育资源要多于乡镇学校。经费与资源的多寡掣肘着信息技术与课堂教学要素融合的过程。经费越多的学校能购买的相关设备和教师外出学习的机会就越多，教师也有着更多的实践机会，且城市学校间经常会借助他人他校的优质资源，充分利用校际合作进而加强实践能力。因此，城市学校将信息技术融入教学的教师自然越来越多，新教师进入后，其进步的速度也越来越快。乡镇学校由于缺乏资金与设备，老教师没有学习信息化教学的条件，新教师更是缺乏有经验者的带领，由此形成两极分化。其次，从学校发展水平来看，优质学校的信息技术与课堂教学的融合成效明显高于一般性学校。优质学校对于信息化的重视程度以及信息化教学经验和理念也高于一般性学校。二者存在着差异。调查显示，一些教师反映说，自己学校存在资源运用的闭塞现象，不会借助他人他校的优质资源进行授课，也有部分教师反映说，其学校偶尔会借助他人他校的优质资源。这体现出优质学校与普通学校对信息技术的重视程度不同。

第十二章　信息化环境下中小学要素驱动式课堂变革的问题及成因

四　信息化环境下技术与课堂融合成效存在的问题

信息技术融入课堂教学，带来了教学理念的创新、教学结构的变革以及教学时空的颠覆等优势，但亦产生了诸多现实困境。

（一）信息化环境下教师专业成长的支持体系不完善

调查发现，在信息化环境下关于教师专业成长的支持体系还不够完善，其主要涉及如下问题。

1. 政策制度的精细化程度不够

调查显示，有61%的学校配备了专职电教工作人员，有19%的学校组建了信息化教学督察小组，这说明在大部分参与调查的学校已有信息化制度建设，大部分学校对信息化建设比较重视。但是，还有9%的学校毫无信息化制度建设，可见，有关信息化制度建设还未完全普及。关于专职电教工作人员的配置，信息化教学督察小组的组建及其内部制度的建设普遍呈现太过笼统的设定，并且教师信息化专业方面的制度建设未得到突出，只有极少数学校略微重视教师群体在信息化专业方面的发展，虽有相应的制度体系，但其信息化工作未呈现出高度和谐与专业性，可见其制度建设的精细化程度不够，日后还需加以完善。

2. 资源平台建设不完备

关于资源平台建设，从调查问卷中至少可看出三个问题。首先，学校对于最基本的信息化资源供给还未达到平衡。城市学校仍有20.81%的供给空间，农村学校更是有高达一半左右的供给空间，并且在所收集的被调查教师的意见中，大部分教师普遍建议学校能多提供一些平台让老师学习和运用，信息化发展的供给平台并不能满足现有教师的专业发展需要。其次，教师共同学习交流的平台较少。开通教师之间交流合作网络空间的人数占总教师数的49.52%，可见，基于网络学习平台的开设较为单一，教师之间的合作交流大部分还是在固定场所进行面对面式的教学交流和讨论。而且，部分教师强烈建议学校多提供一些资源平台让教师参加网络文化学习、加强网络学习、提高认识等，凸显出可供教师信息化专业发展的交流平台还十分欠缺。最后，教师成果或学习的展示平台开设得较少。教师进行信息化专业发展学习的成果展示平台未能实现教学资源共享或是免费开放，尚未建成一个互相评价的良好体系。

3. 培训体系不完善

对问卷调查所收集的开放性数据信息采用扎根理论分析得出，大部分教师建议加大教师培训力度，对教师进行专业培训，请专业教师进行培训指导等，可见教师提高信息化专业发展的迫切需求。分析还发现，在现实中存在着教师在信息化专业发展培训方面未呈现出一个完善的培训体系，接受培训的教师对培训的目的和意义模糊不清等严重问题，以至于他们在接受培训后还是不能够很精确、具体地将信息化方法与教学科目呼应起来，进行信息化教学设计和安排。最终导致这一现象的出现——即使接受了专业培训，部分教师仍然缺乏在实践中对信息化课堂教学进行整体把控的能力。

(二) 信息化环境下学生学习方式的现代化程度不高

对课例的分析发现，一方面，教学呈现形式仅从传统的"教材+黑板"内容展示转变成了"教材+黑板+多媒体白板"的内容展示，其信息化关联下的课堂学习方式转变程度不太高，大多数教师运用的教学手段仅存在于多媒体课件的使用与否上，缺少多元化的信息媒体运用，导致课堂信息化教学不明显，学生学习方式太过单一。另一方面，学生的整体学习效果还未更上一个"台阶"。虽然利用多媒体课件的教学适当引起了学生的学习兴趣，但远未达到极佳水平，教师仅将教材知识转移至课件中，致使学生学习教材的本质并未有太大改观，从而导致最后达到的教学效果相比传统课堂来说仅在教学时间进程上有所提升，整体的教学效果则提高不多。

(三) 信息技术与课堂教学的要素融合机制不健全

本书通过综合前期的文献综述、问卷、访谈以及课例等资料分析发现，尤其是在信息技术与课堂教学的目标、内容、过程、方法与评价五个不可或缺的要素的融合方面，目前尚未形成健全的机制，无法很好地驱动课堂变革，反而成为课堂变革的阻力。这突出地表现为信息技术与课堂教学融合的单要素驱动和多要素驱动两个方面。首先，从课堂教学单要素驱动的变革成效来看，信息技术与课堂教学融合的单要素驱动力不足。主要表现在信息技术没有合理且深度融入课堂教学的目标、内容、过程、方法与评价五大核心要素中，导致课堂变革驱动力不足。其次，从课堂教学多要素联合驱动的变革成效来看，信息技术与课堂教学融合

第十二章　信息化环境下中小学要素驱动式课堂变革的问题及成因

的多要素驱动不协调。课堂教学是教师在教学目标的引领下，按照各学科教学大纲规定的教学内容选择适当的教学方法向全班学生进行授课，并通过教学评价反馈教学效果的过程。反观信息化环境下信息技术与课堂教学的融合，在其核心目标、内容、过程、方法、评价五大要素之间没有形成体系化的要素驱动机制，使得主驱动要素与次驱动要素间协同联动性不强，自然就没法形成高效率的联动效益来驱动课堂变革。

第二节　信息化环境下中小学要素驱动式课堂变革的主要原因

针对信息化环境下中小学要素驱动式课堂变革在教学资源的建设与使用、教学主体的动力与素养、技术与课堂融合过程、技术与课堂融合成效等方面存在的系列问题，结合中小学要素驱动式课堂变革的相关因素分析，我们认为，导致上述问题的原因主要涉及政府、学校、教师、学生、家长以及相关研究等方面。

一　涉及政府层面的原因

政府是推动信息化发展的关键力量，对信息化环境下中小学课堂变革起着重要的影响作用，但在进行管理时，政府也呈现出一些不足之处。

（一）信息化管理便捷性强，但文件频出致使工作烦琐

政府在充分利用信息化管理便捷性优势的同时，却忽视了实施人员的实际操作情况。学校信息化管理工作本身就需要与时俱进，但由于政府在信息化管理过程中频繁出台文件，以致信息化管理的工作变得烦琐。如在《贵州省中小学多重评估检查的现状、问题及对策建议》[①] 研究报告的案例呈现中发现，T市B区Y中学在8月、9月以及10月收到的文件通知分别为28份、30份和8份，并且都针对同一事项，省、市、区三级相关部门同时颁布文件的共有4次；关于同一事项，同一部门多次下达文件通知的共有6次；关于同一事项，多个部门下发文件通知的共

[①] 《贵州省中小学多重评估检查的现状、问题及对策建议》是2017年受贵州省教育厅委托由研究负责人谢妮和杜尚荣主持的项目成果。

有8次；对同一文件，多个部门联合颁布的共有10次。由于频繁出台文件，实施人员的操作无法跟上文件出台的速度，以致工作难以有序进行，从而导致教育管理工作常常只是浮于表面，难以进行深度管理。

（二）信息化管理机制不全，以致资源分配不均衡

政府信息化管理机制的不健全是信息化环境下中小学课堂变革的主要影响因素之一。机制的管理没有与资源分配结合起来，从而导致资源分配不均衡。主要是因为资源有限，政府协调的侧重点更多地偏向城市地区，所以将更多的资源分给了优质学校。经研究得知，城市学校的多媒体教室覆盖率达100%，农村地区学校的多媒体教室覆盖率达98.33%，而教学点学校的多媒体教室覆盖率仅为62.94%；城市地区、农村地区以及教学点的网络设施齐备的学校数量分别占配备网络设施学校的128.41%、81.45%和47.32%；而对于教职工办公和备课计算机数量，城市、农村和教学点学校所占的比例分别为79.19%、55.30%和58.70%。相比之下，教学点学校的信息化资源状况明显落后于城市学校。

（三）信息化管理制度过硬，难以支撑创新性管理

信息化管理过硬是指政府部门或管理部门有制度明确要求使用者应该如何使用信息技术。信息技术管理过硬带来的后果是使用者和需要者不能及时满足自己的需求。制度本身作为一种规章，没有弹性，不灵活，管理者在管理过程中过度服从死规定，就难以进行创造性解读，往往是以"管理为本"而非以"教学为本"。如死板地遵守必须使用PPT、白板教学等规定，将信息化的管理结果看得比过程监督更为重要，难以进行开放式管理。这种过硬的信息化管理制度会导致创新性管理难以得到支撑。

二 涉及学校层面的原因

前文所发现的部分相关问题可归因于学校层面的，包括领导认识不到位、监督管理不到位、学校资源不齐备、培训体系不完善和信息化氛围不浓厚。

（一）领导认识不到位，缺乏对相关政策的正确解读和创造性落实

前面所提到的关于信息化环境下教学资源建设的诸多问题（如分布

第十二章　信息化环境下中小学要素驱动式课堂变革的问题及成因

不均衡、配置不完善、选择不合理等）部分可归咎于学校领导层面对信息化课堂变革的认识不到位。一方面，学校领导缺乏透彻性地对相关政策文件的正确解读，也不能很好地创造性地落实政策任务，从而导致信息化环境下课堂变革不能很好地落到实处。另一方面，校长对学校发展的领导和指引作用不够明显。如果校长对学校信息化教学有很好的认识并给予重视，安排相关领导部门加大信息化教学方面的工作力度，那么相关问题就会在一定程度上得到缓解并最终得以解决。

（二）监督管理不到位，缺乏相应的督导、奖励、问责等机制

信息化教学资源管理不到位、教学主体外源动力不够等问题存在的原因在于：一是学校的监督管理不到位，导致信息化环境下的学校资源建设和使用存在些许问题，不能很好地激发教学主体的外源动力，促成部分教师消极对待信息化课堂教学，其授课形式仍与传统课堂教学形式相差不大。二是缺乏相应的督导、奖励、问责等机制，部分教师相对缺乏使用信息技术进行课堂教学的积极性，因为连带作用，所以导致信息化课堂教学这一变革未能很好地激发学生的学习兴趣，相比以往的教学模式下的课堂，教学效果相差不大。

（三）学校资源不齐备，不足以满足教师基本的信息化教学需求

在所存在的问题中，部分学校网络覆盖面积低（校内网络设施齐备的学校占配备网络学校的47.32%）、教师缺少交流和展示的平台、优质资源共享还未完全普及（班级使用数字教育资源的情况，在城区学校达到83.53%，在镇区和乡村学校达到77.98%，而教学点学校只有45.75%，远低于城区学校）等，都源于学校资源的不齐备。一是在信息化环境中，学校信息化资源设备和平台是开展信息化教学的基本物质保障和学习路径，只有在信息化资源得以全面保障的基础上，教师才能根据自己的学科特点展开信息化教学。二是教学需要选择合适的信息化教学资源，使其教学能够顺利展开，而不再被教学资源所限制，丰富的资源平台可以为教师教学提供强大的支撑。

（四）培训体系不完善，难以满足提升教师信息素养的实际需求

信息化环境下教师使用信息化教学资源能力不足、信息知识匮乏、信息能力欠缺等多种问题的产生，应归咎于还未很好地形成一套较为完善的信息化素养培训体系。培训体系的不完善，导致难以满足教师信息

素养的实际需求，使其教学工作难以改变。一方面要明确培训是一个长期的过程，而不是一次性的。随着时代的发展，新型信息化工具层出不穷，为适应现代化教学的需要，教师需接受长期性的信息化教学培训。另一方面要增强每次培训的针对性和实践性。将培训落到实处，使培训过的教师的课堂教学真正地、确切地向信息化教学转变，最终实现"智慧型的信息化课堂教学"。

（五）信息化氛围不浓厚，尚未形成信息化教学文化

由于学校信息化氛围不浓厚，比如在教学文化氛围、师生课堂互动文化、信息化实践活动等方面，致使教师使用信息化教学资源的意愿不强、教学主体内源动力不足等问题产生。一方面，鉴于信息化的教学氛围是支持学生理解学习内容的重要环境，在信息化环境中，情境或是氛围在教师的教和学生的学之间搭建起重要桥梁，教师和学生能在信息化环境下表达他们的教学思想和情感。在此情境下可以更有效地引导和促进教学主体的信息化学习，以培养他们的信息素养与信息化创新能力，同时也为信息化教学的开展奠定了成熟的外在条件。另一方面，在营造良好的信息化氛围的基础上，该教学环境可满足情景创设、信息获取、资源共享等信息化教学方式之需，进而形成丰富的信息化教学文化。

三 涉及教师层面的原因

基于信息化环境下 G 省中小学课堂变革所存在的问题，教师层面涉及的原因主要有以下五个方面。

（一）信息化教学意识薄弱，对信息化教学的认识和理解不充分

教师的信息化教学意识薄弱，导致其对信息化教学的认识和理解不够充分。对此，可从三个方面进行深入理解：首先，教师缺少对信息技术融入课堂教学的知识性和理性追求，不愿意学习和了解信息技术和信息技术如何融入课堂教学的新知识、新经验，认为已有的知识经验已足以应对日常课堂教学，不需要进行信息化变革。其次，信息技术发展迅速，在融入课堂教学过程中信息技术不断更新，教师学习速度跟不上信息技术的更新节奏，对信息技术与课堂融合的感受和评价不好。最后，部分教师认为，信息技术属于"高科技"，自己没有能力去掌握，失去将信息技术与课堂教学进行融合的信心；或是刚开始愿意进行信息技术

第十二章　信息化环境下中小学要素驱动式课堂变革的问题及成因

与课堂教学的融合，但在融合过程中意志不够坚定，导致信息技术与课堂教学融合程度不够。

（二）信息化教学知识经验缺乏，对信息化教学过程把控和风险研判不到位

信息技术飞速发展，快速更新迭代，教师如不及时更新和运用，在进行信息化教学时，很容易把控不当。同时还存在着对信息化教学风险研判不到位的问题。一方面，教师本身对信息化教学知识和技能学习与理解不够，不能有效地将其运用到信息化教学中。教师本身对信息化知识的学习能够拓宽教师信息化知识面，相关知识越多，在遇到问题时思考的方向就越多，层次也会不一样；对信息化技能的学习可以通过不断增加学习信息化技能的数量和将各种信息化技能熟练使用来进行，在遇到问题时就能够顺利解决。教师信息化教学知识和技能的学习程度与理解程度直接决定其对信息化教学过程的把控程度和风险研判程度。另一方面，在日常教学中对信息化教学实践得较少，没有将信息技术与课堂教学进行深度融合。教师在日常教学中是否进行信息化教学这一点是非常关键的，经常使用信息化教学能够直接提高信息化教学能力，用得少则会导致信息化教学经验缺乏，在遇到问题时难以解决，对其风险研判不到位。因此，教师在进行信息技术与课堂教学融合时，本身的信息化教学知识和经验尤为重要。

（三）日常事务繁重，对信息化教学的时间投入不够

学校的日常事务繁重，导致教师的信息化教学时间投入不够，其主要表现在三个方面：首先，教师日常事务繁重、压力大，尤其是班主任。在被调查教师中，有80.13%的教师年龄在45岁及以下，说明一线教师多为中青年教师，而中青年教师又多被任命为班主任。班主任除日常教学外还需处理班级事务和完成各级各类事务，多数学校不会给班主任减少课时量，也就是说，班主任能用来进行信息技术知识的学习和信息化教学经验积累的时间较少。其次，不担任班主任的教师，或被安排在学校各部门当助手，或承担多个班级的语数等考试科目的教学。语数等考试科目的教师为提高学生成绩，肩负着大量的课堂教学和作业批改任务，也不愿花大量时间去研究和学习信息化教学。最后，教师除教学负担外其他负担也十分繁重。当前评估检查的种类、次数和涉及部门越来越多，

在提高教育教学质量的同时所形成的干扰较大；各种示范校、特色学校创建等活动，极大地增加了学校及教师的工作量；各类报表填写和网络答题测试、各种值班值守（周末和假期防汛值班、课间安全值班、上街值守）、各项包保（扶贫包保、留守儿童包保、教育包保）等，也挤占着教师的休息时间。教师从事教育教学本身就具有一定的负担和压力，额外的负担和压力如果过多，就会导致其没有时间及精力投入信息化教学变革中。

（四）培训学习不够，对信息化教学知识和观念更新不及时

在进行问卷调研时，被调查教师在其意见、建议中多次提及加强教师有关信息化教学培训和多学习有关信息化教学经验知识。一方面，教师参与线下培训的机会少，参与线上培训的兴趣弱。在线下培训方面，教师参与的机会非常少，每次培训，学校都只有几个名额，只能派少数几名教师参加，而对参训教师要么没有组织二次培训，要么二次培训效果不好，因此难以惠及更多的教师。能参与线上培训的教师虽然多，学习时间也较灵活，但多为理论知识，针对性不强，缺乏现场实践指导，教师学习兴趣不大，个别教师为了完成任务，干脆花钱请人学习。另一方面，教师进行信息化教学知识学习的付出与收获差距较大。信息技术与课堂教学融合的目的之一是希望能够节约教师更多的时间，然而，由于信息技术的学习对多数教师来说时间成本较大，付出了很多时间去学习，到头来还是掌握不好，因此，多数教师不愿学习信息化教学知识，对信息化教学知识和观念更新不及时。

（五）交流合作机制不健全，信息化教学经验交流和成果展示平台缺乏

教师缺乏信息化教学经验交流和成果展示平台的主要原因是教师交流合作机制不健全。目前教师信息化教学经验交流和成果展示主要有知网、维普、万方、数字图书馆等专业文献网站的理论交流展示，各级各类优质课、示范课、公开课、中国基础教育成果创新博览会等教研教育学术活动的实践交流展示，各类普通网站（如百度文库）、手机 APP（人教点读）等涉及教学资源的日常交流展示。首先，针对知网等专业文献网站的理论交流展示，大部分教师平时几乎不看；涉及教育教学类的期刊报纸，中小学没有集体订阅，或者订阅后被晾在一边；少数教师

第十二章　信息化环境下中小学要素驱动式课堂变革的问题及成因

只在做课题和写文章时偶尔浏览所需要的几篇文献。其次，针对各级各类优质课示范等教研教育学术活动的实践交流展示，每次教师参与的机会非常少，各学校参与活动的名额往往就只有一个，时间足够就在学校组织选拔，时间不够就由学校内定，导致每次活动好像都是固定的几人参加，其他教师根本没有机会参加。最后，针对各类普通网站、手机APP等涉及教学资源的日常交流展示，普通网站及手机APP交流和展示的内容虽多，但大多本身质量不高、使用价值不大，有的资源还要付费，因此，教师要获取有用信息比较困难。总体而言，优质经验和成果交流展示平台只有少数人能够使用，日常经验和成果交流展示平台的内容质量不高，教师使用起来比较困难，因此，教师的交流合作机制有待健全。

四　涉及学生层面的原因

从对学生访谈的结果来看，相较于传统课堂，学生对信息化课堂表现出更高的热情和支持度，热衷于现代信息技术，也能够积极主动地使用信息技术进行学习和参与信息化课堂。但实际上，由学生对"为什么喜欢信息技术辅助教学"的回答——好玩、有趣、不乏味、有画面感、真实、清楚、符合时代潮流等可以发现，大多数学生都欠缺信息化课堂变革的意识，所谓的积极使用和参与仅仅是形式上和无意识的，而没有达成真正的有效使用和参与，导致信息化动机水平不高，以至于课堂变革的内源动力不足。过度依赖信息技术、缺乏信息甄别能力以及容易滥用电子产品是信息化课堂变革意识缺乏的具体表现，也是导致信息化课堂变革难以推进的学生方面的主要原因。

（一）主动参与信息化课堂，但过于依赖信息技术

学生对信息技术的过度依赖体现为课堂教学中对信息化教学方式的过度依赖以及课后学习对信息技术的过度依赖上。首先，从课堂教学来说，学生过度依赖能够激发他们兴趣的生动形象的信息技术形式来展现教学内容，教师为满足学生的这种需求，在课堂上更多地使用能够引起学生注意的图片、动画、音乐、视频等，导致信息技术滥用问题的出现，学生虽热情参与，教学效果却不尽如人意。其次，从课后学习来说，上网搜集资料成为学生的新型学习方式，但对于信息技术的过度依赖使学生在遇到问题时马上就使用作业帮、小猿搜题等上网搜索答案而非继续

思考，且局限于利用网络搜索的单一形式来进行学习，其学习的现代化程度仍然不高。

（二）热衷于现代信息技术，但缺乏信息甄别能力

网络上充斥着大量鱼龙混杂的信息，但由于中小学生信息能力欠缺、信息甄别能力较弱，容易在信息的甄别、获取和传播上出现问题，造成在信息获取、传播方面的信息伦理失范。首先，从信息的甄别来说，难以对信息的真实性、权威性、可用性、时效性以及实用性进行评价，从而筛选出恰当的信息。其次，从信息的获取来看，一方面因为难以对信息进行甄别，所获取的信息未经筛选，容易获取一些虚假、不良信息；另一方面对信息获取的渠道没有正确的认识，易通过不恰当的渠道来获取信息。最后，就信息的传播而言，一方面因为缺乏信息甄别能力而导致传播不良信息；另一方面由于信息安全意识的欠缺而泄露隐私信息。

（三）学习方式发生了变革，但容易滥用电子产品

中小学生使用信息化设备的自觉性不足，容易滥用电子产品，表现为以学习为目的的滥用和以玩乐为目的的滥用两方面。从以学习为目的的电子产品滥用来看，学生是为了学习而使用电子产品，但一方面学生使用其学习的时间过长，或者仅仅依赖其来完成作业；另一方面在使用电子设备学习时不自觉地被其他娱乐软件和功能所吸引，开始沉迷于网络。从以玩乐为目的的电子产品滥用来看，学生往往假借学习之名从家长手中获得电子产品，但却仅仅使用其进行娱乐。这些行为不仅影响学习，严重的还会使中小学生沉迷网络，损害其身心健康，导致信息道德伦理失范，也令家长、学校对信息技术与教学的融合更加排斥，阻碍信息化课堂变革。

五　涉及家长层面的原因

家长是学生的"家庭教师"，在学生学习中扮演着重要的角色，同样影响着信息化教学环境下G省中小学的课堂变革。中小学生家长层面的原因主要表现在缺乏相应的信息素养，不能合理地监督和管理学生；参与课堂教学不充分，尚未形成良好的协同育人机制两个方面。

（一）缺乏相应的信息素养，不能合理监督和管理学生

伴随着时代的快速发展，现代中小学生的父母经历了信息技术巨大

第十二章 信息化环境下中小学要素驱动式课堂变革的问题及成因

转变的过程,一些家长难以跟上时代的步伐,缺乏相应的信息素养,在电子信息技术运用上的表现较为欠缺,不能很好地对学生的学习与信息技术的利用进行监管。首先,在信息技术认识上,一些家长对信息技术不敏感,面对大量的网络信息不能做到有效区别,对信息技术的认识也不全面,片面地认为电子信息技术就是收集手机或电脑上的资讯;其次,在信息的查询与获取上,一些家长不懂得如何查询有效信息,对当代学生的教学信息了解不深,难以根据学生的需求选择评估合适的信息源;最后,家长作为学生课后的陪伴者,肩负着对学生学习的监督责任,家长对学生使用手机和电脑等电子设备监督不足,使一些学生滥用电子设备。

(二) 参与课堂教学不充分,尚未形成良好的协同育人机制

家长对中小学生的课后学习有着重要影响,要想在课后对学生的学习进行有效了解与监督,必须在一定程度上参与课堂教学,然而,很多家长并没有充分参与课堂教学。首先,很多家长并没有注意到自己对学生信息化学习的重要影响作用,更多地将时间花费在工作与孩子的生活上,没有与学校取得紧密联系;其次,一些家长对学校和班级的教学理念、方式方法都不甚在意,采取一种放任的态度,将这些内容都视为学校的事,即使对学生的学习有较大的关注,更多的也是对成绩的关注;最后,很多中小学生家长没有与学校相互配合的意识,没有参与课堂教学的意向,对学校的理解不足,不能与之形成良好的协同育人机制。这些表现在一定程度上造成了信息化课堂变革问题的发生。

六 涉及技术层面的原因

从技术层面来看,影响信息环境下中小学课堂变革的原因包括四个方面:一是信息技术较为超前,教师操作技能相对滞后;二是信息资源丰富多样,但对课堂的针对性不强;三是资源共享平台不完善,缺乏城乡交流共享机制;四是对技术伦理缺乏观照,导致系列操作伦理问题。

(一) 信息技术较为超前,教师操作技能相对滞后

当前,信息技术正在高速发展,信息化教学资源也随着信息技术的提升而快速更新和丰富,但由于教师对信息技术的应用能力仍滞后于信息技术的发展,导致信息化教学资源在课堂上的应用效果并不理想。

实践篇

信息化教学资源的开发与利用必须关注其直接使用群体，即教师群体的接受和使用能力，以保证教师群体能够最大限度地达到该资源相应的操作能力要求，这样教师才有创造性运用该资源开展课堂教学的可能性。若信息化教学资源预设的操作要求远高于教师的应用能力，则会造成教学资源的技术要求与教师的操作能力相脱节，信息科学技术无法转化为教师实在的教学生产力。同时，与教师实际操作能力不符的现代化教学资源也难以在课堂教学中达到真正的变革效果。在实际的课堂教学中，信息化教学资源操作水平要求与教师操作技能水平不匹配会直接导致许多提供给教师的信息化教学资源失去其用武之地。无论信息化教学设施齐备与否，许多教师的信息化教学手段仍以单一的课件教学为主，对其他软硬件不常用甚至不会用。软件不会使用，硬件不会操作。除了教师主体信息素养欠缺的原因，教师信息化教育资源的应用能力与信息技术发展水平之间的差距外，还使教师难以适应现代化教学资源的操作要求，在面对众多信息化教学资源时心有余而力不足，这也是致使教师使用信息化教学资源效果不佳的重要外部原因。

（二）信息资源丰富多样，但对课堂的针对性不强

信息化环境为课堂教学提供了种类多样、内容丰富的信息资源。然而，由于缺乏有效的信息筛选和资源整合，信息资源对课堂的针对性和实用性也会大打折扣，导致教师对教学内容缺乏有效甄别，甚至可能引发信息伦理失范问题。

传统的课堂教学使用的信息媒介主要是课本，其知识内容固定，针对性强，而信息化课堂的内容选择和组织虽然依照课本大纲，但是由于信息资源丰富，很多教师在选择时，容易被繁杂的信息所扰乱。一方面，信息资源过多而又缺乏整合，意味着教师需要在课前投入大量的时间去筛选和整理可用资源，资源过多而精力有限，使教师难以对海量的信息资源一一加以甄别；另一方面，信息资源过多而针对性又不凸显，使教师在选择教学资源时存在不合理现象。如所选内容不能很好地服务于本学科教学，选择内容泛化，教学重难点不突出等。概而言之，信息资源繁多而又缺乏整合，加大了教师对教学内容的甄别难度，使教师难以提升信息资源使用效率。此外，信息资源量大而纷杂，来源广泛，质量参差不齐，若缺乏鉴别力，或因一时疏忽而没有仔细鉴别，就容易引发信

第十二章 信息化环境下中小学要素驱动式课堂变革的问题及成因

息传播的伦理失范问题。

(三)资源共享平台欠佳,缺乏城乡交流共享机制

信息化教学资源的配备和使用,为城乡各级学校信息化课堂变革提供了客观物质前提。而资源共享平台建设不完善,缺乏有效的城乡信息化教学经验交流和资源共享机制,仍制约着乡村地区学校的信息化课堂变革水平。

缺乏完善的资源共享和经验互补平台,是导致信息技术与课堂教学融合成效存在区域性差异的重要技术原因。从学校整体的信息化发展水平而言,一方面,由于经济发展、地理条件和资源分配等客观因素差异,城市地区的学校和乡村地区的学校间本就存在较大差距,使城乡学校在信息化发展的起始水平上便存在差异;另一方面,资源共享平台和经验交流机制的缺乏,使得城区学校和农村学校之间无法很好地实现信息化教学经验交流、信息化教学资源共享和信息化教学优势互补,便难以实现城乡学校信息化教育的均衡发展。从教师个体的信息化发展水平而言,一是资源和政策倾斜,乡村学校教师的信息化发展支持环境远不如城市学校教师,信息化教学的培训机会和实践机会都低于城市学校教师;二是缺少城乡交流共享机制,乡村学校教师不能及时而充分地借鉴城市学校教师的先进教法,更新自己的信息化教学观念,教学观念和教学技能更显落后。

(四)技术伦理缺乏观照,导致系列操作伦理问题

教学过程的复杂性和信息资源的多元性决定了信息技术在教学中应用结果的不确定性和风险性,使信息技术的教学应用可能对师生的利益产生负面影响。技术伦理缺乏观照反映在实际教学中,就是师生的信息技术操作缺乏相应的伦理监控和规约,规范的缺失是发生伦理失范的重要原因,直接导致师生信息伦理失范问题频频发生。

首先,获取信息的方式简单而便捷,但由于缺乏技术伦理的规范,师生获取信息的来源缺乏有效筛选和过滤,若师生获取信息的来源和方式存在侵犯知识产权等不当行为而未得到及时规范,则会导致信息获取伦理失范问题的产生。其次,信息资源真伪杂糅,未成年人的信息鉴别能力有限,缺乏对学生信息获取和传播的伦理监控,可能会使虚假信息、违法信息由于学生主观认知不足,而得到进一步传播和扩散,发生信息传播伦理失范行为。最后,由于市场缺乏对信息伦理安全的有力监管,个人隐私信息极易被存储、复制、传播。一旦个人隐私遭到泄露,并给师生带来负面影响,将会对师生的信息安全构成威胁。

七 涉及研究层面的原因

实践智慧与理论智慧共同组成了人类的和谐行为,它们互相联系但又有区别。① 信息化环境下的课堂教学变革机制作为一种教育实践行为,自然而然也包含了实践智慧和理论智慧,二者不一定同时存在,也就是说,有的主体理论智慧较为丰富,而有的主体则在实践层面表现得较为突出。鉴于信息化教学环境下课堂变革充满了情境性、不确定性、缄默性,同时,结合本书的调查结果,发现在研究层面存在着以下的影响因素。

(一)理论研究成果丰富,但缺乏扎根中小学课堂的实践性探索

信息技术的不断发展,对学校教学改革提出了新的要求,信息化教学改革迫在眉睫,如何将信息技术有效地应用到教学设计中,以提升教学效果是值得思考的问题。在理论层面有一定的研究成果,但是针对具体的信息化教学改革如何推进的成果,其适切性和可操作性不强,存在理论与实践的部分脱节。关于教师对信息化课堂教学变革的要求,调查显示:他们希望得到对口的专业辅导。一方面是教育理论与教育实践的脱离,某些教育教学理论工作者对教育理论并未真正掌握,对信息化教育教学实践更是不甚了解,以至于最后的研究成果缺乏科学性和实用性。另一方面,教育理论工作者和教育实践工作者相互脱离,教育理论工作者把自身置于实践代言人位置,用一些晦涩或高深的语言描述浅显的问题,缺乏对教师内在需求和理解能力的观照。

(二)实践工作者有经验,但缺乏针对教学实践问题的理论提升

信息化环境下课堂教学变革最主要的实践者——教师,不仅可以"消费"知识,也可以"生产"知识,对信息化教学实践问题进行理论提升。一方面是教师对自我理论的熟知与判断缺乏基本的自尊和自信,未坚守本土化立场,并在此基础上形成教育理论自觉。大多数教师认为,

---

① 蒋茜:《知识视域下的教育实践智慧》,暨南大学出版社2015年版,第2页。

第十二章　信息化环境下中小学要素驱动式课堂变革的问题及成因

理论都是研究者的事，自己只要做好教学就行了，没有定位好自身的应有角色。另一方面，针对自己的教学尚未形成通过"实践—反思—再实践—再反思"这一过程来生成教师实践性知识的思维，缺乏对教学实践进行理论的提升，从而"生产"出信息化教学相关理论，并将其在以后的教学中进行实践，并进一步予以深化和丰富，教师在信息化教学过程中更多的仅仅是进行教学工作实践而已，对已有的教学实践经验缺乏反思。

（三）研究者合作意愿强，但缺乏理论联系实践的合作研究机制

从组织间关系理论中的合作关系出发，合作伙伴之间相互吸收知识，降低组织学习的成本，提高组织的竞争力。[①] 在访谈中，研究者和实践工作者有合作意愿，教师愿意变革课堂，对信息技术与课堂教学融合抱着积极的态度和学习的渴望，却没有健全的合作机制来指导两者之间的合作。不足之处主要表现在，一是未形成专门的合作组织以畅通合作渠道，二是未完善多元的合作方式来实现多方参与合作，三是缺乏明确的合作内容以指引合作方向，四是欠缺具体的合作计划来衔接合作步骤，五是无规范的合作制度以保障各合作组织间运行计划，达成合作目的和完成合作内容，从而实现教育理论（者）与教育实践（者）的有机融合，共生发展。

[①] 陈紫天、林杰：《大学与中小学合作促进教师专业发展的生成机制——基于组织间关系理论的解析》，《沈阳师范大学学报》（社会科学版）2014年第6期。

第十三章　信息化环境下中小学要素驱动式课堂变革的实践建议

通过前期调研分析发现，教师们都在各自的课堂上进行着信息化环境下的课堂教学变革，如基于信息素养的目标驱动式中小学课堂变革、基于信息甄别的内容驱动式中小学课堂变革、基于信息重组的过程驱动式中小学课堂变革、基于信息手段的方法驱动式中小学课堂变革、基于信息数据的评价驱动式中小学课堂变革等。变革效果体现为降低了学生学习的认知负荷、解放了学生学习的自由、促成了学生高阶学习的发生以及提高了教师的教学效率。但不容讳言，教师在变革过程中也不是一帆风顺的，其中也存在诸多问题，概括而言主要有教师对引发课堂教学变革的着力点把握不当，信息技术与课堂教学的要素融合机制不健全。针对这些问题，我们将尝试从政策文件的制定与实施、信息化教学监督与管理体系、信息化教学培训体系、信息化教学资源、信息化教学合作交流渠道、信息化课堂教学文化、教师减负清单、信息化协同育人机制、信息化教学伦理监控机制、要素驱动式课堂变革机制探索十个方面给出关于信息化环境下中小学要素驱动式课堂变革的实践建议，希望能为学校、教师的教学提供有益参考，能为基础教育教学变革贡献绵薄之力。

第一节　信息化环境下中小学要素驱动式课堂变革的结论

通过对考察结果的分析，我们可以发现信息化环境下信息技术手段与课堂教学融合存在着诸多问题，主要包括两个方面：

一是教师对引发课堂教学变革的着力点把握不当，访谈数据显示，

第十三章 信息化环境下中小学要素驱动式课堂变革的实践建议

大部分教师都认为：信息化环境下的课堂变革是一个循序渐进的过程，在平时的课堂教学变革过程中，总是从某一个要素出发思考变革路径，在其后的过程中才逐步延伸至其他要素上。即信息技术手段与教学目标、教学过程、教学内容、教学方法、教学评价等要素的融合是一个逐步深入、循序渐进的过程。但在深入学校调研、进入课堂观察以及对课例进行分析的过程中，我们发现教师虽然都在积极进行信息化下的课堂变革探索，但变革效果却不尽如人意。究其缘由，还是在于教师对着力点把握不当，这一现象既存在于新教师摸索某一教学要素与信息技术结合的初级阶段中，也可以在拥有相关经验的老教师进行教学要素与信息技术融合的过程中窥见端倪。

二是信息技术与课堂教学的要素融合机制不健全，即信息技术与课堂教学的教学目标、教学内容、教学过程、教学方法与教学评价五个不可或缺的要素的融合目前尚未形成健全的机制，无法很好地驱动课堂变革，在某种程度上反而成为课堂变革的阻力。从课堂教学来看，信息技术与课堂教学融合的单要素驱动力不足，多要素驱动力不协调。

鉴于此，为破解 G 省中小学所面临的诸多问题，进一步深入探讨信息化环境下课堂教学的变革与发展，着力探索建立要素驱动式课堂变革机制及优化策略，既重要且必要。

第二节　信息化环境下 G 省中小学课堂变革的建议

针对 G 省中小学信息化环境下信息技术手段与课堂教学融合过程中所存在的教师对引发课堂教学变革的着力点把握不当、信息技术与课堂教学的要素融合机制不健全问题，我们将尝试从以下十个方面给出具体建议。

一　加强政策文件制定的针对性与实施的规范性

随着信息化社会的到来，新媒体得到了空前的发展，如微信公众号、短视频、博客等平台就受到了大众的偏爱。使用平台一方面大大提升了政府的工作效率，另一方面也为大众获取政策信息拓宽了渠道。社会的正常运转离不开各行各业的鼎力支持，教育行业自然也不例外。近年来，我国把教育放在了优先发展的地位，关注度提高了，针对学校的相关文件下发、相关工作检查与开展自然也是不可避免的。不可否认，适当范围且与教育教学关联性较强的工作与相关检查是有必要的，它在一定意义上可以促进学校管理工作与教育教学工作向良好态势发展。但各类文件的频出反过来又会加重学校、教师的工作负荷，使得一线教师无心做好教书育人工作，背离教育的初衷。因此，相关发文主体需要加强政策文件的针对性制定与规范性实施。

一是增强政策文件制定的针对性。一线教师在极力维持正常教学秩序的同时，需不断学习各类文件、把握政策精神，甚至还得参加各级各类与教育教学无关的社会性事务，时常超过教师的接受能力，进而导致教师负担过重。学校及上级部门应为教师提供适宜的工作、学习环境，助力教师做好本职工作，为教师提供充电的时间与平台，继而不断提升教师的专业知识素养与教育教学研究能力，真正让教师从一名教书匠蜕变为一名教学专家。因而各级部门应控制政策文件出台频率，精简评估项目，减少与教育教学关联不大的报表填写，加大对教育教学的实质性评价占比，让教师回归教书育人本职，静心钻研教学，提高信息化教学质量。

二是精简政策文件，避免文件成倍派生。近年来，相关政策文件的制定和颁布的主体较多，虽然其能为教育信息化建设提供有力支持和保障，但相关工作的多头监管、重复建设等问题也日益突显。政府部门应精简政策文件，避免文件成倍派生，以提升政策文件的实效性。

三是规范政策解读程序与鼓励创造性落实。学校对相关政策的解读，在很大程度上影响着教师队伍的创造性落实。一方面要加速改进放管结合工作模式。学校应规范相关政策解读，把握信息化建设大方向、总标准。另一方面要鼓励教师积极创新，教师应根据实际需要创造性地开展信息化教学活动，增强课程的趣味性，推动课堂教学质量的提升。

二 建立系统的信息化教学监督和管理体系

通过访谈发现，虽然学校、教师在观念上都非常认同通过信息技术与课堂教学进行深度融合来变革课堂教学，认为技术手段的使用会在很大程度上提高课堂效率与降低学生对某一抽象学习内容的难度，进而帮助学生高效地、快乐地学习。但在学校调研及课堂听课的过程中，我们发现还是有很多值得深思的问题。一是很大一部分教师还是习惯于采用粉笔＋黑板式的教学模式，认为电脑操作起来太烦琐，制作 PPT 太耗费时间。说到底，还是惯性思维使然，不愿意花时间去改变，尽管这一改变是必要的且有意义的。二是学校教学管理滞后，对教师教学手段创新缺乏激励机制。对于教学中主动更新教学理念，尝试采用信息技术手段进行课堂教学变革，并利用其他时间加强教育教学技术培训的教师，学校未建立起相关的奖励机制；对于不愿改变、默守陈规的教师，学校也未相应地建立起一套科学的惩罚机制。由此可见，探索一套系统的监督和管理体系保障机制是信息化环境下助推中小学课堂变革有效开展的关键一环。具体而言，我们认为应做到以下三点：

一是完善信息化教学管理体系。如优化管理结构，厘清"谁来管""管什么""怎么管"等问题，明确任务，落实责任；健全管理制度，既要增强信息化管理制度的弹性，避免刻板，鼓励教师灵活使用信息化手段进行教学，也要鼓励管理者主动参与，积极创新；建设专业化管理队伍，提高管理者的素养和能力。

二是建立系统的监督管理机制。如建立督导机制，以此督察学校领导的信息化管理工作以及信息化教学工作的进程；建立激励机制，对于认真完成信息化教学培训、主动使用信息化手段教学、积极参与各类信息化教学比赛以及在信息化课堂教学中表现突出的教师，给予一定的物质或精神上的奖励，以此提高教师信息化课堂教学变革的积极主动性；建立问责机制，针对信息化教学过程中出现的严重失误、不能遵守相关信息化管理规定的教师，实施一定的惩罚，以促使其及时整改；建立云服务机制，分区域进行管理，由专业队伍提供技术支持，对学校设备加以及时更新、维护和管理，帮助教师及时解决授课过程中所遇到的实际教学问题，畅通教师信息化课堂教学变革通道。

三是研制教师信息化教学考核标准。主要关注教师信息化教学的意识，如教师的信息化意识、创新意识、伦理意识和规范意识；关注教师信息化教学的知识，如有关信息化教学的描述性知识、有关信息化教学的操作性知识以及有关信息化教学的策略性知识等；关注教师信息化教学能力，如教师创造性地进行信息化教学的能力和有效规避技术风险的能力；关注教师信息化教学的定力，帮助教师形成坚定的教学信念、抗击信息干扰、抵制信息资源所带来的利益诱惑等。

三 建立系统完备的信息化教学培训体系

伴随着学习型社会的到来，国家越来越倡导全民终身学习，全民学习气氛也越来越浓厚。尤其是对于教育行业、教育事业，教师更应该坚持学习，不断充实自己，提高自身专业素养与业务水平，因为教师的工作对象是处于不断发展中的学生，而且随着信息化社会的到来，传统上那种教师处于知识垄断的地位已不复存在，学生获取知识的渠道已大大拓宽，如各级各类的网络平台、国家精品课程、短视频等。学生的成长与发展离不开学校教育、社会教育、家庭教育的合作，可见，根据终身教育理念，教师、管理者和家长均需不断学习或接受培训，及时更新知识和观念，以恰当的方式给课堂教学、学生发展注入新动力，以达到更好的教学效果。鉴于此，我们至少可以从以下四个方面来考虑：

一是建立内发自主式教师培训机制。真正激发教师自身的主观能动性，使其明白教师要能胜任自己所从事的工作，就必须时刻严格要求自己，树立终身学习理念，并将该理念坚持于行动中践行。鼓励探索建立内发自主式教师培训机制，以此激发中小学教师参与培训的内部动力，凸显中小学教师参与培训的积极主动性。

二是实施实践取向式教师培训模式。实践取向是指实践者基于实践，为了实践，在实践中不断做到对理论与实践的整合，是理性指导下的一种实践，实践取向主要包含两个层面的认识：一是形式上的实践取向，即各个环节都要突出实践取向，全程贯穿实践取向的理念，以实践为核心，突出实践的运用和实施。二是实质上的实践取向，即实践取向不是抛开理论思考或者在某种理论支配下的实践，而是教师对其自身与周围环境不断进行反思和体验，形成自主反思的意识和习惯，进而使得教师主动、自觉地进行探索和研究，逐步促进反思性实践的形成和发展。其主要涉及校内自主式教师培训模式，校内自主举办相关培训；县域内校际联盟式教师培训模式，兄弟学校联盟，大手牵小手；参与式教师培训模式，教师自主参与培训；U-S合作式教师培训模式，借助高校理论研

第十三章 信息化环境下中小学要素驱动式课堂变革的实践建议

究者的理论优势,帮助中小学教师实现专业成长;个体自修式教师培训模式,鼓励开发建设教师个人课程。

三是设计需求导向式教师培训内容。虽然一直以来教育主管部门、学校领导都非常认同教师通过继续接受教育培训来进行学习、提升业务水平。不可否认,一线教师确实接受了各级各类的多次培训,在培训过程中成长了很多,如拓宽了视野、夯实了理论功底等。但是通过对教师的访谈我们发现,现有的培训时间、培训形式、培训内容等都还需进一步完善、丰富,培训质量亟待提升。首先,从培训时间上看,认为培训时间过于分散,不够集中,而且都安排在工作时间,学校调课较难,因此很多培训都会被迫"舍去"。其次,从培训形式上看,大多数培训都是讲座式,很多不自律的教师就会以打酱油的心态去参加,培训作业也多在网上下载完成。因此培训形式应该尽可能多种多样,争取让参训教师感兴趣,与此同时,对参训教师应该建立一套系统严格的考核机制。最后,从培训内容上看,大部分教师认为很多时候的培训有点过于理论化、不太能解决教师在教学中所遇到的一些现实问题与困惑。因此建议各级教育主管部门在确立培训内容时,应尽可能争取从教师的实际困惑和需求出发,即以设计需求导向式教师培训内容为载体来组织相关培训,提高教师信息化教学质量和水平。

四是组织对象精准式教师培训活动。精准式培训主要考虑到了每一类人的情况不一样,所遇困惑不一样,所想解决的问题亦不一样。具体而言,针对教师,我们应该紧紧抓住职前培养、岗前培训和在职培训三个关键点,并结合学科特点,对教师或准教师进行多元且个性化的培训,尤其需要关注教师的信息素养。信息素养已被《21世纪技能框架》列为核心技能,作为教育者的教师更应该首先具备信息素养,即熟练运用信息工具获取、传递和处理信息、解决问题、做出决策、创造知识的能力。针对管理者,通过线上和线下相结合的方式,实时更新管理者的信息化管理观念及技能。管理者作为某一具体组织的"领头羊",对于整个组织的发展起着举足轻重的作用,这主要是由于人具有主观能动性,可以思考并选择采取什么样的培训路线,据此,每个管理者不同的思维方式、不同的管理观念及技能都会影响教师培训活动的实践形态和行动路向。对家长而言,考虑到家长除了要教育孩子外,还要承担自己的工作任务,时间上可能就不那么充裕,因此我们要利用信息化资源优势,充分依靠各省妇联和各地州市妇联所确定的家庭指导中心,对家长进行线上与线下相结合的混合式培训。

四 整合信息化教学资源

资源整合是信息化教学资源得以充分利用的前提。资源整合主要涉及充分利用现有资源、积极引进信息化教学资源、实施信息化教学资源二次开发及制定信息化资源负面清单等方面。

一是充分利用现有信息化教学资源。教师需要熟悉本校现有的各种资源,学会操作现有资源,用好现有资源,发挥现有资源优势;在用好当前软硬件信息化资源的同时,把好的信息化资源分享给同事。

二是积极引进优质信息化教学资源。优质资源引进应重点把握三个原则,首先是注重政府统筹与学校自主引进相结合,充分考虑教师教学实际需求。任何资源的引进都必须符合各地各校教师的实际需求,做到投其所好、尽其所需,即在现有的基础上还需要考虑其适切性。其次是在考虑到信息化资源的引入数量与使用主体适切性的同时,还应把握好优质信息化教学资源质量关,兼顾对信息化教学资源的伦理审视。最后是注重信息化教学资源多样化与针对性相统一,力争又好又精。一方面,信息化资源的引进应尽可能多样化,即让使用者有更多可选择的空间,真正为使用者带来便利。另一方面,引进的信息化资源在具备多样化的基础上,还应考虑其针对性,使其能为具有不同需求的教师解决实际问题。

三是实施信息化教学资源二次开发。教师和学生对信息化教学资源的再加工、再生成可形成再生资源。通过评估和审核,可以成为新的信息化教学资源,再次服务于教学。这就要求教师和学生平时要留心观察,做信息化教学资源二次开发的有心人。于教师而言,应在借鉴网上资源的基础上,主动进行创新,尝试进行信息化教学资源的二次开发,如原创教学课件、原创PPT、原创微课等。于学生而言,则可以争做小老师,在自己学习的内容中选择一个主题,制作一个10分钟左右的短视频上传到网上或在班上进行分享。

四是制定信息化教学资源负面清单。建立教学资源的评估与审查制度，形成教学资源淘汰机制，制定信息化教学资源负面清单，从源头上保障学习资源的准入质量，形成教学资源的可持续发展机制，从而确保教学资源应用的高质有效。

五　畅通信息化教学合作交流渠道

众所周知，任何事物或团体要发展壮大，都不能故步自封、闭门造车，而应该"走出去、多交流、多合作"，唯有合作交流才能使其成长、发展。因此，各政府、教育部门主体要畅通信息化教学合作交流渠道，充分发挥政府的职能优势，搭建各类平台，积极推进中小学与高等院校和企业间的合作。一是建立技术开发合作机制。由政府牵头，建立技术开发合作机制。具体而言，一方面是通过推动校企结合，使各中小学校与企业间互联互通、使理论与实践相互补充，中小学向企业反馈教师教学需求，企业以教师教学实践需求为导向进行相应的教学设备和软件开发。另一方面则是鼓励高等院校与中小学开展交流合作，为拥有先进技术与深厚理论功底的高等院校教授与具有丰富中小学教学实践经验的教师搭建交流平台，使其相互补充交流，以发挥各自的优势。如中小学教师在进行信息化课堂教学变革过程中遇到不能解决的难题或困惑时，高校教授则可以施以援助，以助力中小学教师解决实际问题，实现信息技术运用于课堂教学的难点突破。二是建立协同教研合作机制。组建信息化教学和学习共同体，增强信息化教学研究合作，充分发挥各方优势。第一，加强中小学校内教师间的信息化教研合作。如举办信息化教学教研活动、对信息技术不熟练的教师进行一对一帮扶等。第二，强化高等院校与中小学间的合作。鼓励高校研究者深入中小学进行实践性探索；一线教师应努力提高理论素养，就信息化教学实践经验进行理论升华。由此实现理论与实践的结合，有效推动信息技术与课堂教学的深度融合。第三，借助 5G 技术优势，建立网络教研社区。借助现有名师工作室开展在线合作、建立兄弟学校教研联盟、开展优质学校带动薄弱学校等活动，实现中小学教师专业学习和实践成果共享等。

六　构建信息化课堂教学文化

本书中的课堂教学文化是指信息化教学语境中的课堂文化，是在信息化教学过程中形成的独特文化，它既含括了教师、学生等课堂主体的价值观念、思维趋向，也含括了教师、学生与教学媒体、教学环境等课堂要素的相互作用、相互影响，以及在长期的课堂教学过程中所形成的组织机制、管理模式、行为规范，它影响着课堂这一特殊文化场域中的"人""事"和"物"。正如哲学人类学学者兰德曼所说的"作为文化生物，我们是文化的创造者，但由于文化的反作用，我们接着也为文化所创造。"课堂上的教学文化为师生所创造，但它也对师生发展趋向产生着规约作用。为有效解决信息化环境下课堂教学所存在的问题，推进信息化与教学的深度融合，全面提高信息化课堂教学质量，必须构建丰富多彩的信息化课堂教学文化。一是营造信息化教学文化氛围。一方面，提高对信息化课堂教学的重视度。学校应乘信息化教学之需，采取相应措施，鼓励和引导教师积极投入信息化课堂中，形成全员重视的信息化教学氛围；另一方面，加强对信息化课堂教学的正面宣传。充分利用学校教育阵地做好信息化教学的宣传工作，如利用黑板报、广播室、橱窗、公告栏、文化墙等展开宣传引导工作，鼓励师生合理利用信息技术，灵活开展信息化课堂教学。二是形成师生课堂互动文化。其一，建立良好的师生关系。在信息化环境下，课堂师生关系发生了质的变化，彼此处于相对平衡的状态，鼓励师生在交往过程中形成互相尊重、和谐与共的关系。其二，构建师生信息化共同体。在课堂上，师生可利用网络或信息工具的便捷性、开放性、丰富性，既在情感上互相支持，又在教学工作中协同合作，形成学习共同体。其三，制定信息化课堂互动规则。创建和谐共生的师生互动语境，营造轻松愉悦的课堂氛围。三是开展信息化实践活动。一方面，组织信息化教学竞赛。通过这一活动激发师生学习信息技术的积极能动性，并将参与信息化竞赛所取得的成绩与教师或学生的业绩、评奖评优等联系起来，让教师、学生主动参与，进而实现师生信息化素养和能力的提升。另一方面，开展信息化课外活动。比如定期开展信息化趣味活动、亲子活动等，通过活动为学生提供信息化教学技术方面沟通与交流的机会，引导学生了解与信息化相关的文化内涵，培养学生信息化思维意识和观念。

七　进一步明确并落实教师减负清单

为有效解决教师长时间处理与教学无关的烦琐事务，导致教师负担重、压力大，进而不能专心教学，真正做好教书育人工作等实际问题，我们特结合G省出台的"十八条减负清单"，提出以下两点建议：一是明确教师减负清单具体内容和要求。教育行政部门应结合各地区、各学校的实际情况因地区制宜、因校制宜，明确教师减负清单的具体内容和详细要求。主动协调各级各部门，减轻教师偏离教学的烦琐事务，切实给教师减负、降压，为其进行信息化教学提供时间和精力保障。只有工作时间得到保障，一线教师才能专心钻研教学，真正做好教师教书育人的本职工作。二是匹配教师减负清单落实的保障措施。一方面，研制教师减负清单的实施细则。各级各部门应结合实际情况，对教师减负清单做出具体详细的解释和补充，结合教师减负清单配套实施，保障教师负面清单的真正落实。另一方面，建立教师减负清单落实的督导和问责机制。研制合理的督导程序和实施进程，定期对教师减负清单落实情况进行监督和指导；出台问责机制，对清单落实不到位的进行通报和问责。

表13-1　　　　　G省中小学教师减负清单

序号	清单内容
1	未经地方党委审批通过的，不得开展校园检查、评估、考核评比活动
2	未经地方党委、政府和教育行政部门同意的公益活动
3	未经地方党委、政府和教育行政部门同意的图书征订、读书活动
4	与教育教学无关的各类示范学校（基地）创建活动
5	与教育教学无关的各种投票活动
6	与教育教学无关的各种微信公众号关注、APP网络调查、测评、答题等活动
7	与教育教学无关的各种普查、统计活动
8	与教育教学无关的各种学习、竞赛活动
9	与教育教学无关的各种宣传、教育活动

续表

序号	清单内容
10	与教育教学无关的各种"小手牵大手"活动
11	非教育教学方面的培训、学习、考察调研
12	与教育教学无关的庆典、招商、拆迁事务
13	与教育教学无关的各种报表填报、信息报送工作
14	与教育教学无关的各种上街执勤、值守工作
15	与教育教学无关的产业发展、民生保障等包保工作
16	与教育教学无关的信访、维稳工作
17	未经县级党委、政府和教育行政部门同意抽调借用学校教师
18	未经各级党委、政府和教育行政部门同意的其他与教育教学无关事项

资料来源：《贵州省教育厅公开征求中小学教师减负实施清单十八条意见》，《贵州都市报》2020年2月21日。

八 建立信息化教学多方协同育人机制

随着社会的快速发展，房价物价等呈指数化增长，家长经济压力与工作压力越来越大，自然对孩子各方面的监管就显得力不从心。面对家长精力有限，对孩子学习监管不足等问题，学校就需要建立多方协同育人的机制。虽然信息化课堂教学主要涉及学校的教师和学生，但也需要家长、专家等相关人士共同参与，由此建立起信息化教学多方协同育人机制。我们以为，至少可以从四条路径着手构建信息化教学多方协同育人机制：第一，教师相互借鉴式协同育人。由于每个教师在教学理念、教学方法、教学素养、教学风格等方面存在较大差异，因此每个教师的育人方式与成效也就不可避免地有所差异。学校与教师应该尊重差异，即在尊重教师独特性的同时，还应积极鼓励教师学习他人的优秀教学方式、教学技巧，形成相互借鉴、共同进步的育人理念。可以是同学校同学科教师间的相互借鉴，互相切磋，取长补短，共同成长，进而协同育人；也可以是不同学校不同学科间的教师相互学习借鉴，虽然存在着学科的不同特性，但学科间也有很多共性可以相互借鉴，共同发展，进而达到协同育人的目的。第二，家长参与式协同育人。家长是孩子的启蒙导师，在孩子成长过程中扮演着重要的角色，学校不可忽视家长的重要作用，应调动家长参与课堂教学，实现家长与学校的配合默契，积极发挥家长在学生课前、课后学习中的监督和管理作用，配合教师提高课堂教学效率，以实现家校协同育人。第三，专家引领式协同育人。专家有着深厚扎实的教育理论，对教师的教育教学起着重要的指引作用，因而学校要建立专家在线引领平台，依托平台进行实时跟进，与授课教师协同做好信息化课堂教学。第四，项目研究式协同育人。针对教学中所存在的核心问题，确立研究项目，以项目为依托，组织相关研究人员，开展项目研究式信息化课堂教学。通过依托项目研究，解决家长、教师在育人过程中所遇到的难题，进而促使学生健康成长。

九　建立信息化教学伦理监控机制

在信息化环境下，基于跨媒体智能技术的不断创新、整合发展，各类信息技术手段得以在中小学教学场域被广泛使用，传统的课堂教学正发生着翻天覆地的变革，信息化课堂教学伦理即将面临新一轮的挑战与改变。鉴于此，只有教师具有基于人工智能的教学伦理性认知，才能更有效地促进中小学师生基于人工智能的教学伦理性应用，才能最终达至中小学师生之间的多维深度伦理交互。为促进信息化环境下的教学伦理从应然形态向实然实践的发展转变，信息化环境下的教学伦理建设应注重技术手段教学应用伦理规范的系统建设，注重中小学教师基于信息技术手段的教学伦理素养的有力提升以及注重对学生教学伦理素养的着力培养。

因此，基于教学主体存在的信息获取伦理失范、信息传播伦理失范、信息道德伦理失范和教学主体信息安全伦理失范四个问题，信息化教学伦理监控机制主要应从四个方面建设：一是建立信息获取来源筛选机制，对信息资源进行有效筛选。通过筛选机制的信息筛选，规范信息获取的价值属性和来源渠道，对积极健康的信息予以保留，对虚假违法的信息进行过滤，确保教学主体获取信息的真实性和来源的合法性。二是建立信息传播伦理监控机制，对传播内容和手段进行监控。在教学主体信息传播行为尚未形成不良影响前予以及时制止，确保教学主体传播内容的客观、真实，传播手段的合法、正当。三是建立信息道德伦理考评机制，对教学主体信息素养进行考核评价。制定相应措施,敦促教学主体规范其信息使用行为和习惯,逐步增强教学主体的信息伦理意识和提升教学主体的信息素养水平。四是建立信息安全伦理保障机制,对教学主体信息安全进行保护。一方面,为了确保师生的身心健康,对可能造成师生身心伤害的信息化教学资源进行实时监管。另一方面,在强化教学主体自主维护信息安全意识的同时,加大对侵害教学主体信息安全违法行为的打击力度,最大限度地保障教学主体的信息安全。

十 探索建立要素驱动式课堂变革机制

针对教师对信息技术融入课堂教学的着力点把握不当和要素融合机制不健全的现状,结合教师在教学实践中多是从单要素或多要素切入进行课堂变革的事实,亟须建立要素驱动式课堂变革机制,保障信息化课堂教学变革的有效实施。

一是形成要素驱动式着力点选择机制。通过结果分析发现,教师在教学实践中多是从单要素或多要素切入进行课堂变革,这表明要素驱动式课堂教学变革是成立的。因此,教师应在教学实践中根据自身教学水平和学生学情自主选择采取单要素切入或多要素联合切入来驱动课堂变革。教师在实施要素驱动式课堂变革时应注意以下几点:首先是课堂变革驱动的着力点不宜过多,以一个要素或几个要素作为着力点效果较佳,如果作用于全部要素则会导致动力分散,难以驱动整个课堂变革的实施,应该将着力点置于一个或几个要素上驱动课堂教学变革。其次是主体要选择适合的信息技术手段作为载体输送变革动力,以使变革动力能最大限度地传输到着力点上,减少动力流失,倘若课堂教学的主体——教师以内容作为驱动的着力点,由于信息技术的选择不当,将本来适合用影片呈现的教学内容用简单的图片加以展示,那么势必会使得变革的动力大打折扣,进而影响课堂变革的效果。最后是主体应该选择适合自身的变革要素作为课堂驱动的着力点。如对于新入职场的教师而言,通常,他们的教育经验较为缺乏,而对信息技术的使用较为擅长,在教学过程中其方法的使用也较为得心应手,因此在课堂变革着力点的选择上,他们更倾向于以方法为着力点驱动课堂教学变革。

二是构建要素驱动式管理与监督机制。教学管理者应积极鼓励教师

第十三章　信息化环境下中小学要素驱动式课堂变革的实践建议

从要素驱动角度思考问题，引导教师以信息技术为支撑，以课堂教学核心要素为主轴，将二者结合起来思考课堂教学所存在的问题。摆正心态，接受信息技术涌入课堂教学的事实，真正让信息技术手段服务于教育教学，进而使信息技术手段发挥出最大作用，助力教师的课堂教学，提升教学效率与教学质量。与此同时也要建立要素驱动式课堂变革监督机制，在教师的考核评价上，侧重从信息技术与教学目标、内容、过程、方法和评价的融合程度进行考核评价，而非简单地、应付式地使用信息技术。

三是建立要素驱动式变革研究机制。鼓励中小学教师、教研员以及高校教授等研究者从事信息化课堂教学变革的相关研究，积极探索要素驱动的着力点机制、结构模型、动力源泉和运行机理等。尤其要鼓励理论研究者与一线教师进行交流合作、优势互补，深入探索信息技术与课堂教学在教学目标、教学内容、教学过程、教学方法和教学评价方面的深度融合机制。

参考文献

一 中文文献

（一）著作类

白秀峰主编：《信息技术与课堂教学》，东北师范大学出版社2018年版。

曹雪丽：《信息技术课堂教学与教师成长研究》，东北师范大学出版社2018年版。

陈玲、刘禹主编：《跨越式实现高效课堂 信息技术与课程整合教学方案评析》，江苏教育出版社2011年版。

杜尚荣：《感悟教学论》，福建教育出版社2016年版。

杜尚荣：《中小学教师培训模式的改革与创新》，中国社会科学出版社2020年版。

高铁刚、陈莹、臧晶晶主编：《信息技术环境下课堂教学模式的理论与方法》，清华大学出版社2011年版。

顾小清主编：《信息技术与课程整合教程》，华东师范大学出版社2008年版。

顾小清：《主题学习设计 信息技术与课程整合的实用模式》，教育科学出版社2005年版。

何克抗、吴娟编著：《信息技术与课程整合》，高等教育出版社2019年版。

洪文峰、李凤来：《信息化教学的理论与实践》，东北师范大学出版社2005年版。

黄甫全、吴建明主编：《课程与教学论》，中国人民大学出版社2019年版。

参考文献

黄华明编著:《信息技术与课堂教学的深度融合》,中央广播电视大学出版社 2016 年版。

蒋茵:《知识视域下的教育实践智慧》,暨南大学出版社 2015 年版。

靳玉乐主编:《改革开放 40 年中国教育学科新发展·课程与教学论卷》,高等教育出版社 2019 年版。

孔凡成编著:《语境教学论》,南京大学出版社 2020 年版。

李秉德:《教学论》,人民教育出版社 2001 年版。

李俊霞:《信息技术与课程整合》,吉林出版集团股份有限公司 2019 年版。

李良树:《信息技术与信息化教学》,武汉大学出版社 2003 年版。

李森:《教学论发展的文化审视》,教育科学出版社 2019 年版。

李森、陈晓端:《课程与教学论》,北京师范大学出版社 2015 年版。

李森:《现代教学论纲要》,人民教育出版社 2018 年版。

李小华、龚红兵:《课堂的变革 信息技术与课堂教学深度融合的实践与探索》,华东师范大学出版社 2016 年版。

李志厚主编:《变革课堂教学方式 建构主义学习理念及其在教学中的应用》,广东教育出版社 2010 年版。

《教育——财富蕴藏其中》,联合国教科文组织总部中文科译,教育科学出版社 1996 年版。

林昊编:《思路决定出路的 24 堂课》,中国华侨出版社 2009 年版。

刘君主编:《信息技术课堂教学的实践与研究》,九州出版社 2020 年版。

陆宏、孙月圣编著:《信息技术与课程整合的理念与实施》,首都师范大学出版社 2007 年版。

陆雪莲:《当代课程与教学论的建构及变革》,中国水利水电出版社 2019 年版。

马宏主编:《核心素养与课堂教学变革》,光明日报出版社 2017 年版。

牟怡楠:《信息技术时代课堂教学改革与发展探究》,新华出版社 2019 年版。

聂凯:《移动网络课堂与信息化教学资源的传播分析》,四川大学出版社 2018 年版。

钱峰:《信息技术与课程整合》,江西高校出版社 2019 年版。

钱学森:《论系统工程》,湖南科学技术出版社 1982 年版。

参考文献

乔立恭、高武：《信息化教育基础：自构建学习理论》，阳光出版社 2017 年版。

沙景荣、孙沛华主编：《中小学信息化课堂有效教学应用案例》，中国铁道出版社 2011 年版。

孙慧：《教育信息化与外语课堂教学整合研究》，吉林文史出版社 2016 年版。

孙笑秋：《面向教育信息化 信息技术与课程整合的探索与实践》，中国民族摄影艺术出版社 2005 年版。

孙亚玲、范蔚编：《课堂教学的变革与创新》，广东教育出版社 2006 年版。

王本陆：《课程与教学论》，高等教育出版社 2017 年版。

王昌海、陶斐斐：《中国教育信息化研究》，贵州人民出版社 2009 年版。

王光生、何克抗：《信息化环境中基于翻转课堂的数学教学设计》，陕西师范大学出版总社有限公司 2015 年版。

王荣良、高淑印：《信息技术课堂教学案例发展点评》，教育科学出版社 2011 年版。

王天平：《教学活动论》，人民教育出版社 2019 年版。

夏洪文：《信息技术与课程整合研究》，湖北科学技术出版社 2005 年版。

肖伟主编：《信息技术融入课堂教学的实践与研究》，天津社会科学院出版社 2015 年版。

徐继存主编：《教学论研究》，福建教育出版社 2019 年版。

闫寒冰：《学习过程设计 信息技术与课程整合的视角》，教育科学出版社 2005 年版。

严振宇主编：《课堂破冰 一场静悄悄的教学变革》，江苏人民出版社 2012 年版。

杨小微：《教学论》，人民教育出版社 2019 年版。

易凌云：《互联网教育与教育变革》，福建教育出版社 2018 年版。

余胜泉、吴娟编著：《信息技术与课程整合 网络时代的教学模式与方法》，上海教育出版社 2005 年版。

远新蕾、赵杰、陈敏：《信息技术支持下的课堂教学》，冶金工业出版社 2017 年版。

张大均：《教育心理学》，人民教育出版社 2005 年版。

张蕾：《信息化环境下移动课堂教学模式研究》，东北师范大学出版社 2017 年版。

张庆文：《信息技术与课程整合的基本理论和案例分析》，云南科技出版社 2014 年版。

张文兰主编：《信息技术与课程整合》，陕西师范大学出版社 2012 年版。

张晓涛主编，颜焱萍、邬根平、巫炳根副主编，周斯敏等编委：《课堂教学新变革》，南京大学出版社 2018 年版。

赵呈领主编：《信息技术与课程整合》，湖北科学技术出版社 2006 年版。

赵慧君主编：《课堂教学方法的变革》，吉林文史出版社 2012 年版。

朱德全、徐学福主编：《新中国教学论发展 70 年》，人民出版社 2020 年版。

祝智庭：《信息教育展望》，华东师范大学出版社 2002 年版。

［美］德内拉·梅多斯：《系统之美》，邱昭良译，浙江人民出版社 2012 年版。

［美］乔纳森·伯格曼、亚伦·萨姆：《翻转课堂与慕课教学 一场正在到来的教育变革》，宋伟译，中国青年出版社 2015 年版。

［美］乔纳森等：《学会用技术解决问题——一个建构主义者的视角》，任友群、李妍、施彬飞译，教育科学出版社 2007 年版。

（二）期刊论文类

蔡宝来：《教育信息化 2.0 时代的课堂变革：实质、理念及场景》，《海南师范大学学报》（社会科学版）2019 年第 4 期。

蔡旻君：《中小学教师教学倾向的调查研究——基于信息时代课堂教学变革的思考》，《现代教育技术》2012 年第 3 期。

曹靖：《初中数学课堂教学中师生互动的有效性研究》，《现代职业教育》2017 年第 21 期。

畅肇沁：《新时代中小学教育信息化建设面临的机遇与挑战》，《教学与管理》2019 年第 36 期。

陈靓影、罗珍珍、徐如意：《课堂教学环境下学生学习兴趣智能化分析》，《电化教育研究》2018 年第 8 期。

参考文献

陈琳：《2013中国教育信息化发展透视》，《教育研究》2014年第6期。

陈琳：《中国高校教育信息化发展战略与路径选择》，《教育研究》2012年第4期。

陈伟娟：《信息化课堂教学在初中英语情景教学中的应用》，《课程教育研究》2019年第8期。

陈振华：《当代中国课堂教学变革方式论略》，《陕西师范大学学报》（哲学社会科学版）2011年第5期。

陈紫天、林杰：《大学与中小学合作促进教师专业发展的生成机制——基于组织间关系理论的解析》，《沈阳师范大学学报》（社会科学版）2014年第6期。

崔允漷、王少非：《有效教学的理念与框架》，《中小学教材教学》2005年第2期。

崔允漷：《指向深度学习的学历案》，《人民教育》2017年第20期。

单光宇：《信息化背景下推进区域教育科研发展的策略》，《教育科学论坛》2020年第13期。

邓俏莉：《移动互联网背景下的高校课堂教学改革刍议》，《教学研究》2015年第22期。

邓耀光、苏健仪：《关于中学信息化课堂教学评价标准的探讨》，《教学研究》2006年第4期。

董永芳：《新加坡教育信息化发展战略概述与启示》，《教学与管理》2016年第6期。

窦菊花、文珊：《基于APP的大学英语翻转课堂教学改革探索》，《黑龙江高教研究》2015年第5期。

杜尚荣：《泛课堂教学论：教学研究的新进展》，《教育探索》2016年第7期。

杜尚荣：《数字化时代课堂教学变革的现实困境与路径反思》，《现代教育管理》2015年第7期。

高媛、张琛等：《发展教育信息化推进"双一流"建设——"第二届中美智慧教育大会"综述》，《电化教育研究》2017年第10期。

郭昊、陈敏：《英国教育信息化概览》，《世界教育信息》2012年第7期。

韩后、王冬青、曹畅：《1∶1数字化环境下课堂教学互动行为的分析研究》，《电化教育研究》2015 年第 5 期。

何克抗：《如何实现信息技术与教育的"深度融合"》，《课程·教材·教法》2014 年第 2 期。

贺治国：《教育信息化与传统课堂教学》，《信息技术》2012 年第 7 期。

胡小勇、曹宇星：《面向"互联网+"的教研模式与发展路径研究》，《中国电化教育》2019 年第 6 期。

扈文英、胡亚荣：《由全国职业院校信息化教学大赛引发的思考》，《职业技术教育》2018 年第 24 期。

宦成林、余华平：《"互联网+"时代的课程教学变革》，《内蒙古师范大学学报》2016 年第 4 期。

黄荣怀：《教育信息化助力当前教育变革：机遇与挑战》，《中国电化教育》2011 年第 1 期。

黄荣怀：《信息化环境下的课堂教学变革》，《教育与教学研究》2021 年第 3 期。

汲军、王丹丹、于翠萍：《信息化教学改革的探索与实践》，《教育现代化》2019 年第 29 期。

鞠学庭、石宏：《教育信息化背景下的课堂教学管理研究》，《教学与管理》2010 年第 18 期。

康巍巍：《大数据时代下的高校教师专业发展》，《教育与职业》2016 年第 15 期。

蓝同磊：《试论师生"学习共同体"构建的意义及其策略》，《当代教育论坛》2007 年第 1 期。

雷朝滋：《以教育信息化全面推动教育现代化开启智能时代教育新征程》，《人民教育》2019 年第 2 期。

李钒、宋翔：《信息化教学模式下当前课堂教学有效性研究》，《天津化工》2018 年第 2 期。

李贵安、张宁等：《基于信息化教学的大学翻转课堂教学实践探索研究》，《中国大学教学》2016 年第 11 期。

李静、张祺等：《中学信息化课堂教学交互行为研究——基于质性分析的视角》，《中国电化教育》2014 年第 2 期。

李娟、迟舒文：《智能时代的信息伦理研究》，《情报科学》2018 年第

11 期。

李丽娟、郑晓丹：《基于智慧课堂的学生高级思维能力发展策略研究》，《数字教育》2015 年第 4 期。

李利、梁文洁、薛锋：《智慧教室环境中的课堂互动教学现状分析——基于小学数学课堂教学个案的研究》，《电化教育研究》2018 年第 3 期。

李如密、李茹：《课堂教学呈现艺术：内涵、类型、功能及策略》，《当代教育与文化》2017 年第 5 期。

李森、郑岚：《促进质量提升的课堂教学评价改革》，《课程·教材·教法》2019 年第 12 期。

李树英：《智慧教育需要教育智慧：教师专业发展的人文选择》，《现代远程教育研究》2019 年第 6 期。

李文、杜娟等：《中小学名师课堂信息化教学能力影响因素分析》，《中小学电教》2017 年第 10 期。

李祎、钟绍春等：《信息技术支持下的小学数学智慧教学模型研究》，《中国电化教育》2016 年第 11 期。

李玉顺、史鹏越等：《平板电脑教育教学实践成功应用的学校案例剖析——丰师附小数字课堂与数字文化实践之思考》，《中国电化教育》2014 年第 5 期。

李运福：《小学教师信息化领导力模型构建与应用》，《中国电化教育》2020 年第 2 期。

梁砾文、王雪梅：《中美教育信息化愿景、关注焦点与实现路径的比较研究》，《开放教育研究》2016 年第 6 期。

刘邦奇：《"互联网＋"时代智慧课堂教学设计与实施策略研究》，《中国电化教育》2016 年第 10 期。

刘晶：《信息化背景下高校教育教学管理的创新发展》，《现代职业教育》2020 年第 49 期。

刘鲜、王瑛、焦建利等：《教育信息化进程中基础设施的发展战略研究》，《远程教育杂志》2014 年第 5 期。

刘晓琳：《基础教育学校信息化教学创新评价指标体系研制——面向 2.0 时代》，《中国电化教育》2018 年第 12 期。

刘燕、安海涛：《双创教育背景下课堂信息化教学环境构建》，《民族高等教育研究》2019 年第 5 期。

刘云生：《论"互联网＋"下的教育大变革》，《教育发展研究》2015 年第 20 期。

卢向群、孙禹：《基于 5G 技术的教育信息化应用研究》，《中国工程科学》2019 年第 6 期。

吕洪波、郑金洲：《中小学课堂教学变革的基本认识》，《教育研究》2012 年第 4 期。

罗辉、陈松涛等：《信息化课堂教学存在的问题及对策》，《中国医学教育技术》2007 年第 6 期。

马鹤、解月光：《信息化课堂教学绩效评价研究——以小学数学课堂为例》，《中小学电教》2009 年第 9 期。

马丽、刘世清：《初中语文信息化课堂教学评价指标体系的构建——以学生整体素养的发展为核心》，《中国教育信息化》2008 年第 20 期。

穆肃、董经：《信息化课堂教学中教师行为对学生活动的影响》，《中国电化教育》2019 年第 8 期。

穆肃、左萍萍：《信息化教学环境下课堂教学行为分析方法的研究》，《电化教育研究》2015 年第 9 期。

潘勇、金丽莉：《中学智慧校园信息化学习系统的构建与实践研究——以华中师大一附中为例》，《中国电化教育》2015 年第 2 期。

施贵菊、杜尚荣：《本质意蕴与价值追求：新常态视野下的教学变革——兼论互联网＋时代我国课堂教学》，《江汉学术》2018 年第 4 期。

史利平：《信息技术与教育深度融合的机制创新解析》，《教育研究》2018 年第 10 期。

宋诚英：《基于 SPOC 的"互联网＋"信息化课堂教学模式探究》，《广州城市职业学院学报》2017 年第 4 期。

宋卫华：《信息化课堂教学中教师的主要角色》，《山西高等学校社会科学学报》2004 年第 7 期。

宋祥山：《以信息技术推动学校教学和管理智慧》，《中国教育学刊》2016 年第 1 期。

孙沛华：《基于扎根理论的信息化课堂有效教学评价体系研究》，《现代教育技术》2011 年第 9 期。

孙曙辉、刘邦奇：《基于动态学习数据分析的智慧课堂模式》，《中国教育信息化》2015年第22期。

孙卫国、吕兰兰等：《课堂互动技术成为信息化教学新平台》，《中国教育信息化》2008年第10期。

孙妍妍、吴雪琦：《中小学教师信息化教学能力调研》，《开放教育研究》2021年第1期。

孙众：《职前教师的信息化课堂教学基本功能力研究》，《电化教育研究》2011年第7期。

田健、阳嵘莎等：《基于信息化课堂的教学交互研究》，《当代教育科学》2009年第13期。

李永发、田秀华：《高校课堂教学模式的变革取向》，《教书育人（高教论坛）》2014年第7期。

汪基德：《从教育信息化到信息化教育——学习〈国家中长期教育改革和发展规划纲要（2010—2020年）〉之体会》，《电化教育研究》2011年第9期。

王本陆、骆寒波：《教学评价：课程与教学改革的促进者》，《课程·教材·教法》2006年第1期。

王慧、聂竹明、张新明：《探析教育信息化核心价值取向——基于美国"国家教育技术计划"历史演变的研究》，《中国电化教育》2013年第7期。

王景枝：《论信息化时代教师课堂教学观念的变革》，《教育信息化》2005年第2期。

王瑞：《信息化环境下移动课堂教学模式探究》，《中国教育学刊》2015年第12期。

王盛之、毛沛勇：《基于数字化教学案的智慧课堂互动教学系统实践研究》，《教学月刊·中学版》（语文教学）2014年第4期。

王淑华、王以宁、张海、史册：《中小学校长领导风格对校长信息化领导力影响的研究——以变革型领导理论为视角》，《湖南师范大学教育科学学报》2020年第2期。

王贤明：《"超课堂"教学模式简述》，《中国教师报》2003年第2期。

王运武：《中国台湾地区教育信息化战略规划及其启示》，《中国电化教育》2014 年第 4 期。

王忠政、张国荣：《教师信息化课堂教学领导力开发》，《广西教育学院学报》2013 年第 1 期。

王竹立：《我国教育信息化的困局与出路——兼论网络教育模式的创新》，《远程教育杂志》2014 年第 2 期。

尉小荣、吴砥、余丽芹、饶景阳：《韩国基础教育信息化发展经验及启示》，《中国电化教育》2016 年第 9 期。

蔚蓝：《日本、韩国、新加坡、以色列——教育信息化建设及应用综述》，《中国教育技术装备》2012 年第 11 期。

魏先龙、王运武：《日本教育信息化发展战略概览及其启示》，《中国电化教育》2013 年第 9 期。

温小勇、刘露、李一帆：《教育信息化助力薄弱学校内生发展的研究》，《教学与管理》2019 年第 36 期。

吴迪：《教育信息化环境下基础教育课堂教学模式探析——基于建构主义理论》，《长春理工大学学报》2013 年第 4 期。

吴砥、饶景阳、尉小荣、彭娴、吴安：《2000—2014 年美国高等教育信息化十大议题评析》，《电化教育研究》2014 年第 11 期。

吴璇、张菊花：《"互联网＋"背景下未来课堂教学评价展望》，《教育观察》2017 年第 18 期。

熊建辉：《以教育信息化推动教师专业化——访联合国教科文组织教师发展与高等教育司司长戴维·阿乔莱那》，《全球教育展望》2013 年第 11 期。

徐海元：《课堂教学信息化深度融合的教学关系处理》，《基础教育参考》2016 年第 17 期。

徐鹤嘉：《核心素养下初中道德与法治课信息化教学探索》，《基础教育论坛》2019 年第 31 期。

徐鹏、王以宁等：《大数据视角分析学习变革——美国〈通过教育数据挖掘和学习分析促进教与学〉报告解读及启示》，《远程教育杂志》2013 年第 6 期。

闫祯：《"互联网＋"对课堂教学的冲击及其化解策略》，《教学与管理》2017 年第 3 期。

杨方琦、杨晓宏：《我国民族教育信息化研究现状与发展对策》，《现代远程教育研究》2014年第4期。

杨南昌、刘晓艳：《具身学习设计：教学设计研究新取向》，《电化教育研究》2014年第7期。

杨小川：《"互联网+"时代高校教学的新变革》，《乐山师范学院学报》2016年第4期。

杨一丹：《深度学习场域下的高职院校"线上线下混合式教学"常态化构建》，《江苏高教》2020年第6期。

杨宗凯、杨浩、吴砥：《论信息技术与当代教育的深度融合》，《教育研究》2014年第3期。

杨宗凯、吴砥：《教育信息化可持续发展能力建设问题》，《现代远程教育研究》2013年第2期。

姚玉献：《现代教育技术环境下课堂教学模式的探索》，《卫生职业教育》2011年第20期。

易志亮、赵雪、张永忠：《课堂教学评价信息化模式的探析》，《计算机与教育：实践、创新、未来——全国计算机辅助教育学会第十六届学术年会论文集》2014年8月。

于翠翠：《信息技术驱动的课堂教学结构变革》，《课程·教材·教法》2018年第3期。

于天贞、张晓峰：《教师信息技术领导力对信息化教学效能的作用研究——基于结构方程模型的实证分析》，《教师教育研究》2020年第2期。

余凤梅、陈实：《StarC云端一体化环境下地理课堂师生互动行为分析——以苏州市部分中学地理教学为例》，《教育研究与实验》2017年第3期。

余玲：《教育信息化背景下中小学教师信息素养及其培养》，《教学与管理》2019年第18期。

余胜泉、王阿习：《"互联网+教育"的变革路径》，《中国电化教育》2016年第10期。

余胜泉：《推进技术与教育的双向融合——教育信息化十年发展规划（2011—2020）解读》，《中国电化教育》2012年第5期。

余胜泉、马宁：《论教学结构——答邱崇光先生》，《电化教育研究》2003年第6期。

袁磊：《核心素养视域下STEAM教育的课堂教学变革》，《中国电化教育》2019年第11期。

张彩艳：《"互联网+教育"背景下高效课堂建构的策略探析》，《天津市教科院学报》2017年第3期。

张陈龙：《加拿大阿尔伯塔省教育信息化发展概述》，《中国教育信息化》2015年第21期。

张立国、刘晓琳：《基础教育学校信息化教学创新水平测评——基于典型案例的实证分析》，《电化教育研究》2019年第11期。

张伟平、陈梦婷、赵晓娜、白雪：《教育信息化2.0时代课堂教学新生态的构建》，《苏州大学学报》2020年第1期。

张文波：《中小学教育信息化发展新阶段问题的现状及对策研究》，《中国电化教育》2014年第5期。

张新征、杨道宇：《"互联网+"时代教师专业发展的危机与对策》，《教学与管理》2018年第6期。

张岩：《"互联网+教育"理念及模式探析》，《中国高教研究》2016年第2期。

张银燕：《信息化时代混合式教学课堂变革的行动研究》，《职业教育》2021年第1期。

赵呈领、梁云真等：《网络学习空间中交互行为的实证研究——基于社会网络分析的视角》，《中国电化教育》2016年第7期。

赵磊磊、张蓉菲：《教师信息化教学领导力：内涵、影响因素与提升路径》，《重庆高教研究》2019年第3期。

赵晓声：《教育信息化服务的内涵、层次与现实发展——对教育信息化本质的新认识》，《中国电化教育》2012年第7期。

钟苇笛：《教育信息化背景下中小学教师专业发展提升策略》，《中国电化教育》2017年第9期。

钟晓流、宋述强等：《信息化环境中基于翻转课堂理念的教学设计研究》，《开放教育研究》2013年第1期。

周婕：《"互联网+"背景下信息化课堂教学模式创新研究》，《福建电脑》2018年第8期。

周素娜：《教育信息化环境下基于主体间性的基础教育课堂教学模式探析》，《中国教育信息化》2011年第16期。

周雨青、万书玉：《"互联网+"背景下的课堂教学——基于慕课、微课、翻转课堂的分析与思考》，《中国教育信息化》2016年第2期。

朱莎、张屹等：《中、美、新基础教育信息化发展战略比较研究》，《开放教育研究》2014年第2期。

王竹立：《我国教育信息化的战略思考和路径选择》，《现代远距离教育》2013年第4期。

祝智庭：《教育信息化的新发展：国际观察与国内动态》，《现代远程教育研究》2012年第3期。

祝智庭：《智慧教育新发展：从翻转课堂到智慧课堂及智慧学习空间》，《开放教育研究》2016年第1期。

宗树兴：《教学有效性评价模式在互联网背景下的实现》，《教育实践与研究》2016年第7期。

（三）学位论文类

陈丽娟：《"平板电脑+导学探究"模式在高中化学教学中的实践研究》，硕士学位论文，西南大学，2020年。

陈茂林：《教育信息化背景下的课堂教学变革研究》，硕士学位论文，江苏师范大学，2017年。

陈少辉：《智慧教室环境下教师非言语行为量化计算研究及应用》，博士学位论文，华中师范大学，2020年。

陈晓峰：《高中"课堂教学信息化"的现状与改进》，硕士学位论文，华东师范大学，2017年。

陈晓慧：《关于教育信息化的文化审视》，博士学位论文，东北师范大学，2005年。

戴英霞：《"教育教学信息化"的国家政策变迁——基于Nvivo的政策文本分析》，硕士学位论文，河北师范大学，2020年。

戴英霞：《"教育教学信息化"的国家政策变迁》，硕士学位论文，河北师范大学，2019年。

胡小勇：《问题化教学设计》，博士学位论文，华东师范大学，2005年。

李冰冰：《信息化推动区域教育现代化研究》，硕士学位论文，江苏师范大学，2017年。

李凡叶：《教育信息化2.0时代汉中市中小学信息技术课程教学现状调查研究》，硕士学位论文，陕西理工大学，2020年。

李倩：《信息化教学环境下教师课堂教学行为研究》，硕士学位论文，华中师范大学，2012年。

刘珍：《信息化环境下小学数学课堂有效教学策略研究》，硕士学位论文，西北师范大学，2011年。

马德四：《教育信息化本质研究：教育学视角》，博士学位论文，华东师范大学，2007年。

马鹤：《信息化课堂教学绩效评价体系研究》，硕士学位论文，东北师范大学，2009年。

马欣研：《中小学教师信息素养研究——基于理论与实践的双重视角》，博士学位论文，华东师范大学，2019年。

孟琦：《课堂信息化教学有效性研究》，博士学位论文，华东师范大学，2006年。

曲茜茜：《区域内教师信息技术应用能力均衡发展的精准化路径与机制研究》，博士学位论文，东北师范大学，2018年。

曲玮丽：《信息化条件下小学生英语核心素养培养研究》，硕士学位论文，山东师范大学，2019年。

史晓凡：《家长参与中小学信息化教学的状况及影响因素研究》，硕士学位论文，哈尔滨师范大学，2020年。

苏笑悦：《适应教育变革的中小学教学空间设计研究——以一线城市为例》，博士学位论文，华南理工大学，2020年。

孙聘：《中小学智慧教学评价指标体系构建的研究》，博士学位论文，东北师范大学，2018年。

孙志伟：《信息化环境下高职教师课堂教学行为研究》，硕士学位论文，山西师范大学，2016年。

王贤文：《高校教师信息化课堂教学有效性研究》，硕士学位论文，湖南科技大学，2007年。

王小轩：《核心素养导向下的高中数学信息化教学研究——以立体几何为例》，硕士学位论文，洛阳师范学院，2020年。

王笑地：《实践取向的中小学教师培训课程设计研究》，硕士论文，贵州师范大学，2018年。

伍中达：《师生视野下的信息化课堂评价要素研究》，硕士学位论文，南宁师范大学，2019年。

肖鑫：《整合技术视角下小学语文卓越教师知识结构研究》，博士学位论文，东北师范大学，2020年。

薛琨：《小学英语信息化课堂教学评价指标的建构研究》，硕士学位论文，曲阜师范大学，2013年。

杨磊：《教师信息化学习力发展研究》，硕士学位论文，西南大学，2019年。

杨涛：《教育信息化背景下初中语文教学方式改进策略研究》，硕士学位论文，西南大学，2020年。

张丽伟：《小学数学卓越教师信息化教学技术使用行为影响因素研究》，博士学位论文，东北师范大学，2020年。

张颖：《信息化环境下初中信息技术教师课堂教学行为对比研究——以优秀实习教师为例》，硕士学位论文，陕西师范大学，2019年。

赵国宏：《高校课堂信息化教学模式初探——以延边大学为例》，硕士学位论文，延边大学，2004年。

赵晓声：《县域义务教育信息化均衡发展指标体系与监测方法研究》，博士学位论文，陕西师范大学，2018年。

郑旭东：《面向我国中小学教师的数字胜任力模型构建及应用研究》，博士学位论文，华东师范大学，2019年。

朱军委：《教育信息化背景下教师课堂教学研究》，硕士学位论文，西南大学，2011年。

朱嫣洁：《教育信息化背景下智慧课堂的教学效果研究》，硕士学位论文，华东师范大学，2019年。

（四）其他

《教育部关于印发〈中共中央关于全面深化改革若干重大问题的决定〉

的通知》，(2013-11-12)[2021-2-19]，http：//www.moe.gov.cn/jyb_xxgk/moe_1777/moe_1778/201311/t20131115_159502.html。

《教育部关于印发〈教育信息化2.0行动计划〉的通知》，(2018-4-18)[2021-2-19]，http：//www.moe.gov.cn/srcsite/A16/s3342/201804/t20180425_334188.html。

《教育部关于印发〈2014年教育信息化工作要点〉的通知》，(2014-3-14)[2021-2-19]，http：//www.moe.gov.cn/srcsite/A16/s7062/201403/t20140314_165870.html。

《中国人民银行关于印发〈构建利用信息化手段扩大优质教育资源覆盖面有效机制的实施方案〉的通知》，(2014-11-24)[2021-2-19]，http：//www.moe.gov.cn/srcsite/A16/s3342/201411/t20141124_179124.html。

《教育部关于印发〈2015年教育信息化工作要点〉的通知》，(2015-2-15)[2021-2-19]，http：//www.moe.gov.cn/srcsite/A16/s3342/201502/t20150215_189356.html。

《教育部关于印发〈2016年教育信息化工作要点〉的通知》，(2016-2-4)[2021-2-19]，http：//www.moe.gov.cn/srcsite/A16/s3342/201602/t20160219_229804.html。

《教育部关于印发〈教育信息化"十三五"规划〉的通知》，(2016-6-7)[2021-2-19]，http：//www.moe.gov.cn/srcsite/A16/s3342/201606/t20160622_269367.html。

《教育部关于〈实施全国中小学教师信息技术应用能力提升工程2.0的意见〉的通知》，(2019-3-21)[2021-2-19]，http：//www.moe.gov.cn/srcsite/A10/s7034/201904/t20190402_376493.html。

《教育部关于印发〈教育信息化十年发展规划(2011—2020)〉的通知》，(2012-3-13)[2021-2-19]，http：//www.moe.gov.cn/srcsite/A16/s3342/201203/t20120313_133322.html

《省教育厅关于实施〈贵州省基础教育信息化建设标准(试行)〉的通知》，(2015-12-31)[2021-2-19]，http：//www.edu.cn/xxh/fei/xin_xi_zi_xun/201006/t20100608_483832.shtml。

《贵州省人民政府关于印发〈贵州省教育综合改革方案〉的通知》，（2016 - 1 - 20）［2021 - 2 - 19］，http：//www. gzhs. gov. cn/xwdt/ttxw/201601/t20160120_ 6210504. html。

《省教育厅关于实施〈贵州省教育精准脱贫规划方案（2016—2020 年）〉的通知》，（2016 - 2 - 19）［2021 - 2 - 19］，http：//jyt. guizhou. gov. cn/ywgz/jyfp/201712/t20171206_ 16129168. html。

《省教育厅关于实施〈贵州省深度贫困地区教育精准脱贫三年攻坚行动（2018—2020 年）〉的通知》，（2018 - 10 - 11）［2021 - 2 - 19］，http：//www. majiang. gov. cn/xxgk/zxgk/ghjh/201810/t20181021_ 28582882. html。

二 外文文献

Alcolea-Díaz, Gema, Reig, Ramón, Mancinas-Chávez, Rosalba. "UNESCO's Media and Information Literacy Curriculum for Teachers from the Perspective of Structural Considerations of Information." *Comunicar：Media Education Research Journal*, 2020（1）.

Andreeva, Natalya, Azizova, Irina, Mitina, Elena, Ischenko, Anastasia. "Transformation of Classroom Teaching in Modern Russian Schools：State of the Art." *International Journal of Instruction*, 2020（2）.

Athanase, S. Z., Bennett, L. H., Wahleithner, J. M. "Fostering Data Literacy through Preservice Teacher Inquiry in English Language Arts." *The Teacher Educator*, 2013, 48（1）.

Aykut Emre Bozdoğan, Mustafa Uzoğlu. "Science and Technology Teachers' Opinions about Problems Faced while Teaching 8th Grade Science Unit 'Force and Motion' and Suggestions for Solutions." *Journal of Turkish Science Education*, 2015（1）.

Aytaç, Tufan, Erdem, Mustafa. "Examining High School Students' Safe Computer and Internet Usage Awareness." *European Journal of Education Studies*, 2019（1）.

Beverly F. Flowers and Glenda C. Rakes. "Analyses of Acceptable Use Policies

Regarding the Internet in Selected K-12 Schools." *Journal of Research on Computing in Education*, Spring 2000, Vo. 32, No. 3.

Bienkowski M., Feng M., Means B. "Enhancing Teaching and Learning through Educational Data Mining and Learning Analytics: An Issue Brief. U. S. Department of Education." *Office of Educational Technology*, 2012, (1).

Boudett, K. P. Steele, J. L. *Data Wise in Action: Stories of Schools Using Data to Improve Teaching and Learning.* Cambridge: Harvard Education Press, Cambridge, MA 02138, 2007.

Canan Gungoren, Özlem, Gur Erdogan, Duygu, Kaya Uyanik, Gülden. "Examination of Preservice Teachers' Lifelong Learning Trends by Online Information Searching Strategies." *Malaysian Online Journal of Educational Technology*, 2019 (4).

Cattagni A. & Farris E. "Internet Access in U. S. Public Schools and Classrooms: 1994–2000 (NCES Statistics in Brief)." Washington, DC: National Center for Education Statistics, 2001. http://nces.ed.gov/pubs2001/2001071.pdf.

Cheung, A. C. & Slavin, R. E. "The Effectiveness of Educational Technology Applications for Enhancing Mathematics Achievement in K-12 Classrooms: Ameta-analysis." *Educational Research Review*, 2013 (9).

Conole, G. G. "MOOCs as Disruptive Technologies: Strategies for Enhancing the Learner Experience and Quality of MOOCs." *Revista de Educaction a Distancia*, 2013 (39).

Ertmer, P. A. "Teacher Pedagogical Beliefs: The Final Frontier in Our Quest for Technology Integration?." *Educational Technology Research and Development*, 2005, 53 (4).

Flieller, A., Jarlégan, A., Tazouti, Y. "Who Benefits from Dyadic Teacher-student Interactions in Whole-class Settings." *The Journal of Educational Research*, 2016 (3).

Getting America's Students Ready for the 21st Century: Meeting the Technology Literacy Challenge. A Report to the Nation on Technology and Educa-

tion. Washington DC: Department of Education, 1996.

Gu, X., Zhu, Y. & Guo, X. "Meeting the 'Digital Natives': Understanding the Acceptance of Technology in Classrooms." *Educational Technology & Society*, 2013, 16 (1).

Hamre, B. K., Pianta, R. C., et al. "A Course on Effective Teacher-Child Inte-Ractions: Effects on Teacher Beliefs, Knowledge, and Observed Practice." *American Educational Research Journal*, 2012 (1).

Hartel, Jenna, Christie, Nguyen, Anh Thu. "Teaching Information Behavior with the Information Horizon Interview." *Journal of Education for Library and Information Science*, 2018 (3).

Honorable Bob Kerrey. "The Power of the Internet for Learning: Moving from Promise to Practice." *Report of the Web-based Education Commission to the President and the Congress of the United States*, 2000. www. ed. gov/offices/AC/WBEC/ Final Report /WBEC Report. pdf.

Hwang, G. J. Wu, P. H. & Chen, C. C. "An Online Game Approach for Improving Students' Learning Performance in Web-based Problem-solving Activities." *Computers & Education*, 2012, 59 (4).

Kenneth Volk. "The Demise of Traditional Technology and Engineering Education Teacher Preparation Programs and a New Direction for the Profession." *Journal of Technology Education*, 2019 (1).

Kershner Brad & McQuillan Patrick. "Complex Adaptive Schools: Educational Leadership and School Change." *Complicity: An International Journal of Complexity and Education*, 2016, 13 (1).

Lee, M. J. & Mc Loughlin, C. "Harnessing the Affordances of Web 2.0 and Social Software Tools: Can We Finally Make 'Student-centered' Learning a Reality." *Proceedings of World Conference on Educational Multimedia, Hypermedia and Telecommunications*, 2008.

Levin, B. & Fullan, M. "Learning about System Renewal." *Educational Management and Leadership*, 2008, 36.

Liaw, S. S. "Investigating Students' Perceived Satisfaction, Behavioral Intention and Effectiveness of E-learning: A Case Study of the Blackboard

System." *Computers & Education*, 2008, 51 (2).

Lona Hoover. "The 2011 Horizon Report Challenges and Innovations in the Classroom: Conference Report." *Journal of Electronic Resources Librarianship*, 2012, 24 (1).

Lucy Webb, Jonathan Clough, Declan O'Reilly, Danita Wilmott, Gary Witham. "The Utility and Impact of Information Communication Technology (ICT) for Pre-registration Nurse Education: A Narrative Synthesis Systematic Review." *Nurse Education Today*, 2016 (7).

Mandinach, E. B. "A Perfect Time for Data Use: Using Data-Driven Decision Making to Inform Practice." *Educational Psychologist*, 2012, 47 (2).

Mandinach, E. B. Gummer, E. S. Muller, R. D. "The Complexities of Integrating Data-Driven Decision Making into Professional Preparation in Schools of Education." (2011-05-12). [2021-03-25]. http://educationnorthwest.org/sites/default/files/gummer mandinach-full-report.pdf.

Margaryan, A. Bianco, M. & Little John, A. "Instructional Quality of Massive Open Online Courses (MOOCs)." *Computers & Education*, 2015, (80).

Marilyn Drury. "Women Technology Leaders: Gender Issues in Higher Education Information Technology." *NASPA Journal about Women in Higher Education*, 2011 (1).

Marsh, J. A., Farrell, C. C. "How Leaders Can Support Teachers with Data-Driven Decision Making: A Framework for Understanding Capacity Building." *Educational Management Administration & Leadership*, 2015, 43 (2).

Matthew Militello and Jennifer Friend, Charlotte. "Technology and Educational Leadership." *NC, Information Age*, 2013.

Maureen J. Lage, Glenn J. Platt, Michael Treglia. "Inverting the Classroom: A Gateway to Creating an Inclusive Learning Environment." *Journal of Economic Education*, 2005 (1).

Michaels, C. F. Weier, Z. & Harrison, S. J. "Using Vision and Dynamic Touch to Perceive the Affordances of Tools." *Perception*, 2007, 36 (5).

参考文献

Michelle S. Kosmidis. "Bringing the Internet to Schools: US and EU Policies." 29*th TPRC Conference*, 2001. http://arxiv.org/abs/cs.CY/0109059 [2020-10-7].

Ministry of Education, Singapore. Masterplan 1. [2021-1-27]. http://ictconnection.moe.edu.sg/masterplan-4/our-ict-journey/masterplan-1.

M. Prensky. "Digital Natives, Digital Immigrants." *On the Horizon*, 2009 (5).

Nancy Love, *Data Literacy for Teachers*, Naples: National Professional Resources Inc./Dude Publishing, 2013.

Narula, R. *Globalization & Technology: Interdependence, Innovation Systems and Industrial policy*. polity Press, 2003.

Pistilli, M. D, Arnold, K. E. "In Practice: Purdue Signals: Mining Real-Time Academic Data to Enhance Student Success." *About Campus*, 2010 (3).

Prensky. *Teaching Digital Natives: Partnering for Real Learning*. London: Sage Publishers, 2010.

Ramesh Subramanian. "S. Ramani (1939-present): India's Information Technology Education Pioneer." *European Business Review*, 2007 (2).

Rana, Kesh, Rana, Karna. "ICT Integration in Teaching and Learning Activities in Higher Education: A Case Study of Nepal's Teacher Education." *Malaysian Online Journal of Educational Technology*, 2020 (1).

Shih, R. C., Lee, C. & Cheng, T. F. "Effects of English Spelling Learning Experience through a Mobile LINE App for College Students." *Procedia-Social and Behavioral Sciences*, 2015, 174.

Stoytchev, A. "Learning the Affordances of Tools Using a Behavior-grounded Approach." In *Towards Affordance-Based Robot Control*. Springer Berlin Heidelberg, 2008.

Straub, Christophe, Ravez, Claire. "Social Science Education in France: A Fragmented Educational Landscape in Transition." *Journal of Social Science Education*, 2020 (1).

Tappert, Charles, Agerwala, Tilak. "Experience Teaching Emerging Information Technologies. " *Association Supporting Computer Users in Education*, 2019 (6).

Tobias, S., Duffy, T. M., *Constructivist Instruction: Success or Failure?* New York: Routledge, 2009.

Toh, Y. & So, H. J. "ICT Reform Initiatives in Singapore Schools: A Complexity Theory Perspective. " *Asia Pacific Education Review*, 2011, 12 (3).

U S Department of Education. "Future Ready Learning Reimagining the Role of Technology in Education. " *National Education Technology Plan* 2016.

U S Department of Education. "Toward A New Golden Age in American Education: How the Internet, the Law and Today's Students are Revolutionizing Expectations. " *National Education Technology Plan* 2004.

U S Department of Education. "Transforming American Education: Learning Powered by Technology. " *National Education Technology Plan* 2010.

Vasilevski, Nikolche, Birt, J. Ames. "Analysing Construction Student Experiences of Mobile Mixed Reality Enhanced Learning in Virtual and Augmented Reality Environments. " *Research in Learning Technology*, 2020 (16).

Veletsianos, G. "Higher Education Scholars' Participation and Practices on Twitter. " *Journal of Computer Assisted Learning*, 2012, 28 (4).

Venkatesh, V., Morris, M. G., Davis, G. B. & Davis, F. D. "User Acceptance of Information Technology: Toward a Unified View. " *MIS Quarterly*, 2003.

Wedin. "Classroom Interaction: Potential or Problem? The Case of Karagwe. " *International Journal of Educational Development*, 2010 (2).

Yang, X. M., Li, J. H., Guo, X. S. "Group Interactive Network and Behavioral Patterns in Online English-to-Chinese Cooperative Translation Activity. " *The Internet and Higher Education*, 2015 (25).

Yuka Kato. "An Education Program on a Network System Construction Process. " *IFAC Proceedings Volumes*, 2010 (24).

后　　记

　　时光荏苒，历经 3 年的研究工作已近尾声。记得 2018 年本研究项目被立项为贵州省教育改革发展研究重大招标课题时，心中无比高兴和激动。经过认真研究，在充分借鉴已有研究经验的基础上，结合本研究的独特思考，最终形成此稿。根据研究的推进逻辑，我们设计了研究的缘起篇、理论篇和实践篇，共同构成了本研究论述和分析的基本框架。通过本研究，我们能够很自信地向大家分享我们对中小学要素驱动式课堂教学变革本质的揭示和阐释。我们认为，中小学要素驱动式课堂教学变革主要涉及单要素切入式要素驱动课堂教学变革和多要素切入式要素驱动课堂教学变革两个方面。从具体要素角度来看，我们又可以把中小学要素驱动式课堂教学变革细分为：基于信息素养的目标驱动式中小学课堂教学变革、基于信息甄别的内容驱动式中小学课堂教学变革、基于信息重组的过程驱动式中小学课堂教学变革、基于信息手段的方法驱动式中小学课堂教学变革和基于信息数据的评价驱动式中小学课堂教学变革这样几种核心的要素驱动式中小学课堂教学变革。研究发现，在当前的信息化环境下，我国中小学课堂教学变革不顺畅的主要原因还是缺乏合理的变革机制。因此，我们尝试探索了中小学要素驱动式课堂教学变革机制。其主要涉及主体、环境、目标、内容、形式、方法和评价 7 个关键要素。由此 7 个关键要素相互作用的密切关系构成了中小学要素驱动式课堂教学的变革机制。

　　诚然，本研究能够顺利开展、完成，且其成果得以付梓出版，少不了诸多关心和帮助我们的各类人员，在此简言感谢，具体如下：

　　首先，最需要感谢的是海南师范大学副校长李森教授！他对本研究的设计、内容组织和成稿等都进行了悉心指导，并亲自为本研究写序勉

后　记

励。在此，深表感谢！

其次，感谢我的研究生余萍、刘芳、朱艳、游春蓉、朱芳等为本研究的前期资料收集和整理工作付出的努力！也要感谢朱艳、张可心、张永琴、陈培和朱芳等为本研究成果的校对工作所给予的积极支持！

再次，感谢贵州师范大学教育学院和社科处为我们开展本研究所提供的各类支持和帮助！

最后，感谢本研究的合作者施贵菊和张锦为本研究的完成所付出的辛苦和努力！

虽然我们在前期研究、书稿撰写和出版校对等方面都本着为读者负责的态度，对本研究的内容和文字进行仔细推敲，可谓细致入微，但由于我们研究团队的水平有限，书中难免有诸多不足。敬请学界同仁及广大读者批评指正，以帮助我们尽快成长和进步。

杜尚荣
2021年8月于贵安新区大学城